大学生通识教育

GENERAL
EDUCATION 通识
大学生 教育

The Landscape of Contemporary Western Philosophy

当代西方哲学思潮

■ 方环非 郑祥福 冯昊青 张小琴 编著

ZHEJIANG UNIVERSITY PRESS
浙江大学出版社

目　录

第一章 实用主义

实用主义产生于 19 世纪 70 年代的美国,是当代影响最大、流传最广的西方哲学思潮之一。作为美国土生土长的哲学,实用主义是美国社会生活的产物和体现,故世人普遍认为它是美国的官方哲学和"美国精神"。20 世纪上半叶,随着美国国力的强盛,实用主义逐渐向全世界传播,并成为对西方世界有着深远影响的哲学派别。"二战"后曾一度被避难美国的欧洲哲学家带来的欧洲哲学挤出了哲学舞台的中心。但自 20 世纪 70 年代以来,实用主义又以新实用主义的面目重新复活起来,且有重振雄风之势。

第一节 实用主义的形成与发展

一、实用主义的内涵与特征

实用主义(Pragmatism)一词,原意为行为、行动、事业,实用主义哲学创始人以它来命名自己的哲学,以此表明自己的哲学是一种崇尚经验、强调行动、注重实效的哲学。故实用主义哲学又称为实践哲学、行动哲学,在其百年以来的演进发展过程中,实用主义还获得了诸如实效主义、工具主义、经验主义等等不同的名称。因此,在实用主义哲学的代表人物那里,它始终没有形成统一的定义和内涵,但其基本思想倾向却是始终一致的,讲求"实用"或"实效"乃是其核心精神。实用主义虽然继承了唯意志主义、生命哲学的非理性主义思想,从而与人本主义思潮有密切联系,但是在哲学路线上,则基本上承袭了贝克莱(George Berkeley)、休谟(David Hume)、孔德(Auguste Comte)的主观经验主义,即认为经验是世界的基础,主张把人的认识局限于经验的范围。因此,它基本上属于实证主义思潮。实用主义的特点在于,把实证主义功利化,强调"生活"、"行动"和"效果",它把"经验"和"实在"归结为"行动的效果",把"知识"归结为"行动的工具",把"真理"归结为"有用"、"效用"或"行动的成功"。实用主义的要义体现在皮尔士(Charles

Sanders Peirce)所表述的这一观点中:认识的任务,不是反映客观世界的本质和规律,而是认识行动的效果,从而为行动提供信念。他说,"思维的唯一职能在于确立信念"。① 实用主义与西方传统哲学相比较,具有如下几个突出特点:

实用主义最突出的特点是强调哲学应立足于现实生活,这一特点贯穿在实用主义所有的构成内容之中。实用主义立足于个人现实生活,以追求生活效果为目的,是一种既广泛继承又有别于传统形而上学的哲学学说。批判形而上学,改造哲学,始终是实用主义谈论的话题,而哲学改造的目标就是要将传统哲学所探讨的这类"哲学问题"转变为"人的问题";它关心生活甚于关心"本质",关心未来甚于关心过去;它摈弃了传统哲学对于确定性、绝对性、普遍性知识的幻想,摈弃了一切二元分裂式的谈论世界、谈论哲学的思路;坚持以现实生活作为自己哲学思考的出发点,把人怎样活得幸福、活得有尊严放在一切问题的首位。由此出发,在实用主义那里,现世的幸福取代了来世的永恒,当下的生活成了理论关注的焦点,行动、效果成了衡量一切思考的准则。当代实用主义哲学家莫利斯(Charles Morris)说:"对于实用主义者来说,人类行为肯定是他们所关注的核心论题。"②实用主义者甚至宣称自己的哲学是一种实践哲学、行动哲学、生活哲学。正如美国哲学家宾克莱所说,詹姆士(William James)和杜威(John Dewey)的哲学"给美国人之关心实际行动而不关心崇高理想提供了一个哲学根据","提供了一个令人心悦的行动方案"。③ 因此,作为一种哲学思潮,实用主义是建立在经验基础之上,立足于现实生活,以确定信念为出发点,以采取行动为主要手段,以追求效果为目的的哲学学说,实践和行动是其核心概念与范畴。

实用主义讲求实效的真理理论。从立足现实生活、追求实效为目的的旨趣出发,实用主义强调知识或理论的实用性和工具性。反对包括唯物主义反映论在内的传统认识论的符合论,认为一切思想、理论、学说都不应是脱离实际的、绝对的、神圣的教条,而是人的行为的工具,任何一种被认为是真理的观念的意义不在于其是否反映实在,而在于它可能引起的实际效果。思想、理论、学说的真理性的标准在于其对人的行动、实践是否有用、有效,即是否具有实际价值。无论是古典实用主义者以"有用即真理",还是新实用主义者以"用起来方便"或者"最佳解释"来理解和界定真理,都充分体现

---

① 郦达夫等:《现代西方哲学主要流派》,外语教学与研究出版社 1988 版,第 8 页。

② Charles Morris, *The Pragmatic Movement in American Philosophy*, 1970, p. 10.

③ 宾克莱:《理想的冲突》,马元德等译,商务印书馆 1986 年版,第 20 页。

了这一鲜明特征。对此，冯友兰曾用精简的评论，使此特征昭然若揭："实用主义的特点在于它的真理论。它的真理论实际是一种不可知论。它认为，认识来源于经验，人们所能认识的，只限于经验。至于经验的背后还有什么东西，那是不可知的，也不必问这个问题。这个问题是没有意义的。因为无论怎么说，人们总是不能走出经验范围之外而有什么认识的。要解决这个问题，还得靠经验。所谓真理，无非就是对于经验的一种解释，对于复杂的经验解释得通。如果解释得通，它就是真理，是对于我们有用。有用就是真理。所谓客观的真理是没有的。"①

实用主义有别于传统哲学的第三个特点是"生成论的世界观"。实用主义认为，传统哲学认为那与人无关的，独自已然存在那里等着人去认识的世界是"云雾般的虚构"，自然也是不真实的。实用主义坚持认为，世界并不是静静在那里等待着我们去发现，而自我也不是一个现成的实体。毋宁说，世界和自我都不是已然的，而是从生活实践中分化开来的并永远在不断形成中的两种不同的关系结构。随着生活实践的继续，世界不断地成其为世界，自我也不断地成其为自我。因此，根本没有什么传统哲学所说的现成在那里等待着我们去认识的对象世界，所谓的认识对象实际上已经是我们人类加工处理的结果，一丁点亮光不等于"星星"，面前一堆知觉的集合也不等于"桌子"，当我们说星星、桌子时，我们已经将原始的素材处理成产品。这是我们人类生活实践的需要，也是人类生活实践的结果。它是在时间中发生的，是随着实践"游戏规则"的改变而改变的。当传统的形而上学家们要么在世界中、要么在自我中寻找解释一切的基础时，他们犯了一个共同的错误，那就是将世界、自我这类时间中发生的事情当作永恒不变的事情，将反思的结果当作了反思的前提，将连续的生活割裂为对立的部分，这样一来，他们也就既歪曲了世界也歪曲了自我。

另外，实用主义还具有较为鲜明的进化论和自然主义的倾向。达尔文（Charles Darwin）的进化论把人与环境的协调适应摆在一切人类文化创造物的前提位置上，使理论与行为、效果紧密相连。这是一切实用主义者所共同接受的出发点，它决定了实用主义强调知行合一、强调历史、重视未来、重视人等等特点。

综合来看，实用主义既有进步的一面，也有诸多不足，但在我国却是被误解最深的哲学流派，曾被人看做是资产阶级个人主义和利己主义世界观

---

① 冯友兰：《三松堂自序》，人民出版社1998年版，第199—200页。

的最典型的理论形态,作为"反动哲学"被当做马克思主义最"凶恶的敌人"。这是因为实用主义作为一种强调立足于现实生活的哲学与以追逐私利为目标的资本主义市场经济制度有着极为密切的联系,它关于生活、实践、信念、真理、效果等方面的理论很容易被利用来论证资产阶级的个人主义和利己主义,加上詹姆士等个别实用主义哲学家又常把一些资本主义市场上的行话喻为哲学概念,很容易使人感到实用主义确实带有某些市侩哲学的色彩。但是,对实用主义仅仅抱上述否定看法也是片面的。作为一个企图在各方面超越近代哲学的流派,实用主义理论中具有较多体现现代时代精神的因素。它对生活和实践在哲学中的作用的强调,对科学方法论和认识论的论证,对市场经济体制下各种现实问题(包括道德问题)的探讨,都具有合理的内容。尽管实用主义常被人当做市侩哲学,但皮尔士、杜威等主要实用主义哲学家的理论主旨并非如此。相反,他们都强调要超越传统意义、特别是利己主义意义上的个人主义,强调个人与社会之间的协调和人的实践和行动的社会性。因此对于实用主义需要有全面的评价。

二、实用主义产生的历史背景

任何一种哲学思潮的产生皆有其历史必然性,它既离不开现实的社会土壤,也离不开理论思想的传承;任何一种思想理论从其发展来看,也都要经历一个产生、成熟和衰落的过程,实用主义也不例外。实用主义产生于美国,并被当作美国人的思想方式的象征和"美国精神",基辛格就认为,美国人的求实精神和进取心是实用主义培养起来的。[①] 很显然,实用主义在美国享有如此重要的地位,并成为"美国精神"并不是偶然的,是由美国经济政治和思想文化发展的特点所决定的。莫利斯曾将实用主义在美国的产生和流行的背景归结为四点:(1)科学方法在19世纪所享有的威望;(2)当代哲学中经验主义力量相应的上升;(3)生物进化论的流行;(4)美国民主制理想的流行。[②] 这四点虽不全面,但也基本揭示了实用主义产生和流行的根源。这四种因素对实用主义形成和发展的各个时期的主要的实用主义者皆产生了不同程度的影响。例如,科学方法的影响在皮尔士哲学中最为明显,詹姆士的哲学则深受哲学经验主义的影响,生物进化论的影响在米德(George Herbert Mead)哲学中最为突出,而杜威的哲学则深深地打上了美国民主理想时期的烙印。

[①] 车铭湘:《现代西方五大哲学思潮》,工人出版社1985年版,第2页。
[②] Charles Morris, *The Pragmatic Movement in American Philosophy*, p.5.

首先,实用主义浸染和体现着美国精神。在西方各主要资本主义国家中,美国是很特殊的,它从未经过封建制度,一开始就在资本主义经济基础上发展起来。因此,美国资本主义经济制度最纯粹,资本主义民主自由等政治体制也最完备,资产阶级个人主义、利己主义也常常表现得最直接、最为露骨。在美国,人们不必受君主、教皇以及其他凌驾于个人之上的力量的限制和种种旧传统的束缚,可以自由放任地去追逐个人的发展,追求个人的利益和成功。于是"功效"或"效用"就成了美国人刻意追求的东西,并构成了美国政治、文化和思想的特色。另一方面,美国是一个以欧洲各国为主的由世界各地移民组成的国家。这些移民虽然带来了世界各地的传统文化,但是自从 1620 年"五月花号"载着第一批移民来到这片新大陆开始,美国人就一刻也没有停止与环境的抗争,因此,他们把行动看得重于一切,行动的效果是一切理论的出发点和归宿,这种精神使任何一种传统化都失去了作为认识、是非判断标准的意义,只有那些对开拓这片大陆有用、使个人发展获得成功的才能得到肯定、认同。于是,对主体有用还是无用、有效还是无效超越了任何文化传统和思想原则,被当作人们思想和行为的准则。正如胡克(Robert Hooke)所说:"在这种文化里,人主要作为一个行动者和实行者而出现,世界对他提出了一连串挑战,这些挑战不能用退缩、忍受和祈求得到神救来回答,而必须用深思熟虑的行动来加以制服。"①正是这样的社会和历史文化背景,产生和盛行了对各种哲学流派兼收并蓄、特别强调行动和实效的实用主义哲学。

其次,从理论来源方面看,实用主义是一个兼收了人本主义和科学主义两大思潮于一身的流派。一方面,是对贝克莱、休谟的主观唯心主义和不可知论,特别是孔德的实证主义和马赫(Ernst Mach)的经验批判主义理论的继承。表现在它主张世界由主观经验组成,经验是世界的基础,人的认识只能限于经验的范围以内,认识的方法是实验、归纳的方法等等。从这几点来看,实用主义属于科学(实证)主义思潮。但是,它并不是简单地重复以往的主观经验论,而是给经验规定了特殊的意义,即将经验功利化,将人从认识的主体变成了有利害关系的主体;特别是在对主观经验和人的主体性进行具体描绘时,实用主义表现出强烈的非理性主义色彩,在实用主义的代表人物(尤其是詹姆士)那里,可以经常看到叔本华(Arthur Schopenhauer)、尼采(Friedrich Wilhelm Nietzsche)、柏格森(Henri Bergson)等人的理论痕迹。

---

① 洪谦:《西方现代资产阶级哲学论著选辑》,商务印书馆 1964 年版,第 201 页。

比如,他们常常用"情感"、"意志"、"意识流"这样一些非理性的术语来解释经验、行为的特征。从这几点来看,实用主义又属于人本主义思潮了。

最后,实用主义的产生和形成,不仅有深刻的社会根源和思想基础,而且跟自然科学的成就密切相关。在实用主义出现和传播的 19 世纪末 20 世纪初,自然科学的发展已经达到了一个新的阶段。细胞学说、能量守恒和转化定律、达尔文的进化论三大成果以及其他学科领域中的重大发现,引起了自然科学的革命,同时给人类社会和人们的思想也带来了巨大变化,对 20 世纪西方哲学有重大的影响。这些成就使科学享有了崇高的地位,科学方法受到极大尊敬,这正是实用主义产生的重要背景。实用主义的创始人皮尔士受过化学专业的训练,他一生中很多时间是在做成功的受人尊敬的科学家的工作。所以,不难理解皮尔士在《信念的确立》一文中,为什么在思考了约束人的信念的主要方法后,把科学方法看做优越的方法。他希望把这种方法扩展到哲学自身也是顺理成章的。正如我们将看到的,他的"实用主义准则"公式的目的之一是为了奠定"科学哲学"的基础。正是基于这个准则,詹姆士发展了实用主义观点。由此我们可以看到,实用主义借助于自然科学的新成果和发展的新特点,进行哲学思考,把自然科学的成果加以哲学化,作为考察一切事物和现象的立场、方法,从而发挥了实用主义学说。

三、实用主义的形成与发展

实用主义最初的思想渊源可以追溯到古希腊。古希腊智者派的著名代表普罗泰戈拉(Protagoras)曾经表述过这样的思想,即"人是万物的尺度",一种意见可能比另一种意见更好一些,但不一定更真一些。这种观点就非常近似实用主义,因为它把人看做衡量事物存在与不存在、真与假、善与恶的标准。

近代以来,康德(Immanuel Kant)是第一个使用并阐释"实用主义"这一名词的哲学家。据杜威讲,这一概念就是皮尔士从康德那里搬来的。康德在《纯粹理性批判》中谈到了"实用主义信念"。大意是说,人们一般是根据其知识来行动的,但当你没有实在的知识作为根据而又不得不行动时,该怎么办?你就只能以实用性的信念作为根据,这种信念的正确标准只有一个,就是治疗上的实际成功。而皮尔士正是从康德的这一思想中发展出自己的理论,并将之命名为实用主义的。

在美国,实用主义思想的真正先驱是政治家、科学家和作家富兰克林(Benjamin Franklin),他在与潘恩(Thomas Paine)等人关于宗教的两封通信中,表明了这一信念:如果什么事情被表明是有用的,那么就应该被信仰。

这不是意味着有用就是真理，就是暗示着真理和谬误的问题相隔万里。这种观点即使不是实用主义思想的确切表述，但也已经是实用主义观念的雏形。因而，它作为实用主义的先声而被广泛接受。

但实用主义作为一种哲学思潮产生于 19 世纪 70 年代，其创始人是皮尔士，标志是皮尔士分别发表在美国《通俗科学月刊》1877 年第 11 期和 1878 年第 1 期上的《信念的确立》和《如何使我们的观念清晰》两篇文章。在这两篇文章中，皮尔士首次提出了实用主义的"意义"理论，为实用主义的创立奠定了初步理论基础。但是，皮尔士未进一步阐发实用主义的理论，其提出了实用主义的"意义"理论也未引起世人的足够重视。直到 1898 年，被詹姆士在一次演讲中重新提起后，才引起世人的极大关注，皮尔士也因此成为了 19 世纪与 20 世纪之交，美国学术界最为著名的代表人物之一。所以，严格意义上讲，实用主义的真正奠基人应该是詹姆士。正是詹姆士通过演讲，把皮尔士的实用主义原理重新提出，使实用主义在美国传播开来，从而开创了"实用主义运动"。而且，实用主义作为西方哲学的一个流派的真正成形的标志是 1907 年詹姆士出版的《实用主义——某些旧有思想的新名称》一书。詹姆士在书中全面系统地阐述和介绍了实用主义的基本观点，自此实用主义得到迅速传播并很快成为美国哲学中的最主要的哲学流派。

在 20 世纪上半期，杜威又对实用主义的理论体系作了重大发展，不仅使实用主义体系进一步系统化，而且把实用主义广泛推广应用到社会、政治、道德、教育等社会生活和意识形态的各个领域，还努力向世界各国推介，使实用主义产生广泛而深远的影响。从地域上看，实用主义的影响在杜威推动下已不仅限于美国，在欧洲，特别是在英国、意大利、法国等地也有它的代表人物，如英国出现了以席勒(C. S. Schiller)为代表的实用主义运动，意大利则出现了以 G. 瓦拉蒂、M. 卡德诺尼、G. 帕比尼为代表的实用主义思潮。其至在一些殖民地和半殖民地国家也有它的追随者，如实用主义对旧中国的思想文化也产生了较为深刻的影响，出现了以胡适为代表的实用主义思潮。从学科影响上看，实用主义不仅在哲学领域有较大影响，而且已经对行为科学、法律、历史、教育等学科产生了深刻的影响。另外，在美国实用主义运动中，发生过较大作用的还有刘易斯(Mumford Lewis)、米德、胡克(Sidney Hook)等人。米德是社会行为主义的代表、刘易斯是概念的实用主义的主要代表、胡克是杜威之后影响最大的实用主义哲学家。

杜威之后，实用主义逐渐式微，走入低谷，其至逐渐被一些发源于欧洲而因"二战"逃难的哲学家带到美国的哲学流派挤压到后台，特别是逻辑实证主义和分析哲学大有取而代之之势。但在美国，实用主义的实际影响仍然是其他流派无法比拟的。20世纪下半叶,实用主义随着逻辑实证主义等哲学流派的缺陷的逐渐暴露又复兴起来。当然,实用主义再次成为美国的主流哲学,甚至成为了西方科学主义与人本主义两大思潮合流的"催化剂"与"粘合剂",却不是简单的回归与复兴,而是在与其他哲学的相互渗透与吸收过程中的创新式复兴!故实用主义在美国的发展大体又经历了两个阶段,即20世纪中期以奎因(Willard Van Orman Quine)为代表的逻辑实用主义分析哲学阶段和20世纪晚近以来的以罗蒂(Richard Rorty)、戴维森(Donald Davidson)、普特南(Hilary Putnam)、布兰顿(Robert Brandom)为代表的新实用主义阶段。

第二节　皮尔士的"实效主义"

皮尔士是实用主义之父,是公认的"实用主义第一人"。因此,尽管皮尔士的实用主义在旨趣和内容方面皆与詹姆士和杜威有相当大的差异,而且,皮尔士也对詹姆士和杜威的实用主义学说持相当保留的态度,甚至为了以示区别,他在1905年4月将其理论改称为"实效主义"。但谈实用主义发展史就不得不从皮尔士开始。因为,要理解詹姆士和杜威的思想,要领会实用主义的精神内涵,就不能不懂皮尔士。[1] 甚至詹姆士认为皮尔士是"后一代思想家的思想金矿"。他不仅因科学成就与提出实用主义而名垂青史,而且他还在逻辑学、数学、符号学、形而上学等诸多方面都做出了惊人贡献,自从哈佛大学于1989年召开纪念其诞辰150年的"国际皮尔士学术研讨会"以来,他的思想宝藏正被越来越多的不同领域的研究者发现并发掘着。

皮尔士于1839年9月10日出生在美国马萨诸塞州的美丽、典雅而又充满人文气息的剑桥小镇,1855年入学哈佛大学并于1859年毕业,从1861年起在海岸观测所任职近30年,1862年获哈佛大学硕士学位,次年又获化学学士学位。他父亲希望他成为科学家,但他却被哲学深深吸引,可科学方法与精神却也深刻地影响了他的哲学思想,皮尔士终生致力于将哲学奠定在科学的基础之上。1864至1865年,皮尔士在哈佛大学开设了关于科学哲学的系列讲座,与此同时,他还曾先后在哈佛大学和约翰·霍普金斯大学兼课,讲授逻辑学、科学史等课程。皮尔士才华横溢,在物理、化学、数学、逻

---

[1] 陈亚军:《实用主义:从皮尔士到普特南》,湖南教育出版社1999年版,第1页。

辑、符号学和科学史等诸多方面成就卓著,建树颇多。1877 年皮尔士被选为美国科学艺术研究院院士,后又当选为美国国家科学院院士。19 世纪 80 年代后,皮尔士的人生之路走向艰难曲折,1883 年妻子撒手人寰,1884 年皮尔士突然被要求辞去教职,晚年穷困潦倒,备受癌症的折磨,1914 年 4 月 19 日晨,他孤独而平静地告别人世,留下了卷轶浩繁的手稿和内容庞杂的思想。

从追溯实用主义发展史的角度看,皮尔士最大的成就诞生在 19 世纪 70 年代。1871 至 1874 年间,皮尔士在哈佛大学发起组织了一个名为“形而上学俱乐部”的哲学协会,其成员有赖特、格林、詹姆士等人,这个协会后来成为实用主义的发源地。皮尔士在 1874 年间作了一次重要讲演,后来他将此次演讲的内容整理成两篇论文:《信念的确立》、《如何使我们的观念清晰》,分别发表在《通俗科学月刊》1877 年第 11 期和 1878 年第 1 期上。他在《信念的确立》中提出了如何确定信念的理论,在《如何使我们的观念清晰》中提出如何确认概念的意义问题。这两篇文章的核心观点,即“概念所产生的效果决定概念的意义”,为实用主义奠定了基调,后人把它称为“皮尔士原理”,并以此作为实用主义产生的标志。后来皮尔士又发表了一系列阐述他的科学逻辑的文章,但都没有引起人们的广泛注意。直到 1898 年詹姆士在加利福尼亚大学的一次演讲中明确阐述了实用主义的主张,并把实用主义哲学创始人的桂冠送给了皮尔士,人们才把他尊为实用主义的创始人。但皮尔士对此却并不十分领情,反而认为詹姆士的实用主义主张与他的主张之间存在差异,并为此将其主张改称为“实效主义(pragmaticism)”以示区别。其实,皮尔士最关心的是科学探究的方法,实用主义只是其科学探究方法理论的一部分,而且他的实用主义准则,也是用来服务澄清观念这一目的的。也就是说,实用主义在皮尔士那里最初不是作为一种完整的哲学提出来的,只是作为一种“如何使我们的观念清晰”的方法提出的。在他看来,实用主义实质上是在哲学中选择实用主义准则的方案,以便使哲学能获得经验科学的进步和积累的特点。因此,如果说实用主义是只五彩斑斓的蝴蝶的话,那么它现在还只是像蛹一样地潜伏在皮尔士哲学的内部。

皮尔士的实用主义思想所涉内容丰富,主要有以下几个方面的核心主张:

一、以实用主义思想反叛笛卡尔哲学传统

任何新思想与新理论的创生皆是在批判吸收已有理论传统的基础上完成的。皮尔士的实用主义哲学思想理论也不例外。皮尔士在回溯实用主义哲学思想渊源时,也坦承科学和德国古典哲学,特别是康德哲学,以及邓斯

·司各脱(John Duns Scotus)哲学是其实用主义思想渊源,而笛卡尔(Rene Descartes)以来形成的西方哲学传统是他首先批判的对象。

科学给了皮尔士重视未来、重视实践,以及冲破一切桎梏的精神与勇气。这种始自皮尔士的科学精神成为了实用主义家族推崇和重视科学的理论气质。皮尔士作为一位活跃而无畏的科学家,他非常熟悉科学实践并迷恋于科学探索所释放出的力量。而且皮尔士还深深迷恋与科学方法相关的诸如变化、可修正性、开放性、新颖性等概念。而德国古典哲学,特别是康德哲学对皮尔士的影响更大,"实用主义"这一名称就直接取自康德哲学,他承认自己终生皆未摆脱康德哲学的影响。受康德的影响,皮尔士既想像康德一样建立"先验哲学",并始终坚信哲学应捍卫和运用一种由极为普遍概念组成的体系,正是对康德先验哲学的修正恰恰是使他迈向实用主义的重大步骤,而对康德先验哲学的欣赏又使他和詹姆士、杜威等人拉开了距离,成了一位不彻底的实用主义者。邓斯·司各脱给皮尔士最大的影响是他的实在论主张,即既坚持实在论,又与极端实在论划清界限。这一点正是皮尔士区别于詹姆士等其他实用主义者的地方,他始终坚持邓斯·司各脱的实在论观点,一直不赞成唯名论主张。

皮尔士的实用主义是建立在被他捣毁的笛卡尔哲学传统大厦的废墟之上的。正如近现代以来,试图建立新哲学的哲学家皆必须从批判笛卡尔哲学传统开始工作一样,皮尔士建构实用主义的工作亦是从批判笛卡尔哲学传统开始的。笛卡尔作为近现代哲学之父,近代以来绝大多数哲学家皆是在笛卡尔开创的哲学理论框架下工作的,笛卡尔哲学提出了精神实体与物质实体的二元对立,把知识的直接对象限定为观念,不论是经验主义还是唯理主义都接受了笛卡尔的这一前提,从而使知识成了一种探讨观念性质、关系的学说,实际上成了一种主体内部的事情。因此可以说,整个延续笛卡尔这一思维传统的近代哲学从根本上而言就是一种心理主义哲学,将内在意识当作了知识得以形成的条件。而为笛卡尔这一思路扫清障碍的则是他的所谓"怀疑一切"的方法。正是笛卡尔这些主张遭到了皮尔士的猛烈批判。[①]首先,皮尔士拒斥了笛卡尔怀疑一切的思维方法,他认为怀疑一切既不可能,也无必要,他说,"让我们不要在哲学上怀疑那些我们的内心其实并不怀疑的东西。"其次,皮尔士拒斥笛卡尔将个体意识当作检验确定性的最后依据,他认为这种论断只会助长主观主义。再次,皮尔士认为,哲学在方法上

① 陈亚军:《实用主义:从皮尔士到普特南》,第14页。

应模仿成功的科学,而不应该像笛卡尔一样诉诸一种单一的推论方式,相反应该诉诸一系列相互关联的推论方式。最后,针对笛卡尔设想某种最终的东西来自不可怀疑的沉思,皮尔士指出这不是一种理性的做法,也不是对事实加以说明的科学思维方式,因此在哲学或科学研究中是不能被允许的。

通过对笛卡尔这四个主要方面的批判,皮尔士提出了与之尖锐对立或分歧的许多主张,这些主张可大致归纳为两个方面的内容:一方面,皮尔士否定了任何内在意识性的认识,进而否定了内在精神实体,他认为一切认识都是外在发生的,根本就没有一个内在独立的意识实体;所谓的"意识实体"无非是一种思维的功能,其所用材料均由外部世界而来,没有一个独立于外部世界的内在领域。另一方面,皮尔士在第一方面的论断基础上,进一步明确指出人无非是存在的思想,无非是一系列的记号,因为思维不能不用记号,而记号便意味着要求解释,这个解释不可能来自思维本身,而只能来自思维所指的外在对象;于是,皮尔士将人从一种内在的精神实体化解为一种记号的存在,一种社会化的外在的存在。皮尔士这两方面的结论意义重大,它把偶然、外在性、社会实践推到了哲学中心,由此摧毁了始自笛卡尔的近代哲学的支柱:不可怀疑的直接内在意识、非语言的表象,以及不可说的自在之物。它标志着一种新的哲学思考的问世,这种新的思考强调知与行的统一,强调人与环境、人与他人的交互作用,坚持外延式的谈论真理的方式,坚持知识的可修正性。这在一定程度上也就是实用主义的思维方式[①],也就是实用主义的基本精神。

二、实在就是经验的效果

如前所述,皮尔士的实在论受邓斯·司各脱的影响,他既否定非实在论而坚持实在论,又与极端实在论划清界限,他实际上是坚持一种反本质主义的实在观。皮尔士更多倾向于在有关事物的属性问题上持一种"动力学"的观点,即实在就是经验的效果。在皮尔士看来,一个对象只是在与其他对象相互作用的过程中,通过其实际效果,在时间中把自己的属性展示出来,在时间之外谈对象的属性是没有意义的。皮尔士不倾向于主张一个对象拥有一套静止固定的属性,如硬、重、柔等,而强调人与环境、人与他人的交互作用,坚持外延式的谈论真理的方式。因此,针对那些形而上学哲学家们的本质主义主张,皮尔士以嘲讽的口气说,他们自以为静观默察到了"客体的一

---

① 陈亚军:《实用主义:从皮尔士到普特南》,第1页。

种在本质上原系神秘的性质",但其实不过是一种主观幻觉而已。

皮尔士从主观经验主义出发,认为实在的确定,完全取决于人的意见。事物不是脱离人的经验之外的存在,而是经验的效果。因为事物的意义全在于人们感知的行动效果。他说:"所谓实在,正如每一种其他的性质一样,就在于它具有着实在性的事物所产生的特殊的可感觉的效果。"①比如说某物是硬的,无异于说该物在我们的行动中具有抓不破的效果,说它是重的,无异于说我们在撑起它时需要花费力气,否则它就会产生落下去的效果。但是,尽管皮尔士把实在等同于经验,但他不把经验仅仅视为事物现象的感觉,他还肯定描述事物性质的一般概念和范畴的实在性。这一点他不同于贝克莱等人的传统主观主义的经验论,把实在归结为"感觉的复合",而直接否定物质世界的客观性,但他将实在看作是我们经验到的效果,也就间接否定了物质世界的客观性。因为,既然实在只是感觉和经验的效果,那么它就只可能存在经验之中,而不可能存在于经验之外。所以,他最终断言"事物从外部去看好像是物质的,若从内部去看⋯⋯原来是意识",②并宣称他的哲学是"一种谢林式的唯心论"。同时还要指出的是,尽管皮尔士认为实在不能离开人的感觉而独立存在,但他拒绝以个人作为检验实在的标准;相反,他认为实在是主体间性的,他说:"实在这一概念的真正起源已表明这个概念从根本上涉及到共同体的概念。"③

显然,皮尔士的实在论和一些实证主义者的观点十分相近,皮尔士自己对此并不讳言。他曾把自己的理论描述为"恰到好处的实证主义",并且和逻辑实证主义者们一样,经常运用他的实用主义原则揭露传统形而上学的空洞性。所不同的是,尽管他反对在形而上学本体论意义上谈论实在,但他并不因此而贬低形而上学。例如,他在《如何使我们的观念清晰》一文中,就揭露过天主教"实体转变"的无意义,但他并不反对新教徒们在转喻的意义上把圣餐说成是耶稣的血和肉。④ 一些西方学者认为,皮尔士的实在其实不过是他逻辑推论所需要的一种假设,就像奎因所谓的"本体论的承诺"一样,只是一种理论的设定。没有这种设定,科学的方法便失去了保证,这对皮尔士来说是无法接受的,⑤因为那是作为逻辑推论前提的信念。

① M. 怀特:《分析的时代》,杜任之译,商务印书馆1981年版,第48页。

② M. 怀特:《分析的时代》,第48页。

③ C. Hartshorne and P. Weiss, *Colleted Papers of Charles Sanders Peirce*, Harvard University Press, 1963,p. 311.

④ 陈亚军:《实用主义:从皮尔士到普特南》,第26页。

⑤ 同上,第45页。

三、认识的任务是为行动提供信念

重视行动,以促成行动的信念为哲学探讨中心之一,是皮尔士哲学(实用主义哲学)与传统哲学的主要区别之一。传统哲学作为一种重视思辨形式与内容的哲学,强调的是思维与思想等理论问题,而其少关注人的行动与实践问题。所以,在传统思辨哲学那里,理论与生活实践被分割成了两个互不相涉的领域,这种分割是皮尔士等人所主张的以生活为中心的实用主义者们不能容忍的。在皮尔士看来,哲学的功能就是帮助人们消除怀疑,确立行动的信念。只有确立了信念,人们才会有行动,才会有与环境打交道的立足点。于是,探讨信念的性质、起源,阐明确立信念的正确途径,便成了皮尔士信念理论所关注的要点,他甚至颇为极端地说:"信念的产生是思想的唯一功能。"①

皮尔士从其经验实在论所阐发的观念——"实在的事物所具有的唯一效果在于引起信念,因为它们所激起的一切感觉都在信念形式下出现于意识中"②——出发,合乎逻辑地讨论了认识论问题——既然实在是我们经验到的效果,那么认识的任务就是"认识行动的效果",从而为我们的行为提供信念。那么,何为信念呢? 皮尔士所说的信念,不同于宗教的盲目信念,它是建立在思考与科学研究的基础之上的。皮尔士对培根将信念定义为"人所根据而准备行动的东西"极为赞赏,并对其加以变化和发展,他指出,决定行动的是一种习惯,信念就是按照一定的方式去行动的习惯,它具有三个特征:"首先,它是某种我们意识到的东西;其次,它平息了怀疑的焦躁;最后,它涉及到我们本性中的一种行动规则——或简单地说一种习惯的建立。"③那么怎样来确立信念呢? 皮尔士概括了人类确定信念的四种方法:一是"固执的方法",就是否认有实在的知识或真理,一切决定和选择全取决于个人意志,即凭个人意志来确定信念的方法;二是"权威的方法",就是仰仗国家的组织力量和暴力从政治上确定信念的方法;三是"先验的方法",就是肯定每个人心中皆有共同的先验原则,通过集体讨论来确定信念的方法;四是"科学的方法",把信念建立在实验效果的基础之上,即通过实验或行动来建立信念的方法。皮尔士分析比较这四种方法后认为,前三种方法常常会导致行动的失败,只有第四种方法才能提供具有"外在永恒性,而不存主观偏

---

① C. Hartshorne and P. Weiss, *Colleted Papers of Charles Sanders Peirce*, p. 5.
② 顾肃、张凤阳:《西方现代社会思潮史》,山东教育出版社 2004 年版,第 145 页。
③ C. Hartshorne and P. Weiss, *Colleted Papers of Charles Sanders Peirce* p. 397.

见的"信念,从而导致行动的成功,因而它才是唯一可靠的方法,也就是实用主义的方法。显然,皮尔士这一认识论是反唯物主义反映论的。

四、意义就是效果

皮尔士还着重探讨了观念、概念或命题的意义问题,而且这一部分理论是皮尔士哲学中最重要的部分,也是他对实用主义哲学的最大贡献。皮尔士从反唯物主义反映论出发,认为观念、概念或命题的意义不是由它所反映的内容所决定的,而是由它们所引起的行为的效果决定的。他说:"考虑一下我们认为我们的概念的客体具有一些什么样的效果——这些效果是可以设想为具有实际意义的,这样,我们关于这些效果的概念,就是我们关于这种客体的全部概念。"①通常把这段话称为"皮尔士原理"。在这里,皮尔士提出了如何确证一个概念或命题意义的根本方法,这比后来维也纳学派(Vienna School 或 Vienna Circle)的证实理论早半个世纪。在皮尔士看来,观念、概念的客体具有什么意义,全看它能产生什么样的效果,这个效果就是这概念的意义的全部。因此,他断言"意义就是效果"。

另外,皮尔士还探讨了与意义论相联系的真理理论。

从"意义就是效果"的观点出发,皮尔士合乎逻辑地得出"真理就是效果"的论断。皮尔士将真理理论概括为符合说、极限说、一致同意说、信念说。皮尔士通过分析比较,认为前三种真理理论都存在缺陷,只有第四种理论才能导致行动的成功。因为,在皮尔士看来,产生信念是思维的唯一功能,而一切实在的事物所具有的唯一效果就是引起信念。信念的本质在于习惯的确立,只要达到一种坚定的信念,也就等于把握了真理。因此,皮尔士极力否认自亚里士多德以来占据统治地位的符合论真理观——真理是认识与客观实在相符合,而断言真理就是"效果",就是导致行动成功的信念。他说:"真理不同于谎言的地方,就只在于以真理行动必然到达我们指向的地方,而不是离开它。"②

皮尔士以上这些观点为实用主义奠定了基础,但当时这些观点和理论并不为人理解和接受,一直沉睡了 20 年之后才被后来的詹姆士、杜威等发展和推广,也只有等到詹姆士重新阐释皮尔士原理时,人们才发现了实用主义理论的价值。总体说来,皮尔士的哲学是一个复杂和矛盾的体系,其中包含了各种不同的甚至相互抵触的观点。例如,皮尔士尽管非常推崇科学,甚至

---

① M.怀特:《分析的时代》,第 145 页。
② 同上,第 247 页。

实用主义在他那里也只是科学探究理论的一部分,对道德的保守性有诸多非议,但他又对在资本主义过度膨胀下的城市工业化和职业专门化所导致的传统礼俗社会的遮蔽十分敏感,由此而对教会评价甚高,并对宗教中的教条、习俗、习惯、传统等慨念加以维护,他不仅化解了科学和伦理学的矛盾,而且还设定了一个宗教的终极目的。总之,皮尔士是 19 世纪下半叶以来敢于突破近代哲学思维方式、企图为哲学的发展开辟新道路的西方伟大哲学家之一,但他也像尼采等人一样未能摆脱近代形而上学传统的界限。

第三节　詹姆士的"彻底经验主义"

若从严格的哲学理论意义上来说,詹姆士才是实用主义的真正创始人,因而在实用主义家族中,詹姆士的地位始终举足轻重,因为"正是从詹姆士开始,'实用主义'作为一种美国哲学而闻名于世"。① 尽管皮尔士是"实用主义第一人",但詹姆士作为实用主义哲学最大的代表之一,正是詹姆士使原本在皮尔士那里并不显眼的一种澄清意义的方法获得了国际性的声誉和创造性的阐述。在皮尔士那里,实用主义还只是他的科学探究理论的一部分,而在詹姆士这里实用主义已上升为处理一切哲学问题的轴心。詹姆士的功绩还不仅仅在于此,更在于他积极推动实用主义在美国的大众化,使之成为了一种全国性的哲学运动,最终促使它成为一个影响深远的世界性哲学流派。当然,也有人认为,詹姆士是使实用主义变成"庸俗"的"市侩"哲学的"罪魁祸首",真是"成亦萧何败也萧何"! 因此,谈实用主义发展史,不能不从皮尔士开始,但论及实用主义的真正创始人,我们只能将目光投向詹姆士。

詹姆士于 1842 年 1 月 11 日,出生于纽约一个笃信宗教与学术的良好家庭。少年詹姆士曾一度迷恋绘画,但他很快发现绘画虽然能够满足他的兴趣,却不能激发他生命中最强烈的冲动,他更渴望的是知识和成就而不是沉思和想象。于是科学取代艺术成为他心中的女神。1861 年,詹姆士入学哈佛大学,主修化学,后转入医学院学习医学。在哈佛大学学习的日子里,詹姆士除了研究化学,还兴趣广泛地涉猎大量其他学科的知识,特别是对医学、哲学、历史和文学投入了大量的时间。1869 年 6 月,詹姆士完成了在哈

---

①　陈亚军:《实用主义:从皮尔士到普特南》,第 3 页。

佛医学院的学业并获得医学学士学位。1872 年被哈佛大学聘为生理学讲师,从此在哈佛大学走上了教育和学术研究之途,直至 1910 年 8 月 26 日病逝。詹姆士一生主要在生理学、心理学、哲学三个方面展开其学术研究工作,特别是在心理学和哲学方面著述颇丰,成就卓越,并由此成为举世闻名的心理学家和哲学家。

在詹姆士的实用主义思想形成中,两个人对其产生了决定性影响。一是大约在 1861 年上半年,他结识了后来成为其同道的皮尔士,并对其思想产生了深深的共鸣,随后数年中他参加了皮尔士创建的"形而上学俱乐部",并成为其中坚人物,由此深受皮尔士实用主义思想的浸润。另外一件是在 1872 年的冬季,詹姆士和法国哲学家雷诺维叶(Charles Renouvier)开始了通信并建立了友谊。这两件事和这两个人对詹姆士来说意义重大,皮尔士和"形而上学俱乐部"对詹姆士的影响自不待言,而詹姆士从雷诺维叶有关信仰意志的学说中领悟到一种行动哲学,领悟到生命不过是达到某个目标的中介,它的意义在于创造。正是在这两位哲学家的影响下,詹姆士形成了自己的实用主义思想。1898 年,詹姆士在加利福尼亚大学作了关于哲学概念与实际效果的讲演,开始转向哲学研究,并由此将沉睡了 20 年的皮尔士原理冠以"实用主义"之名加以重新阐释,1906 年他在斯坦福大学、加利福尼亚大学讲课,又分别在罗威尔研究所和哥伦比亚大学进行讲演。1907 年出版了《实用主义》,1912 年他去世后由其学生培里(Ralph B. Perry)整理出版了《彻底经验主义》。

詹姆士的实用主义思想集中体现在以下三个方面:

一、"彻底经验主义"的世界观

詹姆士哲学与众不同的特征在于,他坚持认为哲学必须与人的生活相关联,哲学的意义在于帮助活生生的人,他认为任何一个先验的抽象的哲学体系,如果没有屈尊于真实的生活,与人的目的的实现毫无关联,那么不论它看上去多么深刻,皆是践踏了哲学理想的。因此,詹姆士拒斥任何把自己的任务只是限定在概念分析的哲学,他认为哲学的价值只在于帮助人们实现自我目标。所以,对于詹姆士来说,如果哲学或理论体系在相信它们的人那里没有任何可设想的后果的话,那么它们也就是没有任何意义的了。同时,詹姆士把哲学看作是人的具体生活经验的反映,与人的趣味的、纯净的理想不可分;而人在詹姆士的眼里,绝不是一种静止的、理性的存在物。相反,他是集目的意图于一身的变动的充满活力的存在物。鉴于詹姆士这些哲学与人及其两者之间关系的特别主张的思想理论观念,当代著名的新实用主义哲学家普特南曾指出:"詹姆士动机的形成最终来自于伦理学,他的论文……特别是'道德哲学家和道德生活'在理解他的实用主义和彻底的经验主义两方面,都起到了一个关键的作用。"①

彻底的经验主义学说是詹姆士实用主义理论大厦的砥柱。一方面,詹姆士以彻底经验主义作为一种本体论学说,为实用主义的确立提供了必要的前提。因此,詹姆士把自己的世界观称为"彻底经验主义"的世界观。他说,"我把我的世界观命名为'彻底经验主义'"②。另一方面,詹姆士认为,不以实用主义作为探讨问题的方法,不把目光由传统形而上学那种关注普遍、绝对、永恒的思维方式转向关注具体、特殊、生活的世界,就不可能有彻底经验主义学说的诞生,更不可能有实用主义的发展。因此,詹姆士正是用彻底经验主义本体论学说克服了西方哲学传统遗留下来的二元论难题,为实用主义创建和发展扫清了障碍,那么究竟什么是詹姆士所说的"经验"?他又是怎样克服二元论的?下面就让我们更具体地来看一看詹姆士的经验主义学说有些什么样的内容。

詹姆士认为世界的本源是"纯粹经验",而且不仅事物是经验,事物之间的关系也是经验,这样世界就是连续不断的"经验之流"(有时亦将之称为"思想流"、"意识流"或"生活之流"),他说"我认为世界上只有一种原始素材或质料,一切事物都由这种素材构成,我把这种素材叫做'纯粹经验'"。③ 那么这种"纯粹经验"是何物呢,又从何而来呢?詹姆士认为,这种"纯粹经验"是神经受刺激而引起的一种连绵不绝的感觉长流或原始的感觉混沌,而且这种"纯粹经验"是没有形状、性质等任何规定性可言的,人们只有在没有任何理性活动参与的无意识中才能体验到它。"例如,只有新生的婴儿,或者由于从睡梦中猛然醒来,吃了药,得了病,或者挨了打而处于半昏迷状态的人,才可有它。"④反之,由于长期的受教育与训练,我们忘却了纯粹经验,习惯了概念式的思维,错把反思的结果当成了原始的素材。

传统哲学特别是近代哲学认为,真正的实在是一种静止的实体和理念,它们是一切可变东西的不变的基础、依托。而詹姆士则认为,最实在的是"纯粹经验",其他都是第二等级的。二元论所说的知与被知、意识与物质,无非是同一段纯粹经验在不同上下文中的表现而已。同一段纯粹经验由于

① H. Putnam, *Realism with a Human Face*, Harvard University Press, 1990, p. 217.
② 詹姆士:《彻底经验主义论文集》,上海人民出版社 1987 年版,第 22 页。
③ 同上,第 2 页。
④ 同上,第 50 页。

与不同的"伙伴"集合在一起,便有了知与被知、主观与客观的不同。所以二元论只是在功能的意义上成立,只有关系二元论,他说:"在这种意义上的二元论仍然被保留下来,不过是重新做了解释……这是一种关系上的二元论。"詹姆士试图将二者还原为一,因为实体是我们所无法断言的东西(休谟已揭示了这一点)。我们只能由最初的现象即"纯粹经验"出发。这是世界唯一的本质。主客的分化不过是这种纯粹经验的不同组合而已。的确,从詹姆士的角度说,就单独的一个知觉经验而言,是没有主客观问题的。

二、"有用即真理"的认识论

真理观或认识论是詹姆士哲学中的重要内容,他甚至认为"实用主义就是某种关于真理的理论"。所以,詹姆士较为全面地论证了真理的含义、性质和标准。通常实用主义的真理观都是以詹姆士的真理观为范本的。詹姆士的真理论直接源于皮尔士原理。从"纯粹经验"本体论出发,詹姆士的认识论或真理观必然是反唯物主义反映论的。在此他和皮尔士一样反对"符合论"真理观,且不仅认为真理不是认识对客观实在的反映,而且还认为认识只是经验内部的事情,是人们组织经验材料的一种能动的活动。他认为人们把经验材料组织起来,不自相矛盾,并在应付环境中能够取得成效,那就是真理。所以,"'它是有用,因为它就是真理的',或者说'它是真的,因为它是有用的',这两句话的意思是一样的"。[①] 亦即"有用的就是真的,真的就是有用的"。

詹姆士的实用主义真理观还具有以下几个主要特征:

1. 实用主义真理观只关注最后的事实和效果,而不问原则和理论自身的性质。

2. 真理是一个引导过程。观念、概念、命题的真理性不是它固有的、静止的性质,而是在动态中实现的,是由许多事件促成的。

3. 观念、概念、命题的真理性取决于其在实践中的效果。

4. 真理都是可塑的,非功利的客观真理是不存在的。

5. 绝对真理是不存在的,真理是多元的、相对的。

总之,詹姆士的实用主义真理观是建立在彻底的经验主义基础之上,是以满足人的需要为目的,以观念的效果为标准的主观唯心主义的真理观。当然,他关于真理是有条件的、真理是一个过程等等理论都包含着合理的、

---

① 詹姆士:《实用主义》,陈羽伦、孙端禾译,商务印书馆 1979 年版,第 116 页。

积极的因素,值得我们批判地吸收。

三、讲求效果的方法论

实用主义究竟是一种什么样的哲学呢? 詹姆士指出,实用主义是一种调和的哲学体系,甚至它不过是一些旧思想方法的新名称,将之归结为一句话就是:"不讲原则,只讲效果"。他说:"实用主义的方法不是什么特别的结果,而只不过是一种确定方向的态度,这种态度不是去看最先进的东西——原则、范畴和必须的假设,而是去看最后的东西——收获、效果和事实。"[①]因此,面对各种哲学的对立与争论,实用主义采取了一种基于"效果"的调和态度。

詹姆士断言,人们在生活中的诸多争论都不是基于"效果"的争论,而只是基于抽象原则的争论。这种争论是多余的,没有意义的,如果用实用主义基于"效果"的理念与方法去处理,它们就自然会平息。他认为,哲学是什么样子完全是由哲学家的气质决定的,哲学完全是哲学家性情的表现,而人的气质存在很大差异,乃至是相互对立的,于是就产生了哲学上的观点分歧和派别的对立。但是,诸如世界是物质的还是精神的这些在唯物主义和唯心主义之间的争论皆属于多余的争论,如果争论双方能够放弃各自抽象的原则立场,改用实用主义的态度,皆从"效果"出发,把物质归结为"经验的效果",那么在唯物主义和唯心主义之间旷日持久的争论就可以自然而然地平息了。所以,詹姆士认为,各种哲学派别之间的争论,本质上都是"意气之争",就如同瞎子摸象,各种理论都有其独到之处和优点,但也有其缺陷,如果利用实用主义的理念和方法将之整合用其长而避其短,则既可平息争论,亦可收到好的"效果",但他们却各自偏执一方,意气用事,毫无意义。因此,詹姆士认为只有实用主义才能不偏不倚,才是息事宁人的"和事佬"——"它总是采取中间的路线……使善良的人们不再分成两个敌对的阵营"。总之,实用主义遵从调和的精神,试图把相互对立的哲学结合起来,使其保留各自的功能,找出它们各自的兑现价值。所以,詹姆士说:"从这里,你们可以看出我以前把实用主义叫做调和者或和事佬……是什么意思了。"而且"我希望我能引导你们发现实用主义正是你们在思想方法上所需要的中间的、调和的路线"。

詹姆士对实用主义的贡献是非常巨大的,可以说实用主义作为一种新

---

① 詹姆士:《实用主义》,第 55—56 页。

颖的理论形态,其主要特征在詹姆士这里都已得到了充分的表现。所以有研究者明确指出,实用主义成熟于詹姆士。[1] 因为,无论是实用主义的方向、实用主义的方法,还是实用主义的中心话题,皆是由詹姆士最后确定的,而且实用主义念兹在兹的哲学改造的自觉性也是在詹姆士这儿觉醒的。当然,詹姆士对实用主义的这些卓越贡献,并不意味着他很好地解决了实用主义的理论课题。相反,詹姆士的实用主义理论中仍有许多向传统哲学妥协的地方,而且由于詹姆士过于追求行文论述的生动活泼性,往往使得其梳理论证显得不够严谨,就像艾耶尔所说的,他常常为了生动性而牺牲了精确性,这使他的理论常常显然不够融贯协调,自我矛盾的尴尬时常出现。[2] 因此,在詹姆士那里,实用主义犹如一个刚刚问世的新生儿,它的强壮还有待后人的进一步呵护培育与发展完善,而完成这一工作的就是被称为实用主义家族之长的杜威。

第四节　杜威的“工具主义”

杜威在皮尔士和詹姆士的基础上,对实用主义作了系统、全面地研究,并将之推广应用于教育学、伦理学、政治学、历史学等等更为广阔的人文社会科学领域,使实用主义达到了繁荣鼎盛的地步。所以杜威被人称为“实用主义神圣家族中的家长”,怀特曾说,虽然杜威在三位实用主义创始人当中是最年幼的一位,但人们都认为他是实用主义神圣家族中的家长——尽管在逻辑和科学的问题上,杜威不像皮尔士那样聪明,也不像詹姆士那么机智而显赫,但他却在许多方面比那两位都显得更是一位更严厉而有魄力的人物。[3] 他既以其宏大的系统广泛而深入地阐述了实用主义的思想和基本精神,又在诸多人文社会科学领域里充分地加以运用、发挥实用主义的主张。他把皮尔士对“实验”的关注、詹姆士对心理学的兴趣以及米德的社会论题,联结成为一体,并以此来解决实际的“人的问题”。他是实用主义当之无愧的家长,是他为实用主义的古典发展阶段画上了非常完美的句号。

杜威是20世纪世界上最著名的哲学家、心理学家和教育学家之一,实用主义哲学最大的代表人物,罗素称他是美国“首屈一指的哲学家”。杜威也

---

① 陈亚军:《实用主义:从皮尔士到普特南》,第107页。
② 同上,第108页。
③ M.怀特:《分析的时代》,第178页。

是一位积极推动社会改革,倡言民主政治理想的自由主义派人士,更是一位致力于民本主义教育思想的实践者。他的思想,不仅形成了美国继实用主义之后而起的实验主义哲学体系,而且也深刻地影响到了教育理论与实践的发展。由于他毕生著述与教学,受业学生遍布世界各地,故其影响是他人所不能匹敌的。在 1949 年杜威 90 岁诞辰时,美国报刊纷纷发表文章,说杜威是"哲学家们的哲学家","他在自己的生活方式和自己的哲学中体现了美国人的理想",是"美国人的顾问、导师和良心"。总之,杜威是美国人心目中的宠儿,是美国民主精神的代言人,是个伟大天才。杜威于 1859 年 10 月 20 日诞生在离实用主义故乡剑桥不远处的佛蒙特州,1879 年毕业于维蒙特大学,后进霍金森大学研究学院学习哲学,1884 年获博士学位,此后相继在密西根大学、芝加哥大学、哥伦比亚大学任教。杜威 90 诞辰,美国总统亲往祝贺,各大媒体也纷纷报导,可谓盛极一时。三年后,即 1952 年 6 月 1 日,杜威在纽约第五大道 1158 号住宅内去世,享年 93 岁。反映其实用主义思想的主要哲学著作有《哲学的改造》(1920)、《经验与自然》(1925)、《确定性的追求》(1929)、《逻辑:探究的理论》(1938)、《认知与所知》(1949)等。

杜威的实用主义思想主要体现在以下三个方面:

一、自然主义的经验论

"经验的自然主义"是杜威在《经验与自然》一书中对于自己哲学学说的称呼。人们也可以将它称作"自然主义的经验论"或"自然主义的人文主义"。它涉及的主要是杜威关于经验与自然的关系的论述。因此,尽管杜威有时候称自己的哲学是"经验的自然主义",有时候又将之称为"自然的经验主义",但两个称谓名虽各异,意思却是一致的,表面上都强调了经验与自然的统一。尽管与詹姆士一样,杜威认为世界的始源是"纯粹经验"或"原始经验",但他把经验解释为"任何环境相互作用的统一体"。他反复声明,他所说的"经验",既包括人的主观意识及其活动,也包括自然。因此,他极力反对将人及其经验与自然截然分开,而坚持经验与自然的连续性。为了强调这种统一,它称自己的理论为"经验的自然主义"或"自然的经验主义"。于是,在詹姆士"纯粹经验主义"理论中弥漫着的浓烈的主观经验主义色彩,被杜威用含糊的词句狡猾地在其"自然的经验主义"理论里掩饰了。

但是,这种含糊其辞的花招,难以掩盖其理论的主观经验主义和唯心主义的本质,尽管杜威一再宣称实用主义哲学是凌驾于唯物主义和唯心主义之上的"中立"的哲学。因为,杜威的"自然的经验主义"理论表面上强调了经验与自然的统一,实质上是把物质的自然界"统一"(消融)到主观的经验或意识中去了。而且,像詹姆士一样,杜威也否认事物存在于经验之外的可能性,且将它们说成是原始经验的改造物。他还指责唯物主义认为"凡是被经验到的东西都是独立于自我态度和动作之外"的见解是一种偏见,称唯物主义的"物质"是"鬼影",是"地下幽魂和野鬼"。同时,他将肯定客观世界存在的唯物主义方法与肯定精神世界客观存在的客观唯心主义方法统称为"非经验法",并加以否定和鞭挞,而将他所主张的那种将自然消融(统一)到经验或意识中去的方法为"自然方法",并予以肯定。

二、工具主义的认识论

杜威发展了詹姆士的"知识是行动的工具"的思想,系统地提出工具主义的认识论。因此,在杜威的全部认识论和方法论中,始终贯穿着一个基本的思想,即工具主义思想。杜威把原始的经验世界看成是一个"动荡的"、"不稳定的"、"纯粹偶然的"世界。因此,在这个"纯粹偶然的世界"里,根本不存在客观规律或必然性这类东西。所以,他认为,认识的任务不可能是去把握客观规律和必然性,以便预见未来,而只可能是去把那些零碎的、模糊的、不确定的原始经验改造成系统的、明确的、相对稳定的东西,并藉此以应付环境的变化。于是,他得出"认识就是行动"的论断,亦即认识就是应付环境的行动。那么,顺着这一逻辑思路,自然得出"知识就是行动(应付环境)的工具"的论断——"所有的概念、学说、系统,不管它们怎么精致、坚实,……它们都是工具,与其他所有的工具一样,它们的价值不在于其自身,而在于它们在其造成的结果中显现出来的功效。"[1]

从上述工具主义认识论的观念出发,杜威提出了他最具特色的理论——工具主义真理观。杜威与詹姆士一样,反对唯物主义的反映论和"符合论真理观",而认为真理不是与客观现实相符合的认识,而是在应付环境的行动中有效的观念。他说"真理就是效用"[2],"效用是衡量一个观念或假设的真理的尺度"[3],因为"工具本身是无所谓真假的,它只有有效或无效、恰当与否和经济或浪费之别"。

杜威基于工具主义认识论的基础,还提出了认识思维过程的五个步骤:(1)陷入困境,找出问题;(2)寻找疑难问题,只有把问题找准,才能为解决问题开辟道路;(3)提出假设,即提出各种解决问题的假设或方案;(4)根据假

---

① 杜威:《哲学的改造》,许崇清译,商务印书馆1962年版,第78页。
② 同上,第85页。
③ 同上,第58页。

设进行推理,选出最优假设方案;(5)通过行动或实验以检验假设。杜威关于思维的五步法,其顺序并非固定不变,要依具体情况而定。但是,这五步法表明:思维过程也是一个行为过程,两者是协调统一的。尽管这五步法并没有任何现代自然科学的方法论根据,杜威只是用生物适应环境的本能活动来加以解释。而且他还认为,人的认识和科学家的科学研究活动在本质上,与动物应付环境的本能活动并无任何区别。但不可否认,杜威的思维过程五步法也适合于科学发现的逻辑,这也是杜威认识论中最有价值的部分之一。

三、改良主义的社会历史观

杜威将其实用主义思想推广应用于社会学、教育学、伦理学、历史学等诸多人文社会科学领域,并在社会多元决定论的基础之上,建立了实用主义的社会历史哲学、伦理学、教育学等学科。杜威的社会历史理论否认社会发展规律的存在,他反对社会存在决定社会意识的观点,并断言社会的发展变化取决于人性和文化两方面的多种因素的相互作用,它是极其复杂的,因而是根本无规律可循的。比如,人生来具有"分化"和"结合"这两种天性。"我们可以肯定,人性像生活的其他形式一样,具有趋于个体方面的分化,又趋向于结合或联合。"分化的倾向产生利己心,联合的倾向产生利他心。除了人性以外,另一个重要的方面是文化,文化包括政治、经济、法律、教育、道德等多种因素的结合,而不是单一因素决定的。"文化是许多因素交互影响构成的,其中主要的因素是法律和政治、工业和商业、科学和技术、艺术和道德等。"[1]

很显然,杜威这一建立在社会多元决定论之上的社会理论与历史唯物主义是相反的。因此,他极力鞭挞马克思的历史唯物主义,他认为历史唯物主义是只承认经济作用,而根本否定意识的能动作用的"经济决定论",是过了时的"绝对主义"——"马克思主义把交互影响中的一个因素(经济因素)孤立起来,予以至高无上的地位,从而导致了绝对主义。"[2]他还极力反对马克思主义的科学社会主义理论,污蔑它是"空想"。他断言"社会的情况十分复杂,无规律可循",因而"制定计划的政策,其结果只能是事与愿违,造成不可估量的混乱"。[3]

---

[1] J. Dewey, *Freedom and Culture*, New York: Putnam, 1939, pp. 21—23.

[2] Ibid. p. 75.

[3] Ibid, p. 62.

既然社会发展变化无规律可循,那么要对之进行革命性的再造似乎是不可能的了。因此,杜威极力否定阶级斗争与暴力革命,甚至污蔑马克思主义的阶级斗争学说和革命理论,而极力宣扬改良主义。他宣称,由于社会情况复杂,没有任何发展规律,因而一切社会问题都不能通过革命的方法——改变资本主义的经济制度的方式去解决,而只能通过尝试性的途径,逐步改良解决,而且"改良主义坚信……任何情况都是可以改善的"。① 同时,为了转移斗争焦点,推行他的改良主义,杜威认为当前资本主义的社会问题不是经济制度问题,而是道德问题。因此,解决问题之道不是去改变资本主义的经济制度,而应该是去加强道德教育。于是,杜威提出了他的实用主义教育观,强调教育在改良社会中的作用——"教育过程与道德过程是一个东西"。②

四、杜威对实用主义哲学的发展

作为古典实用主义之集大成者,杜威把实用主义的发展推向了一个新的高度,并使其获得了更加广泛的影响。与皮尔士和詹姆士相比,杜威的视野更加开阔,论域更加庞大,思考更加细致,表述更加谨慎。总之,杜威使古典实用主义的思想蕴涵得到了最为清晰的阐明。国内著名实用主义研究专家陈亚军认为,杜威对实用主义哲学理论具有五个方面的显著贡献或发展:

第一,杜威具体而详尽地揭示了运用实用主义准则的操作结构。杜威通过论证和阐述他的著名的探索逻辑,把实用主义准则的操作结构分为五个部分、环环相扣。这就使詹姆士的抽象的实用主义方法更加具体化。第二,杜威更加自觉而彻底地将达尔文的演化论作为自己的理论前提。杜威完全站在自然主义的立场上,撇开传统哲学关于实在的理解,使得实用主义在理论上更加连贯一致。在他的眼里,实在就是经验,经验就是生活,生活则是人与环境的交流与适应。从实在出发也就是从生活出发。实用主义的反本质主义话题只是到了杜威这里才真正走向彻底。无怪乎当代新实用主义代表人物罗蒂指出,只是到了杜威,实用主义才真正确立了这样的主张,即"只是想给关于我们与环境关系的自然主义说明补充一种非自然主义说明的企图才使这些问题变得有趣"。③ 第三,由于站在彻底的自然主义立场上,使得实用主义哲学理论更接近科学,更连贯稳重。第四,杜威把实用主

---

① J. Dewey, *Freedom and Culture*, p. 165.
② 杜威:《哲学的改造》,第45页。
③ 罗蒂:《后哲学文化》,黄勇译,上海译文出版社2009年版,第212页。

义提炼为一种客观的探究程序,使得实用主义的着眼点不只在于解决个人的困惑,还在于协调经验环境,将实在由无序变为有序,从而使实用主义方法获得了一种社会学的含义。第五,杜威从知行合一的视角审视整个西方哲学传统,对传统哲学作了细致的分析批判,试图从实用主义的角度揭示传统哲学的"错误",不同凡响地提出了自己的哲学改造方案。

当然,尽管杜威的实用主义理论把皮尔士、詹姆士所开创的实用主义运动推到了极致,极大地完善了实用主义理论体系,但这并不意味着杜威的理论没有自己的弱点,恰恰相反,杜威有着自己不可克服的理论局限与缺陷:一是因过分强调理论与实践的高度统一,以致于认为一切概念、理论的意义都必定由行动、实践来决定,从而将理论与实践的界限混淆了;二是因过分强调真理与实在的未知部分,而忽视或抹杀了指向过去的那部分真理;三是杜威在理论上既要阐发新思想又要使用旧概念,这种内容与形式的冲突,使他的理论显得混乱模糊。

总之,杜威作为实用主义的大家庭的家长,他集实用主义之大成,把古典的实用主义理论臻于完善,并将其社会影响力发展到顶峰。杜威的实用主义向人们提出了一系列发人深思的问题。人们可以不赞成杜威的主张,但却不能回避杜威所提的问题。杜威的逝世,实用主义哲学一度走向低谷,因为美国的哲学随着欧洲逻辑实证主义哲学家逃避纳粹迫害而移民美国后,进入了"科学化"与"形式化"、"精确化"发展阶段,杜威及其实用主义似乎暂时被人们遗忘了。但这只是一种名称的消失而已,实用主义的思想影响仍然存在,而且还十分广泛。在杜威去世四分之一世纪之后,在20世纪下半叶,随着分析哲学,特别是逻辑实证主义与经验主义的穷途末路,许多哲学家,例如奎因、戴维森等人转向实用主义哲学资源,终于由罗蒂、普特南、布兰顿等人重新打出了实用主义的旗号,以皮尔士、詹姆士和杜威等古典实用主义创始人为精神导师,再度倡导实用主义,实用主义的发展由此进入了新实用主义的时代。

实用主义是产生于19世纪70年代的美国本土哲学,是一种崇尚经验、强调行动、注重实效的哲学。实用主义哲学的开创者是皮尔士,后经詹姆士的推广发展,再经杜威的集成而形成成熟的理论体系。实用主义从它诞生那天起,便与传统哲学针锋相对,对于传统哲学的批判改造从来就是它的主要目标之一。它摒弃了传统哲学对于确定性、绝对性、普遍性知识的幻想,摒弃了一切二元分裂式的谈论世界、谈论哲学的思路。坚持以现实生活作为自己哲学思考的出发点,把人怎样活得幸福、活得有尊严放在一切问题的首位。强调知识或理论的实用性和工具性是实用主义的特点,也是它的优点。因为认识或理论的目的在于实践,实践是检验真理的重要标准,这是实用主义长期具有生命力的原因。而它的缺点是否定真理内容的客观性,并因此而带有一定的相对主义和主观主义的色彩。实用主义在杜威去世后一度衰落,但20世纪后半叶再度复兴,与来自欧洲的逻辑经验主义和逻辑实证主义哲学结合形成新实用主义思潮。

【本章思考题】

1.实用主义真理观的具体内容是什么?

2.何谓皮尔士原理?

3.何谓彻底经验主义的世界观?

4.实用主义为何被称为"庸俗哲学"?

5.如何理解"认识的目的是为行动提供信念"的观点?

6.为什么实用主义能在当代复兴?

7.杜威"自然的经验主义"主张确如其所说超越了唯心主义与唯物主义了吗?

8.杜威的社会历史观的本质是什么?

【建议阅读书目】

1.詹姆士:《实用主义》,陈小珍译,北京出版社2012年版。

2.罗蒂:《实用主义哲学》,林南译,上海译文出版社2009年版。

3.杜威:《哲学的改造》,许崇清译,商务印书馆1962年版。

4.詹姆士:《彻底经验主义》,庞景仁译,上海人民出版社2006年版。

5.涂纪亮:《从古典实用主义到新实用主义:实用主义基本观念的演变》,人民出版社2006年版。

6.陈亚军:《哲学的改造:从实用主义到新实用主义》,中国社会科学出版社1998年版。

7.陈亚军:《实用主义:从皮尔士到普特南》,湖南教育出版社1999年版。

8.刘华初:《实用主义的基础:杜威经验自然主义研究》,人民出版社2012年版。

第二章　科学哲学

科学哲学(philosophy of science)是出于对科学理论与科学活动的反思而产生的认识论、逻辑与本体论问题研究,是来自哲学的对科学的批判。科学哲学的产生与近代科学在思想上产生的成就有直接关联,不过在更广泛的意义上,它是哲学传统中认识论与形而上学的一部分。20世纪的科学哲学主要涉及实证主义、分析哲学、逻辑实证主义、逻辑实用主义、证伪主义、科学哲学的历史主义、科学实在论与反实在论等。其主要特征是强调一切思想观念的实证特征,以经验的证实或逻辑证明为标准来划分知识的科学性与否。

第一节　科学哲学的形成与演变

一、历史背景与理论渊源

19世纪以来,随着资本主义生产关系的日益稳固,英国与欧洲大陆的政治、经济处于世界的领先地位,自然科学得到了长足的发展,科学观深入人心,使原先宗教在意识形态领域中的地位不断下降,人们的精神已经从关注天国的宗教转向关心世俗的事务。在大学里,教师与学生也纷纷把自己的人生目标从成为一个牧师,而转向科学研究,神职人员已经不再是大学生们最崇尚的职业。科学观在人们心目中占居了主导地位,逐步改变了人们对世界的看法,形成了实证主义的哲学观,例如19世纪初,有孔德的实证哲学,后来有马赫的实证主义等等,这些思潮一改过去形而上研究之风,把科学精神向前大大地推进了一步,这就使得科学主义逐步兴盛起来。

首先,20世纪初形成于英国的数理逻辑,是20世纪科学主义潮流最深刻的基础。数理逻辑借助于形式化的逻辑语言与逻辑演算来处理形式逻辑中的问题,它便于使问题得到高度的清晰化与理论表述的严格化,避免了日常语言的不确定性和不严密性的局限。

其次,20世纪初欧洲大陆在自然科学方面也取得了突破性的进展,其中相对论与量子力学是最富挑战性的成就之一。爱因斯坦(Albert Einstein)的相对论阐述了物体运动与时间-空间的紧密关系,认为随着物体运动速度的加速,物体周围的时间会变慢,空间则会发生塌缩,这就构成了对牛顿理论的挑战,使传统的物理学变成相对论的一个特例,而相对论则大大地扩大了传统物理学研究的视野,使物理学向前大大地迈进了一步。而量子力学则从根本上突破了传统的世界观,其测不准原理、量子跃迁等理论使传统的决定论发生了动摇,改变了人们对因果必然性的看法,同时也密切了人与对象之间的不可分割的互动关系。

再次,从思想渊源上来说,英国的经验论传统把哲学命题限于经验的范围,超出经验范围之外的则被斥之为形而上学的,无意义的。这种实证主义的哲学观,试图超越由来已久的历史上始终未得到彻底解决的唯物主义与唯心主义的争论之上。特别是自马赫主义之后,这种实证主义思潮愈加占居支配地位。它反对思辨,反对教条主义与不变论,反对历史上无谓的纠缠不清的哲学争论,试图以经验或逻辑手段来清理这些争论的命题,分析其意义之有无。而美国的实用主义创始人皮尔士也主张,一个命题之是否有意义,完全在于其是否能在实践中有效甚至有用,否则则是形而上学的命题,是没有意义的命题。这种实证主义与实用主义思潮便是现代科学主义的源起,分析哲学与逻辑实证主义就是在这样的背景下产生的。

二、科学哲学的流变

科学主义思潮源远流长,从亚里士多德开始,科学哲学主要关心的就是归纳与演绎的关系问题。17世纪,在英国出现了经验论哲学,在欧洲大陆出现了唯理论哲学,两派哲学的争论最终是关于科学方法是什么,其实质就是:究竟科学方法是归纳法还是演绎法? 持不同观点的人们形成了归纳主义与演绎主义,两者各执一端。这场争论持续到20世纪初,归纳主义初战告捷,主要是因为数学与几何领域的变化,非欧几何的确立说明了欧氏理论并非先验的公理,相对论的建立也说明了牛顿理论并不具有绝对的必然性。尽管科学的发展说明归纳法是不可缺少的,但是,演绎主义的理论也并非几个实例就可以击败,20世纪科学主义中的工具主义、实在论也仍然有着某种演绎逻辑的倾向。

(一)实证主义

实证主义分为三代,第一代是孔德的实证哲学,试图把知识建立在实证的基础上,认为只有根据经验才是确切可靠的,而一旦超出经验之外,便无知识的可靠性可言。第二代是马赫的实证主义,主张不讨论经验之外的问题,如果我们讨论经验之外的问题便是对思维的不经济使用,他断言经验是中立的要素,但又称物是感觉的复合,把感觉看作经验中最主要的成份。第三代是实用主义,标榜自己是彻底的经验论,强调物是经验的效果,认为世界的本原只有一个即"纯粹经验",真理就是有用,就是对人们具有兑现价值,是人们进一步认识的工具。

(二)证伪主义与科学历史主义

20世纪40年代,波普尔(Karl Popper)提出了一种证伪主义的思想,认为传统的科学哲学所讨论的是如何证明理论的真理性,实际上,在发展科学的历程中,重要的不在于证明而在于证伪。他提出了一种科学的动力学观点,主张靠证伪去发展理论。这就是所谓的批判理性主义。其后,库恩(Thomas Kuhn)结合心理学与科学史,创立了科学哲学的历史主义学派,主张通过科学史来研究科学知识的成长,通过研究范式的转换方式来研究个人对科学理论的认同。他认为,理论的接受涉及的不是经验的证明,而是科学理论解决问题的能力,一旦其解决问题的能力降低,理论便开始形成危机,理论解决问题能力的丧失便是接受新理论的开始,因此,前后相继的理论其本体论的承诺是不一致的,是不可通约的。六七十年代,费耶阿本德(Paul Feyerabend)则进一步发展了库恩的观点,只是把理论看作假设而已,科学的发展在于提出对立的理论,采用"怎么都行"的方法,科学与非科学没有本质的区别。这样,科学在文化中的权威性地位便丧失了。

(三)科学实在论与反实在论

针对科学理论权威性地位的丧失,以塞拉斯(W. Sellars)与普特南为首,提出了对历史主义的反对意见,形成了科学实在论观点,主张越趋成熟的科学理论就越具有真理性,越是当今的理论就越具有真理性。但与之相反,以劳丹(Larry Laudan)、范·弗拉森(B. C. van Fraassen)等人为代表的反实在论对科学理论则采取更加谨慎的态度,他们认为,无论科学理论成熟与否,都不具有真理性,科学只是一部宏大的巨著,每一时代的科学家都只是在给这部巨著增添其中的一些内容,但永远也写不完,我们称之为真理的理论,过不了多久就会发现一些不相一致的反例。

科学哲学的争论仍在继续,从今天的科学哲学发展来看,科学认识论成为一个争论的核心方面。因为,我们要了解科学理论的本质是什么,就必须了解科学理论是如何形成的。为了了解科学理论的形成,哲学家们把研究的方向放在了认知心理学上,主张把哲学的研究与认知心理学相结合,并因此认为科学哲学只是心理学的一章,而心理学则是一本书。同时,由于人类的认识受到了历史文化的影响,因此,探讨这种影响势所必然,于是,就出现了诸如爱丁堡学派的科学知识社会学理论。

第二节　逻辑实证主义

在继罗素(Bertrand Russell)逻辑原子主义以及实证主义思潮之后,出现新形式的逻辑实证主义哲学。逻辑实证主义产生于 20 世纪一二十年代,是由维也纳学派、柏林学派和华沙学派所组成的一个科学主义思潮。这几大学派分别位于几个不同的国家,其基本思想有着许多共同点,因此,一般总是把它们统称为逻辑实证主义。然而,维也纳学派、柏林学派和华沙学派相互间所研究的侧重点有所不同,维也纳学派是开创者,它确定了逻辑实证主义证实原则的基调,柏林学派则侧重于概率的研究,华沙学派侧重于语义学的研究。但是,几大派别的基本哲学点是大概相一致的。

逻辑实证主义产生于维也纳大学,最初是因为维也纳大学中有一批自然科学家如物理学家石里克(Moritz Schlick)、弗兰克(P. Frank)等等,他们聚集在一起,经常讨论物理学问题及哲学问题,因为各国的语言是不同的,这就造成了自然的交流困难,所以,他们形成了统一科学的思想。他们主张在全世界召开统一科学大会,提出创立一种通用的语言,以解决不同语言之间的交流问题。

逻辑实证主义的代表人物主要有:石里克、纽拉特(Otto Neurath)、克拉夫特(V. Kraft)、弗兰克、艾耶尔(Alfred Ayer)、卡尔纳普(Rudolf Carnap)等。其主要思想涉及以下几个方面:

一、拒斥形而上学

逻辑实证主义认为,哲学问题实际上是逻辑问题。因为,自从 17 世纪以来,从哲学中分化出了许多具体学科,当哲学分化出了伦理学、心理学等后,最后只剩下逻辑学。所以,从逻辑的观点看,逻辑命题可分为分析命题和综合命题,前者属理性的推演,后者属经验的归纳。而真正具有意义的命题就只有两类,即分析命题和综合命题,除此外都是无意义的。而对于无意义的命题,是应该作为形而上学加以拒斥的,如果不加以拒斥,那么哲学会变得更加混乱。所以,在两类命题中,分析命题是严格按照逻辑推演的,因此是必然的、普遍的,不需要借助于经验证明的。综合命题则是陈述经验事实的命题,因此是非必然的,它们的真实与否,只能求助于个体的经验加以证实。

那么如何拒斥形而上学呢？逻辑经验主义区分两类命题的目的是为了清除形而上学命题,因为在他们看来,形而上学命题既不是分析命题,也不是综合命题。所以,它是无意义的伪命题,例如:"物自体存在"、"存在就是虚无"、"神主宰着一切"等,这些命题就是无意义的,因为在经验中我们无法找到这些词的对象,在逻辑中我们无法对这些词加以分析。既然我们无法找到这些词的实在对象,也无法在逻辑中加以分析,那么这些词也就无实在的意义,也就无存在的必要。

卡尔纳普认为,必须通过语言的逻辑分析来清除形而上学,他说:"在形而上学领域里,包括全部价值哲学和规范理论,逻辑分析得出反面结论:这个领域里的全部断言陈述全都是无意义的,这就做到了彻底清除形而上学。"这就把命题区分为分析命题和综合命题。分析命题即是逻辑命题,它由逻辑格式来确定,不符合逻辑格式的命题是错误的命题。综合命题则是经验命题,是有经验内容的,它可以通过我们的感觉来加以证实或证伪。这样,我们就在哲学中排除了形而上学命题。

当然,在这些逻辑实证主义哲学家们看来,形而上学之所以存在了一千多年,也有其存在的理由,那就是形而上学命题虽然是无意义的,但却也无法证明其是错误的,因为它是超越常识的,至少它还有美文学的价值,可以让人们阅读时加以欣赏。

二、证实原则——科学的划界标准

证实原则是维也纳学派的一个重要标志。它一方面是决定一切陈述、命题之有无意义的标准,另一方面,也是用作陈述与命题之真伪的区分、鉴别的手段。按照这个原则,一个命题只有还原为一个表示观察的基本命题时,才有意义,也就是说,命题的意义取决于有没有用经验去证实它的方法。

维也纳学派的这一观点提出之后,就一直受到人们的关注,很多科学哲学家对此持批评的态度,认为必须加以补充与修改。因为,维也纳学派提出的证实是带有相当程度的绝对性质的。这种证实的绝对性,在实际的操作过程中存在很大困难,即对于任何一个命题来说,要得到百分之一百的证实是不可能的。于是,维也纳学派的一些代表人物便开始对证实原则予以修改,卡尔纳普提出了用"可检验性原则"来替代证实原则,认为一个命题只要具有检验的可能性,就是有意义的。例如,"在月亮背面存在着一些环形的山"、"银河系内部有一些类似于太阳的天体"等,如果我们乘着宇宙飞船到达那儿,那么我们是可以看见是怎样的。艾耶尔则提出区分"强"证实与"弱"证实,强证实是"实践上"可以得到证实的,弱证实是"原则上"可得到证实的,但却不一定要得到完全的证实。赖欣巴哈(Hans Reichenbach)则认为,最好是用"概率的证实"来代替"证实"一词,或者是用"确证"概念来代替"证实"一词,即只要得到较大概率的证实,那么此命题就是有意义的。

逻辑经验主义的证实原则虽然在客观上解决了科学与非科学的分界问题,但由于它不能解决私人经验与与普遍经验的矛盾,无法解决有限与无限之间的矛盾,因此存在着严重的局限性。后来被波普尔认为,逻辑经验主义对科学理论的探讨只强调了命题的意义,而不关心理论的发展,因而把科学哲学当成了科学静力学,而非从动力学角度来研究科学理论的发展。

三、哲学的任务与科学的统一

逻辑实证主义认为,以前的哲学是伦理学、心理学、逻辑学和形而上学的统一体,后来伦理学与心理学分化出来了,而形而上学则是没有意义的,所以只剩下逻辑学了。因此,哲学的唯一任务就是对命题、语言进行逻辑分析,他们强调对语言的逻辑句法、逻辑顺序进行分析,而不是像罗素那样研究词与对象的关系,也不像维特根斯坦(Ludwig Wittgenstein)那样研究语言的用法。

虽然逻辑实证主义受维特根斯坦的影响,但只是受维特根斯坦前期哲学思想的影响,却反对后期维氏的日常语言分析。他们认为,语言的最大优点是它的可交流性,即所谓的"主体间性"(或译为"互为主体性"),日常语言在各民族间差异很大,但科学语言在任何民族之间都是相一致的。所以,一切专门科学的语言都可以在保存其原意的条件下翻译成物理语言,一切科学的命题都可以转化为相应的物理命题。因此,物理语言是科学的普遍语言。

纽拉特、卡尔纳普等人还试图在物理语言的基础上提出统一科学的建议,曾先后三次召开统一科学的大会。他们认为,经验科学的各个分支仅仅由于分工的实际需要才被分割开来,它们从根本上说只是一门无所不包的统一科学的若干部分。借助于物理语言,我们可以把各门科学所用的不同语种都翻译为统一的科学语言,从而为世界科学的统一奠定基础。然而,随着希特勒的上台,以及统一科学中创造普遍化语言的困难,统一科学大会只开了三届就无法继续下去了。

逻辑实证主义的形成与发展,从当时来说,曾引起世界哲学界的密切关注,认为这是批判以德国哲学为代表的思辨哲学的一大变革。但是,随着西方哲学的发展,逻辑实证主义哲学的局限性也越来越明显,诸如分析命题与综合命题之区分,证实作为科学与非科学的划界标准之是否合理等等,受到了后来哲学家们的广泛批评。特别是波普尔、奎因等著名的哲学家,认为分析命题与综合命题的区分是不可能的,一切命题都可还原为经验命题,一个命题的完全证实历来都是不可能的。同时,如果哲学只关心理论的证实,那么理论就会是马后炮,就如同一盒火柴,如果我们要证实每一根是否能点燃,就得划每一根火柴,而当划完这盒火柴,剩下的就只能是一个空火柴盒了。因此,有的哲学家认为,更重要的不是关心理论的证实,而是关心科学理论的发展。

第三节 波普尔的证伪主义

由于逻辑实证主义对证实原则的过分关注,且存在诸多困难,所以,证实原则遭到了许多人的批评。首先是证伪主义科学哲学家波普尔。

波普尔 1902 年 7 月 28 日生于奥地利维也纳(当时属于奥匈帝国)的一个犹太裔中产阶级家庭,毕业于维也纳大学。1928 年,他获哲学博士学位,1930 年至 1936 年间在中学任教。1937 年,纳粹主义势力抬头,波普尔移民至新西兰。他在新西兰克赖斯特彻奇市(即基督堂市)的坎特伯雷大学任哲学讲师。1946 年迁居英国,在伦敦经济学院讲解逻辑和科学方法论,1949年获得教授职衔。1965 年,他经女皇伊丽莎白二世获封爵位,1976 年当选皇家科学院院士。其主要代表作有《历史决定论的贫困》(1957)、《客观知识》(1972)、《开放社会及其敌人》(1945)、《科学发现的逻辑》(1959)、《猜想与反驳》(1963)等。

波普尔认为,证实的原则是一个经验性的原则,例如一群火鸡,如果每天 7 点钟喂食,久而久之,火鸡就会归纳得出一个结论,即每天 7 点我就会有东西吃了,但是,养鸡的主人终于有一天想吃鸡了,那天 7 点,主人到了鸡窝旁,一刀把鸡杀了。这就是归纳逻辑的不足。所以,我们不能只局限于归纳逻辑,科学哲学应该是科学动力学,而非科学静力学。科学理论是因为你指出了它的错误而得以发展的,如果一个理论永远都没人指出其存在的错误,那么这个理论就是僵化的教条,反之,只要理论被批判、被否定,那么理论就有机会进步,就会得到发展。所以,波普尔认为,真正科学的哲学在于对理论进行批判,这是科学的态度。相反,教条地对待理论,则是非科学的态度。

由此,波普尔提出了"问题——试验性假说——排除错误——新的问题"(P1——TT——EE——P2)的科学发展模式。按照波普尔的模式,科学家不是消极等待经验的积累,而是主动提出问题,进行猜想。科学就是不断证伪、不断批判,是不断发现理论的错误、纠正错误、大胆假设的过程。

为了论证他的证伪主义,波普尔还构建了"三个世界"的理论。他认为,我们之所以可以对知识进行批判,是因为知识是独立于我们而存在的。他认为,我们面对的世界有三个,即:主观观念的世界、客观的物理世界、客观知识的世界。这三者是可以互相独立的,它们都可以对第三者产生相互作用,例如,当你登山感到疲劳时,你的意志就可以告诉你继续向上爬或者还是向后退。这就是说,我们的知识是用文字记载的,一旦被文字记录下来,那么这些知识就是客观的,独立于我们的,然而,客观的物理世界却在变化和发展着,客观知识则不可能与这些物理变化和发展相同步。因此,我们需要对这些知识进行批判,否则这些知识就不可能得到发展。但是,从发生学的意义上说,这三个世界,物理世界在先,观念世界其次,客观知识则是第三。对于波普的这些思想,学界曾有着不同的认识,但却一致认为,他的三个世界理论对知识的强调是非常重要的,他的观点并不否认唯物主义,只是在唯物主义基础上更加重视对知识的批判的作用。

第四节　历史主义科学哲学

在波普尔批判理性主义的基础上,历史主义科学家库恩认为,科学理论并不是来自于对经验事实的归纳,而是一个量的累积的过程。他主张,研究科学理论的本质应该求助于科学史,从而形成了科学哲学的历史主义学派。科学哲学历史主义学派的代表人物是汉森(Norwood Russell Hanson)、图尔敏(Stephen Edelston Toulmin)、库恩、费耶阿本德等。

一、库恩的历史主义科学哲学

(一)对逻辑实证主义的批判

科学哲学的历史主义学派对逻辑经验主义强调逻辑与经验提出了反对意见,认为逻辑与经验都是脱离历史的,只强调逻辑,就会使逻辑成为先验的东西。只强调经验,就会忽视理论或本体论与世界观对经验的作用。早期持背景主义观点的汉森认为,"看"是一种渗透理论的行为,我们在看一个事物时,是在背景知识指导下进行的,所以,第谷(Tycho Brahe)与哥白尼(Nicolaus Copernicus)在同一个地球上看同一个太阳,一个看到的是太阳在绕着地球转,地球是不动的,而另一个则看到了地球在绕着太阳转。所以,"观察负载理论"认为中性的观察是不存在的。图尔敏则是另一位具有历史主义科学哲学观的哲学家,他认为,每一个人在观察世界时都会有一个"自然秩序理想",例如,我们把世界看做是有规律的,这个规律已经在我们的头脑中,所以当我们认识世界时,我们就已经将这个规律运用到认识的过程中去了。因此,所谓的经验证实,其实并不完全是客观的。

在汉森和图尔敏之后,出现了以库恩等人为代表的科学哲学的历史主义学派。库恩是一个科学史专业毕业的博士,他的主要著作有:《科学革命的结构》和《必要的张力》。

历史主义科学哲学从科学史的研究出发,它以描述科学实际如何、科学家如何从事科学研究为目的,认为不是观察决定理论,而是理论本身又在一定程度上受世界观的支配。从历史的角度看,理论只是科学认识的工具,是解决科学认识的难题的。不同的理论范式相互间是不可通约的,科学的进步是理论解决难题能力的提高。

(二)科学哲学与科学史的结合

科学哲学的历史主义学派反对传统科学哲学的研究方法,认为科学哲学的研究必须与科学史研究相结合。科学哲学与科学史是相互联系又相互区别的学科,科学史是描述性的,科学哲学是概括性的,"科学史与科学哲学作为两门不同的学科,它们具有一系列不同的特征。最明显的就是它们的目标不同。科学史作为一门历史,它研究的最终成果是过去具体事件的叙述或描述;而科学哲学作为一门哲学,其目标则显然是广泛范围内的概括,而不是讲故事,不是了解特定时间、地点所发生的特定事件。"库恩和费耶阿本德等人都认为,科学史依存于科学哲学,它必须以科学哲学为指导,因为科学史是对过去发生的具体科学事件的叙述、记录或描述,但它不是这些事件的分散的零星的描述,而是系统化、整体化的描述。所以,如果没有哲学的概括,科学史就变成了科学记事年表。反之,科学哲学也必须依赖于科学史,没有科学史的科学哲学就变成了空中楼阁,就不可能获得任何积极的成果。没有科学史的科学哲学是跛子,没有科学哲学的科学史则是瞎子。

(三)科学共同体与范式理论

库恩的科学哲学思想首先是以科学共同体为起点的,这是科学哲学研究的一大进步。因为以往的研究都只从科学家个体的思想出发,而非从科学共同体的思想研究出发,其结果却使得这些研究脱离了当时社会历史条件的实际,脱离了科学家创造科学思想的社会前提。

科学共同体,就是科学家团体,是在一定历史时期形成的一定学科领域中的科学家团体。这些科学家团体具有自己的研究目标,具有共同的学术观点、共同的科学范式与理论术语,具有共同的心理素质,等等。但最为根本的是,这些科学家具有共同的研究"范式"(paradigm)。

所谓范式,就是科学理论的结构、模型、模式、概念框架、理论方法与成规、科学家的信念、科学的标准事例、科学家们所达成的一致意见等等。库恩在使用范式概念时,其所指是前后不大一致的,概括起来,有以下含义:(1)整体主义的科学观,它是指理论的结构、模型、框架。(2)世界观与方法论意义上的基本观点,是理论在指导科学认识过程中的一个基本体系。(3)作为典型事例与示范性的题解。(4)影响一个学科的基本部分,例如学科的总体框架等。库恩认为,范式是科学家共同体所遵奉、信仰的东西,它得到了该学科内部科学家们的心理支撑。同时,科学家们也依靠范式来训练与教育其他科学家与科学研究的后继者们。因此,范式也就是一个科学共同体的核心。

(四)科学革命论与科学发展的动态模式

库恩的科学哲学思想是历史主义学派最为经典的,他的思想曾影响了当时的哲学、社会科学乃至整个自然科学界。

库恩认为,科学哲学应该研究科学的发展、科学知识的成长。一门科学只有当它成长为具有自己独立的范式时,它才能称之为科学。因此,有没有范式,是衡量一种理论是否是科学的标志。有了范式,才有了真正的科学研究;有了范式,才能有一致的观点;有了范式,才使科学研究有了真正的目标、研究的问题域,才有了真正的研究队伍。

既然范式是区分科学与非科学的标准,那么,科学从其发展的角度而言,是可区别为各个不同的阶段的。第一个阶段是前科学时期。在前科学时期,还没有出现真正的研究范式,或者范式还没真正定型,所以,科学家们意见分歧,很不统一。但这只是科学发展的最初阶段,任何科学都必须经由这一阶段。

第二个阶段是常态科学时期。随着科学的发展,范式不断地固定下来,科学家们根据范式进行科学研究,根据范式选择研究的领域与对象,根据范式来解决研究领域中存在的问题。科学家们很信奉自己理论的范式,形成了共同信念。而范式在解决难题中也显现出非常的成效。在常态科学时期,科学家们不会随意地更改自己的分工,在这个时期,科学家的思维方式是收敛式的,而非发散式的。常态科学时期总体说来是保守性的。

第三个阶段是反常与危机时期。反常就是实际现象与理论预期的不相符合,人们无法用现行的科学范式对实际的现象作出解释。在常态时期,科学也会出现反常,但最初的反常往往不太介意。但是,随着反常的增多,科学家们无法对之熟视无睹,反常会使他们对原有范式失去信心,这样就出现了科学的危机。科学的危机就是:(1)出现了大量的理论难以解释的反常现象;(2)出现了与范式严重不相适应的现象;(3)在各种实验条件下反复出现,引人注目。由于危机的频频出现,科学家们不得不对原有范式失去信心,于是产生抛弃原有范式的念头。

第四个阶段是科学革命时期。由于科学的危机,科学家们开始形成对原理论的修改举措,作出创立新范式的尝试。而重建理论体系,意味着科学共同体信念的改宗,世界观的转变。在这个时期,科学家们出现了发散式的思维,形成了许多新的假设。如果这些假设成功,那么新的常态科学就出现了。这就是库恩所谓的"科学革命"。科学革命是一个新旧范式激烈斗争,以新范式取代旧范式的过程。库恩认为,新范式取代旧范式不是范式理性上的胜利,而是科学家共同体心理上的胜利,是科学家们摒弃老的范式,改信新的范式,简言之,就是科学共同体世界观或信仰的改宗。

以上四个阶段就是库恩科学哲学中的科学发展动态模式,即前科学——常态科学——反常与危机——科学革命——新的常态科学。

库恩的科学哲学思想虽然带有些主观主义和工具主义的成份,但库恩把科学哲学的研究与心理学、科学史的研究结合起来,把科学哲学与科学社会学结合起来的这种做法则是合理的,可取的。

二、拉卡托斯的科学研究纲领方法论

拉卡托斯(Imre Lakatos)是英籍匈牙利人,1922年生于匈牙利,原姓利普斯茨(Lipschity),1944年毕业于德布勒森大学。在德国法西斯统治时期,他改姓拉卡托斯,是反法西斯主义的成员,曾是卢卡奇的研究生。后加入共产党,曾去苏联学习。后任匈牙利教育部高级官员,在清党运动中被捕,后逃出匈牙利转至英国,并加入英国籍。1961年在剑桥开始他的学术生涯。主要著作有《证明与反驳》(1976)、《科学研究纲领方法论》(1978)、《批判与知识的增长》(1970)等。

(一)精致的证伪主义思想

拉卡托斯认为,证伪主义有朴素与精致之区别。朴素的证伪主义是原子主义的,认为科学理论的单位是一个个各自独立的命题,而精致的证伪主义则是整体主义的,它认为科学理论并非个别命题的堆彻,而是一个系统,是一个研究纲领。波普尔的证伪主义就是朴素的证伪主义,而他的证伪主义则是精致的证伪主义。之所以这么说,是因为朴素的证伪主义只承认"可证伪性"是衡量一切知识的标准,只有被证伪的理论才具有真理性。但是,拉卡托斯认为,这个标准是错误的,因为它理论的坚韧性,遭到了库恩等人的批评与反驳。即他认为,任何一个科学理论都具有韧性,科学家是厚脸皮的,不会因为你指出了他的理论的错误而轻易地放弃理论,而是不断地为自己的理论作辩护,或者通过修改自己理论的一些无足轻重的方面,通过一些挽救性的假说来使理论进一步存在下去。

精致证伪主义的观点则认为,一个理论是否是科学的,主要是看它是不是具有超量的经验内容,且其中一些内容是被证伪的,而且这些超量的经验内容是与其他理论相矛盾的。任何一个理论甚至是错误的理论,都可以在一个很长的时期内受到辩护,因此,理论不是因证伪而被淘汰,而是在竞争中受到排斥,被一个更好的理论所取代。

(二)科学研究纲领方法论

精致的证伪主义和朴素的证伪主义之根本区别在于提出了科学研究的纲领。拉卡托斯认为,一门成熟的科学绝不会因为单个的证伪而得以发展,而是一个动态的整体的运动过程。他主张,能够说明科学发展的是整体的科学理论的变化,即研究纲领的变化,而不是其他。

拉卡托斯的研究纲领,是一个类似于库恩的范式的概念,或者说是概念框架。他的研究纲领由以下几个部分所组成:(1)研究纲领的核心部分,即"硬核";(2)保护硬核的辅助性假说,即理论的"保护带";(3)为硬核服务的两个方法规则——正面启示法与反面启示法。

首先,硬核是理论的最基础、最基本的部分,这个部分构成了理论的主体。硬核是一个理论的核心部分,是不可反驳的与否定的,一旦这个硬核部分被否定,那么整个科学理论就会遭到反驳与否定。例如,牛顿经典力学的理论中,其力学三定律与万有引力定律是硬核,它们构成了牛顿力学理论的基础,因此是不可反驳的,如果这些理论被反驳,那么牛顿的力学体系也就被反驳和否定了。

其次，保护带是一个科学理论的辅助性假说，是保护硬核部分，使硬核不受反驳的组成部分。一般地说，反常对理论的反驳是对保护带的反驳，而不是对硬核的反驳。如果一个理论的保护带受到反驳，那么理论家们就会根据反驳的情况对保护带进行修正，调整保护带甚至更换相关保护带，以使硬核免受反驳。

再次，启示法是指，我们在科学研究中，对科学理论的修改、调整是灵活的、有条件的，这些条件就是：(1)在时间上，只有当理论受到经验的反驳时，(2)在方法上，必须根据启示法的需要来修正。正面启示法是告诉我们哪些东西是可以修正的，即在理论的发展过程中，理论的保护带是可以根据经验的反驳来修正的。反面启示法则是告诉我们在理论中哪些是不可以调整或修正的，即告诉我们理论的硬核部分是不可调整和修改的。

那么什么时候科学理论可以为另外的理论所替代呢？这就涉及了进步的纲领和退化的纲领的关系。如果一个研究纲领比旧的研究纲领具有更多的新事实或经验内容，那么这个纲领相比旧纲领就是进步的。如果一个纲领比之新的纲领更少经验内容，那么它就是退化的。当然，一个进步的研究纲领在预见性方面总是强于旧的纲领。而旧的研究纲领在预见性方面则是较弱的，它往往会落后于事实，对事实作一些事后的说明。一个退化的研究纲领只有在经过反复之后，或者重新转化为一个新的研究纲领，或者在经历长期的痛苦挣扎之后被更具有经验内容的研究纲领所替代。例如，拉卡托斯举例说："热动说似乎比热的现象论的成果落后几十年，一直到1905年，关于布朗运动的爱因斯坦—斯莫罗科夫斯基的理论才最后超过了现象论。此后，先前看来似乎是对旧事实(关于热的旧事实等等)的推测性的重新解释变成了新事实(关于原子的事实)发现。"[①]因此，拉卡托斯告诫我们，即使被打败的研究纲领，或者是疲惫不堪的研究纲领，也是可能通过修改保护带而获得新生的。所以坚持落后的研究纲领并力图把它加以挽救，是有利于研究纲领间的竞争的，是对科学的进步有益的行为。任何研究纲领都有胜利的可能，固执和谦虚在一定范围内总是合理的。

（三）内部史和外部史的结合

拉卡托斯认为，我们在研究科学哲学时，必须把科学史与科学哲学的研究结合起来，但必须把内部史与外部史区别开来，因为两者对科学哲学的影

[①] 拉卡托斯：《科学研究纲领方法论》，兰征译，上海译文出版社1986年版，第97页。

响不同。

什么是内部史呢？内部史的特点是什么呢？他认为，内部史就是科学的知识史，是科学知识自身发展的历史。科学的内部史有一个明显的特点，即它是独立自主的，是由科学内部内在的因素所决定的，即有其内在的逻辑和规律。例如，一些科学家总是按照自己的逻辑独立地看问题，根据自己的理论背景来研究存在的问题，这些研究就构成了科学的内部史。

而外部史则是外部因素对科学发展产生影响的历史，即一些社会的因素对科学研究所造成的影响形成的历史，即科学的社会史。这些外部因素包括心理条件、社会条件、一些非理性的因素等等。外部史是要说明为什么有一些人总是抱着错误不放，以及那些信念为什么总是影响着他的研究活动的。

拉卡托斯分析内部史与外部史的目的是为了将两者结合起来，强调实际的科学史是内部的科学自主发展部分与外部的社会性因素对科学发展的影响的部分相结合的产物。所以，他认为，科学发展的内部史要比实际科学发展的历史简单得多，而实际的科学发展史则要丰富得多。内部史是主要的，是根据，而外部史则是通过内部史而起作用的，是外因，两者的地位不一样。科学史家除了学习科学史外，还应当学习社会学与心理学。这样，拉卡托斯就将库恩的学说加以调和，形成了较全面看问题的科学哲学学说。

综合以上拉卡托斯的观点，可以认为，拉卡托斯的思想是较具有辩证法的，一方面，他看到了科学理论在发展过程中硬核和保护带的辩证关系，另一方面，他也看到了库恩的科学革命并不可能以一个理论轻而易举地替代另一个理论，这并非库恩所说的世界观转变、格式塔心理转换，而是内部史与外部史的结合，共同推动了理论的发展。

三、费耶阿本德的多元论

费耶阿本德1924年生于奥地利的维也纳。"二战"期间曾被纳粹德国征兵，当过军官，在战场上负过伤。战后在东德魏玛学院学习戏剧，对达达主义感兴趣。1947年进入维也纳大学，组织过哲学俱乐部，深受逻辑实证主义的影响，后转变为一个多元的实在论者。1951年去英国，1958年又去了美国，在贝克利加州大学和耶鲁大学任教。主要著作有：《反对方法：无政府主义知识论》(1975)、《自由社会中的科学》(1978)、《实在论、理性主义和科学方法》(1981)、《经验主义问题》(1981)、《告别理性》(1990)。

（一）无政府主义认识论——"怎么都行"的科学研究方法

费耶阿本德认为，科学研究是无政府主义的事业，不是人们的理性决定科学研究，而是科学研究决定人的理性。研究是可以变化的，因而人的理性是可变的，规则也是可变化的。他认为，在科学史上，并不存在普遍的科学研究方法或研究规则，任何一条规则或理论，不管它看起来是多么有效，但最终都是要被否定的，一切方法论乃至最明白的方法论，最终都是局限性的。他强调，我们不能仅限于现有理论的指导，先有实践，再有理论。

在科学研究中，诸如归纳主义、演绎主义、假设主义、逻辑实证主义等等，都是一元方法论。而费耶阿本德则认为，在从事科学研究过程中，任何方法都是可取的，他主张"怎么都行"的总体原则，即我们从事科学研究怎么做都是可以的。意见一致其实是不可能的，齐一性往往是不人道的体现，它对于处在弱势的人们来说，是不合适的，"意见的多样性是客观知识所必需的。而且，鼓励多样性是唯一与人本主义观点相容的方法"①。客观世界是一个未知的实体，我们的选择是自由的，切不可用某种方法来作茧自缚。因此，我们应当批判理论与实际相一致的法则，科学是复杂的、异质的历史过程，理论不可能独立于客观世界之外，对世界的描述也不可能离开人的理性而具有独立性。理论可以与事实不相一致，可以取自各种思想来源，为了鼓励理论内容的增加或理论的增生，我们唯一的方法是多元主义的，"我反对确定的方法——但是我无法提供一个能够替代的新方法"②。

为此，费耶阿本德提出了"反归纳"原则。传统的逻辑经验主义基本的方法就是归纳法，符合归纳才具有真理性，如果一个理论在观察结果上不能归纳得出相同结论，那么这个理论就是假的。经验论的归纳原则有二：一是新的理论必须与已被确证的理论在逻辑上相一致；二是新的理论必须与观察、实验或事实相一致。费耶阿本德反对这种归纳法，认为这是经验主义传统的教条，齐一性从来就没有过，没有一个理论会与其域内的全部已知事实相一致，反事实的状况始终是存在的。所以，费耶阿本德反对理论与公认观点相一致，认为这样一种一致性只是一个错误，驳倒一个公认理论的证据往往存在于与之不相容的理论中，我们只要驳倒公认理论，那么理论就可能进一步发展，否则理论只能是僵化的、不变的。而一致性规则则可以是反批判的、是反多样性的，它严重地束缚了个人的思想自由。反归纳是一个事实，

---

① 费耶阿本德：《反对方法》，周昌忠译，上海译文出版社1992年版，第22页。
② 费耶阿本德：《告别理性》，陈健等译，江苏人民出版社2002年版，第345页。

如果我们离开了反归纳，那么科学就无法存在。"科学的反叛带来了额外的进步，例如，面对反对者，伽利略不只是抱怨，而是试图用他最擅长的最佳办法来说服他们，那些办法常常与标准的职业科学家们的办法不同，甚至与常识相冲突。"①

(二)韧性原则与增生原则

费耶阿本德认为，科学发展的一个特点就是理论的增生与韧性，这两个原则是相互作用的。韧性原则就是，从一些理论中挑选出一个有着较大前程的能导致最大成果的理论并坚持它，即使它遇到了困难，也不要放弃它。即是说，一个较有前程的理论具有一定的包容性与弹性，当这个理论遭到了批评时，科学家们并不会因被批评而放弃它。这就是说，一个理论有自己发展的潜力，尽管这个理论未解释某些问题，但可以因他人的解释而得到修正和完善。理论在受到事实的反驳时，也不一定要放弃理论，因为"事实"也是受到理论的污染的。理论的增生原则则是指，理论越多越好，理论的内容越多越好，越多就越能经得起修正和批判，也就越能得到发展。科学的进步往往是通过批判过去的理论所获得的。单一的理论是不可能得到发展的，因为缺少理论之间的比较，所以，只有提出相反的观点和假说，提出与原来的理论不相一致的新理论，理论才有比较，才能有进步。

(三)非理性主义

费耶阿本德认为，科学研究不存在持久不变的边界条件。任何思想不管多么古怪和荒谬，都有可能改善我们的知识。整个思想史表明，科学是现代沙文主义，这种沙文主义抵制我们改变现状。科学今天的优势不是因为科学有多么好，而是因为它受到政治、政府、军队等等干预，是被操纵的，神话、宗教、炼金术、占星术和巫术等对推动科学的发展来说都是有用的。它们是文化史上的功臣，理性可以促进科学的发展，非理性同样可以推动科学的进步。

费耶阿本德的非理性还表现在他否定科学哲学上。他认为，科学哲学是一门没有未来的学科，科学哲学理论的观点对于科学家们的活动来说毫无帮助。他认为，人们感兴趣于哲学，是因为人们总是追求一种永恒和普遍的有关世界、人生的答案。哲学是人们追求的一种理想，但是在当人们追寻

①　费耶阿本德：《告别理性》，第322页。

这种理想时,结果却是又一个学派的产生和已有混乱的增加。因此,我们只有放弃哲学,因为它是毫无希望的。科学哲学有自己辉煌的历史,在历史上,科学哲学与科学是不分离的,它曾起过巨大的作用。但是,从今天来看,由于科学不断地从哲学中分离出来,哲学便开始与科学相脱离了,它成为一门自足的学科,满足于在自己内部讨论问题,以致于科学哲学成了一门完全没有根基的学问。因此,在这样基础上,科学哲学要讨论那些普遍的问题,就只能引起混乱。"我们必须坦言:当代很多科学哲学,尤其是那些已取代旧认识论的思想观念只不过是空中楼阁,是不现实的梦想,它们同它们力图代表的活动一样徒有其名,它们于因循守旧之态中建立,却无意于影响科学的发展,它们丧失了对我们有关世界的知识做出贡献的机会。"①

费耶阿本德否定哲学的基本原因是他的推理逻辑,他认为,这个世界上一切都是相对的,只有相对主义才是一种保护的结构。历史上人们攻击相对主义,不是因为相对主义有什么错误,而是因为人们害怕它。"知识分子害怕相对主义,因为它威胁着他们在社会中的作用,正如启蒙运动曾经威胁着教士和神学家的存在一样。"②相对主义的合理之处在于,它想清除一切意识形态成分,使人们的思想达到充分的自由状态。之所以要采取相对主义的态度,是因为相对主义是有根据的,第一,一切传统、标准都是相对的,"传统谈不上好坏——它们仅仅是传统。只是在一个参加了另一种传统、并以该传统的价值来看待世界的人看来,这些传统才获得了合意的或不合意的性质。这些看法看起来是'客观的',即不依赖于传统的,表达它的判定的那些陈述听起来是'客观的',因为当事人及其所代表的传统根本没有在这些看法和陈述中出现。它们实际上是'主观的'"。③尽管人们曾想尽一切办法来铲除相对主义的幽灵,希望能够有真理、合理性,有真实的客观的存在、有确定的普遍的知识,但是,"正是在这些概念的周围有着一个浩瀚的无知领域"④。那么,专家的意见如何呢?如果一切都是相对的,那么我们是否就可以听从专家的劝告呢?他认为,专家的意见经常带有偏见,是不可靠的。一个人必须要生活在他自己的思想中,"一个人必须生活在他想要改变的生活中"⑤。

---

① 费耶阿本德:《知识、科学与相对主义》,陈健等译,凤凰出版传媒集团、江苏人民出版社 2006 年版,第 124 页。
② 法伊尔阿本德:《自由社会中的科学》,兰征译,上海译文出版社 2005 年版,第 83 页。
③ 同上,第 84—85 页。
④ 同上,第 85 页。
⑤ 费耶阿本德:《告别理性》,第 346 页。

"哲学是科学的女仆"①,在哲学界,费耶阿本德不是第一个提出解构哲学的人,但是从科学哲学来说,他则是第一个提出科学家没有必要请教科学哲学家的观点。既然科学哲学是没有任何希望的,那么我们应该怎么做呢?不是发明一种新的形而上学,而是成为一名"优秀的经验主义者"。"如何成为一名优秀的经验主义者"呢?那就是一个坚持"怎么都行"原则的人。"一名优秀的经验主义者必须是一个批判的形而上学家。所有形而上学的清除远没有增加剩余理论的经验内容,反而更易于使这些理论僵化为教条。根据经验来考虑备选理论及试图对它们加以批判,将导致一种态度:认为意义并没有很大的作用,论证是建立在事实假说而不是意义分析(……)基础之上的。"②批判的态度是一个具有经验主义倾向的人所应该具有的,这种经验主义或者可以称之为"批判主义",以批判主义来命名则更能体现他的思想特征。因为,他唯一需要做的就是对一切加以批判,"成为一名优秀的经验主义者也即意味着他是批判的。批判不仅在怀疑主义的抽象原则上,而且是在具体的各种学说之上进行的,这些学说表示在每一个案例中已被接受的思想怎样被进行进一步检测和研究,它因此而为我们知识发展的下一步做好了准备"③。

从以上论述可以看出,费耶阿本德的思想是明显具有后现代主义倾向的,他坚持的是一种哲学的虚无主义的自然主义态度。

第五节　科学实在论与反实在论

在库恩与费耶阿本德的历史主义思想影响下,出现了科学哲学领域中严重的相对主义思潮。为了维护科学在文化中的权威性地位,一些科学哲学家纷纷举起了反对历史主义科学哲学的旗帜。特别是当塞拉斯和普特南提出相信符合论的真理论时,一大批科学哲学家站在了他们的阵营中,坚持了科学实在论的思想。从而,形成了名噪一时的科学实在论与反实在论的争论。

---

① 法伊尔阿本德:《自由社会中的科学》,第 36 页。
② 费耶阿本德:《知识、科学与相对主义》,第 91 页。
③ 同上,第 92 页。

一、科学实在论

最初提出科学实在论观点的是塞拉斯和普特南。他们认为,我们对理论对象的承诺,在科学推理中起着很重要的作用,一旦我们承诺了一个理论所指的对象是存在的。后来,在他们的周围便麇集了一批拥护科学实在论观点的哲学家,如波依德(R. Boyd)、麦克马林(Ernan McMullin)、哈金(Ian Hacking)、萨普(Frederick Suppe)、列普林(Jarrett Leplin)、夏皮尔(Dudley Shapere)、麦金农(E. Mackinnon)等都是科学实在论的拥护者。

(一)何谓科学实在论

"实在论"(realism)一词是哲学史上的一个古老的专有名词,它是每一个哲学研究者乃至入门者都十分熟悉的。作为一个哲学流派,其源远流长。作为一个与经验论相对立的哲学流派,实在论的形成与发展贯穿了整个哲学史之长河。传统的实在论是与唯名论、形而上学唯心主义、工具主义等相对立的。从其意义上说,实在论一词是指:我们语言中的概念名词,包括类似"上帝"、"原子"、"电子"、"质子"、"中子"等都是有所指的,其指示的对象是客观存在着的。这些对象包括外在世界、数学对象、共相、理论实体、因果关系、道德与美学属性、他人的心等。实在论的中心思想是某些或全部事物的存在独立于我心之外,且不论我们是否知道或相信它们存在。

当代的科学实在论则不同于传统的实在论。其基本观点是:我们承认一个理论具有说明力,就合理地包含着承认这个理论所假定的实体存在。科学实在论的代表人之一波依德在谈到科学实在论的主要命题时认为,科学实在论的主要命题有四个:"1.科学理论的理论术语是说明性的、有指称的表述,对科学理论我们应当做实在论的解释;2.实在论解释的科学理论是能够确证的,实际上常为普通的科学证据确证为真,这种普通的科学证据是从一般方法论立场来理解的;3.在历史上,成熟科学的进步很大程度上是一个关于成功的、更准确的近似于可观察与不可观察现象的真理问题,后继理论典型地建立在前驱理论的观察知识和理论知识的基础上;4.科学理论所描绘的实在,在很大程度上独立于我们的思想或理论承诺。"①

列普林则在其主编的《科学实在论》一书的"引言"部分,把科学实在论的基本观点概括为 10 个方面:

---

① R. Boyd, *The Current Status of Scientific Realism*, in *Scientific Realism*, J. Leplin(ed.), University of California Press, 1984, pp.41—42.

"1. 最流行的科学理论至少近似为真;

2. 最流行的理论之中心术语是真正有指称的;

3. 科学理论的近似真理性是对其预见的成功之充分说明;

4. 科学理论的(近似)真理性是对其成功之唯一可能的说明;

5. 一种科学理论即使在指称上不成功也可能近似为真;

6. 至少成熟科学的历史表明越来越近似于对物理世界的真实解释;

7. 科学理论的理论观点在本义上是可理解的,这样的理解是明确为真或假的;

8. 科学理论形成了真正的存在的观点;

9. 理论预见的成功是其中心术语指称的成功之证据;

10. 科学的目的是在本义上真实地解释物理世界,它的成功可以通过趋向于达到这个目的的进步来推测。"①

对科学实在论最为简明的概括,应当是当今西方科学哲学最有影响的人物普特南的观点。普特南概括道:"无论他们说什么,他们都典型地表示他们相信真理的符合论。"②后来,麦金农则在一篇关于《科学实在论:新的争论》一文中,对科学实在论做了概括。他说:"实在论者总是引证当时流行的科学理论,并且坚持认为成熟的科学理论的基本术语是指称实在的客体与事件的,而理论定律则在符合的意义上是真正关于那些客体的,尽管只是近似的真。大多数具有形而上学倾向的实在论者坚持认为,当这些定律为真时,就表达了某种客观必然性,这种必然性只能由实在的本质和相伴随的活动力来适当地解释,或者通过因果活动的本体论解释来说明。"③

尽管已经有了上述几个有关科学实在论的说明,我们仍然无法完全穷尽所有有关科学实在论的解释。因为,科学实在论在发展过程中是不断修正的、变化的。自上世纪 60 年代开始,直至上世纪末,科学实在论经历了近四十年的发展与变化,在此变化过程中,存在着实体实在论、指称的实在论、方法的实在论、实验的实在论、尝试的实在论、语境的实在论、语义的实在论、历史的实在论等等。

不过,种种科学实在论归结起来无非就是下列四点:

---

① J. Leplin(ed.), *Introduction of Scientific Realism*, University of California Press, 1984, p. 41—42.

② H. Putnam, *What is Realism?* in *Scientific Realism*, J. Leplin(ed.), University of California Press, 1984, p. 140.

③ E. Mackinnon, *Scientific Realism: The New Debates*, *Philosophy of Science*, Vol. 46, p. 502.

第一,科学理论是有所指的,是说明客观事实的,因此,对理论应该作实在论的解释;

第二,实在论解释的科学理论是能够确证的,它能够为一般的科学证据所确证,它们在一定程度上是真理;

第三,在历史上,成熟科学其预见是成功的,后继理论是建立在前驱理论的观察知识和理论知识基础上的,科学的发展是趋同的,越是新近的理论就越具有真理性;

第四,科学理论所描绘的实在,在很大程度上独立于我们的思想或理论承诺。

科学实在论坚持真理符合论的基本观点,成熟的科学理论总是代表着对客体的真理性的认识。

二、反实在论

与科学实在论相左,还存在着科学实在论的一个对立面,即反实在论的科学哲学。反实在论的科学哲学就是主张,科学理论或术语是关于客观世界的假说,它并不一定指称客观对象,更不是关于客观事物的真理,科学理论只是解释现象的工具,前后相继的理论不一定有本体论承诺的一致性。反实在论的代表人物主要有:劳丹、范·弗拉森、法因(Arthur Fine)、赫斯(Mary Hesse)、雷谢尔(Nicholas Rescher)等人。

反实在论者对科学实在论的观点持批评的态度。(1)反实在论认为,科学实在论主张的科学理论的"本体论承诺"是含糊的。第一,一部分理论术语确是有指称的,它描述的对象独立于我们的意识而存在;第二,一部分虚构的理论或假设虽然可以从字面上了解到它们是指什么,但其究竟是否存在我们不得而知;第三,某些理论术语所谈论的实体是变化的,有时可以理解为是实在的,而另一些时候则不一定如此;第四,在当代物理学与量子力学中,本体论承诺常常随科学家的注意力的转移而改变,物理学家的实验、观察所形成的科学理解,是随着他所从事的那些活动来确定的。(2)科学实在论对理论的总体说明是抽象的。反实在论者认为,科学理论在一定意义上具有真理性,但不能肯定其总体上具有真理性,范·弗拉森认为,科学理论只有在其描述了可观察现象时,理论才是真的。但是,我们不能通过可观察性来推断不可观察的现象,一旦理论超越可观察范围,那么理论就不具有真理性。这就是著名的"拯救现象"的原理。(3)反实在论认为,科学实在论所谓的理论预见的成功,是理论真理性的证据的观点也是站不住脚的,在科学史上,成功的理论可以是不真的,真的理论也可以是不成功的。理论的发展并不在于理论的真理性程度的高低,而在于理论本身解决问题能力的高低。

(一)劳丹的反实在论

劳丹是打着明码招牌的反实在论者。他把科学实在论分为两类:一类是实体实在论,另一类是认识的实在论。对于实体的实在论,劳丹并不像库恩那样否定理论的本体论承诺。而对于认识的实在论他则做出了较强烈的反驳。劳丹在《对趋同实在论的反驳》和《对实在论的价值论和方法论的网状批判》二文中,系统地批判了实在论的观点,阐述了自己的反实在论思想。

首先,劳丹抓住科学实在论的"最佳说明推理",以此为典范对实在论的真理论与论证方法作了强有力的批判。科学实在论认为,科学理论预见的成功正是证明理论是有指称以及其所指是客观存在的观点,成功是科学理论真理性的一个标准。成功的理论与实际的客观存在两者是相一致的,如果我们认为成功并不意味着理论与实在的一致,那么科学的成功就会是一个奇迹。对于科学实在论的奇迹论证,劳丹批判道,如果从严格的意义上说,科学曾是很不成功的,因为大多数的理论并没有得到高度的确证,它们都先后被其他理论所取代。显然,科学的成功就是真理性的证据,那么实在论是达不到其目的的。科学实在论常引以为成功的例子有许多是可以解释为不成功的,比如探索原子的两千年历史中,在当出现一个成功的理论之先,曾出现过许多错误的原子论变种;又如波动说,17-18世纪的热力学、19世纪末之前的胚胎学等等都有类似之处。反之,成功的理论并不一定是真理,以太说、燃素说、18世纪化学的原子论、普劳特(W. Prout)的原子论、魏格纳(Alfred Lothar Wegener)的大陆板块漂移说、1820年以前的光之波动说、17-18世纪的热之唯动说等等,都在解释相应的自然现象时是成功的,但后来证明这些都不是真理或近似真理。

其次,劳丹批判了科学实在论关于"后继理论把前驱理论作为一种有限情形或特例包容在自身内"的观点。劳丹认为,这种观点同样是错误的,哥白尼天文学没有把托勒密天文学和光学的核心结构保留下来;富兰克林的电学理论也未把它的前驱理论作为一种有限情形包容在自身内;相对论物理学把以太以及有关构成部分加以摈弃,统计力学也未归入热力学结构,现代遗传学也未把达尔文机体再生说作为有限情形,光的波动理论也不适用于微粒光学的机制,现代胚胎学几乎未吸收任何经典胚胎学中的构成成分。在科学的历史实践中,每一个后继理论对前驱理论都采取了摈弃的方法,先前的理论在每个层次上都发生了根本性变化,其内容都发生了丧失。即使在那些基本本体论无所改变地方,许多理论也不能保留原有理论所有的成功解释。

再次,劳丹还批判了科学实在论的真理符合论。劳丹认为,按照传统的观点,对科学研究的辩护来自两个方面:一是人们对真理的探索,二是重视科学的实用价值。但是,他认为这两方面都是根据不足的。他说:"就我们所知,科学并不提出真的、甚至高度可能的理论。同样,现在是公开承认培根派的乐观主义命题亘古永错的时候了。科学中的许多理论活动,以及科学中大多数最好的理论活动,都不是直接在解决实际的、或有社会效益的问题。"①这就是说,我们是否能获得真理是不可知的,就连我们能否获得"高度可能"也是值得怀疑的,我们并不知道自己能否达到真理这个目的,也不能知道我们是否在接近这个目标。科学活动也不是为了达到什么社会效益,而在于解难题,科学是在解决疑难问题的过程中实现进步的。

(二)范·弗拉森的反实在论

范·弗拉森是塞拉斯的学生,他的思想被称为"建构经验论",他被认为是反实在论的代表人物。1980 年他出版了《科学的形象》一书,该书出版后曾引起了科学哲学界的较大反响。由于他的建构经验论的思想比较温和,被很多人所接受,许多科学实在论都因此而纷纷改变了自己的观点,对科学实在论作了修正。

范·弗拉森认为,科学实在论的错误在于承诺了以下观点:第一,承认形而上学是经验论的基础,形而上学的假设是合理的。第二,科学实在论的论证形式超越了可观察的范围。因此,他试图建立一种"建构经验论"的科学哲学。范·弗拉森的反实在论观点可以总结如下:

第一,科学活动的目的是建构"经验上适当的"理论,而非达到真理。

范·弗拉森认为,科学理论是一种与客观世界大致相适合的模型,这个模型是我们在观察基础上依靠逻辑与数学方法建立起来的。理论建构的目的不是为了达到与客观世界的完全一致,而是为了要适合于可观察现象。科学活动是建构,而不是发现,是建构符合现象的模型,而不是发现不可观察物的真理。在他看来,建构这种符合现象的理论模型,是科学活动的本质特征。科学发展是在两对矛盾中实现的,其一是理论模型的建构与客观世界原型之间的矛盾,其二是理论的修正与理论必须和客观现象相符合的矛

---

① 劳丹:《进步及其问题》,方在庆译,上海译文出版社 1991 年版,第 244 页。

盾。与此不同的是,科学实在论违背了经验的适当性原则,它根据不可观察物的论断推出了不可观察物的真理,使科学成了一种信念,从而向主观性做出了让步,让科学的评价标准为工具性的推理方法所取代。在科学活动中没有主观性是不可能的,但主观性只存在于应用科学,而非存在于基础研究,基础研究应当完全符合逻辑的语义规则,理论必须追求与可观察现象相符合。

范·弗拉森之所以如此强调可观察性,是因为我们每一个人都可以像探测器那样起作用,这是无可怀疑的,就像笛卡尔的"我思故我在"那样,唯有可观察性这一点是不容怀疑的。一旦我们相信从可观察物的真理推出不可观察物的真理,那么我们就在认识论上冒了极大的风险。因为,实际上人们的认识是不完善的,科学活动是可以随时对理论加以修正与补充的。

第二,范·弗拉森在科学理论本质的理解上是反实在论的、语义学的,而在科学理论的应用上则是工具主义的。

科学理论的本质的问题,与人们对理论结构的理解是个二而一的问题。在对理论结构的理解上,范·弗拉森受贝斯的启发,形成了自己的语义学分析。范·弗拉森则认为我们应该在本义上来理解科学语言,至于这个语言所表述的科学理论并不一定真才是最好的。范·弗拉森的观点回避了指称问题,不需要指称原子、电子等基本粒子,于是就避免了本体论的承诺问题,而真理与否的问题在他的理论中则属于语义学。至于理论的运用,存在两个方面:一个是理论的说明力,一个是理论的评价。在我们颂扬一个理论时,我们所赞扬的是理论的诸多优点,而不仅仅是理论在经验上的适当性。特别是一个人在接受一个理论时,考虑的是该理论的实用性,而非考虑它与世界的关系。范·弗拉森认为,语用的因素是理论的一个优点,这种优点是借助于语境来说明的。人们为什么接受一个理论,除了相信该理论为真外,就是他原先所接受的科学世界图景与该理论是一致的,这个理论对他来说是方便的、有用的。而他谈论一个理论时,理解者必须根据他说话时的语境去理解,根据他的使用方式去把握。理论是科学活动的产物,但科学活动的其他方面往往是不真实的,尤其是理论的评价是依赖语境的,运用理论解释现象的语言也是依赖语境的。

由此可见,范·弗拉森在语义学的科学本质观上是反实在论的现象主义的,而在科学之应用上则是工具主义的。

(三)法因"自然的本体论态度"

法因是一个人们不太熟悉的名字,他的哲学思想虽然不是那么丰富,但其所使用的概念有点类似于费耶阿本德。这是一个在科学实在论与反实在论争论中产生的怪才。1986年,正当科学实在论与反实在论的争论"山重水复疑无路"时,他出版了《动荡的游戏》一书,一时使人看了有点"柳暗花明又一村"的感觉。这种感觉就是,人们已经对这场争论感到有点不耐烦,十几年的争论似乎令人失望,找不到统一的结果。而法因则在此时认为,实在论已经死了,我们需要的是一种叫做"自然的本体论态度"(Natural Ontological Attitude,以下简称为NOA)的观点。这种观点是为了避免科学实在论与反实在论的形而上学争论提出的,是应对"元理论探讨的失败"的一种方法。

第一,宣称实在论已经死亡。法因对科学实在论和反实在论都作出了批判,认为实在论接受的是一种标准的"模型论"观点,这个模型就是确定的世界结构,其对应关系就是直接接触外部世界的认知活动。而反实在论虽然批评了科学实在论的真理观,但却仍然坚持把某种一致性作为科学的目的,因此一部分人成了真理贩子。一切符合论都因其存在着反例而被击败,反实在论对科学实在论的批判正是利用了这些反例。因此,反实在论者则试图把真理问题修改为可接受性问题,理论的接受仅仅与相信理论具有经验适当性的信念有关。这就是说,理论的接受涉及理论的实用维度。这是一种认识论上的行为主义观点。按照法因的观点,这种反实在论的观点仍然是真理贩子的一种变种。他认为,接受论的形而上学论证与实在论的形而上学论证其实质没有什么异样。实在论认为真理就是与客观事物的符合,而行为主义认为在于它的可接受性,然而,可接受性的根据又在哪里呢?显然这仍然会陷入无限循环论证的矛盾之中。

第二,鼓吹"自然的本体论态度",消解科学哲学的影响。法因认为,一切实在论都已经死亡,一切元理论的探讨也都归之于失败。如果科学哲学一定要把自己凌驾于科学之上,那么它就一定会是途穷路绝的,因此他建议人们要谦虚谨慎,不鲁莽。为了避免科学实在论与反实在论的形而上学争论,他建议提出一种叫做NOA的开放的自然主义科学观。他认为,假如我们拆掉了科学哲学这个科学的脚手架,那么我们会发现科学仍然以其自己的方式健康地屹立在那儿,甚至会感觉到它比之以前会更好。所有的哲学即什么什么"论"或"主义"(诸如实在论、唯名论、唯心主义、约定主义、建构主义、现象主义、实证主义、实用主义等等)都是从语义学甚至关于真理论的描述中派生出来的。NOA则采取了非理性的态度,它评价性地强调各种局部性科学实践的重要性,强调对科学实践本质主义重构的不可能性。NOA则尊重科学实践的具体环节,关心科学实践活动,根据科学实践的具体环节来解释科学理论。

实在论与反实在论对科学的解释就好像是把科学当作了一场表演,一出戏或一台晚会,它的表演需要演奏与指挥,而他们两者则为谁表演得最好争论不休。然而,值得指出的是,假如科学是一场演出的话,那么它也是一场观众与演员的同台联袂,就连同表演的说明书、节目单也是演出的一部分,如果我们对演出有疑问,那么这个疑问也在演出中占有一席之地,因为剧本是永远也不可能完善的,任何过去的对白都不可能决定将来的演出。这个演出不可能受某种总体上的见解和阐释的影响,它需要随自身的发展找出与之相适合的局部解释。所以,这种开放的科学观也就是法因所说的"自然的本体论态度"。这种态度是既非实在论的,又非反实在论的态度,抛弃了总体性观念和永恒、本质等观念。如果我们采取了这种态度,那么就一定会主张按科学本身的主张来对待科学,而不会把某些主题硬塞进科学的理解。如果采取了这种态度,那么那些总体性解释、科学哲学的"论",就会表现为科学的空洞外壳,它们是无法理喻的。科学有自己的历史,它实实在在地植根于我们的日常思维中,科学史不需要任何固定不变的因素,无需齐一性、真理概念等。

他认为,NOA 是一种启发式的态度,这种态度表明,我们过去对待某些本体论问题的观点是受科学自身的实践活动所限制的。作为一种启发式的态度,它所坚持的就是容忍各种怀疑论和各种不同的观点,努力让科学自己发表意见,而不必借助于形而上学的助听器。

第三,主张科学哲学是为了给科学家的实践进行辩护。法因的 NOA 也不是一种否定哲学的态度,他所要否定的是实在论与反实在论探讨问题的方式。"NOA 不应当被理解为鼓吹哲学的终结,甚至是限制科学哲学的,因为 NOA 把哲学看作像科学一样,也是一组具有自己历史的实践。"[①]法因认为,从总体上解释科学为真是不可能的。之所以不可能,是因为没有一个固定不变的基础能够与科学认识形成对照,作为检验该理论真、假、好、坏的标准。所以,要摈弃基础主义就要摈弃真理概念,相反,终止相信真理概念是那些实质性的事物相符合的理论、解释或图景,我们就会中止基础主义。因此,科学哲学不是要人们相信世界上存在着真理,或者相信存在着经验的适当性,而是一种承诺、一种态度或一种探讨方式,这种态度就是对科学实践进行辩护。

法因的态度提供了一种解决科学实在论与反实在论争论的方式。多年

---

① Arthur Fine, *The Shaky Game*, University of Chicago Press, 1986, p. 10.

来,实在论与反实在论之间的争论总是围绕着以下问题展开:什么样的证据会使一个科学理论优于另一个科学理论? 我们如何测定一个理论的经验强度优于另一个理论? 电子、质子、中子等量子力学的概念指称实在吗? 它们真实地存在还是我们的实验对象? 信念在科学研究中究竟起着什么样的作用? 什么是科学说明,我们对说明应该做实在论的理解还是作反实在论的理解呢? 是什么使得我们接受一个科学理论而不接受另一个呢? 对于概率我们应该作何种理解呢? 这些问题的争论最后总是不能达成统一的理解,而往往是陷于形而上学的困境。 因此,就法因抛弃形而上学的争论、摈弃思辨来说,是积极的,而就其把科学哲学看作完全是无作用的多余的理论,他又是悲观论的,是哲学消解论的翻版。法因的观点显然简单易行,但是这种观点也未必能行得通。因为,当科学家们对某些问题也束手无策时,他们也同样会陷入形而上学的争论或者假设性的争论。

反实在论的科学哲学除了劳丹、范·弗拉森、法因等人外,还有达米特(Michael Dumett)、雷谢尔、罗蒂、泰南特(N. Tennant)等人。他们都认为,科学实在论的真理论(一个陈述或者真或者假)是不可能的,科学实在论关于理论术语的形而上学本体论描述是不恰当的。在反实在论的影响下,科学实在论纷纷改变了自己的观点,使科学实在论摈弃了一些思辨的形而上学概念,转向考察具体科学哲学实践中的一些问题。

四、科学实在论的修正与发展

在经过反实在论的反驳之后,科学实在论也在不断地调整自己的理论,对自己的理论进行修正。如果我们把科学实在论的发展看作一个过程,那么,科学实在论的发展可以分为三个阶段:

第一阶段是经典的科学实在论,其学说可以概括为:"科学关于事物本质的说明是真的,那些事物的本质是真正存在的。"[①]在整个 70 年代,大多数科学哲学家都持这样的观点。但是,随着劳丹和范·弗拉森反实在论者对科学实在论的批判,科学实在论也不断地调整自己的见解。于是,一时各种不同种类的科学实在论观点迅速兴起,例如实体的实在论、语义的实在论、内在的实在论、语境的实在论、常识的实在论、测量的实在论、历史的实在论、实验的实在论等等。

第二阶段,就是修正的科学实在论。由于科学实在论受到了反实在论

---

① Arthur Fine, *The Shaky Game*, p. 10.

的严厉批评,所以其对实在论观点的辩护出现了各种弱化的趋势。这种趋势大致可以分成两类情形:

第一类是由波依德提出的对科学方法的实在论辩护。

波依德认为,范·弗拉森提出的从可观察物的论断的真理性不能推出不可观察物的论断的真理性的观点,实际上是一个外展推理的方法问题。在实在论看来,范·弗拉森对实在论的反驳"只是从某些独特的经验主义的认识论考虑",然而,人们不应该只针对孤立考虑的认识论的外展推理的合理性问题,而应该集中于经验主义者和实在论者捍卫的科学知识的总体论述的相对价值。经验主义的主要依据是:一切事实知识都必须立足于观察。但是,这是一个归纳论证。那么,我们如何得知归纳方法是可靠的呢?难道我们不是诉诸这个方法的成功吗?归纳概括之所以可靠,是因为我们作出了这样的判断:"实际上得到的过去预言的成功,保证了我们相信体现在理论中的关于可观察实体的归纳概括。"[1]"经验主义者瞄准了对科学知识的一种有选择的怀疑论说明:关于不可观察实体的知识是不可能的,但关于可观察实体的归纳概括有时在认识论上是合法的。"[2]之所以这么说,是因为人类在认识自然界时其本身就具备了这种能力,能证明和支持这种实在论论证的是自然主义的认识论。他说:"科学实在论者的观点并不取决于或借助于被孤立地考虑的那种外展推理的力量,而取决于被评价的东西是经验主义的认识论和正在表现出来的自然主义认识论的相对优点。"[3]所谓自然主义认识论,就是承认人类是自然界的一部分,人的认知是人类这个自然物的一种能力,一种与其他生物种类更普遍、更高级的能力。在自然主义认识论看来,整个自然秩序是统一的,人们之所以能够认识自然界,正是因为人类存在于自然界中,是构成自然界的一部分,人的身体和各种机能是在适应自然界的过程中形成并发展起来的。当然,上世纪七八十年代的自然主义的认识论比之于90年代后的自然化认识论,还只是一个雏形,很多方面在对科学知识的辩护上还是有欠缺的。

第二类修正的实在论是普特南和爱利斯(B. Ellis)的"内在的实在论"。

他们认为,真理存在于理论内部,从理论本系统来说,是可以获得真理的。世界究竟是怎样的这个问题只有相对于某一理论框架才有意义,客观

---

[1] R. Boyd, *The Current Status of Scientific Realism*, in *Scientific Realism*. J. Leplin(ed.), University of California Press, 1984, p. 69.

[2] Ibid. p. 73.

[3] Ibid. p. 75.

的对象并不独立于概念框架而存在,我们所谈论的真理不是客观事物本身,而是相对于我们人的,这种真理没有绝对性,它只是内在于我们人类和我们人的世界的关系之中。一种理论有自己的世界,多个理论就有多个世界,因此,也就有相对于自己的多重真理性。

普特南早期的哲学是科学实在论的,尽管他自己不太喜欢用科学实在论这个词,认为实在论这个词与唯物主义并不相同,而一些人把科学实在论等同于唯物主义是有问题的。但是,由于奎因对本体论承诺的探讨中,把理论实体的存在与我们说什么存在区分开来,以致对他的思想产生了一定的影响。他在著述中坚持认为,科学实在论关于成熟科学的理论术语是有指称的,其所指对象是客观存在的符合论观点是正确的。不仅人们所说的原子、质子、中子等理论实体存在,而且数学必然性和数学可能性也是客观的,对于那些既不是物质对象又不是数学对象的实体也应持实在论的态度。因为,如果我们不存在真实,那么我们之间进行交谈从何处开始呢? 然而,由于后期维特根斯坦哲学的影响,以及劳丹和范·弗拉森等人的反实在论观点的影响,普特南开始转向"内在的实在论"。

"内在实在论"一词最早出现于普特南在 1976 年写作的《实在论与理性》一文中,他在《理性、真理和历史》一书中明确地使用了这个词来表达自己的观点。《理性、真理和历史》一书在英美哲学界有着广泛的影响,在此书中,普特南提出了对传统二元分裂式的哲学思维进行改造,认为理论指称的意义是在我们的语言的内部才能得以确认,客观性并不是由世界本身来决定的,而只能是由人的参与来决定的,是"人的客观性",真理的问题与合理的可接受性问题两者是相关的,所谓真理也就是合理的可接受性,而合理的可接受性的标准也就是真理的标准。但是,合理的可接受性涉及文化的价值,事实与价值相互渗透着。普特南说道:"真理不是终极之物,真理本身还要从我们的合理的可接受性标准那里获得生命。"[①]普特南认为,合理的可接受性并不能替代真理的标准,"真不能直接成为合理的可接受性,有一个根本的理由;真应当是一陈述不可或缺的一种性质,而被判明正当则是一陈述可以失去的性质。'地球是平的'这个陈述在 3000 年以前很可能是可以合理地接受的;但在今天却不能被合理地接受了。但是,如果说'地球是平的'这个陈述在 3000 年以前是真的,那就不对了,因为那会意味着地球已经改变了形状。事实上,合理的可接受性既是时间性的,又是相对于某个人的。此外,

---

① 普特南:《理性、真理与历史》,童世骏、李光程译,上海译文出版社 1997 年版,第 141 页。

合理的可接受性还有一个程度问题"。①

1990 年,普特南出版了他的《戴着人的面孔的实在论》(*Realism With a Human Face*)一书,正式地从较强的科学实在论转向内在的实在论。在本书中,他强调理论对象对人的依赖性,强调科学知识对认识主体和认识工具的依赖性,主张真理多元论和实用论,明确地宣称与形而上学的科学实在论决裂。普特南既反对形而上学的外在论的实在论观点,同时也反对相对主义。普特南认为,如果外在论是正确的,那么我们就可以设想一个离开我们语言和理论而存在的实在,这也就是说,我们实际上都只是一些与世隔绝的"缸中之脑",因而我们所谈论的所谓事实便是一些幻觉。另一方面,普特南也认为相对主义是立不住脚的,因为一个相对主义者不能肯定任何事情,也就不能决定任何一种实践,这无异于一种"精神自杀"。而内在的实在论观点其主要特征是"在它看来,构成世界的对象是什么这个问题,只有在某个理论或某种描述之内提出才有意义。许多(尽管不是所有)'内在论'哲学家还进一步主张,对世界的'真的'理论或描述不止一个。在内在论者看来,'真理'是某种(理想的)可接受性——是我们的诸信念之间、我们的信念同我们的经验之间的某种理想的融贯(因为那些经验本身在我们信念系统中得到了表征)——而不是我们的信念不依赖于心灵或不依赖于话语的'事态'之间的符合。并不存在我们能知道或能有效地想象的上帝的眼光;存在着的只是现实的人的各种看法,这些现实的人思考着他们的理论或描述为之服务的各种利益和目的。"②内在实在论并不主张理论会内在地符合对象,而是主张"对象"并不独立于概念框架。某一共同体所使用的符号是能够在这些使用者的概念框架中符合特定的对象的。因为我们不可能也不应当脱离我们的概念框架去谈论对象的客观存在或者什么认识的对象,不可能也不应该追求一种外在于我们人类的唯一对应于世界的形而上学基础。

普特南认为,就形式而言,事实与真理是两个等值的概念。通常人们用事实来解释真理,例如"太阳是热的"这是一个事实,因此,"太阳是热的"这句话为真。然而,在普特南看来,这只是涉及真理的形式问题。在现实中,人们接受一个真理或者理解一个真理,是与我们怎样理解一个事实相关的。当某人说"太阳是热的"时,我们会自己去体验一下太阳是否真的热,否则我们会怀疑这个人说的话是不是真的。一个判断是否为真,是否符合事实,这是与某人作出合理的判断相关的。人们在作出判断时,所依据的是一致性、

---

① 普特南:《理性、真理与历史》,第 61 页。
② 同上,第 55—56 页。

简单性、好的、善良的、美的、有效能的等等,而这些词既不能说是客观的,也不能说是主观的,它们是和人类的生活实践相联系的。

然而,无论普特南对其内在的实在论做什么样的辩护,其内在的实在论却始终存在着被人误解的缺陷。首先,他的内在的实在论是针对形而上学实在论而提出的,但是,由于他一直强调内在的二字,而使人们忘记了他的观点还是"实在论"的。其次,虽然他对相对主义做出了区分,强调自己的观点不能被理解为相对主义,认为相对主义是自我否定的。正因为人们在理解普特南内在的实在论时重视"内在的"二字,所以人们的视线就变得模糊不清了,人们无法把其内在的与唯我论区分开来。由于其内在的实在论非常强调概念框架的作用,使得人们的理解变得较为随意。所以,普特南从语义的外在论转向内在论,似乎有点南辕北辙了。

正是因为普特南的内在实在论有着明显的相对主义性质,所以批评他的观点也越来越多,在人们的批评声中,普特南不得不又转向自然主义的实在论。1990年,普特南在《戴着人的面孔的实在论》一书中,提出了一种与内在实在论的总体思路不相同的自然主义实在论,也称为"新实用主义的实在论"。在这个时期,普特南承认,早期关于内在实在论的阐述仅仅是解决形而上学实在论的令人不满意的尝试。他觉得早先的心灵与大脑同一论还没有厘清心灵与世界的关系。科学实在论把这个关系看作是语义的关系,认为外部世界与我们的语言是直接对应的,内在实在论把两者看作是同一的,认为语义关系只能在概念框架内部得到说明,以致心灵与世界的关系并没有得到解决。为了解决这对关系,普特南主张回到日常生活中去,回到人们的实践中去。这个时候的普特南认为,语言本身就是人类生活世界的一部分,它不但没有把我们与世界割裂开来,反而是两者不可分割,谁也离不开谁。世界离不开语言,语言也离不开我们的生活世界,两者在我们的生活实践世界中互相融为一体。而生活世界是整体性的,我们很难把价值与事实以逻辑的形式区分开来。所以,生活的世界是人类面临的唯一实在,随着人类的生活的改变,实在概念也在发生改变。

第三阶段是萨普的"准实在论"。

萨普的科学哲学思想反映在他的《语义学的理论结构观和科学实在论》(1989)一书以及《理论与现象》、《科学理论的结构观有何错误?》等论文中。概括地说,他的思想是在科学实在论与反实在论争论中综合的结果,是讨伐范·弗拉森反实在论思想的产物,是科学实在论在这场争论中不断地让步的结果。由于在看待理论与现象世界关系问题上存在着程度上的差异,于是就形成了激进的实在论、温和的实在论和激进的反实在论和温和的反实在论之别。一切实在论者把赌注押在符合规则上,而一切工具主义者则通过两种方式来消除实在论在符合规则上的不足:一是通过把理论贬低为推理工具来取消理论术语的指称作用;二是重建现行理论,使现行理论避免理论对象是客观实在的实体的观点。

第一,萨普批判了范·弗拉森所谓可观察、不可观察的区分,认为这个区分归根到底是依赖于理论的区分的。可是,实际上许多理论根本就没有论及可以观察的东西,许多理论的辅助性假说虽然不一定得到观察的证据,但却在科学说明中占居十分重要的地位。例如,在普朗克把对爱因斯坦的黑体辐射中,爱因斯坦假定允许使用辅助性假说,这产生了坎普顿在实验上能够检验的预见,坎普顿实验确立了爱因斯坦假说的真理性,因此,扩大了包括光以个别粒子的方式传播的可观察范围。所以,把辅助性假说限于不可观察的现象会排除诸如此类的科学发展,因而与科学实际上决定什么是可观察的途径不相一致。萨普认为,"最终可观察"应该是理论证据之标准,也即是说,虽然我们现在还不可能观察到,但最终我们有能力观察到。

根据这个"最终可观察性"的观点,萨普认为科学实在论必须求助于与"最终可观察"相联系的真理符合论。因为科学家在实际的科学研究活动中,只能在与资料符合的基础上、在背景信念和科学知识体系所接受的理论基础上评价理论。范·弗拉森对观察、不可观察的区分是不可行的,是与科学实践的历史相悖的。假定范·弗拉森的经验适当性最近似于科学关注的真理,那么我们也不可能推出反实在论就是正确的,因为哲学试图解决的问题显然不是科学问题,我们无法保证说满足于科学理论的东西就一定能满足于科学哲学的研究。

第二,萨普从以上本体论观点出发,形成了一种准实在论的理论结构观。萨普认为,"科学理论一般总是描述物理系统的运动,它是实际现象的理想化了的复制品",以往的理论观"把理论看作语言实体,事实上理论是超语言的"。[①]萨普强调,理论与世界之间的对应关系是一种图像关系,科学实验和科学家的实践把这两者联系起来,科学观察和科学家对实验的评价结果说明的就是这种图像对应关系。我们不能通过探讨科学世界观转变对理论的意义之影响来讨论理论观,而是应该通过探讨实验与理论确证的途径、通过探讨现象如何与实验联系起来的方式来建立理论观。这就是萨普所说的语义学的理论结构观。按照这种观点,理论被给予一种准实在论的解释,

---

① F. Suppe, *Theories and Phenomena*, in *Developments of the Methodology of Social Science*, edited by X. Leifeller and E. Rohler, Reidel, 1974, p. 46.

萨普认为,科学实在论对科学理论的本体论承诺的理解是必要的,但这并不意味着本体论承诺对于科学研究是否必要。所以,借助于符合规则来说明理论在一定程度上是合理的。不过符合规则本身也存在着局限性,它很难说明一些暂时得不到观察资料支撑的理论假设。所以,这些理论的辅助性假设只有通过语义学来理解。萨普一方面承认理论对现象的"地图"作用,承认科学的目的是求真,坚持真理的符合论规则;另一方面,又承认一部分理论只是为了说明其他理论、定律而专门设计出来的,只能用语义学分析的方法来进行分析,经验的真与理论在语义学上的真是有区别的。

第三,萨普趋向于用概率观点说明理论之真理性。萨普坚持科学的目的是求真,如果失去了这个目标,科学家的活动是盲目的。不过萨普的观点并非坚持认为经过确证的理论就是真理,而是认为理论在经过无数次实验证明与科学家实践评价后得到了可行性,即他所说的"高度可能"的特征。如果理论在实验检验中与现象存在着经验的关系,或者说是经验地相关的,那么理论在经验上就是真的,或者说是"高度可能的"。"理论从属于大量的实验检验,这些检验在于把理论作出的预见和对物理系统的观察加以比较。"①科学研究事业是共同协作的有预定目的的冒险,以致各种各样的实践者都能评价他人的发现和根据他人的发现做出行动。"单一的科学家不可能创造出自己的科学,必须依赖于同仁们的劳动……科学要求科学的发现、科学结论必须得到实验的支持和其他实践者的评价。"②全人类在日常生活所面对的实在世界之间相互作用过程中对经验规律性特征的同一探讨,都导致了科学对客观世界的认识,越来越发展、越富有人的智慧的观察手段、实验手段的更新,都提供了科学理论客观性以最有力的证明。

萨普还就过去的传统归纳方法提出了自己的意见,认为传统的归纳法在某种意义上是有效的,但传统的标准的归纳法是一种贫乏的没有希望的推理模式。理论的真理性不是通过标准的归纳法得到的,而是通过科学家们的可行性评价,通过实验中确认的结果的比较,从而肯定理论是否"高度可能的"。"如果观察表明许多有 y 起作用的例子,比没有 y 的情形更可能产生 x,那么下一个有 y 起作用的例子将比任何没有 y 起作用的例子更可能产生 x 是十分可能的。"③萨普还主张把理论、观察、实验和知识四个方面有机地结合起来,他说:"理论、观察、实验和知识是一起产生的,适当的科学哲学

---

① F. Suppe, *The Semantic Conception of Theories and the Scientific Realism*, p. 141.

② Ibid. p. 382.

③ Ibid. p. 404.

尤其须提供这四个方面相结合的说明,这四个方面能够说明实际的科学实践如何成功地在各种使用中提供给理论适当的知识。"①

五、科学实在论的最新进展

上世纪 90 年代以来,尽管出现了准实在论观点,但科学实在论与反实在论争论仍在继续。在这个争论的过程中,还出现了类似于古德曼(Nelson Goodman)的"非实在论",主张世界是由人的思想的构造。在古德曼看来,构造世界与理解世界、认识世界是相辅相成的。构造世界和认识世界,同属于我们的认识活动,前者如同我们的发现,后者如同我们的重新理解;前者如同创造,后者如同理解。理解与创造是互相的,两者并不存在矛盾。古德曼把认识世界和理解世界的活动结合在一起,把世界的客观存在和我们对世界的认识混为一谈,把世界的独立的客观存在和各个个人对世界的无数个不同的认识混为一谈,严重地歪曲了世界的真实性,严重地歪曲了人们对世界认识的统一性。虽然古德曼不像过去的唯心主义那样认为世界是我的观念之产物,不是把世界看作是我们建造房子那样建造的结果,但是,他把世界和人的观念直接等同起来,当作是人们理解的结果,显然是唯心主义的,尽管其不同意人们把他称之为唯心主义者。他认为,哲学并不是在构造真理,并不是向人们解释求取真理的方法,也不是向人们说明理论描述的对象是否客观存在,"我相信,哲学必须考虑全部构造世界的方式和方法"②。但恰恰在他这样说的时候,他又认为,我们构造世界的结果是多种多样的,每一个人都有其不同于他人的结论,这些结论在一定程度上都是对世界的认识。这样一种观点显然是虚无主义的。

到本世纪初以来,形成了"结构科学实在论"思想,认为我们的理论是一个结构,而世界也是一个结构,这两者是同构的。科学没有告诉我们事物的本质是什么,而是告诉我们事物的结构是什么。因为,世界的全部存在就是结构。尽管我们对这样一种结构的实在论还不是太了解,但是,这说明了科学实在论的争论仍在继续。

【本章思考题】

1. 怎样看待 20 世纪科学主义的形成与演变?

2. 如何理解科学哲学与分析哲学的关系?

---

① F. Suppe, *The Semantic Conception of Theories and the Scientific Realism*, p. 428.

② N. Goodman, *On Starmaking*, in *Starmaking: Realism, Antirealism and Irrealism*, Peter J. McCormick(ed.) MIT. 1996, p. 159.

3.为什么要坚持科学在文化上的权威性地位？

4.怎样看待科学实在论和反实在论的争论？

5.准实在论究竟与科学实在论有什么不同？

6.法因的"自然的本体论态度"有什么合理之处？

【建议阅读书目】

1.查尔默斯：《科学究竟是什么》，鲁旭东译，商务印书馆2007年版。

2.普特南：《理性、真理与历史》，童世骏、李光程译，上海译文出版社1997年版。

3.劳丹：《进步及其问题》，方在庆译，上海译文出版社1991年版。

4.拉卡托斯：《科学研究纲领方法论》，兰征译，上海译文出版社1986年版。

5.费耶阿本德：《告别理性》，陈健等译，江苏人民出版社2002年版。

6.艾耶尔：《语言真理和逻辑》，尹大贻译，上海译文出版社2006年版。

7.弗兰克：《科学的哲学》，许良英译，上海人民出版社1985年版。

8.波普尔：《科学发现的逻辑》，查汝强、邱仁宗译，中国美术学院出版社2008年版。

9.库恩：《科学革命的结构》，金吾伦、胡新和译，北京大学出版社2003年版。

10.夏皮尔：《理由与求知》，褚平等译，上海译文出版社2001年版。

第三章 分析哲学

分析哲学(analytic philosophy)的出现是西方哲学发展过程中一场革命,它使西方哲学随着历史的变迁而进入了"分析的时代"。作为 20 世纪西方哲学主要思潮之一,分析哲学产生于 19 世纪末 20 世纪初的奥地利、英国和德国,至今已有 100 余年历史。发展到今天,这一哲学传统在英美等国已经发展得非常成熟,贯彻到英语国家(English-speaking)哲学科系的建制体系、课程设置中,体现在从事哲学思考和讨论的方式和风格中。其至有人认为,其旺盛的生命力已经远远超过欧洲大陆的现象学传统,尽管这样的说法仍旧容易引起争议。本章主要从分析哲学概况,代表性哲学家弗雷格(Friedrich Ludwig Gottlob Frege)、罗素、维特根斯坦与分析哲学后期的几位哲学家等方面展开。

第一节 分析哲学的源流

人们习惯于把分析哲学说成是"英美"分析哲学,这种盛行的现代说法除了撇开现代斯堪的纳维亚哲学家的工作,也没有考虑其他欧洲国家如意大利、德国和西班牙等新近产生出来的对分析哲学的兴趣,曲解了产生分析哲学的历史背景,或许"英奥分析哲学"这种说法会比"英美分析哲学"更为合适。①

黑尔(John Heil)对分析哲学曾作出如下解释,这个术语用于指代各类哲学技术和趋势,尽管很难对分析哲学给出一个确切标准让它区别于其他哲学,但我们还是不能把分析哲学理解成一个学派、信条或学说。不过无论如何,分析哲学家还是有个基本的、共同的特征,即用英语写作,……他们是

---

① M.达米特:《分析哲学的起源》,王路译,上海译文出版社 2005 年版,第 2—3 页。

罗素、摩尔（George Edward Moore）、维特根斯坦的继承者。① 这些先驱在20世纪早期追求某种形式的、精确的哲学分析，并实践着"分析"，尤其是罗素与维特根斯坦。

　　分析哲学发展至今天，尽管在这个领域中从事分析哲学研究的人很多，或者被称作分析哲学家人也不少，但让人耳熟能详且广泛得到承认的人物则不是很多，前面提到的弗雷格、罗素、维特根斯坦等自不用说，他们都是20世纪最伟大的哲学家，同时也是分析哲学中的代表人物。此外，维也纳学派成员如卡尔纳普等作为一种新哲学方法的倡导者在分析哲学发展中亦占有重要位置，后来的奎因（Willard Van Orman Quine）、达米特、戴维森（Donald Davidson）、斯特劳森（Peter Strawson）等被视作当代分析哲学中最著名的哲学家，这些哲学家已在近十多年前逝世，几乎象征着一个时代的结束。其实有学者认为，纵观当代分析哲学家，几乎很难找到彼此之间有什么共同的地方，导致有些人责难哲学的"专属性或过分专业化"，因而呼吁一种多元化的、共同体导向的哲学化方式。不过他们会辩称，分析技术或技巧及标准已然在哲学中得以很好表述了。

　　在梳理分析哲学的发展时，分析哲学的源头有着不同的说法。当然，很多人都会承认，分析哲学自身的传统基本发端于罗素、摩尔和弗雷格，他们是早期分析哲学的三个支柱。那么源头在哪里呢？ 通常的说法是，它始于罗素和摩尔对绝对唯心主义的拒斥，二人因此而被尊为"分析哲学之父"，但随着弗雷格的重要性被逐渐发掘出来，他最终被追认为是"分析哲学的祖父"，这正是达米特在其《分析哲学的起源》中提出来的新说法。

　　如此，更有必要对分析哲学的产生源头做一厘清。为了消解众多歧见，并试图解决这一问题，可以尝试区分两种不同意义的哲学，即"作为分析运动的分析哲学"与"作为哲学思想的分析哲学"。按前者，分析哲学产生于罗素、摩尔等人对绝对唯心主义的反叛；按后者，分析哲学的起源则可追溯到莱布尼兹（Gottfried Wilhelm Leibniz）对"通用文字"的构想，从莱布尼兹到弗雷格，其间还经历着两位非常值得关注的哲学家，即康德（Immanuel Kant）与波尔查诺（Bernard Bolzano）。② 总的看来，从莱布尼兹的"通用文字"构想，到弗雷格系统创立哲学语义学，是作为思想而不是作为运动的分析哲学的起源和兴起阶段，康德的工作则为分析哲学提供了基本问题和概

① John Heil, *The Cambridge Dictionary of Philosophy* (2ⁿᵈ *edition*), General Editor Robert Audi, Cambridge University Press. 1999. p. 26.
② 张志林、何朝安：《分析哲学的分析——关于分析哲学的对话》，《哲学分析》2011 年第 6 期。

念,因此,康德之于分析哲学有着某种奠基性作用。然而从康德到弗雷格是如何发展的呢?达米特等人对分析哲学史的考察则表明,分析哲学的曾祖父就是位于康德与弗雷格之间的波尔查诺。

那么当代哲学何以产生"分析"这一思潮呢?纵观分析哲学的特征可以发现,这一领域中的哲学家都在寻求一种清晰、严格,且可以公共判定的方式来从事哲学研究,这个动机决定了分析哲学不仅关注语言,而且注重采取逻辑分析的方法。[1] 当然,即使我们认为语言是作为对象,但分析哲学所分析的也不是语言本身,而是概念和命题,换句话说,尽管分析不能穷尽所有哲学域,但至少可以为实在的逻辑形式刻画提供一种重要的工具。[2]

一、语言哲学与分析哲学

在谈当代英美哲学时,分析哲学与语言哲学经常涉及,有些哲学家认为两者没什么区别。达米特把弗雷格视为分析哲学创始人(这个创始人的意义是在把分析哲学作为分析运动意义上理解),他把《算术基础》当做分析哲学的第一本著作,与此同时,达米特也把弗雷格视作语言哲学之父,弗雷格的语言哲学就是意义理论,而前面提到的分析哲学的三个支柱,有时也被当作语言哲学的主要代表人物,所依据的则是这几位哲学家的相同思想与相关论述。在语言哲学与分析哲学之间,斯特劳森认为前者是后者的核心内容。塞尔(John Searle)也认为在 20 世纪分析哲学的传播中,语言哲学在整个哲学领域中占据了一个核心位置,同时几乎所有哲学家都会认为语言哲学是所有其他哲学的基础。如此看来,如果说分析哲学中有什么核心内容的话,它就是语言哲学,似乎两个没什么根本区别。

当然,可以想见,有的哲学家并不赞同把分析哲学与语言哲学相等同或认为它们基本相同。戴维(Steve David)在其《哲学与语言》(*philosophy and language*)中提出,两者不应该被混淆,语言哲学与分析哲学分属不同层次,

---

[1] 黄敏:《分析哲学导论》,中山大学出版社 2009 年版,第 1 页。

[2] 维特根斯坦在《逻辑哲学论》中已然表明,语言结构揭示了世界的结构,每一个有意义的语句都能够被分析至原子成分,后者正表明了实在的成分,这种立场在维特根斯坦后期也没有被抛弃,甚至极大影响了 20 世纪 20 年代的维也纳学派以及 30、40 年代的逻辑实证主义的发展。卡尔纳普与艾耶尔作为实证主义的倡导者,都认为哲学的任务不在于揭示难以理解的形而上学真理,而是为科学语句提供分析,至于其他学科的语句则缺乏"认知的重要性或意义"。分析哲学中的典范之一便是罗素的摹状词理论,与此同时还有分析哲学的支持者们,由于受到维特根斯坦的影响,于是接受了另一种哲学即日常语言哲学,它着重于日常言语者,希望由此能趟过长期存在的哲学泥沼,他们认为哲学泥沼之所以产生,原因在于探究哲学理论时被语句中的语法形式误导进而产生了哲学问题。

其中语言哲学与艺术哲学、宗教哲学、心智哲学等并列，主题各不相同。分析哲学是哲学研究的方法之一，它包括一定的语言学概念，人们正是用这些概念来分析并希望解决来自不同于以上哲学领域的问题。因此，语言哲学是学科概念，分析哲学则是一种方法。

我们不妨从历史的视角对两者的发展做一厘清。一般认为语言哲学出现在 20 世纪 20—30 年代，其蓬勃发展则是在"二战"之后至 20 世纪 50、60 年代，学界虽有"语言哲学"这一术语，特别是谈到牛津学派的"日常语言哲学"时会如此表达，但作为一个研究领域或学术思潮，使用更多的则是"分析哲学"。1959 年查尔斯沃斯（Maxwell Charlesworth）的《哲学的还原》一书的主要内容即是分析哲学运动，里面有一章专门讲"日常语言哲学"，美国哲学家卡普兰（Abraham Kaplan）60 年代也曾指出，分析哲学这种思潮是"目前英语国家中影响最大的哲学思潮……甚至在青年一代的哲学系学生看来，这种思潮的观点无论如何是最令人激动和最有前途的"。20 世纪 70 年代，在塞尔的《语言哲学》及达米特的《弗雷格的语言哲学》等带动下，"语言哲学"这一术语频现，弗伦奇（P. A. French）甚至在他的《当代语言哲学概观》一书中认为，"分析哲学一百年来的历史的显著标志，就是语言哲学作为哲学所关心的一种最根本的哲学"。

从以上对分析哲学与语言哲学的发展可以看出，"分析哲学"无疑先于"语言哲学"，特别是人们最初称 20 世纪这场以对语言进行分析为标志的哲学运动为"分析哲学"，而不是"语言哲学"。此外，分析哲学即便不是一门学科，也绝不会仅仅是一种方法，它至少还是一种运动和思潮。当然无论是运动还是思潮，都不会意味着分析哲学徒有其名，应该存在着实实在在的分析哲学。达米特曾对分析哲学与其他哲学做出区分，他认为，分析哲学首先相信通过语言的逻辑分析可以达到对思维活动的哲学解释，且只有以这种方式而不是其他方式才能达到一种广泛的解释。实际上，通过语言的逻辑分析而达到本体论和认识论方面的结果，正是分析哲学和语言哲学共同的方向。

二、分析哲学与逻辑①

无论是哲学的历史发展，还是哲学所采用的方法，分析哲学与逻辑之间的关系都算是极为密切的，因此不熟悉逻辑对于理解分析哲学就显得颇为困难。可以想见，现代逻辑对于分析哲学的产生至关重要，有人甚至认为没有现代逻辑，就没有 20 世纪分析哲学。那么如果能对现代逻辑加以深入了解，理解分析哲学的思想便有了更多可能，当然这并不意味着离开现代逻辑，就不能理解分析哲学。②

现代逻辑可直接追溯至布尔代数，受其影响，弗雷格在《概念文字》一书中首次把逻辑构造成一种表达纯思维的算术系统，并按照系统性和严格性的要求建立了现代逻辑史上第一套一阶谓词演算系统，它与传统逻辑系统相比最突出的优势在于，它彻底摆脱了传统逻辑对自然语言的天然依附，完全以纯形式的方式表达思想，并由此真正确立一切认识基础的规律。③ 现代

---

① 逻辑是一个重要的哲学工具，是关于有效推理的条件或正确推理的结构和原则的研究。中世纪的逻辑学家把波菲利（Porphyrios）的《导论》、亚里士多德的《范畴篇》和《解释篇》及波埃修（Boethius）对它们的评注称为"旧逻辑"，这些著作直到 12 世纪中叶都是有效的逻辑学脚本。与之相对的新逻辑则指的是亚里士多德《工具论》中其他逻辑学著作，如《正位篇》、《前分析》、《后分析》及《驳诡辩》等，它们在 12、13 世纪被引入拉丁世界。中世纪逻辑学家把他们对逻辑学的发展称作"当代逻辑"或"现代逻辑"，主要关注的是语言谬误、依附于范畴的词，以及词与逻辑学中普通命题间的关系。逻辑分析则是作为对概念和陈述在逻辑上做出阐明以获得哲学理解，是西方哲学史上哲学方法的核心特征之一。当然从更专门的意义上说，逻辑分析是由弗雷格的逻辑所推动的，继而在罗素和维特根斯坦的著作中体现出来。它与语言分析的重要差异在于，后者是为了显示对不同逻辑形式提供正确说明的哲学意义，而逻辑分析则是为了发现命题的逻辑形式，这种逻辑形式常常由于语言的表面结构而在哲学上的关键情形中被遮蔽。见尼古拉斯·布宁、余纪元：《西方哲学英汉对照辞典》，人民出版社 2001 年版，第 563 页。

② 维特根斯坦的前期哲学完全是根据现代逻辑建立起来的，但这并不意味着只有熟悉现代逻辑才能理解他的哲学。相反，只要真正走进《逻辑哲学论》，就会看到维特根斯坦试图用逻辑脚手架构建的关于思想的命题图像，及所有关于思想的讨论就必须放在语言命题的分析才能得以实现，所有可以用语言表达清楚的东西都可以说清楚，而重要的则是那些无法用语言表达的东西。现代逻辑之于分析哲学，后者乃是直接后果，它为分析哲学的产生提供了强有力的思想工具。

③ 现代逻辑表现出以下几个特点。首先是没有歧义，它从最少的初始符号出发，通过定义的方法引入其他符号，并在运算这些符号的基础上形成推演。其次它刻画的是类词，不是单个词，类词说明类事物，而不是个别事物，这就使形式语言具有普遍性。第三，形式语言的公理推导和定理证明具有逻辑必然性，换句话说，给定公理和推理规则，由公理出发，同时利用推理规则推出一系列定理的过程是既定的，推导出的定理应该包含在这个过程之中；同时推理出一个定理也就是在证明它，对定理的证明就是对含有逻辑常项的句子的证明。形式化正是构造形式语言和建立逻辑演算，使得推理刻画精准无歧义，消除传统逻辑进行刻画时出现的困难。见江怡：《分析哲学教程》，北京大学出版社 2009 年版，第 9 页。

一阶逻辑的主要特征是构造形式语言和建立演算系统,两者都体现了对逻辑的形式化要求,这正是区别于传统的亚里士多德逻辑的地方,而后者需要完全借助于自然语言来表达符号演算、推理的关系,现代逻辑则要构造形式语言,进而建立演算系统。[①] 弗雷格之后,罗素与维特根斯坦明确把逻辑分析作为其哲学的主要特征,突出逻辑方法的重要性,而罗素对分析哲学的最大贡献就是它提出的逻辑分析方法,他坚信哲学的主要任务就是对语言的逻辑分析。

现代逻辑对于分析哲学的重要性不仅表现在分析哲学产生时前者所起的推动作用,甚至可以说,整个分析哲学的精神与现代逻辑也密不可分。分析哲学吸收了现代逻辑的许多重要成果,并随着现代逻辑的发展而不断发展和深入。纵观现代逻辑对分析哲学的重要性,表现为以下几个方面:[②]

第一,现代逻辑为分析哲学奠定了理论基础。维也纳学派在阐述逻辑实证主义思想时,认为没有现代逻辑就没有对形而上学的逻辑分析,就没有分析与综合的区别,也就没有彻底的还原论思想。逻辑经验主义的分析原则也是建立在逻辑推理的必然性基础上的,因为只有分析才能保证结论"必然"包含在前提之中,也就是说,分析意味着必然性,而综合意味着或然性。后来分析哲学的发展同样以现代逻辑为基础。

第二,现代逻辑是分析哲学的研究方式。分析哲学的产生于现代逻辑的密切关系决定了分析哲学在某种意义上打上现代逻辑的烙印。尽管分析哲学后期发展中出现的某些分支并非使用现代逻辑这一工具,比如日常语言学派使用的即为概念分析方法,但还是可以说这些分析哲学家的观点、思想都运用了现代逻辑,他们也不可能完全摆脱自身的现代逻辑背景,正是现代逻辑使得他们的论证分析体现出较强的严密性。

第三,现代逻辑的基本精神是把握分析哲学的首要条件。这种精神建基于现代逻辑的形式化语言与系统化演算两个规则之上,其具体内容也与这两个规则有关,比如突出任何语言符号的形式化特征,强调由此而带来的研究的严格性与专业性,区分了逻辑学与其他自然科学和人文学科;再有,突出符号演算过程中的必然性,强调形式语言推演的前提和结论之间的必然联系,保证根据几个基本符号和规则就能够推导出整套语言。分析哲学家正是在这一精神的映射下,通过分析语言的意义,澄清或取消传统哲学命题,使哲学研究趋于精确,与此同时他们又强调哲学论证,重视研究逻辑后

---

① 江怡:《分析哲学教程》,第 10 页。
② 同上,第 12 页。

件、逻辑真理、必然真理及先天真理等,而这些问题都与形式的必然性有关。

可以说,现代逻辑对分析哲学的意义在于它规定了分析哲学的性质和任务,提供了分析哲学的理论基础和研究方式,从而改变了西方哲学的发展方向。

三、分析哲学与"语言转向"

"语言转向"英文原文为"linguistic turn",也可以译作"语言学转向",就其要表达的含义来看,差别不大。这个词最早由维也纳学派的伯格曼(G. Bergmann)在《逻辑与实在》(*Logic and Reality*,1964)的《行动》(*Acts*)一文中提出的。他认为,所有的语言哲学家都通过叙述确切的语言来叙述世界,构成了语言学的转向,语言成为日常语言哲学家与理想语言哲学家在方法上的基本出发点。当然,真正使得这个表达得以广泛流传和认同的,则主要缘于罗蒂(Richard Rorty)所编的《语言学转向——哲学方法论文集》(*The Linguistic Turn:Essays in Philosophical Method*,1967)一书。罗蒂有意无意地想用"语言转向"来表示 20 世纪所形成的语言哲学这样的革命,在这本论文集中,讨论了哲学问题是语言问题、理想语言哲学的元哲学问题、日常语言哲学的元哲学问题以及哲学与语言分析的关系等。

伯格曼认为语言如同其表达的思想一样,是世界的构成部分,语言可以表达世界,语言也可以表达我们的语言,就像是谈论世界与谈论我们的语言,但两者之间区别明显。倘若忽视这种差异,就会因为可能的歧义而产生荒谬或悖论,那么语言在某种意义上保证了我们有这样清醒的意识,也就是要考虑语言方面的问题。维特根斯坦曾提到的"一大团哲学的迷雾最终都变成语法的水滴"正是在这个意义上说的。伯格曼后来在谈到语言转向时,他认为,所有语言哲学家都通过谈论一种合适的语言来谈论世界,语言转向就是涉及方法的根本策略。当然细究起来,在伯格曼这里,语言转向实际上是指依赖一种"专门技术",这种技术是谈论理想语言的模式,或许就是现代逻辑。伯格曼主张的语言转向根本上乃是一种哲学研究的方法,要求哲学家依赖现代逻辑,建立理想语言,以此对语言进行分析,解决哲学谈论中的悖论、荒谬和含混的东西。①

让我们来继续讨论分析哲学与"语言转向"之间可能存在的关系。达米特认为这个转向应该始自于弗雷格的《算术基础》(1884),如果把分析哲学

---

① 王路:《走进分析哲学》,中国人民大学出版社 2009 年版,第 15—16 页

的产生看做"语言转向"的开始。不过英国哲学家哈克（P. M. Hacker）则认为，语言转向在时间上要晚于分析哲学的诞生，应该看所始于维特根斯坦的《逻辑哲学论》(1921)。之所以出现这样大的差异，原因在于强调的问题不同。比如，如果从强调逻辑方法用于分析哲学命题的角度，分析哲学的确开始于弗雷格，因为他首先确认哲学的基础与开端不再是传统哲学的认识论，而是现代的数理逻辑；同时哲学研究的方法也不再是对个人感知的分析，而是具有客观性和形式特征的逻辑分析。尽管如此，分析哲学产生并不意味着出现语言转向。上文中曾提到，语言转向并不意味着哲学只是研究方法的转变，更重要的是对哲学性质的认识发生转变。这个转变就发生在维特根斯坦的《逻辑哲学论》中。石里克在他的哲学宣言《哲学的转变》中把《逻辑哲学论》时期的维特根斯坦看做是实现"语言转向"这个决定性转变的"第一人"，而最后完成这个转变的则是受到维特根斯坦后期影响的牛津日常语言学派。语言转向之后，西方哲学的任务不再是探索我们的认识与世界之间的关系，而是询问我们的语言是否准确地表达了我们的认识，这样看来一切哲学问题都是语言问题。当然，尽管这些哲学家都把语言提升到前所未有的高度，他们对这种意义上的"语言"是什么，以及什么能够使得它成为恰当的语言等问题依旧有十分明显的分歧。[①]

四、分析哲学与哲学史

初次接触分析哲学的人都会觉得其思路与论证方式让人很难适应，甚至感到些许困难，除了分析哲学本身对逻辑有较高要求外，可能还因为分析哲学与哲学史之间的关系难以说清。分析哲学家曾号称他们的哲学为康德之后的哲学带来哲学中的哥白尼革命。这个领域中的哲学家们都会认为，分析哲学讨论的话题、使用的方法、关心的角度，与传统哲学相比的确有很大的不同，甚至截然对立。这就使得熟悉哲学史的一般读者无法直接延续这种哲学思想的发展，对于它们与传统哲学之区别也不甚清楚。在分析哲学中，几乎很难发现诸如"感性"、"理性"、"直觉"、"观念"、"感觉材料"、"实体"等概念，更多则是"语言"、"意义"、"分析"、"逻辑"、"真理"及"指称"、"命题"等。分析哲学家采用的研究方法不同于传统哲学，前者主要依赖于现代逻辑，而后者更多是经验与心理学的方法。思维方式上，分析哲学家几乎完全放弃了传统哲学的二元对立，无论是形而上意义还是知识论意义的二元

---

① 江怡：《分析哲学教程》，第13—14页。

对立,他们不再从主体与客体、主观与客观、心灵与身体等对立中寻求解决哲学问题的方法,而是突出用具有主体间性的语言活动消解这些传统的二元对立。正是这些差异,使得分析哲学与传统哲学分道扬镳,使得初涉分析哲学的人觉得有些陌生与隔阂,甚至神秘。

分析哲学家与传统哲学家相比,他们大多是在自然科学和社会科学领域卓有建树的人物,往往是通过某专门学科研究而进入哲学领域,当然这里并没有否认哲学史上诸多哲学家同样有深厚的自然科学与社会科学背景与研究。分析哲学家因为其研究方法与思路之故似乎更多是"专家"形象,他们的哲学并非为了解决传统哲学中的经典问题,也不是在其基础上提出新问题,而是把哲学理解为一种分析科学命题意义的活动。比如日常语言哲学中,很多人都有较深的语言学与古典学造诣,他们对语言研究的精细要求,使得他们的分析工作异常专业,因此分析哲学家或可被称作语言学家、科学家或古典学家,他们也坚信,只有按照自然科学的模式重建哲学,对经验、理性、语言、真理、实在等问题的讨论才能有实质性进展。①

其实我们不能说分析哲学与传统哲学的讨论完全不一样,分析哲学采用的是分析方法,但不等于说传统哲学中没有分析。在不同的哲学家那里,"分析"一词被赋予不同的含义,不过在分析哲学家阵营中,分析的方法毫无疑问都与逻辑密切相关。从哲学史上看,亚里士多德的分析概念甚至就是他的逻辑方法的体现,他的《分析篇》乃是他最重要的逻辑著作之一。有哲学家认为,分析哲学具有两个突出特征,一是对清晰性的要求,二是强调现代逻辑的作用。不容否认,现代逻辑使得清晰性实现的可能增强很多。其实,尽管亚里士多德没对"分析"作出明确解释,但可以理解成是对包含在前提中的结论的揭示过程。当代分析哲学基本上继承了亚里士多德的分析法,把"分析"理解为"分解",把整体分解为相互独立的部分。不过不同哲学家对分析及分析的对象、内容等有不同认识,罗素认为分析的对象应当是实在或被认为构成实在的事实,因此分析就变成揭示世界的终极成分和由此构成的事实的最一般形式;摩尔理解的分析对象是展现心灵概念的结构和构成客观实在的命题;早期维特根斯坦强调分析的内容是人类的思想和语言,分析的结果则揭示了思想及语言的形式必然反映实在的结构;维也纳学派及整个逻辑经验主义在分析问题上的基本立场是还原论的;有的哲学家如斯特劳森甚至明确提出放弃"分析"概念,倾向于使用"阐述(elucidation)"

① 江怡:《分析哲学教程》,第3—4页。

这个概念。不管是弗雷格、罗素还是卡尔纳普,乃至后来出现的分析哲学家都同意一点,就是分析的核心就是关注语言的逻辑形式,分析方法关涉到分析哲学的逻辑本质。[①]

不得不承认,分析哲学给当代哲学带来的是某种思维方式的革命,甚至由此导致一些新兴哲学研究分支的产生,在传统的形而上学、认识论、逻辑学、伦理学自身及其交叉组合之外,出现了语言哲学、心智哲学、逻辑哲学、数学哲学、科学哲学、人工智能哲学、历史哲学、宗教哲学、法哲学、道德哲学、政治哲学、教育哲学、社会科学哲学及自然科学哲学等。当然,这里并不是说,传统哲学与上述哲学分支无涉,应该说,分析哲学在哲学研究视野和研究方法上塑造了现代西方哲学的整体图景。

对于分析哲学的当代发展,除了经常被提及的"语言转向"外,还有人认为分析哲学已经"终结了"、"过时了"、"衰落了"等,分析哲学终结论一度成为其发展的另一种描述,我们不妨试图理解"终结论"的合理性,这与语言转向也有一定关系,语言转向意味着哲学的研究方式发生根本变化,也意味着分析哲学成为当代哲学主流。事实上,如上文中所说,当代哲学除了分析哲学外,还有很多新的哲学研究分支,也就是说分析哲学不是唯一的哲学。[②]当然,说分析哲学终结还是有些鲁莽,毕竟分析哲学的方法已经不仅仅限于分析哲学本身,而且已成为哲学领域的共同方法和基本方法,这一点集中体现在英美哲学中,同时,在欧陆哲学中,也非常常见。

第二节 弗雷格的概念文字

最初人们认为,分析哲学的领袖是罗素、维特根斯坦和卡尔纳普,但随着分析哲学的发展,人们逐渐认识到,分析哲学的创始人是弗雷格,这一点已成共识。弗雷格是德国逻辑学家、数学家和语言哲学家,是现代数理逻辑的奠基人,作为逻辑学家和逻辑哲学家,几乎与亚里士多德齐名,而作为数学哲学家,在整个学科史中则无人能出其右,尽管他的学术地位如此显赫,但他的一生却相当平淡。他出生于 1848 年,26 岁从哥廷根大学获得博士学位,此后便在耶拿大学任教,直至 1918 年退休。在弗雷格 1925 年去世时,他的著作依旧少为学界注意,长期以来,他在哲学界的影响主要是通过别人的

---

① 江怡:《分析哲学教程》,第 15—18 页。
② 王路:《走进分析哲学》,第 245—247 页。

著作而形成的,比如达米特。当然,通过罗素和胡塞尔(E. Edmund Husserl)的传递,他对分析哲学与大陆哲学的影响是巨大的,因此之故他常被称作"哲学家的哲学家"。也正是在他的影响之下才使得公众对包括维特根斯坦与乔姆斯基(Noam Chomsky)在内的哲学家们的著作引起注意,他所影响的几个人塑造了整个 20 世纪西方哲学的基本形态。

事实上,弗雷格为人所知并津津乐道的是他的数理逻辑,其为现代数理逻辑提供了基本理念以及完整的符号体系。弗雷格作为数学家,他关心的是数学基础,他所思考的哲学问题往往因为他的数学基础研究而引发的。此外,需要承认的是,弗雷格的数理逻辑极大地影响了诸多学科的发展,当然也包括分析哲学。弗雷格之后,罗素与怀特海(Alfred Whitehead)合著了《数学原理》,标志着现代数理逻辑的成熟,而现代数理逻辑教科书所采用的体系其实就是弗雷格体系的变形。重要的是弗雷格的数理逻辑为分析哲学提供了技术手段,他看待语言的方式,即区分涵义与指称,以及通过分析命题结构达到思想的结构,为分析哲学提供了最直接的分析理念。

一、通过概念文字构造人工语言的方案

弗雷格的著作是一个比较完整的体系,其基础就是《概念文字》(1879),核心则是为了证明从逻辑中推出数学的《算术基础》(1884)和《算术的基本法则》(1893 年第一卷,1903 年第二卷),以及关于意义问题(1891-1892)和逻辑研究(1918-1923)的六篇文章。

弗雷格的《概念文字》提出,"概念文字"是一种可以精确描述包含复杂概念的命题形式和精确表述推理形式的形式语言,是一种用关系符号补充数学形式语言而构造的逻辑的形式语言,这是整个现代逻辑走向完全形式化的第一步。[①]弗雷格继而确立了他的哲学理想,即"通过揭示有关由于语言的用法常常几乎不可避免地形成的概念关系的假象,通过使思想摆脱只是语言表达工具的性质才使它具有的那些东西,打破语词对人类精神的统制"。[②]

从《概念文字》的副标题"一种模仿算术语言构造的纯思维的形式语言"中,可以看出弗雷格致力于构造一种纯思维的形式语言,这也是概念文字的精神。这种人工语言是对算术的符号系统的一种模仿,是一种符号逻辑系统。那么弗雷格为何要构造人工语言呢?前文曾提到,弗雷格思考的哲学

---

① 江怡:《分析哲学教程》,第 81 页。
② 王路:《弗雷格哲学论著选辑》,商务印书馆 1994 年版,第 4 页。

问题与他的数学基础研究密切相关,他与他所生活时代的其他数学家一样,努力使数学理论公理化,并完善数学证明的推导过程。他们寻求尽可能清楚地阐明一个理论的基本概念和基本定理,以严格和精确的方式,重新表述那些旧有理论中含有歧义的概念和定理,改善和纠正有缺陷的或似是而非的论证。不过,与其他同时代的数学家相比,弗雷格尽管也是在弥补他们之前的数学家们存有的缺陷,使数学学科连贯起来,建立一个从算术到高等数学的完整理论体系,但他所采用的路径则是把数学建立在逻辑之上,认为逻辑的规律或逻辑的公理要比数学公理更为自明,这便是他对数学基础提出的逻辑主义方案。

然而,当弗雷格实施这一方案时,遇到的最突出问题就是语言的表达形式不完善,原因在于我们的日常语言经常有歧义,且句法结构也不明确。那么弗雷格首先要建立一种比普遍语言更加规则的、能更好地适合于保证推演精确性的符号系统。弗雷格写道:"我首先试图把系列安排这一概念化归为逻辑序列,以便由此出发进到数的概念,为了不使这里无意间掺杂上某些直观的东西,最重要的是必须使推理串完美无缺。当我致力于满足这种最严格的要求时,我发现语言的不完善是一种障碍,在现有各种最笨拙的表达中都能出现这种不完善性,关系越复杂,就越不能达到我的目的所要求的精确性。概念文字的思想就是由这种需要产生出来的。"①因此可以看出,弗雷格的"概念文字"方案涉及三个方面内容,即采用算术的形式方法、对思维活动加以形式构造、对我们的语言表达形式进行改造和推进。弗雷格的概念文字也即人工语言,或者说,弗雷格把人工语言称为概念文字。

弗雷格认为,人工语言与日常语言的关系可比作"显微镜对眼睛的关系"。尽管日常语言与人的精神生活有内在联系,具有灵活性,可用于不同的情况,这正如眼睛与人的关系及其用途一样,然而日常语言在面对数学理论时存在致命的缺陷,数学理论要求的精确性是日常语言难以满足的。就像是人们为了达到科学的精准度,对分辨率提出更高要求,此时眼睛的不足便显示出来,而显微镜则恰恰适合这一目的。②

弗雷格认为他的概念文字是为了一定的科学目的构想出来的辅助工具,因此,当他试图建立人工语言的时候,没有想过要用人工语言来取代日常语言,而只是确认人工语言之于一定领域内的科学目的具有辅助作用,就像显微镜之于眼睛的辅助功能一样,不过显然这种辅助工具在科学进步上

---

① 王路:《弗雷格哲学论著选辑》,第2页。
② 张庆熊、周林东、徐英瑾:《二十世纪英美哲学》,人民出版社2005年版,第19页。

的作用不容忽视。因此，他说如果这种方法的发展能够促进科学的进步，就会稍感安慰，就像培根所说的发展一种借以容易发现所有东西的工具比发现个别事物更为重要，那么可以认为近代所有重大科学进展的根本确实在于方法的改进。

弗雷格之后的分析哲学，无论是罗素，还是维特根斯坦，抑或卡尔纳普等都是通过建立和运用人工语言，澄清对日常语言的误解，从而清除形而上学、消解哲学的伪问题，这或许是弗雷格所没有料到的，也很难说这是否是弗雷格所期望看到的，就其本人来说，他只是为自己提出了一个较为有限的目标。事实上，早弗雷格两百多年的莱布尼兹也有过构建一种普遍语言的设想，弗雷格将这一设想实质性地推前进一大步。当谈到这个问题时，他说莱布尼兹也认识到一种适当的表达方式的优点，并且也许高估了它。当这一任务看上去不能以最普遍的方式解决时，我们就暂时对它加以限制，然后也许可以用逐步扩展的方法最终完成这项任务。①

二、以概念文字为基础的拓展

弗雷格在《概念文字》中提出的许多重要思想，后来在《算术基础》、《算术的基本法则》以及六篇重要论文中得到了充分发挥，最终形成了他对当代分析哲学产生重要影响的基本思想。正是由于这些思想，弗雷格才被西方哲学家们无可争议地誉为"分析哲学的创始人"。②

（一）逻辑主义

弗雷格在《算术基础》中，提出从逻辑推出数学，并根据逻辑推论导出和证明所有分析命题。当然，当代分析哲学中的逻辑主义会被认为是由弗雷格、罗素以及卡尔纳普所提出的研究数学哲学的方法，但毫无疑问，逻辑主义发轫于弗雷格，其后才有罗素与怀特海的《数学原理》，奎因在《从逻辑的观点看》中，提到他们所代表的逻辑主义允许人们不加区别地使用约束变项来指称已知或未知的、可指明和不可指明的抽象实体。弗雷格在《算术基础》的序言中表示，对数的定义的研究需要坚持三条基本原则，即要把心理学的东西和逻辑的东西，主观的东西和客观的东西明确区别开来；必须在句子联系中研究语词的意谓（所指），而不是个别地研究语词的意谓；要时刻看到概念和对象的区别。其中的一条原则表明了弗雷格的逻辑主义宗旨，即

① 王路：《弗雷格哲学论著选辑》，第3页。
② 江怡：《分析哲学教程》，第83页。

通过区分心理学和逻辑学而明确地把他的逻辑研究与传统哲学和传统逻辑区分开来。这样看来,弗雷格对逻辑的理解在分析哲学的后期发展中始终得以延续,即逻辑是作为数学的基础而出现的。

(二)语境原则

这是弗雷格在《算术基础》中引入的基本方法论原则,也是他的第二条原则,通常被表述为"一个词只有在一个句子的语境中才有意义"。或者说"必须在句子联系中研究语词的意谓,而不是个别地研究语词的意谓"。弗雷格最初提出这个原则是为了解决我们如何得到数字这个问题。不过结合他的第一条原则,似乎可以看出,弗雷格此举则更加清楚地区分了心理学和逻辑的东西。他说如果人们不注意这一原则,那么几乎不得不把个别心灵的内在图像或活动当作语词的意谓,由此就会违反第一条原则。弗雷格提出的这一语境原则对逻辑和数学研究,乃至分析哲学发展都有深远的影响,他用这个原则把数字的获得问题由认识论探索转向语言研究,也即我们如何能够确定那些包含数词的句子的意义。达米特在此基础上提出他的"从属论题",即如果独立于一个词所出现的句子就不能掌握这个词的意义,那么没有领会整个思想也就不能掌握构成这个思想的组成部分。

(三)概念与对象的区分

康德把通过理性形成的表象称为概念,普遍的表征即为概念,概念即是普遍的表征。西方哲学传统中常常把概念与对象混在一起,比如真理、意义、人、精神、物体、正义、德性、原因、物质、运动、时空乃至美等,甚至对象本身也是概念之一,这类概念有广泛的适用性,对表达和理解至关重要,这些概念本身也没有真值可言。一般说来,概念与专有名称不同,后者通常指个别事物,个别归入概念之下,而我们需要用概念来谈论个别。当然概念本身有程度上的差异,在概念与对象之间,对象可以被认为是使得概念取得真值的东西。弗雷格为了避免把概念简单地划归为对象,他从数学的函数概念出发,把所有的概念都视为不具有自变量的函数(在逻辑上称为函项),由此区分了作为函数的概念和作为自变元的对象。弗雷格认为概念是谓词性的,而一个对象的名称、一个专名则绝不能用作语法谓词。概念和对象的区分表明,谓词对应于概念而不是对象,由概念表示的抽象对象是依附于具体对象上的。可以说,这样的见解纠正了亚里士多德关于谓词对应于对象的观点。亚里士多德的十个范畴或者说是十个谓词形式可以看作十类概念,具体对象则从属于这些概念。概念和对象的观念更准确地反映了主词和谓词在语言中所起的作用。然而由此也造成了悖论,比如"概念马"不是一个概念,而是一个对象,因为它是个确定的实体,并不不完全的,能够成为指称的对象。这样的悖论使得维特根斯坦把形式概念与一般概念区分开来。

(四)意义与意谓

这一对概念被认为是弗雷格对当代分析哲学做出的最为重要的贡献,仅凭这一点就足以使他在分析哲学史上彪炳永远,这两个概念甚至被视为分析哲学得以产生和发展的基石。"意义"总是与"涵义"、"内涵"等以同样的方式被使用,与"指称"、"外延"、"所指"等形成对照。确定一个表达式的意义的生成方式,就必然涉及确定语言与实在之间的关联方式,意义与心理状态之间的关系,以及真与指称之间等关键的语义学概念之间的关系。斯特劳森认为,一个单独的指称表达式要具有意义,必须要满足一定的条件,即应该有可能在适当的场合用它去指称某个事物、人、位置等。

弗雷格早在他的《概念文字》中就谈到"内容同一"的问题,认为引入一个内容同一符号必然产生所有符号意谓方面的分歧,因为相同的符号有时表示它们的内容,有时表示它们自己。正由于可以用不同的方式确定相同的内容,那么这些不同方式之间的意谓问题就成了难题。弗雷格对这个问题的探讨主要是在他的《论意义与意谓》一文中,他区分了符号、符号意义和符号的意谓,认为三者之间存在着有规律的联系,即相应于符号,有确定的意义,相应于这种意义,又有某一意谓,而对于某个意谓或对象,则不仅有一个符号。相同的意义在不同的语言中,甚至在同一种语言中亦有不同的表达。具体来说,首先,通常情况下,一切符号都具有意义和意谓,两者相互关联;其次,并非一个意谓只能用一个符号来表达,不同符号可以表达相同意谓;第三,用于表达相同意谓的不同符号间的差异只能是意义上的差异,而不可能是意谓上的差异。

正因为如此,对意义的分析显得最为关键,由此表明从意义走向意谓就是走向真的过程,也就是弗雷格说的"追求真就是努力从意义推进到意谓"。弗雷格把意义、意谓的区分用来分析专名和句子。传统的观点是专名表示具体物(殊相)的简单符号,没有更多的符号作为其组成部分,不过专名是否有涵义是自柏拉图的《泰阿泰德篇》以来一直困惑人们的问题。维特根斯坦认为专名直接命名殊相,以这个殊相为其意义,因此它本身并无意义。但弗雷格坚持专名的意义是它所出现的句子意义的组成部分,而专名的意谓则是我们用它表达的对象本身;句子的意义就是它所表达的思想,而句子的意谓则是句子的真值,即句子为真或为假的情况。尽管弗雷格关于意义、意谓的思想遭到后世分析哲学家的反对,但不可否认,无论是罗素的摹状词理论、维特根斯坦的逻辑真值表,还是卡尔纳普的意义理论都是在弗雷格的启发之下出现的。

(五)逻辑与真

在弗雷格看来,"真"这个词本身就表明了逻辑研究的范围,逻辑就是一个求真的过程,以其特殊的方式研究"真"这个谓词。他认为,逻辑探讨真实的规律,不探讨人如何进行思维的问题,而探讨必须如何做才能不偏离真的问题。[①] 弗雷格的逻辑系统有两个主要特征,一是它是外延的,即不考虑内涵,二是这个逻辑系统只有真与假两个值。[②] 因此弗雷格在应用他的逻辑系统时,主要考虑的是句子的真假。而通过对句子的意义与意谓的区分,实际上是区分了句子的思想和句子的真值。弗雷格在谈到专名的意谓时,他举了一个例子。当出现"亚里士多德"这一专名时,可以有完全不同的意义,比如作为柏拉图的学生和亚历山大的老师,或者是那个出生于斯塔吉拉的、亚历山大的老师。不过在面对"亚里士多德生于斯塔吉拉"这个句子时,持有不同"亚里士多德"意义的人们都会与这个句子产生一定的联系,前者与后者也会不一样。不过弗雷格认为只要意谓相同,这些意见分歧可以容忍。究其原因,在《论意义与意谓》一文中,弗雷格也是从概念文字出发而对句子进行分析的,他考虑的重点是句子的意谓,也即句子的真假。在含有专名的句子中,句子的意谓是由句子中专名的意谓决定的。那么,对于专名的理解,在意谓上不能有偏差,否则就会影响句子的意谓。此外,弗雷格始终要求每个句子的表达式必须有明确的意谓。因此,专名的意谓不允许含糊。只要不在专名的意谓方面造成问题,那么对于专名的意谓有了不同理解,尽管有问题,但不算十分严重。对于意义,只要求它不会为理解意谓带来困难,这个要求显然很低,但弗雷格对意义,特别是专名的意义,恰恰是这样的要求。由此可以看出,弗雷格考虑问题的重点是句子的真假,他更强调句子的真假。[③] 再者,弗雷格以求真作为逻辑的特征,以区别于其他哲学分支,比如伦理学的"善"、美学的"美"等,从现代逻辑的角度看,逻辑是研究形式推理的学科,追求的是推导关系的必然性,这完全是弗雷格思想的发展。

弗雷格的影响应该说遍及整个分析哲学的发展过程,甚至每一位分析

---

① 王路:《弗雷格哲学论著选辑》,第 206 页。
② 王路:《走进分析哲学》,第 34 页
③ 同上,第 35 页。

哲学家都受其影响,不管这种影响是肯定还是否定的。他被称为伟大的数学家和逻辑学家,是自亚里士多德以来逻辑学中最突出的革新者,达米特甚至把弗雷格与亚里士多德、康德相提并论,弗雷格在分析哲学中的地位或许让人联想到斯宾诺莎,黑格尔(G. W. F. Hegel)在讲古典哲学时说,斯宾诺莎是一切哲学研究的开端,要开始研究哲学,我们首先必须成为一个斯宾诺莎主义者,换成弗雷格,或许也可以说,弗雷格是当代分析哲学的重要开端,如果研究分析哲学,就必须要从弗雷格的逻辑学、数学哲学、语言哲学开始。[①] 唯有如此,才能对分析哲学的性质和发展有个比较清楚的基本概念。

第三节　罗素的逻辑原子主义

罗素(1872—1970)与弗雷格有众多相似之处,也是伟大的逻辑学家和数学家,在现代数理逻辑的建立和按照逻辑主义的方案研究数学的基础问题过程中做出显著的贡献。当然,罗素还是著名的历史学家和社会活动家以及哲学家等,他与弗雷格不同,他的成就不仅体现在逻辑、数学、逻辑哲学、语言哲学中,在哲学史、政治、伦理、教育、文学以及宗教诸领域均有建树。罗素的表达能力极强,文字通顺明快,能把非常复杂的、技术性很强的数学和逻辑问题及哲学问题用非专业人员都能读懂的语言说清楚。弗雷格之所以在分析哲学的发展中卓有影响,与罗素清晰、富有感染力的推介有密切关联。正是这一点才使得原本默默无闻的弗雷格在数理逻辑和数学基础理论研究方面的巨大成就得到公众承认。

罗素出生于一个贵族家庭,其祖父在维多利亚女王时期曾做过英国首相,幼时父母双亡,由祖母抚养长大,受其祖母影响,罗素具有很强的道德信念。他祖母曾送四句话给仅有 12 岁的罗素:"切勿随众作恶,须坚毅刚勇,勿怯懦沮丧,上帝与你同在。"这几乎影响了罗素一生的事业、为人和命运。罗素并不完全呆在书斋中,他积极投身反战、反核等社会活动,提倡新的道德观念和教育实验,为此他曾被投入监牢,并遭到一些保守团体的责难。罗素一生出版著作七十余本,其中第一本和最后一本都是关于政治的,分别为《德国的社会民主》(1896)和《在越南的战争罪行》(1967)。罗素思维敏捷、才华横溢、观念新颖,充满人格魅力,给后人留下丰厚的精神财富。

---

① 洪汉鼎:《当代西方哲学两大思潮》(上册),商务印书馆 2010 年版,第 45 页。

一、罗素思想概述

罗素很早便对数学的基础问题产生兴趣，他 1900 年去巴黎参加国际学术会议，了解到皮亚诺(G. Peano)的《数学逻辑的记法》，并且发现这种符号系统有助于把数学的成果清楚地表述出来。1903 年他借助皮亚诺的符号系统，以纯逻辑的概念和原理定义数学的基本概念和基本原理，并形成他的《数学的原理》。这种有关数学和逻辑的关系的观点，也即以逻辑为基础论证数学，被称为"逻辑主义(logicism)"。而早在 1890 年，罗素在三一学院学习数学时，受到他的老师怀特海影响比较大，怀特海认为罗素的这项研究工作非常重要，于是他们展开合作，并详细论证整个逻辑和数学史上里程碑式的著作《数学原理》(1910—1913)。

罗素哲学思想的发展大体经历两个阶段，一是早期的康德式和黑格尔式的唯心主义阶段，二是成熟时期的"逻辑原子主义"阶段。罗素在他的《我的哲学的发展》一书中曾写道："在我的哲学研究中，有一个主要的分界：在1899—1900 这两年中，我采用了逻辑原子主义哲学和数理逻辑中的皮亚诺技术。这个变革是太大了，简直使我此前所做的研究(除数学以外)对于我后来所做的一切全不相干。这两年的改变是一次革命，以后的一些改变则属于演进的性质。"[①]

罗素的哲学研究大体上遵从两条原则，一是亲知的原则，二是奥康姆剃刀和逻辑构造原则。其中亲知原则涉及认识论，奥康姆剃刀和逻辑构造原则涉及本体论内容。对于亲知原则来说，罗素主张一切间接的知识必须以直接的知识为基础，亲知的知识(knowledge by acquaintance)就是直接的知识。而通过摹状的表达式获得的知识及通过推论而获得的知识是间接的知识。我们首先必须有亲知的知识，然后才能对其加以摹状。因此，人们通过摹状的表达式而获得的知识已经不是亲知的知识，而是以别人亲知的知识为根据。我们的推论同样要有可靠的根据，这种根据归根结底必须是亲知的知识，因此亲知的知识是一切知识的基础。

罗素在 1912 年的《哲学问题》中曾谈到四类亲知的知识，即感觉材料、对过去经验的回忆、内知觉以及某些共相。[②] 以上四类亲知的知识中，前三类是洛克等经验主义哲学家倾向于承认的，但第四类则是他们所反对的，罗素的立场与温和的柏拉图主义共相实在论相似，如此看来，罗素的哲学立场似

---

① 罗素：《我的哲学的发展》，商务印书馆 1982 年版，第 7 页。
② 张庆熊、周林东、徐英瑾：《二十世纪英美哲学》，第 57—58 页。

乎是两者的混合物。然而,罗素哲学仍有其特点和创新之处,一为"奥康姆剃刀"的运用,再就是逻辑构造原则。罗素认为,"只要可能,就用由已知实体出发的构造来代替对未知实体的推论"。尽管任何理论都无法避免要做出相应的假定,但关键在于如何减少假定,罗素的思路是尽可能从亲知的知识出发,并用以亲知的知识为根据的逻辑构造来代替不必要的假定。在罗素看来,亲知的知识是可靠的,逻辑也是可靠的,那么用以亲知的知识为根据的逻辑构造来替代不必要的假定就增加了理论的可靠性。[①] 罗素关于奥康姆剃刀和逻辑构造的原则来自他的数学基础和数理逻辑方面的研究心得。

二、逻辑原子主义

罗素对分析哲学的最大贡献就是他提出的逻辑分析方法,无论他的思想如何发展,他始终坚持一条基本原则,即"哲学的主要任务就是对语言的逻辑分析"。那么何谓逻辑分析,在罗素那里就是以现代数理逻辑为工具,着重从形式方面分析日常语言和科学语言中的命题,以求得出准确的哲学结论。

罗素的逻辑原子主义最早表现在他的著作《我们关于外部世界的知识是科学方法在哲学中的作用范围》(1914)一书中,其他有关这方面的著作有《心的分析》(1921)、《物的分析》(1927)以及《哲学概念》(1928)等。罗素在《我的哲学的发展》中指出他的逻辑原子主义哲学思想发生于1899—1900年间的那场思想革命。他的逻辑原子主义大致包括三个方面内容,即逻辑问题、逻辑与世界的关系问题以及关于命题所表达的东西的实在性问题。

(一)逻辑是哲学的本质

对于逻辑的地位,罗素认为它是哲学的本质,这里的逻辑是广义上的逻辑,是哲学研究的指导思想和基本方法,即逻辑分析的方法。这个口号是罗素在他的《我们关于外部世界的知识是科学方法在哲学中的作用范围》一书中提出的,表明了逻辑原子主义与逻辑实证主义的共同本质,标志着新实证主义的问世。

罗素坚持实证主义立场,认为科学的任务是根据思维经济原则对观察和试验中获得的经验材料进行化繁为简的整理。在传统哲学中,物质与意

---

① 张庆熊、周林东、徐英瑾:《二十世纪英美哲学》,第59—60页。

识的关系问题是哲学的根本问题,但这种观点遭到以马赫为代表的实证主义者的否弃,他们认为哲学不应该讨论这个问题,不过他们有没有给出自己的答案。其实在这个讨论中,与其说是哲学,不如说是"科学"哲学。那么这个任务应该是什么? 罗素认为"逻辑是哲学的本质"。具体而言,如果科学的任务就是马赫主义所说的对经验材料进行逻辑整理,那么哲学的任务就是对科学的陈述进行逻辑分析,查验在它们逻辑简化过程中是否完全符合逻辑法则,有没有因为逻辑错乱而造成的错误,以保证科学体系的逻辑严密性和正确性。[①]

这是罗素的新哲学的重要的哲学纲领之一,除此之外,罗素认为认识必须局限于经验的范围,而不能超越经验的范围,否则就是独断论、形而上学,因此,罗素的经验主义立场显露无遗。但与以前的经验主义哲学家不同,罗素把逻辑置于哲学的中心地位,尽管逻辑分析不能给人们以任何新知识,但逻辑分析的意义在于使科学的陈述逻辑清晰,而不至于引起思想混乱和理智的迷惑。罗素的逻辑分析指的是以现代数理逻辑为工具,着重从形式方面分析日常语言和科学语言中的明天,以求得出准确的哲学结论。[②] 运用这样的哲学工具,罗素认为能够防止科学陈述违反逻辑法则如同一律、矛盾律,进而避免产生逻辑混乱,防止逻辑上的误解而造成传统哲学中的二元对立。有鉴于此,罗素提出了他的"逻辑构造论"。

(二)逻辑与世界的关系

逻辑构造论主要是为了处理逻辑与世界之间的关系,既然逻辑中的复杂命题或分子命题是由原子命题复合而成,且原子命题作为基本命题能够独立存在,那么世界中的各种复杂事实是否也是由简单事实或称原子事实复合而成的呢? 有研究者认为,罗素的这个思路可能较多得益于维特根斯坦,因为维特根斯坦曾主张基本命题对应于基本事实,复合命题对应于复合事实,而罗素则采用了维特根斯坦这一论断,使用了原子命题对应于原子事实,分子命题对应于分子事实的形象化表达方式。

罗素的逻辑构造在两个意义上得以使用。首先是它被当作一种还原性的分析程序,试图表明,某个意在指代被推论实体的符号可以替换为在感觉经验中被赋予外延(或指示对象 denotation)的符号。[③] 那么含有指示推论实

---

① 夏基松:《现代西方哲学教程新编》(上册),高等教育出版社 1998 年版,第 101-102 页。
② 江怡:《分析哲学教程》,第 89 页。
③ 尼古拉斯·布宁、余纪元:《西方哲学英汉对照辞典》,第 566 页。

体的语词的语句可以分析为或翻译为某个这样的词句,它不包含这样的语词,而只是由代表了可在经验中获得的东西的语词组成。在这个意义上,逻辑构造提供了对包含诸如罗素式不完全符号这种语句的分析,不过并不等同于它们所分析的语句。

罗素把这种方法从数学扩展到物理世界,又用一些感觉或感觉材料、感官知觉来重构物理对象。从认识论上看,通过他的努力,使物理对象在其本性上与我们知识的经验基础更加接近,而从形而上学方面说,罗素清除了诸如物质、自我和他人心灵这类被推论实体。逻辑构造从本质上说是一种哲学分析方法。此外,罗素也把"逻辑构造"一词用于其他实体中构造出来的符号或实体,这就使得逻辑构造等同于不完全符号和逻辑虚构。① 在罗素看来,科学哲学活动的最高准则就是在可能情况下都要用逻辑构造来代替被推论的实体。

(三)摹状词理论

摹状词理论被拉姆齐(Frank Ramsay)称为分析哲学的典范,是罗素对逻辑学乃至哲学作出的最大贡献。尽管在此之前,弗雷格为分析哲学奠定了相应的理论基石,但应当说,弗雷格的主要目标是为数学确立逻辑的基础,然后进行语言逻辑研究,相对而言关注哲学问题比较少。前文中曾提及,弗雷格思想之所以得以广为人知,应该归功于罗素,而罗素又是最早把弗雷格的思想应用到哲学分析上来,摹状词理论正是罗素运用弗雷格思想进行哲学分析的创造,使得长期存在的哲学问题在罗素看来能够得以解决。有哲学家把罗素的摹状词理论视为上个世纪哲学发展中的关键阶段。

罗素的摹状词理论最早和最集中表述于他的《论指谓》(On Denoting,1905)一文,尽管他的后期著作如《数学原理》、《哲学问题》及《逻辑原子主义哲学》、《数学哲学导论》中对这个理论也有阐述,但仍是在最先的理解框架之内。② 摹状词理论显示了逻辑分析在哲学中重要地位,强调了自然语言结构和逻辑命题结构的差异性,取消了肯定虚构事物的本体论,强调专有名词是实体的灵魂,仍旧突出了罗素主张的"逻辑是哲学的本质"。

何谓摹状词(description)？罗素在《哲学问题》中的定义是,指任何具有"一个如此这般(a so-and-so)"或"那个如此这般(the so-and-so)"形式的短语",称前者为"非限定的"摹状词,后者为"限定的"摹状词。需要指出的是,

---

① 尼古拉斯·布宁、余纪元:《西方哲学英汉对照辞典》,第 566 页。
② 洪汉鼎:《当代西方哲学两大思潮》(上册),第 79—80 页。

罗素的区分是从英语的语言形式得出来的。非限定的摹状词指的是不含定冠词"the"的指谓词组，比如"一个黑人"、"一个中国人"、"一个哲学家"等；限定的摹状词指的则是含有定冠词"the"的词组，如"现在的法国国王"、"《平凡的世界》的作者"等。然而，因为汉语中没有定冠词，无法从语言形式上加以区分，那么就用指示代词"这（个）"、"那（个）"来表示，如"那个戴眼镜的黑人"就是限定的摹状词。尽管罗素对两类摹状词均有论述，但主要还是在限定的摹状词上。

那么罗素为什么会提出摹状词理论，其实与哲学史上一些经典问题不无关系。首先是虚拟事物的存在问题，即自然语言中的句子主语是否都表示逻辑命题的主项。比如，当我们说"金山不存在"时，如果有人问："不存在的是什么?"我们会说："那是金山。"这样似乎就把某种存在赋予了金山。再有，如果有人问："当今的法国国王是秃头吗?"无论我们如何作答，似乎都蕴含着当今法国国王的存在。那么我们面临的任务就是如何避免自然语言中把存在赋予非实在物的尴尬。另一个问题是同一律是否普遍适用的问题，如"萨科齐是法国上一任总统"这句话表达了专有名词"萨科齐"与短语"法国上一任总统"的同一性。既然二者有同一性，就是可替换的，那么就变成"萨科齐是萨科齐"，是同语反复，没有意义，但显然原话是有意义的，它指出了一个事实。那么问题在哪里? 同一律是否还有普遍性? 第三个问题就是罗素努力澄清哲学史上使用"存在"一词而陷入的混乱，过去把"存在"当作谓词，出现了一系列哲学问题，如黑格尔的存在－虚无－变化的思辨方式。[①] 罗素创立摹状词理论即是为了澄清问题，重建逻辑上完善的语言。

根据摹状词理论，逻辑命题的主项是专名的指称物，该指称物就是该专名的意义；摹状词不是专名，而是一个不完全的符号，因此它不代表任何命题主项。它的逻辑作用和谓词一样，只是表示某种性质。对于"金山"，根据摹状词理论，应该表述为，就 X 的一切值而言，X 是金的且 X 是一座山这个命题函项为假。这样就不再赋予金山以任何实在性了；而对"当今的法国国王是秃头"，则可以分析为，至少有一个 X 是当今法国国王，至多有一个 X 是当今法国国王，X 是秃头。这样赋予"当今法国国王"的实在性在分析中就消失了。在以上分析中，摹状词（当今法国国王）就不再是主词，而是谓词，这就消除了自然语言所造成的困难，重建了精密化的逻辑语言。

从以上分析可以看出，罗素摹状词理论表现出以下几个特点：[②]从语言

---

① 江怡：《分析哲学教程》，第 93 页。

② 王路：《走进分析哲学》，第 43 页。

形式出发,强调摹状词所表达的唯一性;论述摹状词与专名的区别;围绕"句子"、"真"与"假"以及"存在"讨论摹状词。

罗素自己还是颇欣赏自己的摹状词理论,他认为他的摹状词理论已然把专名与摹状词分开,同时又区分了命名问题与意义问题。人们不会再因为否定假名所指称的对象的存在而使自己的语句失去意义,从而否定了自己所作出的否定。另外,他认为他的理论解决了哲学史上长期以来关于"存在"问题的形而上学争论,之所以如此,原因正是很多坏语法造成的,混淆了专名与摹状词,因而那些形而上学的争论毫无意义。再者,他的理论还完善了莱布尼兹的同一律,因为根据莱布尼兹的理论,指称相同的表达式可以相互替换,且真值保持不变,而根据摹状词理论,即便指称相同也不能替换。如"中国的首都是北京",我们就不能把"北京"替换为"中国的首都"。

罗素在哲学史上第一次把对语言的分析置于中心位置,并最终导致具有划时代意义的"语言转向"。同时,摹状词理论尽管后来受到斯特劳森、奎因、塞尔批评,但并不影响罗素本人及其逻辑原子主义哲学的重要性,其意义还在于罗素使西方哲学走出黑格尔哲学的阴影,把哲学家的目光引向知识与世界的关系上,改变了哲学家谈论知识、语言、逻辑、经验和世界的思维模式及话语方式。[①]

第四节 维特根斯坦

维特根斯坦1889年4月26日出生于奥匈帝国的维也纳,是当代著名的哲学家、数理逻辑学家,语言哲学的奠基人,上个世纪最有影响的哲学家之一。父亲是欧洲钢铁工业巨头,母亲则是银行家的女儿。他在八个子女中排行最小,有着四分之三的犹太血统,在纳粹吞并奥地利后转入英国国籍。1908年,维特根斯坦进入英国曼彻斯特维多利亚大学攻读航空工程空气动力学学位,为了彻底搞清螺旋桨的原理,兼出于对数学基础的兴趣,他阅读了罗素与怀特海的《数学原理》及弗雷格的《算术基础》。他曾于1911年夏天拜访弗雷格,在弗雷格的推荐下前往英国剑桥大学三一学院问学于罗素门下,后成为英国哲学家罗素的学生兼好友,罗素称这场相识是他一生中"最令人兴奋的智慧探险之一"。

---

① 江怡:《分析哲学教程》,第94页。

第一次世界大战中,维特根斯坦在战场上完成他的《逻辑哲学论》一书初稿,他认为所谓的哲学问题在这本书中已被解决,于是怀着贵族式的热忱前往奥地利南部山区,投入当时正在盛行的奥地利学校改革运动,可是却被无法理解的家长们视为"疯狂的家伙",于是他离开了"粗俗愚蠢的南部农民",结束了乡村教师的职位。1927 年,维特根斯坦结识了奉《逻辑哲学论》为圭臬的"维也纳小组"成员并应邀参与一些活动,与石里克、魏斯曼(Friedrich Waismann)等成员有过交往,然而维特根斯坦拒绝加入他们的圈子。1928 年春在听了数学家布劳维尔在维也纳有关"数学、科学和语言"的讲演后,重新萌发了强烈的哲学探索的兴趣,并于 1929 年重返剑桥,以《逻辑哲学论》作为论文通过了由罗素和摩尔主持评审的博士答辩后,留在三一学院教授哲学,并于 1939 年接替摩尔成为哲学教授。1947 年,坚信"哲学教授"是"一份荒唐的工作"的维特根斯坦从剑桥辞职,以专心思考、写作。1951 年 4 月 29 日,维特根斯坦在好友比万(Edward Bevan)医生家中与世长辞,后由其弟子安斯康姆(Elizabeth Anscombe)和里斯(Rush Rhees)出版被认为是引导了语言哲学新走向的《哲学研究》(*Philosophical Investigations*)。

一、维特根斯坦思想概况

维特根斯坦的一生极富传奇色彩,被罗素称为"天才人物的最完美范例":热情、深刻、认真、纯正、出类拔萃。维特根斯坦的著作除了上面提及的两本书外,还有《棕皮书和蓝皮书》、《关于逻辑形式的几点看法》、《哲学评论》、《论确定性》等。

大部分学者都会承认,维特根斯坦的思想可被分作两个阶段,即前期与后期维特根斯坦,其中前期指 20 世纪的前 20 年,代表作就是《逻辑哲学论》。维特根斯坦的逻辑思想主要来源于弗雷格和罗素,强调以逻辑来构造世界,用逻辑分析的方法澄清命题的意义。在 30 年代之后,以《哲学研究》为代表,维特根斯坦的思想发生重大转变,在一定意义上是受到摩尔、拉姆齐以及 19世纪德国语言学家毛特纳(Fritz Mauthner)等人的影响,他们注重使用日常语言,强调语言的不同用法和语言的约定性质。不过有学者认为,自维特根斯坦 1929 年重返剑桥至 1936 年撰写《哲学研究》这段时间,可以视为维特根斯坦思想转变的过渡时期,或称作"维特根斯坦中期",著有《蓝皮书与棕皮书》、《哲学语法》、《关于数学基础的评论》等。维特根斯坦的著作除了《逻辑哲学论》,其他著作均是在他去世后被编辑出版的。

二、维特根斯坦的《逻辑哲学论》

"全部哲学是语言批判",这是维特根斯坦哲学的核心论断,也是后来逻辑实证主义的一个重要原则,更是对罗素所称"哲学的本质是逻辑"这一口号的进一步阐发。从整体上看,《逻辑哲学论》有一条清晰的思路,大致可以表示为以下形式,即世界—事实—思想—句子—真值函项—句子的普遍形式。维特根斯坦的前期哲学主要包括逻辑原子主义、图像论、真值函数及不可说的思想,这些思想则体现在他的《逻辑哲学论》中。

(一)逻辑原子主义

尽管逻辑原子主义由于罗素的大力宣扬而广为人知,但这个理论却是由维特根斯坦创建。第一,维特根斯坦认为,世界上的一切事件或者一切事物都是事态(state of affairs)的存在,但这样的事态不是物理性质的,而是逻辑上的事实存在状态,是人们的思维用于描述简单对象的逻辑构造。这种逻辑构造的意义在于,对象决定了事态具有逻辑上的必然性。第二,任何事物的存在都必须出于事态的空间中,不存在游离于空间之外的对象,而只可能存在没有对象的空间。世界的构成是事实构成而不是事物构成,那么构成世界的事态就是事物在一定时空中的一系列运动轨迹,对象在事态中的存在也因而成为逻辑上的必然,对象就是在一定事态中占有空间的点。因此对象包含一切情况的可能性。第三,对象与事态的关系实质上就是内容与形式的关系。具体来说,对象构成世界的实体,它们是不可再分的,也不可能由其他东西构成;同时,对象在事态中的存在形成了事态的结构。这样对象就是事态的内容,而试图有成为简单对象的存在形式。因而,事态成为对象存在的形式,而所有存在着的事态的综合就是世界。正是由于这种形式,逻辑上可能的世界才能与现实中真实的世界相对比。第四,事态在逻辑中成为图像,它描述着事态的存在或不存在。图像是事实的摹本,它描述着对象在逻辑空间中的结构和运动。图像与它所描述的对象之间的关系是由于它们共同具有的逻辑形式。[1]

(二)语言图像理论

维特根斯坦的前期哲学通常会被称为图像论,用于描述语言与世界之

---

[1] 江怡:《分析哲学教程》,第102页。

间的关系。在维特根斯坦看来,这种关系就是一种逻辑图像的关系,也就是说,我们语言中凡有意义的命题都与实在或事实有一种逻辑图像关系,他认为,图像是实在的模型,命题是实在的图像,只要我们理解这个命题,我们就能知道它所描述的事态。[①] 对维特根斯坦来说,一个基本命题犹如一个描述简单事实的图像,图像的要素代表对象,并以一定方式相互关联,它描述通过一定方式相结合的事物间的关系。命题由名词组成,名词如同图像中的要素。名词代表对象,命题则描述事实。维特根斯坦把名词视为不可定义来作任何进一步分析的初始记号。鉴于名词代表对象,命题描述事实,维特根斯坦区分了意谓和意义,他主张只有命题才有意义,名词只有在句子的关联中才有意谓,人们可以不说命题描述这种或那种事态,而直接说命题具有这种或那种意义。一个名称代表一个事物,另一个名称代表另一个事物,而且它们是彼此组合起来的,这样它们整个就像一副活的画面一样表现一个事态。[②]

维特根斯坦把命题的意义基于一个基本事态的逻辑图像。据澳大利亚哲学家巴斯摩尔(John Passmore)说,维特根斯坦曾在第一次世界大战期间看见一个说明汽车肇事的人造模型,给他很深印象。当他看到那些汽车模型、马路模型、篱笆模型时,他立马想到"这就是一个命题"。这个模型中传递了一个信息——汽车肇事,是一个对世界有所表达或描述的有意义的符号。那么这个图像与一堆模型胡乱放在一起的图像对维特根斯坦有何不同呢?前者的关键在于两个方面,一是每一个模型皆有所指,汽车模型代表汽车,马路模型代表马路;二是这些模型放置有一定规则,彼此间有一定内在结构,这个结构与汽车肇事这个事态本身的结构相同。根据这两个方面,这些模型就能传达出汽车肇事的消息,从而成为一个有意义的命题或符号。由此维特根斯坦得出他的基本命题图像论:基本命题必须是基本事态的逻辑图像,正如基本事态是由对象按照一定的实在结构组成,基本命题也是由名称按照一定的逻辑结构组成。具体来说,基本命题中的每个名称要有所指,代表一个对象,同时在基本命题中,名称与名称之间要有一定的逻辑结构或形式,这种逻辑结构或形式和基本事态中的对象与对象之间的事在结构或形式是相同的。前一个方面可称为指称性条件,后一方面为同构性条件。命题只有具备这两个条件,才能是事态的逻辑图像,因而才能成为有意

---

① 对于事态、事实、及情况的翻译与理解,参见洪汉鼎:《当代西方哲学两大思潮》(上册),第111页。
② 张庆熊、周林东、徐英瑾:《二十世纪英美哲学》,第110页。

义的命题。①

　　维特根斯坦对事实与事态作出了区分,只有发生的事态才是事实。因此,当一个描述事实的命题为真的时候,它除了要符合与该事实相关的对象与对象间的关系或对象与属性间的关系外,还要正确地断言它的存在或不存在。具体来说,对于命题"这个框子里有个红苹果",如果筐子里只有一个青苹果,那么命题为假,如果筐子里没有苹果,命题也为假,仅当确实存在那么个对象,它是个苹果,且是红色的,在那个筐子里,该命题才为真。

　　那么一个假命题又如何呢? 它仍然可以是一个有意义的命题,因为它即使没有描述一个事实,它仍描述了一个可能的事态。一个红苹果在那个筐子里是可能的,纵使在某一场合下它没有发生。然而,如果说的是筐子里有数字"1",那么就是一句无意义的描述。② 维特根斯坦的图像论的主旨在于把命题看作关于事实的逻辑图像,通过分析命题这种逻辑图像,最终揭示世界的逻辑结构。

(三)维特根斯坦的可说与不可说之辩

　　维特根斯坦认为,一切能够表达的东西都是在逻辑上,使用逻辑形式加以描述的,但显然逻辑并非万能,也有其限度,逻辑不可能表达一切东西,比如逻辑本身。因此,超越逻辑界限之外的东西无法表达。不过无法表达并不等于无意义或者说虚假,只是说它们超出了逻辑的范围,但我们可以用其他方法加以处理。

　　既然可说的东西是可以通过逻辑形式的分析得到,那么维特根斯坦就把哲学的任务视为对语言的逻辑形式进行分析。对于那些无法用逻辑分析的方法得到的其他东西,这在维特根斯坦看来就是不可说的东西,就是无法用真正逻辑形式的命题加以表达的东西。在维特根斯坦看来,不可说的东西主要意味着,首先,一切命题都可以分析为它们的逻辑形式,但这些逻辑形式本身却是不可说的;其次,不可说的除了命题的逻辑形式,还有命题的逻辑性质本身,这里的逻辑性质指的是一切命题都必须具有语言与世界之间的逻辑关系或逻辑结构;第三,由于一切命题都是事实或实在的逻辑图像,因此传统的用于表达形而上学的命题就不是真正的命题,因为它们没有表达语言的和世界的逻辑形式,因此这样的命题同样不可说;第四,一切关于伦理学、美学、宗教的命题皆不可说。其实,除了以上内容外,维特根斯坦

---

① 洪汉鼎:《当代西方哲学两大思潮》(上册),第 113－114 页。
② 张庆熊、周林东、徐英瑾:《二十世纪英美哲学》,第 110－111 页。

认为表达人生态度这样的命题也不可说。

维特根斯坦的不可说并不等于不可认识,当我们用眼睛观察事实和世界时,尽管我们看不到眼睛本身,但我们可以通过所观察到的东西而推论眼睛的存在。由此,对不可见的眼睛是可以从所见之物推出它们的存在的。同样,我们还可以用说出的东西推知那些不可说的东西的存在。维特根斯坦把这样的推知过程称为"显示",这种显示是由不可说的东西自身完成的,换句话说,不可说之物通过显示自身而为我们所认识。事实上,维特根斯坦的不可说思想并没有终结于他的前期哲学,后期思想仍然延续了这些思想,因为他认为重要的事情不是去说可说之物,而在于认识那些只能显示的东西,维特根斯坦的后期哲学就致力于显示那些不可说的东西。①

三、维特根斯坦的《哲学研究》

后期维特根斯坦在其整个哲学体系中地位突出、影响巨大,主要时间则是从 1936 年至 1951 年,维特根斯坦在这个阶段主要工作是不断整理自己,之后形成的新思想,以语言游戏、生活形式等作为其理论的核心概念,这个主要是在他的《哲学研究》一书中体现的,与他前期思想完全不同。《哲学研究》一书出版于 1953 年,对语言哲学或者说泛语言哲学产生相当大的影响。如果说《逻辑哲学论》是在试图系统地阐述关于世界的看法,表现出比较清晰的思想脉络,那么《哲学研究》或许显得很不系统,而对象则完全是语言,或者围绕语言进行论述,尽管有些信马由缰,想到哪儿说到哪儿。很多时候,维特根斯坦在试图让读者去领会要点。有人甚至认为,维特根斯坦的《哲学研究》简直就是他的不幸,而《逻辑哲学论》则是他的荣耀。② 从总体上看,维特根斯坦后期的哲学思想主要接受并发展了摩尔的日常语言分析的观点③,更关键的则在于他进行了创造,为后面的日常语言哲学学派的理论奠定了基础。

《哲学研究》相当一部分篇幅是对他前期的《逻辑哲学论》的批评。正如《逻辑哲学论》成为逻辑实证主义者早期追随的典范,《哲学研究》也成为日常语言哲学的经典。大多数现代哲学史家认为,像维特根斯坦这样在有限

---

① 江怡:《分析哲学教程》,第 106-107 页。
② G. Bergmann, *The Glory and Misery of Wittgenstein*, in *Logic and Reality*, The University of Wisconsin Press, 1964, pp. 225-241. 王路:《走进分析哲学》,第 167-168 页。
③ 摩尔断言传统哲学中的"形而上学"问题根源在于违背了常识的观点,需要通过尝试的观点解释语言的意义,继而解决各种不同认识观的纠纷。

的一生中写出两部观点迥然不同的著作,并开创和推动两个不同倾向的哲学流派,简直独一无二。维特根斯坦这一时期的思想转变可以用他自己的一句话来说,那就是"使语词离开其形而上学用法而重新回到其日常用法上来",这里的形而上学用法可以理解为《逻辑哲学论》中的语言图像论或者逻辑原子主义,那么维特根斯坦的新思路则是从构造人工语言转向日常生活语言。在维特根斯坦看来,语言绝不是为描述实在或断言事物究竟怎么样这个单一目的而设计的,相反,为的是人类社会的多种目的来服务的;哲学也不是去构造一种理想的语言,规定它应该如何,而是要能对各种不同目的和用法的语言现象给予单纯的承认和描述。

(一)语言游戏

维特根斯坦很早便说过,他的全部任务在于解释语言(命题)的性质。而这一任务贯穿了他整个哲学的始终,后期哲学自然也是如此,或者可以表述为,后期维特根斯坦的主要目标是"追求一般性",这正是《逻辑哲学论》中所坚持的。如果说维特根斯坦前期哲学的核心是建立在逻辑和事实两大基石上的语言意义说,构成命题的词的意义在于它能代表事物,指称就是词的意义,而词和命题就是现实的形象,命题就像是我们所设想的现实的模型,那么后期则从对现实生活的反思中,认识到语言与人们日常生活形成的习惯、习俗密切相关,是约定俗成的结果,乃是人类在日常生活中做的各种游戏,它只服从于游戏规则,没有绝对的客观性或指谓对象。

在《哲学研究》中,维特根斯坦描绘了很多语言游戏,但他没有对语言游戏下定义,或许是因为我们无法对"游戏"下定义,"语言游戏"自然也没有完备的定义方式。任何定义都是对被定义者的普遍性和本质性的概括,语言游戏不存在这样的普遍本质,因此只能从各种语言游戏中感受它们之间的相似之处,但却不能定义这个概念本身。游戏可以是打球、打牌、下棋、躲猫猫,语言游戏可以是现实生活中的语言现象或者可以想象的语言行为,但语言游戏究竟是什么却难以确定。

维特根斯坦把语言看作一个无所不包的工具箱,其中有锤子、钳子、锯子、螺丝刀、尺子、胶水、钉子、螺丝等,字词的功用就像这些工具的功用一样各不相同。至于如何使用,只要服从规则即可,规则是大家都愿意遵守的,由此维特根斯坦得出的结论就是,有着万千变化的语言就是人类在日常生活中做的各种游戏,其意义就是游戏过程中游戏者所赋予的意义,没有绝对的指谓对象和客观性,因此也就没有绝对不变的本质含义了。

（二）家族相似理论

"家族相似"这一概念可以追溯到尼采，但主要是通过后期维特根斯坦对语言本性的讨论而广为人知。维特根斯坦认为，词的意义取决于词的功用，一个语词有多少功用，就有多少意义，因此任何试图给词或概念下定义，并希望找出其意义家族的共同性终究走向失败。不同类型、不同属性、不同规格的游戏之间存在的只有部分重叠、交叉或彼此类似，这种类似或者表现为总体上的，或者是细节上的。因此，维特根斯坦的游戏只是各种类型游戏的叠加，不存在共同本质。至于如何区分不同的事物，维特根斯坦提出独特的"家族相似理论"，他认为没有比"家族相似"更好的表达来刻画这种相关系。换句话说，每一事物都构成一个相似家族，家族内部各成员之间的相似性如体型、特征、眼睛的颜色、步态、性情等，都以相同的方式互相叠加和交叉在一起，因此可以说"游戏"形成了一个家族。每一个相似家族都构成了一类质上相似的事物，以此相互区别。

事实上，维特根斯坦采用了一种反本质主义立场，因为在本质主义者看来，无论是语言还是游戏这样的一般词项（term）必须具有单一的共性，这样才可以把能归之于它的东西联系起来。维特根斯坦提出的家族相似性意在表明，不必脱离实际的日常语言来探寻一种终极的深层结构，每个词项在此结构中会有一种统一的本质。因此重要的是，我们应该描述这些可以成为任何研究所需要的关系，而不是去寻求说明应用这个词项的必要和充分条件的定义。这种对于家族相似的说明，可以应用到试图在一般意义上解决传统的共相问题。①

（三）语法或语言使用规则

既然语言是游戏，语词的意义就是它在语言中的用法，那么有什么能够描述这种在语言中的用法呢？维特根斯坦在《哲学语法》一书中提出了他的语法概念。他说语法描述语词在语言中的用法，所以语法与语言的关系就如同游戏的描述，游戏的规则与游戏的关系。②

维特根斯坦认为的语法或语法分析，意在阐明那些规定语言表达式的意义的规则。他在《哲学研究》中区分了两种语法，一是表层语法，一是深层语法，前者是普通的语法分析，后者是真正的语法分析。维特根斯坦的语法

---

① 尼古拉斯·布宁、余纪元：《西方哲学英汉对照辞典》，第367页。
② 维特根斯坦：《哲学语法》，牛津大学出版社1974年版，第59—60页。

分析可以理解为语言实际使用的规则和用法的分析。具体来说,语词在语言中的实际用法就是使用语法规则,而语法规则是任意的,随着使用方式的不同而不同,正如我们可以选择欧基里德几何来作为我们空间量度的规则,也可选择非欧几何作为规则,选择可以是任意的,随着不同的选择目的而定,但我们不能说一个选择为真,另一个选择为假。因此维特根斯坦认为,语法规则是任意的,语法分析不是按照精确规则进行的逻辑演算,而是对于在每一事例中适用于某种语言游戏的实际语言经验的多样性的具体考察。

那么,维特根斯坦的规则是否都是私人规则呢?或者所有语词的使用都是因人而异,没有公共的标准吗?显然不是。不过维特根斯坦认为有一种具有逻辑上属于私有的规则,也就是由于只有你知道那些语词指的是什么,因而只有你才能懂得的规则。就像是人们都理解"知道"与"相信"的区别,我们只会说"我知道我疼痛",而不会说"我相信我疼痛"或者"我宁愿认为我疼痛",这表明人们对语言有一种公共的使用规则。维特根斯坦认为,我们学会语言的时候就不自觉地学会了使用规则,遵守规则意味着以一种习惯的方式来做事,规则是人们长期生活实践的结果,而不会是一次或偶然的遵从。① 维特根斯坦始终认为,哲学不是理论而是活动,他把语言游戏看成生活形式,把遵守规则看作人们的生活习惯,因此对维特根斯坦来说,哲学家不应该是对生活冷静旁观的人,而是投身于语言游戏、感受并形成游戏规则的实践者。

(四)私人语言批判

维特根斯坦认为,哲学的绝大多数错误产生于哲学家对语言的误用,这在形而上学中体现得尤为明显,是一种精神病症的语言。因此真正哲学的任务应该是"治疗"语言的精神病,②为哲学家们澄清语言的混乱而指明放心,这也是他为什么主张到日常语言的使用中去。

在《哲学研究》(第一部分,第 269 节)中提到,"可以将没有其他人懂,但我'好像懂'的声音称为'私人语言'"。这种语言的个体词指的是只有说话者知道的东西,是指他当下的私人感觉,因此别人不能理解这种语言。如果按照近代哲学的理解,我们的知识基于我们的直接经验,这种经验可以用语

---

① 洪汉鼎:《当代西方哲学两大思潮》(上册),第 203—204 页。

② 维特根斯坦认为一个在理论上困惑的哲学家就像一个想到屋外去而找不到门的人,或者像一只误入捕蝇瓶而到处碰壁的苍蝇一样。他的哲学便是要以"语言为武器,对理智上的着魔进行斗争",为到处碰壁而飞不出去的苍蝇指出飞出瓶去的道路。

言来表达,至少可以对我们自己表达,那么私人语言似乎是可能的,就像某人可以在他的日记中记下某种特定感觉的出现,并用某个名称来称呼。维特根斯坦则致力于否定私人语言的可能性,并进行自己的论证。[①]

首先,我们每个人都有自己的心理活动或各种感觉,但我们无法判断自己的心理活动或感觉与他人的心理活动或感觉是否有某些相似之处,因为我们永远无法进入他人心灵。如此我们只能知道我们自己的心灵活动和感觉。那么,倘若说存在某种心理活动或感觉,就是无意义的,等于什么也没说。他用甲虫的例子来说明"只有说话者自己理解的语言是不存在的"。每个人都有个盒子,里面装着被叫做"甲虫"的东西。大家彼此都被屏蔽,没人知道他人的盒子里东西,各自把自己盒子里的东西称为"甲虫"或者说每个人都说他只是由于看到自己的盒子里的东西才知道甲虫是什么。然而事实上,每个人盒子里的东西可能完全不同,甚至可能始终在变化着。那么盒子里究竟是什么在语言游戏中意义并不大,甚至是空盒子也无妨。也就是说,尽管人们可以说自己有着只有自己知道或不同于他人的感觉,但这种说法在实际的语言游戏中其实不起任何作用,每个人的自我感觉究竟是什么样并不重要,因为人们关心的那些东西在游戏中能否发挥作用,而对于使用语言谈论的什么东西并不关心。因此,断定存在着只被说话者知道的私人语言,是荒谬的且毫无意义。

其次,在表达层次上,私人语言的产生是由于我们误用了表达感觉的动词。如"我牙疼"这样的句子只表达了自己的身体状况,并没有也不可能使听话者通过亲自牙疼来理解这句话的意义。或者如果把"我牙疼"解释为"只有我自己知道我牙疼",那么等于什么也没说。维特根斯坦认为,私人语言的产生是由于人们患上了误用语言的疾病,把使用第一人称的句子与其他的句子等同,混淆两者,导致以为存在可以表达私人感觉的语言。

第三,语言的必要条件除了交流、理解外,还要能概括某些情形,私人语言并不具备这样的功能。既然私人语言只表达了个人当下感觉,他人无法理解,自己其实也无法确定。比如在不同时间、地点出现的相同感觉,说话者本人或许也没有一致的标准来判断,甚至在很大程度上依赖于记忆。维特根斯坦认为我们通常不会根据自己的感觉而推出他人会有同样感觉,但私人语言似乎正是要如此。然而事实上,私人语言作为感觉的表达,不可能达到这样。因此表达私人感觉的功能决定了私人语言不是真正的语言,或

---

① 江怡:《分析哲学教程》,第158—161页。

者说对私人感觉的表达只能是私人的。

维特根斯坦在《哲学研究》中,致力于创建真正的哲学,"使语词离开其形而上学的用法而重新回到其日常用法上来"。他否认私人语言的可能性,因为对语言的使用预设了一个共同体,人们在其中对于运用语词和符号的规则达成了一致意见。而如果语言是私人的,就没有办法区分一个人在遵守规则和事实上的遵守规则。

维特根斯坦之后的分析哲学仍旧得以迅猛发展,受他影响最明显的或许就是牛津日常语言哲学,甚至有人把后期维特根斯坦归入日常语言哲学学派。牛津哲学学派的特征就是把分析哲学置于日常语言活动之中,涌现了众多高扬分析哲学方法的哲学家。赖尔(Gilbert Ryle)在其《心的概念》中,以一个论战者的姿态对传统哲学中的笛卡尔主义提出挑战,并以极其细致的笔触分析日常语言的不同用法,阐述了关于身心问题的全新解决方案。奥斯汀(John L. Austin)对日常语言哲学的后来发展起到不可替代的作用,依靠的就是他的言语行为理论,甚至对整个语言哲学以及心智哲学的发展产生极大影响,包括塞尔的理论。奥斯汀认为,对语言的分析是要揭示语言的具体用法,而我们分析语言是为了更好地说明我们使用语言谈论的世界,因此分析我们使用语言的活动自然就成为语言研究的主要任务,并据此提出其言语行为理论,由此说明"说话就是做事"这一要义。在西方分析哲学史上,斯特劳森具有划时代意义,他以语言分析方法对形而上学问题进行研究,使分析哲学的反形而上学态度发生根本转变,同时他的日常语言的逻辑分析所运用的语汇很多是传统哲学中如"范畴、断言、分体、属性、命题"等概念,使得他的哲学显示出一定的思辨色彩。塞尔进一步发展了奥斯汀的言语行为理论,并在分析哲学的框架下反对心身二元论及行为主义的心身同一论,而主张一种比较特殊的朴素心理主义理论。后期语言哲学的发展出现三个代表人物,分别为戴维森、克里普克(Saul Kripke)和达米特,他们以形式分析的方法研究日常语言,从而填平了人工语言哲学与日常语言哲学之间严格区分的鸿沟。

此外,分析哲学的发展并没有固步自封,尤其是与美国哲学中实用主义有一定交互和融合,对詹姆士的真理发生学、杜威的自然主义的经验主义有极大影响。正是在这一背景之下,出现了以罗蒂、普特南等人为代表的新实用主义。事实上,我们无法否认,分析哲学与当代西方哲学中出现的其他思潮已然不可完全分开,无论是实在论与反实在论,还是奎因的自然化认识论与之前的分析哲学方法与意识的推进与延伸有着直接关联。分析哲学中的"分析"表明了一种或一套哲学方法,是对精确和准确、科学、逻辑方法,以及对作为研究概念最好方式的语言细致研究的欣赏与忠诚,分析哲学显然还会按照这样的路径继续向前发展。

【本章思考题】

1. 当代分析哲学与传统哲学之间的关系是什么样的?

2. 弗雷格是如何构造他的人工语言方案的?

3. 罗素的逻辑原子主义的主要内容是什么?

4. 如何理解维特根斯坦的"全部哲学是语言的批判"?

5. 维特根斯坦私人语言论证真的成功否定私人语言的存在了吗?

【建议阅读书目】

1. W. W. Tait, *Early Analytic Philosophy*: *Frege*, *Russell*, *Wittgenstein*, Carus Publishing Company, 1997.

2. 江怡:《现代英美分析哲学》(上卷),江苏人民出版社 2005 年版。

3. 张庆熊、周林东、徐英瑾:《二十世纪英美哲学》,人民出版社 2005 年版。

4. 塞尔:《心、脑和科学》,上海译文出版社 2006 年版。

5. 王路:《弗雷格思想研究》,社会科学文献出版社 1996 年版。

6. 涂纪亮:《维特根斯坦后期哲学思想研究》,江苏人民出版社 2005 年版。

7. 洪汉鼎:《当代西方哲学两大思潮》(上卷),商务印书馆 2010 年版。

8. 戴维森:《真理、意义、行动与事件》,商务印书馆 1993 年版。

9. 陈波、韩林合:《逻辑与语言:分析哲学经典文选》,东方出版社 2005 年版。

10. 达米特:《分析哲学的起源》,王路译,上海译文出版社 2005 年版。

第四章　现象学

现象学(Phenomenology)是现代西方哲学中迄今为止影响最大的一个流派。20世纪初兴起于德国,又盛行于法国,然后传播到全世界,掀起了现代西方哲学史一场持续时间最长的运动。其中具有代表性的哲学家有胡塞尔、海德格尔(Martin Heidegger)、萨特(Jean-Paul Sartre)、梅洛-庞蒂(Maurice Merleau-Ponty)、伽达默尔(Hans-Georg Gadamer)、利科(Paul Ricoeur)、列维那斯(Emmanuel Lévinas)、茵加登(R. Ingarden)等等。现象学的生命力至今依然旺盛,它的影响力远远超出了哲学的范围,延伸到人文科学和社会科学等许多领域。

第一节　现象学的创立与发展

现象学由德国哲学家胡塞尔奠基于1900年,他深受波尔查诺之"真理自身"①的理念的影响,提出对意识本质的研究或描述先验的、绝对的认识之根本与法则,并称之为"现象学"。

胡塞尔以"现象"这一概念为哲学的研究对象,纠正了当时哲学面临丧失研究对象的危机,实证主义是当时思想界的主流思潮。传统哲学把研究对象设定在现象之外一个不可见、自在的领域。这个领域的论证要依靠主观的推理,因而被哲学家赋予了主观随意性。因此,胡塞尔提出"回到事物本身",以现象为研究对象,在哲学史上具有划时代的意义。以现象为研究对象,并不像实证主义那样对现象的解释。胡塞尔坚持哲学应当是最严格的科学。经验科学研究的是现象的某个方面。它对现象的理解依赖于主体的需要、观察的视角以及先在理论等因素的影响,因此,它割裂了现象,片面地理解现象的某一方面、某一性质,不能深入事物的本质。但是哲学作为最

————————

① 即超越时空与个人之绝对、普遍的客观存在者。

严格的科学,它理解的现象则是无任何前提,具有不偏不倚的明证性,这样哲学才能深入事物的本质,成为严格的科学。

现象学运动内部观点立场分歧较大,因此分支较多。根据时间顺序,大致可以分为以下几个学派。首先是以胡塞尔为首的先验现象学流派,包括哥廷根学派、慕尼黑学派和弗莱堡小组。胡塞尔把现象学发展成为哲学和科学的普遍基础的先验唯心论,提出了"现象学还原"和"先验自我"对世界的构造,现象学就是考察"现象"在意识中的构成。其次是海德格尔的存在哲学。海德格尔早期从胡塞尔的现象学开始,但是1960年以后,海德格尔与胡塞尔脱离,宣称他的思想更接近"回到事物本身"这个口号。他认为胡塞尔的哲学已经发展成为沿着笛卡尔、康德和费希特(Johann Fichte)的方向前进的哲学立场了。海德格尔则力图通过现象学进入存在思想,他把自己的哲学称为"基础存在论",其基本主题就是对存在、真理和时间的探讨。"现象"就是此在的存在过程所显现的一切。再次是"二战"以后法国的存在主义。萨特、梅洛-庞蒂等人,在德国现象学的基础之上,把"二战"后人的心理分析作为哲学的研究对象。最后是伽达默尔和利科的解释学。"现象"就是历史文本、艺术作品和语言所呈现的意义。解释学要研究的是"现象"的基本条件,进而论述人在世界、历史和传统中的经验,以及语言本性,最后达到对世界、历史和人生的理解。

此外,现象学在其他应用领域还有一些研究成果。例如,列维纳斯在宗教－伦理领域的现象学研究,茵加登在美学和艺术领域的现象学研究成果,柏范达(Alexander Pfander)在心理学领域的现象学研究等。总之,作为整体的现象学方法的独创性就是对现象的崇敬,执着于观察现象,在忠实于现象的基础之上思考现象。因此,现象学采取的新方法就体现在对现象观察显现的方式和揭示现象在我们意识中的构成。现象学方法为现代哲学摈弃传统哲学的概念和思维模式之后,提供了新的概念话语,也为新兴人文学科提供了新的概念思考向度。

第二节　胡塞尔

胡塞尔(1859—1938)的"影响彻底改变了大陆哲学,这不是因为他的哲学获得了支配地位,而是因为任何哲学现在都企图顺应现象学的方法,并用这种方法表达自己"。① 胡塞尔关于现象学的构想在他将近 40 岁时才成熟。斯皮尔伯格在《现象学运动》中对胡塞尔思想发展做如下划分:(1)前现象学时期,从 1887 年胡塞尔在哈勒大学的学术生涯开始一直到 1896 年,主要思想体现在《逻辑研究》第一卷中,对心理主义展开批判;(2)创立现象学时期,局限于认识论研究的现象学,这个时期的思想在《逻辑研究》第二卷,建立了现象学的方法,即描述心理学的方法;(3)纯粹现象学时期,把现象学发展成为哲学和科学的普遍基础的先验唯心论,提出了"现象学还原"和"先验自我"对世界的构造。这个时期的著作有《作为严格科学的哲学》(1910)、《关于纯粹现象学和现象学哲学的观念》(1931)、《形式的与先验的逻辑》(1929)、《笛卡尔的沉思》(1931)等。晚年胡塞尔在《欧洲科学的危机与先验现象学》一书中提出了"生活世界"这一概念,把现象归为生活世界,而不是自我意识的创造物。

一、意向性

意向性(intentionality)一词意为"指向"或"对准",是意识的本己特性,即意识都是"关于某物的意识"并且作为这样一种意识而可以得到直接的指明和描述。这一概念最早出现于中世纪哲学典籍中。近代一些哲学家曾经认为认知过程就是主体意识认知事物的表象(即它的"概念"或"观念"),经院哲学家认为意向的对象就是事物本身。

(一)胡塞尔的意向性

胡塞尔使用"意识的意向性"概念则追溯到布伦塔诺(Franz Brentano)。在布伦塔诺的描述心理学中,他将意向性作为人的意识的基本特征。"意向性"作为胡塞尔现象学的中心概念,是胡塞尔在与布伦塔诺的意向性理论的分歧差异中发展起来的。

"意识在所有的行为中都是关于某物的意识",这个思想认为意向对象就是世界上的实际事物,并不存在意向对象之外的物自体。同时,意识对象还包括了现实中不存在的事物,但是在意识中存在的事物,如神话人物、幻觉、荒谬观念等等。布伦塔诺以此说明,心理学的对象与物理学的对象不同,它们不能独立于意识而存在。"意向的内存在"这个术语就是对心理现象的本质规定。心理现象与客体的关系是一种"在自身中意向地含有一个

---

① 斯皮尔伯格:《现象学运动》,王炳文、张金言译,商务印书馆 2011 年版,序言。

对象"的现象。胡塞尔举过类似的例子来说明意识活动,比如在街上,发现橱窗里有一个木偶人,一个模特儿。开始以为是真人,后来发现不是。当我觉得它是真人时,我的内心结构是怎样的;当我觉得它不是真人时,我的内心结构又是怎样呢? 在胡塞尔看来,意识结构不是一个事实,不是一个特指的实际存在的事物,而是一种可能性,即先验的意识结构。胡塞尔意向性理论的基本立场就是,一切事物(实际存在或非实际存在)如何向我们的意识呈现。离开主体意识,一切事物无从谈起。意识成为最基础的、最根本的东西,因此胡塞尔力图把意识作为一切科学的基础。

其次,意向性是纯粹意识的一个基本属性。与前人不同的是,胡塞尔对意识的研究是先验研究,而不是经验研究,是对人的意识活动的先天结构的整体研究。传统的认知关系的经验主体与经验客体的关系就变成了意识内容与意识的关系,或显现的事物与事物的显现的关系。所谓"现象学还原"就是将客观存在放在括号中存而不论,将意识的"意向性结构"显现出来。所以胡塞尔反对自然主义、心理主义,反对人类学,所有具体的人与事件都是放在括号里存而不论,从而在现象中提取先验的意识结构。

最后,意向性的主体不是指生理物理的人的心理特性和结构,而是一种纯粹的意识的特性结构。自我是作为纯粹的自我极而存在的。意向性是先验自我的本质属性,是先验自我的构成作用的基础。"自我的本质属性在于稳健地构成意向性系统。"[①]笛卡尔以来的认识论的心物二元论问题,一直缠绕着哲学家们。笛卡尔的"我思故我在"的思维主体还没有摆脱心理主义,不是纯粹的意识主体。拥有无限自由意志和有限理智的主体还不能作为知识的最终根据,还需要无限性的上帝来保证知识的可靠性。胡塞尔以纯粹主体作为知识的根据,不需要上帝作保证,来克服笛卡尔的局限性。自我并非是一个物,而是构造外物的纯粹主体,是现象学要回到"事情本身"得以显现的道路。自我就是"回到事情本身"(zn den Sachen selbst)的这个"回到"(zn)。因此,在现象学看来,自我和事情本身的关系就是意向体验本身的结构。胡塞尔反对传统的形而上学的自我观念,或者把主客体各分为两元,一元为自我,一元为物;或者把主客二元归为主体内在的一种关系,把主体形而上学推向极致。胡塞尔认为他们都是对意向性的一种误解。在《逻辑研究》中提出克服"自我形而上学的各种败坏形式",拒绝考虑自我作为"自身被给予之物"而被把握的可能性。对胡塞尔来讲,不是自我,而是"回到事情

---

① E. Husserl, *The Paris Lectures*, trans. by Peter Koestenbaum, Kluwer Academic Publishers, 1998, p. 25.

本身",才是哲学一直要把握但是却不可穷尽的对象,如何真实把握这一对象决定了哲学是否是一门严格的科学。不过,自我回到"事情本身"关键在于自我的根本规定性。

在胡塞尔早期作为描述心理学的现象中,意向性只是心灵体验的能动性特征。只有在后期的先验现象学中,意向性才获得了它的中心地位:它是纯粹意识的"意向构造能力和成就"。意向性既不存在于主体,也不存在于客体中,而是存在于整个主客体关系本身。对胡塞尔来讲,意向性构成包括对象构成与自我构成两方面,既意味着进行我思的自我极,也意味着通过我思而被构造的对象极。自我构成是对象构成的基础,而自我构成以意向性成为可能。

(二)意向性活动

在胡塞尔的先验现象学中,意识活动的意识材料是概念,胡塞尔的概念理论与传统的概念理论有着本质的区别。传统概念理论认为,概念是从个别的具体事物中抽象出来的。认识的过程是先知觉到具体事物,然后再从诸多事物中抽象出事物本质。胡塞尔则认为,事物的认识开始于指向本质的意义活动,而不是指向个别事物的知觉。概念指示的本质与知觉到的事物无关。

为了说明概念和知觉、理想的意向性活动和实在的认识是如何结合在一起的,胡塞尔被意向性的对象化活动分为两种:一种是观念性的"意义赋予"(meaning-giving),即超验的观念,如数学和逻辑学的观念。另一种是实在性的"意义充实"(meaning-fulfillment),即实在的物体形象。那么人们在意向活动中的意义赋予形式也有两种,前者只是单纯的意义赋予行为,而后者则是使意义充实起来,使意义具有实在对象的性质。

任何意向性的对象化活动过程都包括"性质"(Qualitaet)和"物料"(Materie)两个方面。主体意识的意向性的"性质"特征就是意识活动的内在的不同的质的规定性。例如一棵圣诞树,我们可以有不同的意向方式:我们可以怀疑这是不是棵圣诞树;我们可以希望得到这棵圣诞树;我们可以想象一棵圣诞树;我们知觉这棵圣诞树;等等。

"物料"是指意识活动的确定内容。意识活动的性质与物料可以对应,也可以不同。例如同一个意向性的"性质"——"这是……"的直陈式判断——可以与不同的"物料"有关:"这是圣诞树"、"这是长江"、"这是肯德基"等等。胡塞尔认为,"性质"与"物料"之间的关系是相互依赖和相互补充,二者结合起来,构成意向性的对象性行为的本质。正是"意义赋予"和

"意义充实"使认识对象成为被构造的。构造不是意识制造事物,而是说它给予事物以意义。

意识依据原本的被给予方式,即依据"明见性"这个概念。明见性的基本含义是当下拥有、体现性,一个意向地被意指之物对于一个直接把握性的意识而言的当下。明见性是意识对象在直观中自我显现的体验。"明见性"是意向性所具有的形态。意向性是以双重方式被理解为意识对自身给予的指明性:一方面,意向性是以一种与其丰富的意向相关项内涵相符的多重方式,作为"充实"的趋向而在先地指明了"明见性",在此意义上是目的论的;另一方面,意向性又返回指明了"明见性",因为它在其多种变化形式中都预设了与这些形式相符的当下的种类。意向分析就是通过这种指明而证明了目的论的在先指明性。空泛意指不可能完全无对象,所有被期待之物都顺从于一个以某种方式在先已知的经验风格。现象学的构造分析就是探讨经验以何种方式回溯到当下拥有,即回溯到作为第一奠基性的但本身不再被奠基的经验种类。

由此可见,真理不是西方传统哲学的符合论,即主观认识与外部事物的一致。真理就在这种体验中出现,明见就是"真理的体验"。真理在于通过意识的意向性结构达到与事物的统一。真理是意向理想的充实,是意向的正确性。胡塞尔的真理囊括了对象化活动的全部领域,存在也包括在真理的定义中。

意向概念的另一个特征,在于意识活动不依赖于偶然出现的经验被给予性,而是依赖于"本质"(eidos),就是对象种类的一般规定性。意识行为是多种多样的,但是意识行为并不是把随意的什么内容都给予对象,意识行为都受到对象的相应种类的规定,而对象也正是在相应的被给予中才能呈现给意识。这样意识行为和对象已经暗示了它们的一种先天相关性。

关于客观对象和主观的被给予方式之间的相关性问题构成了胡塞尔思维的内在开端,对象的被给予方式如何会回缚在原本的被给予方式上?对象的自在存在和对象的主观被给予方式之间存在着一种交互关系,一种相关性,它的具体特征是依赖于对象的种类。例如,一个玩偶和一个数学定理公式是以完全不同的方式原初地作为被给予性呈现给我,这两个实事显现的原初方式是不可互换的。胡塞尔惊异地发现,在《逻辑研究》中"先验现象学"的第一次突破发生之前,世界和主观被给予方式之间的相关性从未引起过哲学的惊异,从未成为一门特有的科学课题。因此,系统地探讨这个相关性的先天,就成为胡塞尔一生的任务。将意向体验和意向对象的事实特征还原到它们的基础的本质规定性上去,这就是被胡塞尔看作是现象学的方法工具"本质还原"。因此后来的现象学家如哥廷根和慕尼黑的现象学家们认为,现象学首先是作为本质认识的方法而闻名于世,现象学的"回到事实本身"就是意味着指向本质实事状态的原本精神直观、"本质直观"、"观念化"的实现。

二、现象学的方法

现象学的任务就是为客观之物寻找在意识中显现的主观条件,即原本的被给予方式,以及探寻本质的实事状态的被给予性的主观条件。

(一)本质直观的方法

胡塞尔用本质变更的理论来解释本质规定的普遍性如何原本地被给予思维。本质现象学家从个别的事例出发,但是通过想象并不束缚在对它们的知觉中。在想象中,我们可以对一个意识体验或一个被给予的对象进行不同的想象。在自由变更中,随意性的想象不会丧失同一性,也就是对一个对象的意向行为不会变成对另一个对象的行为,这样不变的规定逐渐地显现出来,这些不变的规定性就构成了对象的本质。同时随意性的自由想象的变更中,某类对象的界限是先在的。界限如何确定呢? 本质提供了确定边界的规则。自由变更作为本质直观的基础。

例如,我们从一棵松树开始,无论在现实中我们看到它,还是仅仅在想象中作为虚幻的树,我们都获得了在随意变项的变化中被把握到的树这个"埃多斯"(即柏拉图意义上的理念)。它是必然存在的共同之物。如果我们再以另一棵松树为开端,那么在这棵新的松树中把握到的就不是另一个松树的"埃多斯"。我们开始受到事实的引导,通过纯粹想象的重构而获得了"前图像"。此后我们不断地获得新的类似图像,就是作为后图像,想象图像的图像,它们都与那个原初图像具有具体的相似性。多样性的变项是"埃多斯"的任意的个别化。"埃多斯"可以自由随意创造变项,具有一种开放的无限性。变更作为变项构成的过程具有随意性形态。

本质直观绝不是旧的抽象论理解地那样,根据个体对象的感性直观来抽象构造实在的共相,而是对纯粹的可能的直观,它形成的共相是可能的共相。在直观中,与其说是我对个体确定的树直观而构造出树的一般概念;毋宁说我是在知觉和自由活动中想象它,以至于想象的是同一个,根本不是作为一个个体被把握住。胡塞尔的新意在于突破二元论的思考方式。原初的体验中,已经有形式、理性行为或意义的运作了。本质直观不是概念的抽象,而是一个构成性的但又不是规范式的范畴直观。自柏拉图以来的传统哲学,个别与普遍,感觉与思维,现象与实在的关系是外在的,但是在现象学里这些都在构造直观行为中相交相遇。因此,胡塞尔的本质论要探讨的是本质的存在方式,并不是有些人所主张的柏拉图式的实在论。

本质是现象,是自在的、客观性的,是存在于事物自身的必然规定性。同时它也是观念性的东西。胡塞尔认为有三种本质及其相应研究它们的科学。第一种本质是实在的存在物的本质,研究它的是"描述的自然科学"。这种本质是通过经验观察的结果进行归纳而得到的。第二种本质是"理念的本质",研究它的是数学、几何学和逻辑学等形式科学。它们是通过"理念化"的方法,在科学想象的基础上,并不以经验事实的变化为依据。理念的本质就是精确性。第三种本质就是"内在意识现象中的本质",研究它的就是现象学,即研究内在意识流的基本结构(内在时间观念、数的观念和逻辑观念等等)和意识行为的各种类型。内在意识的本质存在于纯粹的意识现象中,它是可以被直观把握的。那么把直观到的意识的先验本质再描述出来,这就是现象学的任务。

亚里士多德将哲学理解为,根据万物的共同特征来考察存在者的科学,这个共同特征就是存在。胡塞尔把这个总体称为"世界"。但是仅仅通过本质直观只能达到对一定存在领域和与此相关的行为种类的说明,还不能够成就存在之物的总体世界的规定,也就是哲学的真正对象的规定。同时,本质直观要求对个体对象的存在的信仰悬置起来,但不要求把对意识的存在信仰悬置起来。意识的存在具有自明性,但是个体对象的存在缺乏自明性。现象学如何达到对世界总体的认识呢?胡塞尔后来提出了边缘域构成学说,不管是时间视域构成还是知觉视域构成,解决了世界信仰问题,提高了本质直观学说的学术价值。例如我在知觉某张桌子的一面时,同时还可以具有很多意识:我可以绕到它的背面;我可以环视它所占的空间;我还可以从它之外观照其他的事物;等等。我的具体意向体验向我预示了一个确定的可能的游戏场,即视域。以我的视野为中心点而指向世界。在这个视域的构成中,不断有新的对象进入,我的"权能性"意识成为一个无穷尽的意识。"一个视域将自己展现在所有的视域面前,这便是:世界。"[①]这样现象学家的目光不再只对准具体存在的对象,而是对准如何显现之中的对象以及这个显现在视域中的置入。现象学研究范围就锁定在被给予方式和视域的依据意识这些主观之物上。"世界"不再是一个自在的存在的超验物,而是

---

① 胡塞尔:《现象学的方法》,倪梁康译,上海译文出版社 2005 年版,第 26 页。

一个由先验自我设定的存在,一个由它所构成的"意义统一性",这一理解使世界信仰囊括了整个自然世界、文化、价值和精神世界。

胡塞尔运用他的本质直观理论讨论"存在"意义。对于胡塞尔来讲,一方面,"存在"是绝对无法知觉的现成对象,所以"存在"不是判断,也不是某个判断的实在的构成部分。另一方面,"存在"也不是传统哲学理解的那样是心理行为和判断的"反思"给出的。所以"存在"必须通过判断来理解。判断是构成式的"执行",而不是由反思给出的判断。传统的反思是将直观所知觉的东西作为内在对象来把握的。比如,"红旗"的"红色",不能体验在判断构成中的活生生的事态。"事态和存在的根源不存在于对判断的反思中,亦不存在于对判断的执行的反思中,而只存在于判断本身的执行中。"由此可知,只有在直观的判断体验中,存在才能被给予我们,从而使我们的理解成为可能。在海德格尔看来,胡塞尔的贡献在于通过本质直观告诉我们,"存在"是先于概念反思、被判断的构成所要求的纯存在。"存在"是在最"边缘域"(比如还未被执行或充实的意向意义、时间境遇)中就已出现了的构成。当现象学还原排除了"物自体"的存在时,胡塞尔的"存在"就是指"先验意识"。胡塞尔认为:"通过现象学的还原,先验意识的领域对我们产生出来,它在某种意义上是'绝对'存在的领域。这是所有存在的原范畴(或用我们的话来说就是'最边缘域'),所有其他的存在区域都植根于这个原范畴,在本质上都与它相关,因而在本质上都依赖于它。"同时,胡塞尔区别了作为"意识的存在"(即"内在之物的存在")和作为"实在的存在"(即超越之物的存在),但是前者是哲学本体论对象,后者是实证科学意义上的本体论对象。因而是现象学还原排斥的。

然而,胡塞尔没有真正达到"存在问题",其主要原因就是意向性的构成方式仍然囿于主体客体这个大模式。本质直观仍然建基于感性直观,所以失去了存在论的意义,它并没有与"存在"真正打交道。海德格尔通过人的实践生活体验、形式指引(这里的"形式"不是传统哲学的普遍性)、时机化等思路,才深入地挖掘了它的存在论意义。

(二)先验还原的方法

"先验"是指超越于一切不同类型的存在之物的规定性或范畴,达到作为存在之物的存在的规定性或范畴。中世纪哲学中认为这些范畴包括事物、存在者、真理、善、多和一。康德的"先验"理解与众不同的地方在于,"先验"不是表示研究认识的对象,而是研究对象的认识的方式。这种研究方式是一种不依赖于经验的、先天的方式。与康德不同的是,胡塞尔对认识如何可能的问题的研究是在现象学的中止判断的思路下,在意向性理论的基础上展开的。

胡塞尔把他的方法叫做"悬置",是出自古希腊怀疑论哲学家皮浪(Purran)。皮浪认为,我们无法认识事物本身,我们获得的是主观的意见,因此,对待事物的唯一正确的方法就是悬置判断。胡塞尔引用这一概念,则是让我们把自然信念悬置,括在括号里,从而达到现象学的态度。胡塞尔的"悬置"类似于笛卡尔的"怀疑"。在《现象学观念》一书中,他把整个世界,物理的和心理的自然、人自身的自我以及这些对象相关的科学都打上可疑的标记。统统把它们放在括号里悬置,对它们的存在和有效性都存而不论。它们被悬置起来,一直等到在后来自我构造中,它们才能获得无可置疑的真实性。因此,胡塞尔的"悬置"不是否定,只是从自然态度改变为现象学态度,这是由自然世界经验变为现象学的世界经验的第一步,这一方法又叫还原。胡塞尔的悬置是对所有存在之物的信念的悬置,其实质是排除意识的实际内容,也就是具体对象的经验、想象和思维的内容等,剩下的就只有纯粹自我了。我们对纯粹自我的意识流的体验就是它的自明性。自我意识流是一个构造现象的过程。

现象学由"静止"本质描述最终总是要导向发生学,"导向一门普遍的、根据本质规律而贯穿于个人自我的全部生活及其发展始终的发生学"。[①] 胡塞尔从"本质现象学"向《纯粹现象学和现象学哲学的观念》时期的"先验现象学"的过渡。在把握这一过渡的真实意义之前,我们先比较现象学心理学的反思与现象学哲学的反思之间的异同。二者的相同点:其一,它们都用的是本质直观的方法。其二,它们关注的是心理或意识,不去关注物理或自然存在,也不关注超验的上帝;排除了作为普遍科学的纯粹逻辑,排除了各种实质性学科,唯独没有排除纯粹的我。因此,它们都是现象学的反思。二者的区别:现象学心理学反思对存在的悬置被胡塞尔称为"中立性的变化"(即现象学心理学的还原)。现象学心理学反思的操作就是在"中立性的变化"的情况下进行的;现象学哲学反思对存在的悬置则被胡塞尔称为"先验现象学的还原"。现象学哲学反思的操作就是在这种"先验还原"的条件下进行的。这两种还原都是排斥了世界和关于世界的信仰,还原到纯粹意识体验上去。当然"排斥"并不意味着"世界万物"的完全消失。"排斥"是指对世界万物的重新发现,即发现它们在意识中被重新构造出来。

---

① 胡塞尔:《现象学的方法》,第187页。

　　先验现象学家是将"先验纯粹的主体性"作为自己的研究对象,将客体性解释成为一种在先验主体性中构造出来的产物;但是现象学的心理学只能将"心理纯粹的主体性"作为研究课题,却将客体的客体性置而不论。总之,先验还原是对中立性变化(心理学还原)的彻底化。具体讲,是对自然的问题方向的彻底改变,也使中立性变化获得的纯粹主体性彻底变成了先验纯粹的主体性。无论从对象领域,还是从操作方面来看,胡塞尔从《逻辑研究》时期的现象心理学向《纯粹现象学和现象学哲学的观念》时期的先验现象学的过渡是达到他的哲学的彻底性的一条必由之路。

　　在先验现象学阶段,胡塞尔对意向性做了发生学的研究,他力图从意识的原初状态找到意识结构的根据和前提。如果说,现象学还原问题解决的是如何达到无前提性的意识的原初状态,那么现象学构造就要解决意识如何构造意识内容的问题了。胡塞尔的意向性是一切理性、非理性意识的基本结构,它是我们一切活动的基础。

　　先验原则就是要把"意识的存在"(即"内在之物的存在")和作为"实在的存在"(即超越之物的存在)最终都还原到先验主体的先验意识领域。意识是一条体验之流,这条体验流都归到先验的我,所以这个我不是经验的我。但是这个我,也不是笛卡尔和康德所理解的形式化的单纯的我思。这个我在自然态度中仍然是自然生物,只是还原之后就是"纯粹的我"。

　　胡塞尔把自我称作"单子",一方面强调他是体验的自我极,另一方面是指他是习性的基础。习性决定了人的同一性,也决定了人的性格。胡塞尔用"单子"突破近代唯心主义的主体概念,把一般主体变成了处在一定的传记和历史处境中的具体的个人。人的历史性和可能性进入了主体概念。同时,胡塞尔对"单子"还有第三层的规定,事物的客观性在于主体间的承认。世界除了我,还有无数其他人。胡塞尔意识到,必须从"自我"走向"他人",从单数的"我"走向复数的"我们",唯有在一个"我们"的世界里,一门堪称名副其实的"严格的科学"的现象学学说才能真正得以确立。胡塞尔所要解决的主要问题是,一种认识论上的先验的"我们"如何可能?

　　胡塞尔在《笛卡尔沉思》中提出了移情论的"类比的统觉"或"同化的统觉"的理论。"当以反思的方式联系到其自身时,我的生命的有形的有机体(在我的原初的领域里)作为其所予方式而具有中心的'这儿';每一个其他的身体从而'他人的'身体则具有'那儿'这种方式。"[1]尽管我的"这儿"不同

---

[1] E. Husserl, *Cartesian Meditations*, Hague: Martinus Nijhoff Publishers, 1982, p.116.

于他人的"那儿",尽管在现实中我永远不可能进入到他人的"那儿",但是我却可以以一种想象的方式,在意识中使他人的"那儿"成为我的"这儿",使他人的身体成为作为"首先建立的原本"的我的身体的复制形式,从而使我进入他人的"亲自行为"的中心而把他人的身体领悟为和我的身体一样的那种作为生命的有机体的身体。这种他人的身体作为一种与我的身体一样的生命有机体的身体而被领悟的活动是我们走向他人的决定性的一步。无数的自我构成了一个自我共同体,他们共同的主体性就是主体间性,它在主体间构成了一个客观的世界。

胡塞尔在《笛卡尔沉思》的"第五沉思"中推出的主体间性理论,也成为海德格尔的"共在"学说以及萨特的"为他"学说的理论导引。从主体性哲学向主体间性哲学的转向已经成为现代西方哲学发展的新的历史趋势。如果胡塞尔的主体间性理论是以一种认识的"思我"为其基础的话,那么海德格尔的主体间性理论则是以一种生存论的"此在"为其根本。胡塞尔所关心的是自我与他人之间的认识上的联系,也即我与他人之间的相互认识以及我与他人对于客观对象的认识论的认同,而这一任务是通过"视域互换"的"共同呈现"(即"类比的统觉")而得以解决和完成的。海德格尔则更多关心的是我与他人之间的生存上的联系,也即我与他人之间的共同存在以及我与他人对于客观对象的工作论的认同,而这一任务则是借助一种"工具的使用"的"整体因缘"而得以解决和完成的。

三、生活世界

胡塞尔的生活世界就是相对于"科学世界"提出来的"前科学"世界。胡塞尔的现象学是一个方法概念,是指对象的探讨方式,不是一个在内容上确定了的立场和方向。他将现象学的方法的无立场性和无方向性表述为"无前提性原则"。以往的哲学家都是"立场哲学家",胡塞尔早年在《纯粹现象学和现象学哲学的观念》(第一卷)中宣称自己的哲学的"出发点先于所有的立场,即以直观的,并且先于所有理论思维的自身被给予之物为出发点,以所有人都可以直接看到的并且可以直接把握的东西为出发点"。胡塞尔力图继承近代认识论的科学精神,把严格的必然性和普遍真理作为"永久的哲学理想"。然而,步入老年的胡塞尔发现,没有前提的科学是不可能的。现象学的还原只达到了自我意识,并没有直至真正的始源。如果以"无前提性"的标准来衡量,悬置的不仅仅是存在者的客观存在,还包括在历史中的理论和概念。悬置的结果就是回到一个不受任何理论、传统、习惯的影响的生活本身。因此,胡塞尔提出了"生活世界"这个概念。所谓生活世界,在胡

塞尔看来,包括三层含义:

第一层意思,就是我们常人日常生活于其中的世界。它是有知觉被给予的、被经验的世界。它是与理性化的科学世界相对立的概念。

第二层意思,就是每个人具体的特殊的生活环境。胡塞尔说,人是以其职业为世界。马克思和黑格尔都认为每个人背后都有一个特殊的典型环境。

第三层意思,就是整体性的世界。不管怎么区分,不管哪一种生活世界,都是这个整体世界的一个组成部分。

以生活世界为前提的现象学仍然是先验的,它超越现有的世界,面对无限可能的生活世界。胡塞尔的"生活世界是永远事先给予的、永远事先存在的世界……一切目标以它为前提,即使在科学真理中被认知的普遍目标也以他为前提"。可见,科学世界是以生活世界为前提的。生活世界是主体性的、现实性的、直观性的、可以知觉经验的存在。相比之下,科学世界则是客观性的、理论性的、概念性、不可以知觉经验的存在。按照胡塞尔的理解,主体的东西优于客体的东西,主体经验先于客体概念,客体概念是以主体经验为基础。这样,科学理论的正确性要由主体经验来检验。主体的生活世界就成了最终基础。在胡塞尔看来,生活世界本身是一个自明的领域。在这个领域中,一切事物都可以被人在实际经验中检验,都可以被人在现象学直观中检验。当外物被还原到纯粹主体意识,"思想"本身是不能成为事物的基础结构的。只有当主体意识回归到生活世界这个自明的领域时,"思想"才有权利说自己是真理。胡塞尔在生活世界上为现象学重新奠定了基础。

胡塞尔批判实证主义的科学观,希望建构真正科学的严格的哲学。自然科学作为精确的科学,提供了精确性思维,改善了我们的生活,其实践活动成为人类今天不可缺少的一部分。胡塞尔没有主张用现象学取代自然科学。但是自然科学带来的副作用就是造成了物理主义的客观主义的泛滥。在物理主义的客观主义的影响下,主体与客体分裂,人生的价值和意义出现了"危机"。近代科学从伽利略开始,建立了一个以理念的存在为基础的数学化世界,悄然取代了生活世界。自然科学家所发明的物理学的技术思维,用公式去证实自然世界。生活世界被量体裁一件理念衣服,即科学真理的衣服。我们把理想模型化的物理世界当成了真实的世界。或者说,自然科学的理念化遮蔽了自然科学、生活世界本身。将自然数学化显然是受了纯粹几何学的影响。虽然几何学起源于测量和度量的实践技术,但是伽利略用其必然性来计算自然时,就忽略了它们和感性事物的联系。近代科学的量化方法和化约方法将人生的道德、价值、意义和审美等实践因素完全从事物中剔除出去了。现象学的任务就是要恢复我们对前科学的生活世界本身的理性直观。

科学的基础应当是前科学,科学作为一种理论的实践应当是生活世界的一部分。近代科学在物理主义的客观主义思维下,人的存在意义被遮蔽。胡塞尔力图通过对生活世界的揭示,发现意义是由主体在生活世界的实践中被给予的,从而克服物理主体的客观主义而到达超验的现象学。胡塞尔的现象学始于"严格科学",终结于"生活世界",这也是现象学运动的走向。胡塞尔之后的现象学都转向关注"生活世界"。

第三节　海德格尔

海德格尔(1889－1976)早年师从胡塞尔,超越其导师而独辟蹊径,从"此在"进入了"存在",后期从事解释学释义研究,从"存在"进入"在者"。1927年,晋升教授,发表未完成的手稿《存在与时间》。前期的代表作还有《康德和形而上学》。海德格尔一生关注一个问题,就是存在问题。从中学时代接触到布伦塔诺关于存在的思考开始,到接受胡塞尔现象学对存在的理解,海德格尔超越前人的地方就是以全新的方式思考存在问题:昔日纯粹理论探讨的存在论问题,被他拉到了生活实践中,海德格尔开辟了划时代的崭新的哲学思维模式。1928年,海德格尔接替胡塞尔,成为弗莱堡大学哲学教授。"二战"期间,他积极参加了纳粹党,1933至1934年纳粹期间任弗莱堡大学校长。正因为这一段政治上的不光彩经历,使他在1945至1951年期间,被禁止授课。他与纳粹的联系多次是西方哲学界和新闻界的热门话题,但是他的哲学思想并不是纳粹思想的反映。这也是一个伟大的思想家的哲学深思会远远超越他的所处时代的政治理论的典型事例。他的著作还有《什么是形而上学》(1929)、《现象学基本问题》(1923)、《真理的本质》(1943)、《林中路》(1953)、《走向语言之途》(1959)、《技术与转向》(1962)等。

《存在与时间》里,他对自己的哲学做了定性:"哲学是普遍的现象学存在论;它是从此在的解释学出发的,而此在的解释学作为生存论分析工作被一切哲学发问的主导线索的端点固定在这种发问所从之出且向之归的地方上了。"[1]"现象学这个术语首先意味着一个方法概念。"[2]可以看出,他前期的

---

[1] 海德格尔:《存在与时间》,陈嘉映、王庆节译,生活·读书·新知三联书店1987年版,第38页。
[2] 同上,第27页。

思想和方法就是现象学和解释学。现象学不是指哲学探讨的对象,而是指哲学研究的探讨方式、如何进行哲学研究。因而哲学没有其他如本体论、认识论或美学等学科的研究领域,不是与它们并列的一门学科。海德格尔对胡塞尔的现象学进行了存在论的改造。在真正的现象学研究的不是胡塞尔所研究的意识行为的意向结构,而是探讨这一结构的方法。现象学作为存在论的方法,这种现象学的方法有三个基本环节:"现象学的还原"、"现象学的建构"和"现象学的解构"。简言之,"现象学还原"使海德格尔得以将"回到事情本身"回归到"存在"本身,而不是胡塞尔的纯粹自我意识。"现象学的建构"就是海德格尔对"此在"的生存论解释。"现象学的解构"就是传统存在论的历史的批判性分析。这一环节的发展使海德格尔的现象学与狄尔泰的解释学结合起来,既改造了现象学,也发展了解释学。

一、此在的在世结构

存在总是存在者的存在。存在不是封锁的,而是以某种方式展开的。只有人这个特定的存在者才能思考存在问题。早期海德格尔突出了"此在的存在"。人的特殊存在方式就是"生存"(Existenz),人被海德格尔命名为"此在"(Dasein)。人的本质就在于"它所包含的存在向来就是它有待去是的那个存在"。[①] 他对人的定义不是传统哲学中的人的概念,不是人类学、心理学、生理学或人种学等意义上的人。现象学就是存在论。首先要让人这种存在者的存在显现。现象学关注的是人的存在,对此在的存在论研究的最终目的是研究存在,这就是基础存在论。具体讲,海德格尔早期把此在放在优先地位上,而后逐渐倾向于存在本身的优先地位了。

在分析此在之前,海德格尔提出此在的两项特征:"此在的本质在于他的存在。""这个存在者为之存在的那个存在,总是我的存在。"[②]

(一)此在的本质是由他的动态的存在过程决定的,此在不是现成的存在者。一个人是什么人,是由他人生的所作所为决定的。人不像其他存在物那样,有一个事先预定的本质决定它的存在。人必须要先具体选择,先努力存在,到人生的最终才能"盖棺定论"其本质。每个人的人生过程都是不同的,每个人在不同的人生阶段都可以重新改变自己,因此不可能有先在的人生决定论或宿命论,那么人的本质也没有先在的规定。人在存在过程中,与事物打交道,与他人共在,在时间中展开人生的各种存在状态,都是"此

---

① 海德格尔:《存在与时间》,第 15 页。
② 同上,第 42 页。

在"的存在。

（二）此在的存在总是我的存在，这一特点中包含此在的向来我属的性质。向来我属性不是传统哲学的唯我论，"此在"不是一个孤立的纯粹意识主体，而是在世界中具体生存的自我。但是"此在"也没有种属，是单独的自我。这里海德格尔并不否认人的日常的公众性，所以后面就区分了人的本真状态和非本真状态。

对此在的分析可以分为两部分，第一部分是分析此在特有的存在样式，对此在的整体结构和时间性的研究。此在的在世结构就是此在与世界的关系。传统西方哲学理解的世界是一切事物的总体。世界与人的关系是外在的主体与客体的关系。主体又被规定为纯粹意识。人与世界的基本关系就是认识。海德格尔的存在论突破了认识论格局，将世界理解为存在向我们展示出来的意义整体。"认知乃是'此在'在世的一种存在方式。"[①]此在已经在世界之中了，以"牵挂"和"上手"这样的非概念的方式与世界万物打交道。海德格尔把这种活动也称作"烦"。我们与事物的关系首先是以"上手"的状态出现的，即作为实用的东西或器具出现的，而不是传统哲学所理解的那种认识对象。"牵挂"是比胡塞尔的意向性更为本源的现象学行为，完全没有意向主体与客体对象的预设。海德格尔举了一个著名的例子，使用锤子时的称手状态就是这种原本的人与物的关系。在人的认知观察中，锤子在对象性的存在中，不能被揭示其真实存在。锤子的物性或存在本性是在锤子被使用中，非对象性、非专题的、在场和牵带出来。此在与世界是一种早已调好了的、原本就是得心应手的暗合冥通的默契关系。只有锤子突然坏了，我们才可能注意审视它，它才作为对象。前面那种黏合关系是前概念、前逻辑的关系。上手事物并不是指其性质，而是存在者得以成为上手事物的可能条件。海德格尔把上手事物存在的存在论规定称为因缘。"这种场所的先行揭示是由因缘整体性参与规定的，而上手事物之来照面就是向着这个因缘整体性开放出来。"[②]因缘整体性"早于"单个的用具，上手之物何因何缘，向来是由因缘整体性先行描述出来的。事物不是单独活动的，而是存在在世的存在。事物的空间性就不是我们以前所理解的远近，周围世界的空间性都是通过日常交往的步伐和途径来揭示，而不是以测量距离的考察来确定。

此在与他人的关系是"在世界中"与他人"一同"（或"共同"）存在。"一

① 海德格尔：《存在与时间》，第 61 页。
② 同上，第 121 页。

同"不仅仅是并存关系,也不是马克思所谓的"人的本质是社会关系的总和"(社会决定论)。它是生存论意义上,人与人、人与环境的原初相互构成关系。日常生活中的"此在"不是某个主体性的具体的人,也不是某一些人,也不是人类总和。海德格尔讲的是"中性物"(或"中间物"),是彼此相联的"常人"。"此在"的真实存在淹没在"常人"中。"常人怎样享乐,我们就怎样享乐;常人对文学艺术怎样阅读怎样判断,我们就怎样阅读怎样判断;竟至常人怎样从'大众'抽身,我们也就怎样抽身;常人对什么愤怒,我们就对什么东西'愤怒'。这个常人不是任何确定的人,一切人——却不是作为总和——倒都是这个常人。就是这个常人指定着日常生活的存在方式。"[1]此在作为共在的存在方式,最切近的"常驻状态"就是,日常的共处同在、庸庸碌碌、平均状态、平整作用、公众意见、卸除存在之责与迎合等等。虽然这种存在方式不是此在的本真存在性质,但是这种原初的存在境遇,是主体性学说无法达到的切近的常驻状态。

在这种常驻状态中,"我"首先作为常人而"被给予"我"自己"。"常人"成为流行时尚的价值、规范和大众意见,使自我被潮流化、俗化。当自我把自己交给常人,人云亦云、随波逐流时,自己的内心反而获得了安全感。现在海德格尔不可回避的问题是,此在是否依据自身存在呢?海德格尔进一步区分了"此在"有两种存在状态,即本真的存在和非本真的存在状态。本真的存在状态就是自我的真实存在,非本真的存在就是被常人所掩盖的个人存在。然而人在生存现实使人不能脱离日常生活来了解真实的自己。这就意味着只有通过非本真状态,才能达到本真的状态。

二、"此在"的生存论建构

海德格尔认为"此在"的本质是在生存中决定的。这个生存过程就强调了"时间性"这个概念。人的生存可以缺少他人,可以不烦忙于事物,但是却无法摆脱时间。《存在与时间》的主题就是:存在就是在场,存在的意义在于时间。因此,存在通过时间性的东西而被规定为在场,规定为当前。在场和不在场都是与我们相关涉。曾在以本己的方式活动者,曾在其实以不在场的方式而在场。"此在"的存在状态与时间性建立了相关的必然联系。"承担被抛状态却意味着:如其一向己曾是的那样本真地是此在。承担被抛状态却只有这样才是可能的——将来的此在能够是它最本己的'如其一向己

---

① 海德格尔:《存在与时间》,第 148 页。

曾是’，即能够是它的曾在或‘曾是’。只有当此在如我所曾在那样地存在，此在才能以回来的方式从将来来到自身。此在本真地从将来是所曾在。……只有当此在是将来的，它才能本真地是曾在。曾在以某种方式源自将来。”①这段话力图引出的命题就是“曾在源自将来”。

　　海德格尔的时间三样式把通常的时间观念颠倒过来了，“将来不晚于曾在”、“曾在不早当前”。通常我们理解时间是把现在作为中心，但是生存论则把将来放在首位，没有将来的能在，就无从谈起现在。当前与将来、曾在并不是处于平等的维度。当前是将来与曾在交互牵涉所产生的结果。海德格尔把生存整体的追问到了死亡，从死亡讲到了先行决断。时间就是随着对先行决断的追问而展开的。在先行决断中，此在朝向最本己的能在存在。三维的本真时间各自本己地在场，它们的统一性存在于各维之间的相互传送之中。在讲了三维之后，海德格尔还提出了四维。“本真的时间就是四维的。”“它规定着一切的到达。”“它在将来、曾在和当前中产生出它们当下所有的在场。它使它们澄明着分开，并因此把它们相互保持在切近处。”②四维的提出，使时间三维既统一又分离。在近处又驻足相向的只是将来与曾在。近处本身就是当前。

　　“烦的结构的原始统一性在于时间性。”③要说明烦的统一性就必须依赖于对时间性的统一性的解说。将来、曾在和当前分别显示出“向（自身）”、“回到”和“让照面”这些现象性。这些现象性把时间性公开为“绽出”。海德格尔解释“绽出”就是出离自身，也是一种狂喜。时间性的三维被称作三种“绽出（状态）”，时间性的统一就是三种绽出状态的统一。时间性只有在绽出中才有自身。首要绽出的是将来。时间性是时间的源头，所以被称为“原始时间”。

　　时间到时，存在者得以揭示。时间性使世界可能从地平线绽出。客观化的存在者不断地把世界推向更外。“世界必定已经以绽出方式展开了。”④“世界是超越的。”世界的超越不是指从实物世界中超越出来，实物世界倒是这个超越世界的客观化。超越世界是时间性的超越世界。世内事物是随时间的到时而成为世内事物的。世界作为世内事物的根据，也是在时间性中

①　海德格尔：《存在与时间》，第 325－326 页。
②　同上，第 326 页。
③　同上，第 327 页。
④　海德格尔：《形而上学导论》，熊伟、王庆节译，商务印书馆 1996 年版，第 366 页。

到时。"世界随着诸绽出的'出离自己'而'在此'。"①

海德格尔的时间性具有以下特点：第一，时间性不是直观形式，也不是概念思辨所表达的时间，而是时间境遇构成。它是依凭本源意义的此在的切己构成态。它的边界无法现成化，但是却活生生地塑造人生。第二，时间境遇是纯构成，不受任何原则操纵。时间是思考存在论问题的基本视域，它既不能通过空间关系与概念理解，反倒是空间关系和概念通过时间来理解。它是一切可领会的缘构终极。第三，存在与时间的关系中，传统的存在被理解为超越时间的、抽象的"理式"、"实体"、"主体"。它们就成了现成的存在，没有显示出存在的缘构发生中获得自身的本性。第四，原本的时间性在根本处由三维逸出态相互缘构而成，并且向来以当前化着的和朝向将来的方式而已在着。时间性必然体现为历史性。这个历史性不是庸俗时间概念下编写的历史编撰史中，此在总是在历史中而时间性的。应当倒过来，此在本来就是缘构时性的，所以它才历史性地生存。第五，海德格尔将时间性分别对应于"此在"的三种存在状态：沉沦态（falling）、抛置态（thrownness）和生存态（existentiality）。每一种存在状态都有一种相应的显现方式，且又分为本真态和非本真态。

沉沦态是指"此在"绽露出日常存在的一种基本方式，就是指"此在"在曾在、当前的既定的日常存在状态，它是由"现身情态"所揭示，存在论上用现身情态这个名称是指情绪，就是生活中挥之不去的喜怒哀乐这些情绪。现身情态的非本真态就是"怕"，在现实的重压下总是难以摆脱孤独、忧虑的时时伴随。现身情态的本真态是"焦虑"，焦虑源于生活是不可推卸的重担，人们只有想方设法的迎接挑战，短暂的成功喜悦之后，又要陷入无尽的忧虑中。抛置态是"此在"局限于现有的存在状态。抛置态是由语言来揭示的。语言的本真状态就是"言谈"。语言的非本真状态就是闲谈、好奇和两可。生存态指"此在"设计并尽力实现可能性的未来生活状态。生存态由"理解"来揭示。本真的理解是"设计"，自我筹划如何依靠可能性来改变现实，让世界适应自己，从而改变沉沦态时自己对世界的归顺。生存态的非本真态就是等待、观望和忘记。这些都是对生活消极的得过且过的生活态度。

以上三种生活状态的时间性只是相对而言，即每一种生存状态以一种时态为主，杂以其他时态，并不是绝对单纯的一种时态。同样三种生存状态也不是绝对分割，也是相互综合影响，从而组成生活的整体的存在过程。"此

---

① 海德格尔：《存在与时间》，第 365 页。

在"的全部生存过程可以描述为"先行于自身的—已经寓于的—在世之在"。

三、"在此"——作为现身情态

"此在"的本质就是生存，这样"此在"就是它的展开状态，即让"此在"去是它的"此"。海德格尔解说"此在"之在，分为两部分：此的生存论建构；日常的此之在与此在的沉沦。现身与领会被看做是去是它的"此"的两种源始方式。首先，"在此"作为现身情态（处身情境）。在情绪中，此在在它的存在中不得不依托于那样一个存在者，它总是以情绪方式展开了。"此在"的存在过程中，每时每刻总是被各种各样的情绪控制着，就是"心态"。原本心态不是经验论者所理解的那样是"一块白板"，也不是唯理论讲的那样是带着先天观念和范畴的纯粹心灵，而是"此在"生存空间本身的气象。这样的情绪超越了心理学意义上的情感，是"此在"的存在论现象。

在生存论上意味深长的基本现身情态是怕。海德格尔从三个方面分析怕这种现象：怕之何所怕、害怕以及怕之何所以怕。"怕之何所怕"是指可怕的东西。害怕本身是现身在世的潜在的可能性，即"会怕"。"怕之何所以怕"是指害怕着的存在者本身，即此在。只有"此在"能够害怕。"怕主要以褫夺方式开展此在。"总之，怕是处身情境样式之一，它总是走在可怕的对象之前。动物的害怕是当下的，只有人的害怕是在时间中，认同自己处身情境的潜在可能性，才能够去怕。忧患人生总是缠绕着人们。

怕也会涉及他人，为他人害怕。不管他人是否害怕，我们为之害怕。为他人怕不一定是为自己害怕，但是最终还是害怕在"共在"中被共同牵连。怕的整个现象可能变化其组建环节。怕可以衍变为，诸如惊骇、恐怖、胆怯、羞怯、慌乱、尴尬。怕的所有变式都是此在现身处境的可能性，指明了此在作为在世是"会惧怕的"。此在这种本质性的现身情态的可能性是其一般所具有的，但不是唯一的可能性。

四、在此——作为领会与解释

领会同现身一样源始地构成此之在。现身向来有其领会，领会总是带有情绪的领会。"在生存论上，领会包含有此在如何之为能在的存在方式。……此在原是可能之在。"[①]领会是此在的本己能在的生存论意义上的存在。领会把"此在"向着他的"为何之故"来筹划在世的整个展开状态，成为其所

---

① 海德格尔：《存在与时间》，第167页。

是。这种对在世处境的"可能性的理解",不是概念的和反思的理解,而是非逻辑的主体的前抛(或译为"前瞻"、"投射"、"筹划")本性。这种前抛性表明此在永远都是能在,总比事实上的更多。这就是海德格尔理解的存在的"超越"或"先验性"。

如果用现象学的"看"或"视"来理解领会,这种看绝对不是"纯直观"。传统哲学的"纯直观"、"思维",甚至现象学的"本质直观"都是根植于存在论的领会的衍生物。即使胡塞尔的"本质直观"也还是"现成的",没有充分追究"直观"的可能性的存在论条件。如果他能发掘他的"边缘构成域"学说的终极含义,就会得出与海德格尔相似的结论。

《存在与时间》将一般解释学提升到了基础存在论的层次。施莱尔马赫(Friedrich Schleiermacher)和狄尔泰(Wilhelm Dilthey)受康德的影响,探讨了知识何以可能的条件,开辟了一般解释学的领域。但是他们没有达到存在论的普遍性和原发性。海德格尔认为,解释学应当揭示的是一种具有基础存在论的处境,它是一种先于主客(理解者和理解对象)对立的源发构成。海德格尔不是一般解释学那样只是理解文本,而是理解存在的意义,此在之解释学意义,以解释学处境赋予基础存在论的含义。简言之,海德格尔使存在论和解释学相互贯穿和相互构成。

领会使自己成形的活动称为解释。解释根植于领会,领会使解释成为可能。解释不是把一种含义加到现成的事物上,给它加上一种价值。"随世内照面的东西本身一向已有在世界之领会中展开出来的因缘;解释无非把这一因缘解释出来而已。"[①]因缘整体性是解释的本质基础,从而使解释一开始就在先行具有、先行视见、先行掌握之中了。也就是说,解释是在有所领会的情况下,向着已经被领会的因缘整体性去存在,向着某种概念方式去存在。任何解释之处都必然早已具备了先入之见。当此在之在得到领会了,我们就说:它具有了意义,但是这个意义其实就是存在者的存在。意义具有生存论的性质,不是一种属性,它是筹划的何所向,从而使某某东西得到领会。

解释的另一衍生样式就是命题。命题包含三层含义:命题首先意味着展示,让人从存在者本身去看存在者。其次,命题也是述谓,主语由术语得到规定。任何述谓都只有作为展示才是它所是的东西,即第二种含义是建立在第一种含义之上的。主语、述语,以及相互设置两者,都是为了展示而

---

① 海德格尔:《存在与时间》,第175页。

设置的。最后,命题意味着传达,让他人共同看那个以规定方式展示出来的东西。对以上三种含义作统一的理解就是"命题是有所传达有所规定的展示"。但是问题是,命题在具体的逻辑学中的规范使用中却发生了变异。逻辑把"锤子是重的"看做绝对绝对的命题句,从而成为自己的专题对象。逻辑预先设定了"锤子这物具有重这一性质"作为这个句子的意义。陈述似乎具有意义,但是这不是原本的意义,意义被视为现成的对象或现象了。上手状态的工具作为命题的现成的对象,上手的"用什么"变成了有所展示的命题的"关于什么"。工具的现成状态的揭示遮盖了上手状态。述谓结构的陈述是解释的一种极端形式。按照海德格尔的看法,陈述所代表的自然科学的表达方式和人文科学的表达方式都是原发于领会和解释。因此,30 年代起,海德格尔大量讨论了现代科学和自然科学的根源问题。

"此在"沉沦于"世界"就是消失在共处之中,共处是靠闲言、好奇与两可来引导。话语是以人云亦云的方式传达自身,闲言就是在话语的传达中组建起来。话语的根基全然失去了,读者无法领会源始创造、源始争得的东西。闲言的无根基状态使其更容易进入公众意见。对海德格尔来讲,闲言、好奇、两可具有存在论的意义,它们演化为此在的源始构成状态之一。闲言就是流言蜚语、八卦消息的议论;好奇就是不断地猎奇,使自己沉溺于寻求翻新的激动和不安;两可就是窥测、见风使舵般地迎合公众心理。这三者作为常人的语言之所以能够兴风作浪,就是因为在聊天中非理性的"此在"不用理性实证分析,在人云亦云中领会与他人同世共在的愉悦,就如同鱼儿得水一般。

"此在"在世界之中存在源始的、始终的整体结构就是"操心"。海德格尔引用了一则古老的寓言来说明"操心"与人终生相伴,人生由"操心"来支配。相传女神 Cura(操心)用泥土造人,请朱庇特赋予它精神,但是人死后灵魂归还朱庇特。因为它是 Cura 创造的,"操心"就可以在它活着时占有它,又因为它取材于泥土(Humus),所以就取名"人(homo)"。人的这一构形的源始存在应在何处得而见之,则是由农神即"时间"来判定。这则寓言表达了对人的本质的规定先于存在论的规定。"在存在论此在之存在则始终未经规定,所以须得讨论操心、世界之为世界、上手状态与现成状态(实在性)的存在论联系。"①

前面分析的几种"此在"的日常生存方式(闲言、好奇、两可)属于更根本

① 海德格尔:《存在与时间》,第 212 页。

的在世形态——沉沦或被抛状态，它意味着"此在"与世界的相互牵挂着的那样的相互构成状态。"此在"被卷入的是被构成状态。被构成态就是指被遮蔽的构成态。"此在"总是首先不经意地被抛入它的世缘，也就是它的被构成态，而不是现成性的关系。"此在在它所具有的一种特定存在方式中被带到它自己面前来并在其被抛中向它自身展开。"①这种被抛境况就是存在者向来就是它的种种可能性本身，并从可能性出发来领会自身。在世总已沉沦。此在之在世可以描绘为，在沉沦中展开、被抛地筹划着的在世，在最本己的能在中寓世存在和共他人存在。"此在之存在"是《存在与时间》中首先对此在本性的整体构成结构的描述，也是海德格尔早年关于"形式指引"方法的集中表现。

操心包括三方面的内容。首先，说操心是一种"先于自身"，表明"此在"是在"去存在"中赢得自身的构成本性，先于任何现成的自身而存在。其次，先于不是"先验范畴"之类的现成在先，而是被抛在世的源发构成境遇的在先。第三，"此在"就是"沉沦着的在……状态里"的处身情境。以上两点充分说明了这一点。操心就是保持在这个现场的存在论的原发状态中。它并不是受制于操心的对象，反倒是具体牵挂、牵心的源头，可以说是万物在我心中，心外无物地观照对象。

"此在"操心的目标和他的未来发展，都显示其潜在性。操心是一种摆脱不掉的情绪。操心使人感受到了现实性、抛掷性、沉沦性、可能性，使他不胜其烦，宁愿在非本真态中得到常人的"庇护"，从而取消自我，"沧浪之水浊兮，可以濯我足"。操心的非本真态是"怕"，这是"此在"的整体存在状态，它没有具体的对象。

操心的本真的、最后的形式就是"面对死的决心"。这一本真态包含三个因素：先行、良知、决心。决心是当下抉择，先行是未来的展望，良知是以往体验的呼声。"良知"（Gewissen）现象是对"此在"能在（朝死的存在）的证明。自古以来思想家把良知解释为一种道德的声音，没有人探讨超道德的此在方式与良知的联系。海德格尔的良知是一种呼唤（Ruf），这种呼唤不是闲言、不是两可的含糊，也不会引起好奇，是清楚明白，令人能够确定领会的东西。"此在在良知中呼唤自己本身。"②把此在唤上前来，唤到它的诸种可能性上去。此在既是呼唤者，又是被呼唤者。这呼声不是把此在唤入常人的闲言中，而是唤回到生存的能在的缄默之中。所以，良知不是普遍意义上

---

① 海德格尔：《存在与时间》，第 210 页。
② 同上，第 315 页。

的公共良知、世界良知，"良知向来是我的良知"。呼声把能在展开为各个此在的当下个别化了的能在。

罪责既不是日常的道德"欠债"，也不是权利伤害之类的罪责，因此把握它应当以此在的存在方式为基点。在生存论上，"罪责"存在作为此在的存在方式被规定为欠缺，欠缺那应当存在于能够存在的东西。欠缺说的是不现成存在。此在的生存性质始终有别于一切现成性。罪责观念中有着不（Nicht）的性质，即此在的操心本身所具有的非现成的、不安分的生存状态。良知把这种根本的不之状态告知此在，说道："（你）有罪责！"此在生存的状态就是罪责。它既对自身被抛的生存处境负有责任，同时它又没有拘泥于任何现成实际处境，对进一步构成负有责任。需要强调的是，良知是本体论上的原初现象，不是道德、心理、社会现象，但是它是道德之源。

"这种缄默的、时刻准备畏的、向着最本己的罪责存在的自身筹划，我们称之为决心。"[1]基于以上"领会"、"朝死存在"、"良知"的铺垫，这决心是此在展开状态的一种突出样式，也就是此在最源始的真理——本真的真理。此在的展开状态向来已随着世界的展开一道被揭示了。此在将自身完全投入最切身的能在状态而能在着，因而能自由地面对此世界。操心的最后的状态就是"面对死的决心"。面对死亡的心境，人才体验到存在的全部意义，就是对他的全部可能性的筹划与实现。"死亡是此在本身必须承担的存在的可能性……死亡于自身显示的是最合适的、无所牵挂的、超越不了的可能性。"[2]

五、后期海德格尔语言学转向

研究者一般以 1930 年为界，把海德格尔思想分为前、后两时期。后期海德格尔主要转向"语言与存在"这个主题，西方哲学自此拉开了语言学转向的帷幕。前期的主要问题分析此在生存状态和时间，后期转向对诗歌本文的沉思。关于形而上学批判问题，前期以时间为红线，批判了亚里士多德、笛卡尔和康德，后期以存在的真理问题，批判了柏拉图和尼采。海德格尔后期思考与"思"与"言"的一致性，"大道"（Ereignis）和"道说"（Sage）是后期两个关键性的基本词语。"道说乃是大道（Ereignis）说话的方式。"因此，"道说"（"大言"）不同于"人言"（"小言"）。传统哲学中语言是反映世界的工具，世界万物不可能有语言，但是海德格尔认为正是语言将人与世界融通，语言

---

① 海德格尔：《存在与时间》，第 339 页。

② 同上，第 300 页。

开启、建构世界。"语言是存在的家","有语言的地方才有世界"。人的世界是语言建立的。自然万物的言说是无言之言。万物本身没有语言,因而没有进入敞开状态。只有当事物作为艺术品,而不是认识对象进入人的视野时,诗意言说的人才能欣赏艺术品敞开的世界。

海德格尔的理解与中国哲学的"天人合一"有相通之处。正如儒家《礼运》所说,"人者,天地之心也。"天地本无心,人对天地的认识就是天地的自我认识,天地在人身上达到了自我认识。王阳明也说:"天地万物与人原本是一体,其发窍之最精处是人心一点灵明。""我的灵明便是天地鬼神的主宰。……天地鬼神万物离却我的灵明,便没有天地鬼神万物了。我的灵明离却天地鬼神万物,亦没有我的灵明。"(王阳明《传习录下》)正如山中花一样,当我没有观照它时,山中花与我心同归于寂。当我看到花时,此花颜色一时明白起来。"一时明白"就是此花颜色是人与自然合一的艺术品和艺术美。因此,伽达默尔说:"能被理解的存在就是语言。""没有语言之外'自在世界'。"这样,语言是先在的,言说是先在的。是语言说人,语言所言说的世界超越了人。道说是大道的言说方式。本真的言说首先是聆听,聆听语言的言说。凡人言说的方式就是应和(Entsprechen)。应和道说的人言有两种形式,即"诗与思"。语言意义的转换取决于"诗"与"思"这两种方式及其关系了。

海德格尔所谓的"语言转换",就是改变以往的既有的语言和人的关系,语言不是指向某确定的感性对象和确定的抽象概念,而是指向了大道。语言是作为 Dasein 之 Da 的"言说",成为世界之展露口。道说要显示不可说的大道,它是超概念式的语言,即诗的语言。语言通过命名把存在者带出晦暗而使它成为存在者显现。荷尔德林曾经这样描绘事物的显现与此在的关联,当诗人说出本质的言词,存在者才第一次是其所是而得名。于是事物走进光明而显现,人的此在从而才被树立在牢固的牵连之中和根基之上。

六、海德格尔对真理-艺术-技术的反思

真理问题上,海德格尔力图为传统哲学的符合论找到本体论(存在论)基础。符合论的真理观就是,主体的陈述(知识)正确反映了客观事实。问题是,主体何以保证自己对独立于自己之外的事物所做的陈述和判断的正确性。或者说,主体的陈述或认识如何与客观事物符合呢?海德格尔认为,事物的呈现是向着人的呈现,正如王阳明所谓"心外无物"。符合论的基础应当建基于存在论:主体的陈述之所以真,源于此在的揭示。列维纳斯在他的《从存在到存在者》中探讨了海德格尔的"存在"的"晦暗性"。让晦暗的存

在开显为"明亮"的"存在者"，这里"光"就是"时间"。早期海德格尔强调没有"此在"的揭示就没有真理，但是在1930年《论真理的本质》中，他超越人的自在的真理的本质，真理的本质在于超越和自由。他用"林中空地"（Lichtung）象征真理的展示。"超越"就是人"绽出"存在者以与世界整体合一。"自由"就是超越存在者，进到世界中，让人与存在者整体相关联。1934年开始，"Ereignis"（本有、居有事件、成己）这个词经常出现在海德格尔的写作之中。他要表达的思想是，存在者的真理就是存在者的遮蔽与澄明。他提出了"天、地、人、神"的四重整体，"天"象征明亮、敞开，"地"象征着隐匿和关闭，"神"是神秘之域，"人"是生存之域。人通过栖居而在四重整体中存在。世界就是敞开，大地就是锁闭，存在者就是世界与大地的原始争执。存在者的存在性不是现成的，而是在场与不在场的相互牵引、原始争执的领域中发生的一切。只有自由才能让存在者或事物按其本来面目显示自身。

　　存在之真理以何种方式发生，成为后期海德格尔的核心问题之一。海德格尔对这个问题的论述从追问物的问题开始，最终落实在艺术或诗。艺术作品就是存在之真理的发生方式之一。正如梵高的作品《鞋》揭示了鞋的存在，存在者整体（世界与大地）进入无蔽了。"器具之器具存在即可靠性，它按照物的不同方式和范围把一切物聚于一体……凭借可靠性，这器具把农妇置入大地的无声的召唤之中，凭借可靠性，农妇才把握了她的世界。世界和大地为她而存在，为伴随她的存在方式的一切而存在，但只是在器具中存在。"[①]

　　海德格尔认为，古希腊的生产主义是围绕"对立"即矛盾建构的。矛盾涉及技艺的每个方面，如本质与存在、实体与形式、运动与静止、潜能与现实性等。但是这些矛盾并不是现代意义上的二律背反。每个矛盾都包含它的对方。矛盾不仅相互包含，而且还有发展运动，即预先建立的目的的运动。一切事物都有它的地位并按照自己的趋势在争取自我完善中实现理想。技术与自然相联系，"自然"的原义就是"涌现"。然而，现代性把古希腊的矛盾分裂为对立、对抗了。事实与价值的对抗使技艺变成了对无目的、无内在趋势的自我扩张、人所不能控制的"框架"（Gestell）。原材料施加人为的标准、规划和目的的技术。康德的形而上学就是把"自然"当作"技术"来把握的，把构成自然之本质的"技术"当作对自然的征服和控制之可能性甚至必然性的形而上学基础了。古希腊从自然来理解技术被颠倒为从技术来理解自

----

① 海德格尔：《诗·语言·思》，彭富春译，文化艺术出版社1991年版，第35页。

然。近代以来,人自认为是技术的主人,可以征服自然,主宰宇宙。技术在无限扩张征服自然的时候,已经吞噬了人自身。虽然海德格尔力图通过早期的在世之在,晚期的"四位一体"概念来召唤技艺的原初和谐,从而达到主客体、事实与价值的统一,但是技术的危险后果是哲学和人的思索不能直接改变的,海德格尔曾说过:"只有一位上帝能拯救我们。"

第四节　伽达默尔

伽达默尔是当代德国著名哲学家,1960 年出版的《真理与方法》,是哲学解释学成为一个独立流派的标志,而这本书也是当代西方哲学的经典著作。他的著作还有《柏拉图的辩证伦理学》(1931)、《柏拉图和诗人》(1934)、《歌德和哲学》(1947)、《柏拉图七封信中的辩证法和诡辩》(1964)、《短篇著作集》(四卷,1967－1977)、《黑格尔的辩证法》(1973)、《科学时代的理性》(1976)、《对话和辩证法》等。伽达默尔早年就读于慕尼黑大学和马堡大学哲学系。在新康德主义代表人物那托普指导下完成博士论文。后来在弗莱堡大学参加海德格尔的研讨班,从此与海德格尔关系一直很密切,深受他的影响。海德格尔的解释学的思想就是伽达默尔思想的理论基础。

一、伽达默尔"解释"的思想渊源

"解释"(to interpret)同希腊的神赫尔墨斯(Hermes)的名字是联系在一起的。他是语言和书写的发现者,担负着诸神的信使,其使命是把来自诸神的消息带到人间,并把它翻译成人们可以理解的方式。解释学作为一门学科的真正开始可以追溯到中世纪对《圣经》的诠释,而现代意义上的解释的诞生始于 19 世纪自由派的神学家施莱尔马赫。施莱尔马赫之前的解释学是专门的解释学,解释各种类型的文学、宗教文本。施莱尔马赫认为,各门学科虽然存在着差异,但是理解不是在孤立的学科中进行的事情,应当有构成这些解释学的基础即一般解释学。同时,方法不同解释也不同。传统是以语法为方法的字面解释,而他主张心理学的方法,探索解释原文作者的写作动机。这样的解释学是运用一种直觉的方法的心理艺术。

狄尔泰深受施莱尔马赫的影响,但是力图超越他的局限。他区分了自然科学和人文科学的两种方法:说明和理解。自然科学运用科学的方法探讨作为事物类的表现的个别事物,不是它的内在的个别性;精神科学运用理解的方法探讨个别事物内在和外在的形式。相对于施莱尔马赫认为感觉和直觉的方法是进入人的内在的手段,狄尔泰强调的是历史性,突出人类生活的客观化。理解人就是关注生活体验的表达。这种表达不只是表达了艺术家私人情感,更主要的是表达了社会和历史。狄尔泰的"理解方法论"为海德格尔、伽达默尔铺平了道路。

海德格尔在《存在与时间》里对解释学循环的描述和存在论的论证,起到了决定性的转折。海德格尔论述道,理解是"此在"的一种基本存在方式,它既不是施莱尔马赫的心理理解,也不是狄尔泰的历史意义的方法。理解是存在论的,是"此在"的存在的一部分。理解能够使"此在"超越自我,超越既不是施莱尔马赫的从一个人的心灵进入到另一个人的心灵,也不是狄尔泰的生活的表达。海德格尔对解释学循环这样描述:首先,解释是"此在"的存在结构,立足现在,回顾过去,向着他的将来和可能性的筹划。其次,任何理解都是基于前理解的先行掌握活动之中。解释在先入之见的基础之上向着一个因缘整体的筹划,即把这一因缘整体揭示出来,使在世的存在者随着此在之在而被揭示,因此解释的是存在者和存在。最后,在施莱尔马赫看来,解释始终围绕文本转,解释循环消失于文本的完全理解。但是海德格尔认为,整体和部分的循环在完满解释中并没有消失,反而是得到了真正的实现。海德格尔的"解释学循环"是存在者的生存论上的循环结构。

伽达默尔的《真理与方法》立足于现象学的方法论开创了解释学,并形成了一个独立的哲学运动。他主张解释学不是人文学科的一般方法论,而是研究存在论,是人的世界经验的组成部分。他受海德格尔的影响,突破了胡塞尔的现象学囿于先验主体的内在意识的局限,把现象学作为描述人的具体当下的生存活动的方法。以意大利哲学家贝蒂(Emilio Betti)为代表的学者认为解释学就是人文学科的一般方法。法国哲学家利科在二者的争论中持中立态度,认为存在论的真理是方法论。同时还把现象学的意义理论与辩证法结合在一起,建立自己的解释学的方法。美国哲学家罗蒂力图开创新实用主义和解释学的结合。总之,解释学派生于现象学运动,作为学术方法和态度在文学批评、美学、历史学等领域卓有成效地运用,与现象学方法同样备受推崇。

二、艺术经验

艺术在现代往往作为一种感觉愉悦的形式来看待,导致审美意识喜欢这种感觉的形式,与其他类型的经验分离,伽达默尔称这是"审美区分"(aesthetec differentiation)。艺术被限制于感情生活的表达,对人的认识或真理没有涉足的狭小范围。审美意识成为纯主观的。就艺术从属于审美意识而言,丧失了自己的地位和所属的世界。艺术和艺术家既对社会没有贡献,也不带来任何知识。现实生活中,大多数人用艺术品装饰家庭和生活空间。而艺术品是陈列在艺术馆里的,不仅与现实拉开距离,而且被视为非时间的(atemporal)。在伽达默尔看来,这些艺术是当代艺术的积累,只不过是激发感情而已。或者说,一件价值连城的艺术品只是一件商品而已。在美国,诗歌的地位不高就在于大家有一种的观念认为,诗歌只是情感的表达,对社会和概念知识没有什么贡献。因此,伽达默尔反问道,难道我们非要承认艺术不拥有真理吗?

艺术经验给我们的是遭遇一个世界。"艺术的万神庙并非一种把自身呈现给审美意识的无时间的现时性,而是历史地实现自身的人类精神的集体业绩。所以审美经验也是一种自我理解的方式。"①艺术作品使我们理解自己和我们的世界,这就是自我理解(self-understanding)。自我理解是在与他人、他物遭遇时才能发生和实现。一部小说将读者吸引住,并要求读者参与到小说的世界中。看完小说,读者认识到自己遭遇到一个世界。小说世界既不是读者的世界,也不是陌生的世界。在经验这个世界的过程中,读者了解了小说的世界而且拓展了自我理解。审美体验不是瞬间有体验点的集合,艺术品、艺术家和理解者具有连续性和统一性,因而审美过程中的自我理解也是连续性的,正是这种连续性支持了人类的此在。

伽达默尔选取曾在美学中起到重大作用的游戏(spiel)这一概念作为其思想的出发点。他首先区分了这一概念不同于康德和席勒那种主观的意义,即游戏既不是鉴赏活动或创造活动的情绪状态,也不是指在游戏中主体实现的那种自由,而是艺术作品本身的存在方式。"游戏的原本意义乃是一种被动式而含有主动性的意义。所以我们讲到某种游戏时,说那里或那时某种东西'在游戏',某种东西一直在进行游戏,某种东西存在于游戏中。"②游戏者被游戏带入游戏,游戏的秩序让游戏者专注于自身,游戏中游戏者自身想重复的本能冲动在不断自我更新中表现出来。只有人的游戏才是一种纯粹的自我表现。正是从游戏的这种被动见主动的意义出发,才达到了艺术作品的存在。"所以弗里德里希·施莱格尔写道:'所有神圣的艺术游戏只是对无限的世界游戏、永恒的自我表现的艺术作品的一种有偏差的模仿。'"③例如,孩子们沉浸于游戏中,他们常常设计并穿着角色的服装。他们

---

① 伽达默尔:《真理与方法》,洪汉鼎译,上海译文出版社 1999 年版,第 124 页。

② 同上,第 133 页。

③ 伽达默尔:《真理与方法》,第 135 页。

无目的，但是非常入戏。在游戏中，他们不是自己，不再是一个主体。孩子们在有限制的游戏规则中既是表现自己，也是为观众表现。

人通过游戏完成其作为艺术的转化，即向构成物的转化。转化不是变化。转化是一下子和整个地成为了其他东西。正如小孩子长大了就会对别的东西感兴趣，不再玩以前的游戏了。游戏的真实性质中，游戏者的统一性已经不复存在，更主要的是游戏本身是什么？游戏就是在此世界中进行。艺术中的转换是指进入到真实的转换。艺术世界是一个转换的世界。游戏不是传达一种伪装活动，而是一种表现活动。游戏中所表现出的东西就是"存在"的东西。艺术游戏中表现的东西永远是真实的东西。通过艺术作品每个人认识到事情究竟怎样，认识到了真理，同时也认识到了自己。艺术欣赏中，当我们感知艺术意义时，艺术和实在的区别已经消失了，因为二者所提供的快感是相同的。转化就成为向着真实事物的转化。伽达默尔认为，艺术展示真理不是简单被认知，而是被照亮，被揭示出来。

游戏就是构成物，它作为一种意义整体反复地被表现，同时也反复地被理解。同样，构成物也是游戏，也是在反复的展现过程中达到其完全的存在。这里伽达默尔用"审美的无区分"来反对审美区分。表演者所表现的东西、观赏者所观赏的东西，以及创作者所意指的创作行为，它们都被带到了具体存在，是没有区别的。构成物既不是自在存在的，也不是中介中所能经验到的，它是在此中介中获得了其真正的存在。构成物存在于多种多样的自身的可能性中，而不是单纯主观的多样性。

作品以自身特有和直接的方式制约了每一个解释者。同时，"解释在某种特定的意义上就是再创造（Nachschaffen），但是这种再创造所根据不是一个先行的创造行为，而是所创造的作品的形象（Figur），解释者按照他在其中所发现的意义使这形象达到表现"。在这种解释学意义上的再创造过程中，作为中介的东西的再创造并不是核心的东西，例如戏剧和音乐，核心的东西是作品通过再创造使自身得以表现。作品从产生到不断地被再创造的历史过程，就使作品存在于生命的关联本身之中。

在时间的变迁过程中，如何保证作品的同一性？这就是对艺术作品的时间性解释问题。伽达默尔提出艺术经验的"融合的力量"是在时间性中实现的。艺术的时间结构是，过去被提升为当下在场，不仅仅是作为历史存在。这就意味着艺术总是在变化中存在。重复是艺术的时间结构特点。例如，节日庆典活动的重复出现。但是这种重复既不是另一种庆典活动，也不是单纯回忆。重复具有三个独特性：其一是当下性，庆典活动的时间经验，其实就是进行，即它总是当下在场的。其二是同时性，重复是一种历史的时间性。一次一次的演变着的庆典活动总是共存着一些异样的东西。每一次庆典都是圣诞节。其三是忘我性,在艺术游戏中,我们的状态不是主体审美意识的一种行为方式,也不是诸多主体体验的交点,而是由观看而来的忘我地入迷状态,"这样一种同在具有忘却自我的特性,并且构成观赏者的本质,即忘却自我地投入某个所注视的东西"①。艺术经验向我们展示了世界真理,并使我们认识到自己。总之,伽达默尔恢复了艺术的含意,艺术使我们发现了我们与历史世界共在的联系。

三、历史经验

伽达默尔谈艺术经验是为了解决异化问题。在恢复了艺术经验的意义后,紧接着提出了更重要的一个概念:距离。通过对艺术经验的分析,伽达默尔认为,认识论把人与世界对立起来而产生距离是不恰当的,更确切的说,当下所持的概念是客观距离。他考察了这个概念与生活经验以及启蒙运动之前的一些概念的联系。考察后,他指出这个概念中有被遮蔽的东西。因此,他发展了这个概念,使我们认识到理解的本质:理解总是发生在我们共同存在的世界中。对历史意识的分析推进了这一思想。正如在艺术经验的分析中,他突出论述了游戏这一概念,使问题分析变得更容易理解。同样,在历史经验的分析中,他集中分析了偏见、解释距离、效果历史、应用和问题这几个重要的有规定性的概念。

除了对艺术的同时性的思考,伽达默尔还思考历史意识。以施莱尔马赫为代表的解释学认为,历史意识的任务就是在重建历史对象的世界中重新诠释历史事件的意义。他们力图恢复原初时间的事物,恢复原有境遇来把握意义。伽达默尔认为,我们无法回到原初事物的时间和境遇。正如圆明园这样的艺术品即使在原地被恢复原貌,它并非真正地被放置到原来的存在境遇中。伽达默尔指出,历史事件和艺术品只有被置入我们的世界中,才能与我们活生生的思想沟通,否则单纯的恢复就是僵死的意义呈现。被保存和重塑的建筑因为融入了我们当代的生活,成为我们日常生活的一部分,其意义就不同于单纯的复制。

(一)偏见的合理性

偏见(prejudice)本是否定意义的概念,伽达默尔却选择了它作为批判历

---

① 伽达默尔:《真理与方法》,第163页。

史意识的开始。他力图通过偏见来比较历史意识和历史认识的经验,从而更清楚地说明解释的存在论基础,即解释是在人的经验世界之中。伽达默尔论述偏见的前提基础来自于海德格尔在《存在与时间》中对此在的前理解或"先"结构的分析。海德格尔把人的理解结构描述为,每一种理解都是建立在前有的基础之上,我们不可能理解不是我们整体世界的一部分的某物。此外,每一种理解总是包含了前见,即在理解之前具有了先行的一种观点。此外,每一种理解都包含一个前概念,即理解之前已经有了如何思考某物的决断。前理解不是以偶发奇想和流俗之见的方式出现,而是从事情本身出发。总之,我们的理解总是从一个框架开始的,伽达默尔把这种理解的基础称为"完全性的先把握"。解释学的任务不是给出一个解释的程序和方法,而是要澄清解释何以可能的条件。解释的首要条件就是前理解。支配我们理解的"完全性的先把握"在内容上每次都是特定的。这种先在的意义预期假定了一种统一的内在意义来指导读者。解释开始于前理解,而前理解又被更合适的理解取代。理解过程中,意义的统一体确定之后,各种筹划竞相出现,这种筹划就是预期,而预期应当是由事物本身才能证明。正如,当人们欣赏某种新的艺术流派之前,如果没有这个流派的一些相关的知识,那就很难顺利理解它们。正如我们相信某人的消息是因为他当时在场。"理解的普遍结构在历史理解里获得了它的具体性,因为习俗、传统与相应的自身未来的可能性的具体联系是在理解本身中得以实现的。"①

　　伽达默尔为偏见正名的重要性在于:我们从属于历史。偏见是理解的首要可能性条件。自然科学的对象是可以理想地被规定为完全的自然知识里可以被认知的东西,而精神科学的研究却不能把自己与我们作为历史存在对过去所采取的态度的绝对对立之中。我们处在传统之中,这种处于不是对象化的行为,不能将传统的东西成为与我们异己的东西。传统是人类真实的一部分,人在传统中在场,传统在人的当下生活中实现。传统的有效性不需要任何合理的根据,而是理所应当地制约着我们。传统的本质是保存。古老的东西在很多次改革浪潮之后被保存下来了,并且与新的东西一起构成新的价值。当一个宗教团体庆祝一个婚礼时,结婚者和旁观者都参与到悠久传统,成为传统的一部分。婚礼上,人们既有保留又有批判地传递着传统。人们选择婚姻作为生活方式基本上是由传统形成的,在传统中人们找到了自己。传统的传递是历史意识的行为,并非一个人的主观任意的

①　伽达默尔:《真理与方法》,第 340 页。

行为。解释是参与一个传统事件的行为，是一个不断地将过去与现在加以贯通的传递过程。

解释的另一条件是时间距离。海德格尔扭转了被历史意识和施莱尔马赫导致的解释的心理学转向，赋予了解释学的生存论的本体论意义，使解释学从历史主义的绝境中获得新生。他的此在的时间性的存在方式的阐释，使解释学的时间距离得到了创新设想。海德格尔对时间的强调引导了伽达默尔在解释学中对时间距离的使用。伽达默尔认为，正是存在着解释者和原作者之间历史时间距离，才使他们之间存在着不可消除的差异。时间距离使解释不是单纯的客观复制，而是一种创造性行为。时间距离使解释不是个体单纯生命的表达，而是事情的真理。"一件事情所包含的东西，即居于事情本身中的内容，只有当它脱离了那种由当时环境而产生的现实性时才显现出来。"①时间距离使由传统和习俗的连续性来填满。解释是人的存在的方式，解释是从文本中找出意义的东西，把它们解释成自己理解的世界。解释不是复制作者意图，而是读者与文本的不断的交流过程。

除了时间距离之外，伽达默尔注意到还有其他类型的距离与时间距离的功能一样。所有这些类型的距离都被称为解释距离。理解就是熟悉性和陌生性之间的游戏。熟悉性包括生产性的偏见（它们使问题容易理解）和有问题的偏见（它们导致误解）。虽然这种分离并不是事先区分的，但在理解过程中确实会发生，人们逐步认识到有问题的偏见，然后以更好的方式去理解传统中留存的内容。解释距离使偏见的过滤更加容易，尤其是时间距离作为一种连续的形式，使过去成为现在。解释本身显示历史的实在性。"理解按其本性乃是一种效果历史事件。"②

（二）效果历史

海德格尔关于存在的历史性的思想直接影响了伽达默尔的效果历史概念的形成。"此在"是在时间境遇中展开和实现的，这就是他的历史性。理解是此在本身的存在方式。效果历史（effective-history）是伽达默尔的解释学中规定性的概念之一。它强调意识是历史的效果意识，并不是脱离作为对象的历史的主体意识，同时，历史也不是历史学家可以置身于其中去研究的客观对象。历史是先于人的反思，预先决定了反思的对象和方向。历史既不是主观主义所理解的是人的主观建构，也不是客观主义所理解的是过

---

① 伽达默尔：《真理与方法》，第 382 页。
② 同上，第 385 页。

去的再现。"效果历史"是一个涵盖主客观的关系的历史。

效果历史意识首先是对解释学处境的意识。处境的特征是,处境并不是在我们的对面,我们对之无从有任何的客观性的认识。我们总是已经在某个处境中。我们发现自己和所要理解的流传物处于相关联的处境中。我们自身历史的存在使自我认识总是从历史地在先给定的东西开始,它是一切主观见解和主观态度的基础。处境使视觉的一种限制成为可能性。处境是理解范围的界限,这个界限就是视域(horizont)。视域就是看视的区域,即从某个限制的视觉基础出发能看到的一切。具有视域的人就能按照远近、大小去评价在视域中的一切事物的意义。理解无疑需要一种历史视域。在把自身置入某种处境之前,我们总是已经具有一种视域了。历史理解就是在过去自身的历史视域中观看过去。这样,"此在"的历史性就不是从任何绝对的限制的立足点出发。对于活动的人来讲,视域不是封闭的,总是在变化的过程中。视域就成为我们活动于其中并且与我们一起活动的东西。伽达默尔把视域的这种生成流动称为"视域融合"。融合概念既包括意识自身与作为他者来经验的东西的区分,又包括当前视域和过去视域的不断融合。视域融合随着历史视域的筹划而不断消除和替代历史视域。伽达默尔把这种融合的被控制的过程称为效果历史意识的任务。这个任务与伽达默尔所说的"应用"这一概念有关。

(三)应用

伽达默尔总结道,解释学发展的历史上曾经有三种划分方式:一种是理解的技巧,即理解(Verstehen),一种是解释的技巧,即解释(Auslegen),一种是应用的技巧,即应用(Anwenden)。古老的解释学(虔信派)曾被认为就是这三种要素所构成,所以这三种要素被当时的人们称为技巧。但是在后来的浪漫派那里,由于他们强调理解和解释的内在统一性,所以把应用抛在了一边。这种现象在文学解释和历史解释中尤其如此。伽达默尔注意到,神学布道和法律审判中,解释中就包含了应用,"即把理解的本文应用于解释者的目前境况"。在具体境况里,以不同的方式重新理解,理解在这里已经是一种应用。伽达默尔认为历史解释学的任务,就是深入思考共同事情的同一性和理解这些事情的变迁的境况的对立关系。他的关于传统在历史意识里的思想就是依据海德格尔的实存性诠释学所作的分析。解释学就是要探究在历史进程中发展的理解活动究竟是怎样一门科学。

应用向我们表明理解是一个服务的过程,而不是支配的过程。我们对文本的理解过程,不是占有和支配,更不是控制,相反我们让文本占有我们,文本通过我们的理解而具有了生命。"解释法权意志，或者解释上帝的预言，显然就不是一种统治的形式，而是服务的形式。在为有效的东西的服务里，它们就是解释，而且是包含应用的解释。"①效果历史意识认为理解包括应用，应用服务于意义的有效性。例如，法官对法律的理解，既不是任意的理解，也不是制定新的法律。法官在每一件特殊案例中诠释着法律的意义。法律在法官的诠释中获得了生命。可以说，每个人的理解类似于法官的作用。理解的历程是从特殊事件和情景逐步理解到普遍，而不是将先知道的某些普遍知识应用到特殊时间和情景上。

【本章思考题】

1. 简要分析胡塞尔的意向性理论。

2. 为什么胡塞尔晚年提出"生活世界"这一概念？

3. 简要分析海德格尔的"此在"及其特征。

4. 简要分析海德格尔的时间观与传统的时间观有什么不同。

5. 简要分析海德格尔的艺术观。

6. 简要分析海德格尔的真理观。

7. 简要分析伽达默尔的"游戏说"。

8. 简要分析伽达默尔的"偏见"。

【建议阅读书目】

1. 胡塞尔：《现象学的方法》，倪梁康译，上海译文出版社 2005 年版。

2 斯皮格尔伯格：《现象学运动》，王炳文、张金言译，商务印书馆 2011 年版。

3. 胡塞尔：《欧洲科学危机和超验现象学》，张庆熊译，上海译文出版社 1988 年版。

4. 泰奥多：《从现象学到解释学》，李河、赵汀阳译，中国社会科学出版社 1994 年版。

5. 海德格尔：《存在与时间》，陈嘉映、王庆节译，生活·读书·新知三联书店 1987 年版。

6. 海德格尔：《形而上学导论》，熊伟、王庆节译，商务印书馆 1996 年版。

7. 海德格尔：《诗·语言·思》，彭富春译，文化艺术出版社 1991 年版。

8. 陈嘉映：《海德格尔哲学概论》，生活·读书·新知三联书店 1995 年版。

---

① 伽达默尔：《真理与方法》，第 399 页。

9. 伽达默尔:《真理与方法》,洪汉鼎译,上海译文出版社1999年版。

10. 伽达默尔:《哲学解释学》,夏镇平、宋建平译,上海译文出版社2004年版。

11. 艾柯:《诠释与过度诠释》,王宇根译,生活·读书·新知三联书店1997年版。

第五章　存在主义

　　存在主义大致产生于第一次世界大战之后，是当代西方哲学最主要的流派之一，在 20 世纪中叶流传非常广泛。其根本特征是把孤立的个人的非理性意识活动当作最真实的存在，并作为其全部哲学的出发点，它自称是一种以人为中心、尊重人的个性和自由的哲学，强调个人、独立自主和主观经验。一般认为，存在主义的思想渊源主要来自于克尔凯郭尔（Soren Ki-erkegaard）的神秘主义、尼采的唯意志主义、胡塞尔的现象学等，雅斯贝尔斯（Karl Jaspers）和海德格尔可被看作其先驱，而将存在主义发扬光大的则是法国人萨特、梅洛-庞蒂、加缪（Albert Camus）等。

第一节　萨特

　　萨特是法国 20 世纪无神论存在主义的主要代表人物，是文学家、评论家和社会活动家。萨特出生于巴黎一个海军军官家庭，幼年丧父，从小寄居外祖父家。在外祖父的教导和影响下，萨特幼时就开始读大量优秀文学作品。1924 年考入巴黎高等师范学校攻读哲学。1929 年，获大中学校哲学教师资格，随后在中学任教。1933 年，赴德国柏林法兰西学院进修哲学，接受胡塞尔和海德格尔的思想。回国后陆续发表哲学著作《想象》、《自我的超越》、《情绪理论大纲》、《胡塞尔现象学的一个基本概念：意向性》、《影像论》等。"二战"期间参军入伍，1940 年被俘，在德国的战俘营中研读了海德格尔的著作。1941 年被释放回国，继续参加反法西斯的抵抗运动。1943 年秋，其哲学巨著《存在与虚无》出版，被称为"反对附敌的哲学宣言"，奠定了萨特无神论存在主义哲学体系。1946 年发表的《存在主义是一种人道主义》更具体的阐述了存在主义的现实社会意义。战后，萨特曾经一度信奉马克思主义，但是他并不参加共产党。1956 年匈牙利事件之后，他与共产党分道扬镳，但是坚持左派观点，反越战，反苏联侵略，反对苏联式的社会主义，但是他一直支持中国的社会主义。1964 年，萨特拒领诺贝尔文学奖，理由是"不愿被改造成体制中人"。1968年的法国"五月风暴"中,萨特积极支持学生运动。萨特生活在巴黎都市,在咖啡厅常常与人聊天。萨特被法国民众当做时代精神的象征,他逝世时,巴黎五万群众为他举行了隆重的葬礼。

萨特的存在主义是一种无神论的存在主义,他宣称上帝不存在,没有上帝提供给人的概念,也没有先天的设定的性善或性恶的概念。人就是人,先有人的存在,然后有人的自由意志的选择的行动,最终才能盖棺定论,谁是君子,谁是小人。人的行动是由自己选择决定的,那么自己就要对自己的行动负责任,自己对自己的人生负责。"人除了自己认为的那样以外,什么都不是。这是存在主义的第一原则。"①对存在主义者来说,是懦夫把自己变成了懦夫,是英雄把自己变成了英雄,这种可能性永远存在。重要的不是行动本身,而是对选择行动的责任的承担。自由承担责任的绝对性质是存在主义的核心思想。这就是存在主义共同界定的信念,"存在先于本质"。正因为如此,他的学说是一种人道主义,把人作为人对待,而不是当成物,从而恢复人的尊严。因此有的专家认为萨特突出的仍然是笛卡尔主义的主体性。萨特坚持自己的存在主义虽然是从个人的主观性出发,但是它是一种行动的和自我承担责任的伦理学。同时,萨特强调自己的存在主义不同于笛卡尔和康德,萨特的"我思"不仅仅是自己,还有他人。"他认识到除非别人承认他如此(诸如说一个人高尚,或者说一个人欺诈或者妒忌),他是不可能成为什么的。除非通过另一个人的介入,我是无法获得关于自己的任何真情实况的。"②

萨特试图表达一种新的激进的心理学,即"存在主义的精神分析学"。他认为,人的本质不是弗洛伊德所说的性压抑,也不是阿德勒所谓的自卑情结,而是人的存在的自由选择,筹划其所是,从而能够"自在存在"。萨特否定了无意识对人的支配,人的心灵是由意识决定的。一个人就是一个不断筹划未来行动的生命,他的生命整体就是由种种行为组成的。每个人的人生筹划是在他特有的构架下构建的,是不可置换的,是他自己的生命。萨特在传记研究《波德莱尔》里用他的这些理论分析波德莱尔。按照萨特的观点,波德莱尔年幼的自我选择确定了他日后的模样。他在很小的时候,被送到学校读书,离开了母亲,受到同学的欺负,他就退回到自己里面。于是,他与众不同的孤独和随之的选择开始了。他日后的生命、他的诗歌、他的思想,甚至他的性行为,都在他整合生命筹划中占有应得的地位,获得方向和

---

① 萨特:《存在主义是一种人道主义》,周煦良、汤永宽译,上海译文出版社1988年版,第5页。
② 同上,第17页。

形式。自此这位诗人陶醉在寂寞中，憧憬着一个无机世界，一座金属城市等等这些意境中。

一、自我意识

作为一个直接实在论者，萨特信仰物理世界的不可还原性和偶然性。外物具有不依赖于我们对它们的感观念的实在性。物理世界的这个实在是不可解释的，它的存在没有任何理由。它不是神圣的创造者的产物，也不是黑格尔所说的是精神在时空内的展现。当然，直接通过感受可以知晓物理世界的不可还原性与偶然性。

萨特接受"存在主义"这个名称，自称是"存在主义者"。他主张哲学的基本问题是"存在"问题。他理解的"存在"是人的实存，即"自我"、"自我精神"、"主观性"。他说："世界上绝没有哪一种真理能够离开'我思故我在'，我们从这一点就可得到一个绝对真理：自我意识是存在的。"[①]1937 年，萨特出版了《自我的超越》。他认为意识在自身没有任何东西，它是一种纯粹的觉悟。意识的连贯性问题又如何解释呢？胡塞尔提出假设一个"先验的自我"(transcendentalego)把意识体验流串联起来，连成一个整体。萨特反对这种解决方案，他这样论证：我当下的意识同我在其他时间的意识之间的那种关联，是由我当下的意识"为我地"创造出来的。意识发明"自我"这个观念物、一种虚构，只是为了强化它自身的自我认同感。意识是"非个性化的自发性。它在每个时刻在不可能知觉到它面前的一切东西的条件下也都决定着自身的存在。于是，我们意识生活的每一时刻都向我们显示从虚无中来的创造性。这创造出的不是某种新的安排设计，而是某种新的存在"[②]。这个观点成为他哲学的基础部分。这个时期，萨特以偶然性为主题的小说《恶心》问世。

萨特与笛卡尔相同的是两人都认为意识能够自我意识，但是萨特有两点完全不同于笛卡尔：首先，自我意识对自己行为是"非到位的"(non-positional)和"非认知的"(non-cognitive)。"非到位的"是指意识不把自身作为一个对象来对待。"非认知的"是指自使意识中的自觉不符合知识的标准。例如，刚学会开车的人不得不把注意力集中在转弯、刹车、调档等等动作上，但是当他技术娴熟时，他就不用把注意力集中在驾驶的一系列动作上了，那

---

① 萨特：《存在主义是一种人道主义》，第 20—23 页。
② J. P. Satre, *The Transcendence of the Ego*, tr. Forrest Williams & Robert Kirkpatrick, Noonday Press, 1957, pp. 98—99.

么一切就变得无意识了，把这些动作当做对象看待，也没有把它们当做知识，因此他的驾驶意识就是"非到位的"、"非认知的"。其次，自我意识是自觉到意识，即"对存在的意识就是意识的存在"。当我们感知或想象一个对象时，我们意识到我们在感知或想象一个对象。与很多哲学家相反，萨特认为我们总是意识到想象的东西同真实的东西的区分。

在《想象力》一书中，他认为感知和想象都是认识整个世界的方法。当我感知一匹狼时，我是把它当在场来意识的；当我想象一匹狼时，我意识到这匹狼不在场或我是把它当做不存在来意识的。无论哪一只狼都不在我的意识之内，但是真实的狼不依赖于我的幻想。去想象一匹狼就是通过意象的方式使自己意识到一匹狼。意象的内容却是贫乏的。一匹真实的狼可以向我呈现极其细微的细节，比如毛发的确定的数量、毛皮的色泽等等。想象一匹狼就不一样了，想象是不能呈现细节的。想象可以明确对象是什么，但是感知真实的狼却是不确定的，也许是丛林中的一只野狗。

在《想象心理学》(The Psychology of Imagination)一书中，他分析了梦的形成。他指出笛卡尔《沉思录》(Medition)中最著名的那段话：做梦者是错把梦境里的想象的对象当做了感觉的对象；萨特反驳道：当我们感知时，我们不能怀疑在感知。至于没有意识到梦是梦，不是源于判断的错误，而是源于判断的缺失。梦有把我们的注意力迷惑住的能力。原因有三，首先是做梦时，外来感性输入最小化，人的想象力此时借助的是内在感觉（诸如肌肉的收缩、内在的言语、压眼闪光）所提供的材料创造梦。（压眼闪光是有视网膜机械的或电的刺激所导致的光的感觉，而不是由光波所导致的普通刺激。当你闭上双眼，轻轻按摩你的眼帘就会体验压眼闪光。）其次，梦是用故事的形式展开的。再次，梦把意识锁在想象的模式里。梦里的每一个念头都是故事里新的发展阶段。萨特总结道，"我们能够得出结论：梦——与笛卡尔所言相反——根本就不是作为对现实的理解而发生。恰恰相反，如果梦真是作为真的东西来显示自身（哪怕是一会儿工夫），它就会失去它所有的感觉、本性……梦不是被当作现实的虚构，它是意识的冒险旅行，是自我投注——尽管是自我投注的——与建立一个非现实的世界。"①

我们对世界的日常感受与科学家给出的世界图景之间存在着深刻的差别，例如，我们堆雪人时感到冰雪是温热的，感冒时食物的味道对我们是不一样的，物理学家会把温暖的东西描绘成分子平均的动能。意识是对物理

① J. P. Satre, *The Psychology of Imagination*, *Philosophical Library*, Reprint by Citadel Press, 1965, pp. 254—255.

世界的偶然的存在物的意识,那么意识如何存在于物理世界并保持与这个世界的联系呢？萨特以意识的具体化理论来解决这一问题。他将意识与身体连起来,意识是作为一个整体具体化于肉体内的意识。例如,当我吃苹果时,对苹果的意识是在手指尖上感受它的光滑的果皮,在舌头上感受果汁的酸甜,鼻孔里闻到它独特的芬芳。我们的意识具体化于肉体内。这就是"意识是作为具体化的意识而存在"。

我们感知世界的方式依赖于人体生理机能,当然不同的人体的生理机能存在着诸多差异。同时我们在一定时间内的感知还要依赖于感知的处所和条件。例如,带上不同的有色眼镜看到的景色就不同。萨特没有承认这些差异会造成感知缺乏客观性或可靠性。相反,他认为这些差异造成了感知的偶然性、特定性,这意味着每个意识都是以独特的视角看事物。从感知中引发的错误推论,并不能证明我们的感知是错的。知觉知识"是对事物的意识的呈现"。我们对物理世界的错误判断源于推论和论证。在萨特看来,科学是预测可观察的结果的工具,而不是事物本身的描述。萨特并不认为科学观察比日常感知更具客观性,二者的区别在于不同的参照系的不同客观性。

意识二元性问题是指,在时间中,意识利用否定把自身同它意识的对象(或是物理实体或是另一个意识)区别开来,进而维护自身同一性。昨天的你和现在的你所处的场景变化了,但是没有变化的是昨天曾是的你,你不能改变你过去所做的事情。过去的你固定不变了,但不是现在的你,你不是曾经的你。然而,你又对你曾所是的那个人负责,也就是你不得不承担你曾经做过的一切事情。你可以后悔过去发生的事,可以回味昨天的辉煌成就。这是现在与过去联系的二元性。

现在的你倒是可以自由选择新的行动和态度。未来是一个可能性的领域。我可以选择,表现当下选择和行为的意义,以及实现的未来。但是我不能选择更远的未来,它们由将来的选择和行为去实现。因此,自我意识的选择是不断的。这就是现在与未来联系保持的二元性:"从不是自身(not being it)的可能性这种持续不断的角度看,我是我的未来。"[1]

二、虚无

《存在与虚无》中,虚无作为意识,存在于世界里的人的意识为"自为的

---

[1] 萨特:《存在与虚无》,陈宣良等译,杜小真校,生活·读书·新知三联书店1987年版,第129页。

存在"(being-for-itself)、"缺失"(lack)、"自由"、"存在"(existence)、"意欲去存在"(the desire to be)和"成就为上帝的欲求"(the desire to be God)。意识作为虚无,把一切种类的否定引入我们对物理世界的体验和互动中。虚无引入比较、期待和价值及对不在场的感知。我们感知一个破损的汽车、一个空杯子、一个很冷的冬夜等,还有进入我的朋友的满是书的书房,萨特所看到的恰恰是不在场的书房的主人。这些否定的东西是我们用于赋予这个世界结构和意义的基本所在。

萨特选择把意识当作虚无的理由可以归结为三个。首先,这种论说方式来自海德格尔的论文"什么是形而上学"(What is Metaphysics)。海德格尔宣称,虚无是"什么是"这种存在的组成部分,它是先验的视域。没有它,"此在"、"他在"就不能理解"什么是"、"什么不是",也不能理解它自身。萨特借用了海德格尔的术语,但是抛弃了海德格尔把虚无置于人与物理世界之外的理解,而把它作为一种新潮的论说方式。其次,萨特利用虚无这一术语来阐述他的自由意志的观点。人在当下,总是要通过虚无把自身现在与过去、未来区分开,这种区分是自由的一个条件。当下的自由意志被还原为自我决断,决定未来的行动和选择。比如,我辨别一座山时,我把这座山从整个背景中抽取出来,模糊、虚空了其他现象。"人是使虚无来到世界的存在。"[①]意思是,正是人的意识的作用使背景虚空,让一些事物显现于意识之中。没有意识的虚无,就没有人的意识中的世界。最后,萨特采用不同一般的独创方式论述意识,突出了意识的独特地位。意识成为后来90年代的大发现,代表着人类关于自然世界的思想又一大进步。

虚无与存在的关系可以用这样一句话来概括:"虚无纠缠着存在。"一方面,从逻辑上讲,虚无是后于存在的。因为虚无假设了存在以便否定它。所以我们不能把虚无理解成产生存在的原始空洞。正是由于存在,虚无才具体地发挥了作用。另一方面,虚无与存在是相补的。这一理解是强调实在物是由存在与虚无相互对立的力造成的紧张状态。人的存在就是意识对存在的虚无化。一方面,"意识是对某物的意识,这意味着超越性是意识的构成结构;也就是说,意识生来就被一个不是自身的存在支撑着"[②]这就是说,没有存在,就不可能有关于存在的意识。意识被存在所充实。另一方面,意识把存在虚无化。虚无在存在的内部。虚无"只有当它在虚无化中明确地指向这个世界以把自己确立为对这个世界的否认时,才能成为虚无。

---

① 萨特:《存在与虚无》,第55页。
② 同上,第21页。

虚无把存在带到它的内心中"。① 虚无自身包含了否定,它是存在的否定,所以虚无是否定的基础。意识是相对于过去存在来构成自身,是过去存在的裂缝的意识结构。"意识作为他过去存在的虚无化,本身是不间断的。"②意识应是对自由的意识。克尔凯郭尔认为,正是在焦虑中人获得了对他的自由的意识。海德格尔把焦虑理解为对虚无的把握。萨特认为,他们的理解并不矛盾,而是相互包含对方。

三、自在的存在与自为的存在

自在的存在(being-in-itself)是指物理对象的独立实在性,就是事物独立自足的存在。自在的存在是脱离开意识的东西。"存在不可能按意识的方式而是自因的。存在是它自身。这意味着它既不是被动性也不是能动性。"③在小说《恶心》中,他作为直接实在论者用现象学来论证一种独特的意识,那就是恶心,是对物理世界的绝对独立存在的独特意识。恶心不同于我们日常反胃或呕吐等体验到的病理反应,它是憎恶感、冷淡感和疲倦感,同时还有过剩、偶然性、荒谬性和物理实在等方面的内涵。在《恶心》中,萨特比较了"为我们的"物理对象和"自在的"物理对象的区别。自在表明在我们意识之前,存在着的某个东西是以我们不知道的方式存在的,我们不能给出判断和知识。被意识所意向的存在是"自为"的存在,它们是按照意向所谓的目的而如此这般的存在着的。"为我们的"如一个啤酒杯作为一个工具,其性能和价值是相对于我们的标准和使用来确定意义的对象。"为我们的"也可以是一个历史的对象,它也许是一个去年制作的杯子等。但是"自为的存在"是指啤酒杯同人类的任何意图、标准、价值观等没有关联。啤酒杯"是"就是"是其所是"。因此,萨特总结现象存在的三个特点:"存在存在。存在是自在的。存在是其所是。"④自在是没有理由、必然性,完全是偶然性的。"自在"更不是"自为"的原因。当自在的存在向意识所显现时,意识构筑的世界是所有可能描述的世界。因为每个人都可能有自己的世界,萨特感兴趣的是哲学描述的世界。萨特在此类描述中包括自在的存在与时间、自由意志、人体的双重性存在、为人类目的服务的对象性利用、欠缺、为物质产品的竞争等等关系。

---

① 萨特:《存在与虚无》,第 48 页。

② 同上,第 60 页。

③ 同上,第 25 页。

④ 同上,第 27 页。

　　萨特的《存在与虚无》最关注的是"自为的存在"（being-for-itself）及其与"自在的存在"的关系。要解决的问题是："这两种存在的深刻的含义是什么？为什么这两种存在都属于一般的存在？这种自身中包含着截然分离的存在领域的存在的意义是什么？如果唯心主义和实在论都无法揭示那些事实上用来统一那些确实无法沟通的领域的关系，我们能够给这个问题提出别的解决办法吗？现象的存在怎么能是超现象的呢？"①自为的存在（being-for-itself）是与意识同属于一个范围的，意识就是不断超越它自己。我们的存在就是一个不断超越自己的过程。正所谓此一时彼一时，我们在不断地自我否定中。在任何情况下，我们的存在绝不会准确无误地和它自身重合。我不是彼时的自己了，就陷入了更深层次的悲哀：我失去了自己，可是又想回到自己。构成我的存在的更多筹划还未出现，我不是我自己。追根溯源到我的存在本性中：我永远不是我自己，我的存在永远都伸向自身之外，超出自己。

　　人类总是不断地超越自己，或是落在可能性之后，造成了我们的焦虑状态。我们总想着能够稳固下我们的存在，以期获得安全感。人类寻求安全感是希望向自足存在的物理事物一样，将"自为的存在"变成"自在的存在"。人类具有超越既定环境的能力注定了人类的焦虑状态，他不可能获得物理事物一样的不可动摇的坚定性。人类面临如此可悲的窘境，虽然拥有超越自己和当下处境的能力和自由，但是被焦虑、逃逸、脆弱围绕着。

　　自在的存在是脱离时间性的，但是自为的存在是在时间的三维（过去、现在、将来）过程中实现的。萨特指出，时间性是"自为的特殊的存在的模式"，"过去，就是我作为超越物所是的自在"。②现在不是其所是（过去），又不是它所不是（将来）。"现在不存在，现在的瞬间源于自为的一种正在实现的、物化的概念。"③将来，是现在朝着它超越的可能，等待人去实现。这将来的"现在"就是一种作为将来的虚无。自为只能以时间的方式才能存在。自为的存在分散在时间性的三维之中而又统一在这个结构中。过去、现在和将来都是人从自身存在状态出发而做出的区分。

　　萨特受益于海德格尔，但是其创造性是不容忽视的。他超越海德格尔的就是对人类存在的否定方面做了更为详尽的发挥。海德格尔只是论述到，人的本质是时间性的存在，总是伴随着尚未、不再等否定方面。萨特将

① 萨特：《存在与虚无》，第 28 页。
② 同上，第 166 页。
③ 同上，第 172 页。

否定方面大肆张扬出来。龌龊、下流等令人恶心的邪恶是真实存在的,却是无法救赎的。对自我的否定不是黑格尔的辩证法技巧所能解释的,因为这种自我否定不是作为纯粹肯定的可以克服的对立面出现的。也许只有追溯到佛教的龙树、庄子和禅宗的"无我"论,才能更深刻地体悟"自我的非实体性"。佛教和禅宗意在引导人们追求神圣和悲天悯人,庄子把人导向了回归"大道"。但萨特没有从虚无转向神圣和悲天悯人,而是转向了在行动中实现人的自由。这样,自我的虚无正是行动意志的基础。萨特的选择方向与尼采的形而上学一致了。

萨特与海德格尔的哲学发展没有朝着同一方向,就在于萨特没有达到海德格尔思想的根本"大在"。萨特的世界又回到了笛卡尔的二元论世界,主体和客体、意识世界和物理世界。萨特的存在主义的主题是"存在先于本质"。人偶然地被抛入世界,首先进入存在,最终盖棺定论,才能达到是其所是。这与海德格尔论点相通,但是海德格尔更强调的是比个体具体存在更为主要的是更为根本的"大在",应当是"大在先于生存"。没有更为开阔的生存场域作为基础让人超越自己进入里面,他是无法生存的。海德格尔不愿意承认自己是存在主义者的原因就在此——存在主义者不理解"大在"的优先性,仍然囿于主体的堡垒中。

当然萨特比笛卡尔前进了一大步,笛卡尔的意识是绝对的自我封闭,外部世界被关在外面悬置不论,过去和将来也都被悬置起来了。这是现代西方哲学不断探讨的问题,主体何以能认识客体? 直至康德才宣称,人类无法认识客体本身。尼采的声明更让世人汗颜,认识客体的知识是多余的,我们只要知道支配它们的能力,权力意志才是基本的和首先的。而萨特的哲学最基本的和居先的是行动意志。萨特用超越性来越过笛卡尔的问题,他的意识本身总是指向意识行为之外或之上。同时,海德格尔的"大在"打开的存在场域结束了主体与客体的二元论,从而使萨特的意识超越比笛卡尔跨出了实质性的一大步。

海德格尔的"大在"扭转了西方哲学,使其深入真正的根基处。他的问题比康德等人更为深刻:主体存在何以可能? 客体存在又何以可能? 那么二者的存在真理就是"去蔽"。海德格尔的启发思想并没有被萨特领会,存在真理没有在萨特的哲学里体现。萨特的"自在的存在"和"自为的存在"之间仍然是笛卡尔式的二元论思维模式。萨特虽然被尊为存在主义哲学家,但是没有将人的存在真理问题扎根于存在的根基处,人仍然是无根无基,没有精神家园的归属感和安全感,这是对存在主义的讽刺!

四、为他之在

关于现代哲学中那个经久的问题"他人",在萨特这里是"他者意识"。萨特的"他人"是立足存在论,他人与自我的关系是"为他之在"(being-for-other),这是一种存在与存在的关系,而不是认识的关系。因此,萨特强调自己的存在主义不同于笛卡尔和康德,萨特的"我思"不仅仅是自己,还有他人。"他认识到除非别人承认他如此(诸如说一个人高尚,或者说一个人欺诈或者妒忌),他是不可能成为什么的。除非通过另一个人的介入,我是无法获得关于自己的任何真情实况的。"①他人始终要把我转变成他看的对象,他人的"注视",渗透了我的存在。"他人是地狱"这句名言概括了我与他人的关系实质,我与他人处于互为对象化的矛盾纠缠中。"冲突是为他存在的原初意义。"②这种冲突不是利益冲突,而是意识和情感的困扰。他人和我发生关系是通过"注视",我在他人的"注视"下,我会感到自身的异化,我变成了为他的存在,但我却永远不能化归于他人,反之亦然。所以人与人之间的冲突是永存的。如果过于注重别人的评论,拘泥于他人的注视,那就会失去自我。摆脱他人注视,争取自身的解放是多么重要。

我与他人的"注视"有时也会中断。在"我们意识"中,我们共同注视同一对象。例如,我们共同看一场音乐会,歌迷们有极强的集体意识,大家都在关注歌星的表演。试想突然旁边的某个人看了我一眼,我的集体意识顿然消失,我会感到与那个人处于"注视"之中了。萨特说:"为他之在先于并奠定了与他人共在的基础。"海德格尔突出了自我与他人的共在的互相依存的存在论关系,但是萨特的人际关系的本质和基础是冲突而不是依存。

这种冲突在爱情上表现为不断地紧张和困扰。萨特理解"爱情是冲突"产生两种心理倾向。一种是把自我作为使他人彻底对象化的注视主体。施爱者希望占有受爱者,但是受爱者的自由是无法占有的。因此,施爱者就倾向于把受爱者变成一个对象来占有。爱情就变成了性虐待狂和性受虐狂之间的斗争。性虐待狂把受爱者当成一个征服的对象,随心所欲地鞭挞和摆弄;而受虐者把自己奉献给对方,甚至诱使对方,从而达到暗中扰乱对方的自由。萨特描写两性之间的永恒战争,是主体(自为的存在)和客体(自在的存在)失去了使他们能真正融合在一起的一个存在场。萨特的存在本来可以把自为、主体和自在、客体联系在一起的。然而在两性的斗争中,是尼采

---

① 萨特:《存在主义是一种人道主义》,第17页。
② 萨特:《存在与虚无》,第345页。

权力力量在起着决定作用。由于失去了存在的意义，人便只能在支配对象中发现自己。另一种倾向是，当我自由地成为他人的对象，我也在自由地同化他人的自由，这就是情欲。"我变成面对他人的肉体，以便把他人的肉体化为己有。"①

萨特的心理学是男性心理学，贬低了女性心理。人性的自由在于自为，其筹划和选择都是男性成分。在萨特的作品中始终渗透着男性主体的抗争，如《恶心》里面洛根丁对繁多臃肿栗子树根的厌恶，《存在与虚无》中浑浊、粘稠等这些物质像女人肉体柔和的威胁一样，缠绕住了人的自由。萨特式的人要存在于自由的筹划中，从而摆脱自然，成为自为的存在，所以他厌恶女人。

五、选择自由

萨特的自由是一种绝对的选择自由，是意识行动的自由。"绝对"就是"无条件"。"人的自由先于人的本质并且使人的本质成为可能，人的存在的本质悬置在人的自由之中。"②人的存在只有在根本上挣脱自身，才能通过提出问题、方法论的怀疑、悬置等等来挣脱世界。现象学的胡塞尔、海德格尔等哲学家都用超越性讨论自由，这成为当代哲学的一个方向。

由于选择自由的内容和方向是具体的，因此也是无法预计的，它总是由人去具体发现的。最重要的在于是否是以自由的名义作出的。你不管是选择爱一个人，还是放弃一个人，都是你在无依无靠的情况下自己做出的决定。因此自由是一切价值的基础。存在主义想揭示的是，不管我们力量的范围多么小，都可以在一个场合里说"不"。"不"本身是绝对的，它没有其他任何选择的余地了，才有可能产生一种行动的决心。自由给人带来的不是幸福和喜悦，往往是人在选择时面对虚无的深渊而汗颜，退到优柔寡断的焦虑中的那种苦恼（anguish）。在萨特看来，人并不是传统哲学家们所说的向往自由，反而是逃避自由，逃避自由选择带来的后果和责任。萨特描述了两个自欺者的心理状态。一个是初次赴约的女子，她的手不情愿地被对方的温暖的手紧握着，她既不赞成也不反对，那只手毫无活力像个物件一样。这女子使用着各种方法维持着这种自欺。首先，她把对方的握手行为理解成自在存在；其次，她把情欲理解为不是其所是，在情欲的超越性中享受情欲；最后，她把身体看成不是自己的，而是事件可以作用的被动对象。正是超越

① 萨特：《存在与虚无》，第 502 页。
② 同上，第 56 页。

性让人完全逃过了是其所是。这位调情的女子在对方流露的爱慕、敬重中保持着超越性。她的这种存在就是"没于世界的存在",即在诸种对象中间作为被动对象的惰性存在。她取消了那种超乎这个世界而向着自己的可能性筹划从而使自己的世界存在的存在。另一个是咖啡馆的侍者。这位侍者殷勤地招待顾客,灵活娴熟地端盘子、站立等等,都是在表演着咖啡馆模范侍者形象。他清楚这个身份赋予他的义务和权利,但是这些恰恰都是超越性的东西。他的"在世的存在"和"没于世界的存在"是两回事儿。他扮演的角色是与他分离的表象。"我到处避开存在,然而我存在。"①

　　萨特理论的一个明显缺陷是,它没有告诉我们,我们的选择与哪一类对象相关联,才能进行有意识的而不是神经质的自由选择。其原因在于,萨特的自由是面对极权主义迫害时说"不"。即使面临纳粹的即将的杀害,受害者仍然可以把自己放在"不"的自由里面。或者像西西弗面对上帝惩罚他的毫无意义的生活方式,他仍然可以说"不"。虽然我们的选择并不是像萨特那样是在极端的特定情境中。虽然我们的决断并不都是在极端情景下,但是一个人把自己禁锢在"不"里面时,他会发疯,他会对自己的本性说"不"。萨特的自由说并不真的涵盖具体的人,而是极端地描述了人永远站在他存在的边缘的状态。

　　萨特的自由有三个特点:首先,萨特的自由是在"例外"条件才能经验到,即他的自由不是在正常条件、日常条件下经验到的自由。例如庄子的审美自由——逍遥游,广漠之野的那棵大树给庄子带来的是轻松自如的徜徉其下的情态自由。但是在萨特笔下的洛根丁看到的却是那棵令人作呕的栗子树。同时,萨特的心理学是一种只停留在意识的自我心理学,没有关注人的意识与潜意识交替互渗。其次,宗教的人如何得到自由?宗教心理学是任何心理学不能忽视的一个领域。宗教的人的自由不是笛卡尔式人的自由。宗教的人的自由是向着比他更伟大的救赎偶像的投降。他的筹划并不是自己有意识的选择,而是源自潜意识的内心深处的精神改变的结果。正如圣保罗重新组织教会时说,"然而不是我活着,而是基督活在我心中。"最后,萨特认为,人必须把自己同自然分开才能达到存在。他的筹划不是自然的展开,而是有自我意识的筹划。正如一个女人筹划她的家庭和孩子,从而构成她一生的全部事业。她的整个生命以及展现的自由是一种自然通过她的展现。可以说,萨特的心理学是男性的心理学,是处在存在边缘、同自然

①　萨特:《存在与虚无》,第99页。

分开的、孤独的、自由男性。面对一无所知的宇宙,他的选择可能使他陷入焦虑、发疯、脆弱的泥沼。

综上所述,萨特整个理论都是他自己心理的一种投射。他的自由也是一种无根的自由。他的自由表现为一种自由主义和人道主义的革命行动。萨特的自由选择承认人的主体性。他的无神论立足人的本性,把人理解为宇宙中的异在,没有莱布尼兹的充足理由可以解释他或她为何在宇宙中存在。因此,从这个角度讲,人是荒谬的。同时,人的可疑本性注定自己无法逃离恶魔,无法心情恬静地存在。

第二节 梅洛-庞蒂

梅洛-庞蒂(1908—1961),法国著名哲学家,存在主义的代表人物,知觉现象学(或身体现象学)的创始人。1926 年考入巴黎高师,是萨特低一级的学友。“二战”期间,积极与萨特、波伏娃参加抵抗运动,合办《现代》杂志。主要著作有《行为的结构》(1938)、《知觉现象学》(1945)、《意义与无意义》(1948)、《人道主义与恐怖》(1947)、《可见的与不可见的》(1964)等等。但是1955 年在其专著《辩证法的冒险》中,专门分析了萨特和共产党的关系,在学术上和个人关系上与萨特绝交。梅洛-庞蒂 48 岁时获得法兰西学院教授席位,53 岁猝死在书桌旁。

一、知觉现象学

(一)“身体—主体”与知觉

梅洛-庞蒂哲学从身体经验出发,始终关注知觉和被知觉世界的关系。早期集中论述身体性、肉身化主体问题;中期论述语言、社会文化现象问题;后期从自然出发去论述存在。“身体”、身体之“肉”、语言之“肉”还是世界之“肉”,梅洛-庞蒂是用身体的感性知觉来贯穿其整个哲学思想。梅洛-庞蒂的现象学源于胡塞尔,但是又与胡塞尔有着质的区别。在梅洛-庞蒂看来,不能用胡塞尔的方法去研究身体,身体不同于世界上的任何其他物体,身体既是可见者又是能看者。梅洛-庞蒂摈弃笛卡尔的二元论,力求在知觉理论上建立现象学和存在主义相结合的一元论的现象学的存在主义。

我们身体和主体其实是同一个实在,是生活中的意义的给予者。我们首先是身体的存在,否则就不存在。其次才是意识、知觉、经验及身份都在我们的身体中。身体是意义给予行为的前提条件和机体。没有身体就没有人类的经验、生活、知识和意义，因此身体是意识着的主体。这当然不是笛卡尔的身心二元论，身体与精神是平行关系和主宰关系。在我们与世界的共在的在世结构的维度中，现象的结构不是独立于我们的实在，而是和我们身体一主体的存在、意义给予行为联系在一起的。身体是能动地在世界之中活动，在世界之中给自己方向，所以身体给予我们所经验的世界意义。梅洛-庞蒂还表明所谓"感觉"是知觉的一种形式。他的"感觉"不是经验主义的纯粹感觉，那么也就没有纯粹的观念反思。他认为，我们的意识告知给予我们感官材料的感官，什么材料是可以用理智处理的。感觉材料以循环的方式不断促使知觉过程中的"敏锐"。知觉世界是更加复杂和有生命力的世界。

在身体和心灵问题上，梅洛-庞蒂早期否定了笛卡尔意义上的纯粹意识与纯粹物质二分、心灵与身体的二分，后期走向二者交织统一的身心的身体或者"肉"，前后期是一脉相承。梅洛-庞蒂强调身体和心灵统一，不能像还原主义那样还原到身体或者心灵。当身体的这些前反思的器官被降为认识论的器官时，就会出现放弃物质存在转向观念或概念存在。梅洛-庞蒂认为在传统认识论和形而上学中，身体被放到了低于心灵的假定上是错误的。"倘若我们不仅被世界理解为落到或可以落到我们眼前的事物的集合，而且是事物共存性的场所，是事物联接我们的视角，允许从一个视角转到另一个视角所具有的不变的形式，那么，身体和心灵就包括在了这同一个世界之中。"①对身体和心灵的相互密切关联的理解，梅洛-庞蒂比胡塞尔要密切的多。

胡塞尔的"生活世界"是一个经过我们的语言、科学规律、理性分析所描述的世界。它是经过了反思，内在于意识的世界。梅洛-庞蒂"知觉世界"是前反思、前意识、原初的、与人的知觉有最直接关联的生活世界。在"知觉世界"中，自我也是前反思的。笛卡尔所说的"我思"，也就是我们的意识存在，则是根植于前反思、前意识的能动性中，根植于身体一主体中。这种前反思作为纯描述不是唯心主义的重返意识。它不采用分析方法，更不是科学解释的方法。笛卡尔的怀疑一切使我们能全面地、整体地面对世界，经过了体验之后重返我思。我思的确定性作为世界的确定性基础，但是世界与主体的关系并不是平行的，所以才有康德的"哥白尼革命"。但是康德完全退回

① 梅洛-庞蒂：《可见的与不可见的》，罗国祥译，商务印书馆 2008 年版，第 13 页。

到主体意识的反思,没有体验,更没有了笛卡尔式的怀疑。主体意识的统一性先验地与世界的统一性是同时的。这种预设是把主体对世界的确定性的反思作为世界的确定性。世界造就内在于主体,没有像胡塞尔那样把主体理解为对世界的惊奇和向着世界的超越性。因此,胡塞尔指责康德是一种"心灵机能的心理主义"。梅洛-庞蒂的知觉现象学主张主体经过体验后,反省到自身,从而追溯主体体验世界的可能性条件。从体验到综合地反省,世界才能建立起来。这是有别于康德的反思分析的。"知觉不是关于世界的科学,甚至不是一种行为,不是有意识采取的立场,知觉是一切行为得以展开的基础,是行为的前提。"①世界不是我们可以把握其规律的科学的客体,而是一个可以产生我的感受和想象的知觉场。

知觉信念是接触世界的必要的和充分的条件。在《可见的与不可见的》中,梅洛-庞蒂认为,知觉信念是原初的和首要的。以往的哲学与科学的界限模糊,以及它们都拒绝置入放在实验桌上的世界之中。梅洛-庞蒂批判道,哲学的任务不是论证与实在本身接触的可能或不可能。哲学也不是让哲学家脱离世界,获得一个观察世界的纯客观的地方。相反,哲学不仅要和世界接触,而且要接触原初的世界,接触我们自己早已身处其中的世界。我们感知世界的方式必须是不带有任何预先的设定,这样感知才是真实的前描述世界,才能对之现象学的还原。"在这里我们必须不做任何假定,既不假定自在存在的幼稚观念,也不假定相关的意识存在的观念,以及人的存在的观念:这些观念和世界存在的观念一起都是我们重新思考的观念,根据我们对世界的经验重新思考的观念。我们必须在每一个本体论的偏见之外,重新构造怀疑态度的论证,并且使这种构造恰恰能够使我们知道世界的存在、事物的存在、想象的存在以及意识的存在是什么。"②梅洛-庞蒂解释了对物自体的接触的可能,物自体也许就是被知觉到的事物。"信念"是一种"无法得到辩护的确定",但是知觉信念并不阻碍我们对我们和世界的关联的确定。我们可以经历这种确定,但是不能思想它,也不能阐述它,也不能把它建立在一些主题之上。整个人类还处在童年时期,人类的知觉经验还在流动中生长、变化、展开,同时又是不变的。

对于梅洛-庞蒂来说,知觉并不单纯地来自于"身体—主体",必须考虑到事物对知觉的影响。知觉的主体运用它的身体才能够拥有知觉的经验,身体是透明的。但是事物则是清楚地向身体呈现出来,因而影响着我们的知

---

① 梅洛-庞蒂:《知觉现象学》,姜志辉译,商务印书馆 2005 年版,第 5 页。
② 梅洛-庞蒂:《可见的与不可见的》,第 7 页

觉。关于事物的问题实际上是存在问题,这就超出了认识论领域。梅洛-庞蒂认为,我们处于存在之中,而不是拥有存在的发生原则或者发展规律。这里他力图避免陷入唯我论(身体),这会导致我与他人的被知觉世界的不可通约。梅洛-庞蒂后期提出,知觉世界向文化世界升华,知觉主体突破自然的局限,把文化注入自然从而达到普遍性,因为文化世界是一个走出唯我论视域的普遍性共识世界。总之,梅洛-庞蒂的存在主义现象学的任务就是,放弃胡塞尔现象学的先验旁观者的俯瞰地位,在存在论意义上恢复感性的地位。

(二)意向弧

现象以作为意义的整体或格式塔的现象场呈现给我们。意义的整体现象随着我们的注意点的转移而转移,那么意义也会随着知觉的变化而变化。我们的身体—主体是经验的前提条件,也是认识主体的前提条件。我们是意义的中心。我们的意识,包括认识、知觉都是由"意向弧"支撑的。"意向弧"把我们投向周围的生存环境,过去的、将来的、人文环境、物质环境、精神环境、道德环境、意识形态环境等等,从而使我们的意识生活及自我成为可能。"意向弧"使我们得以感官统一,智力和感官得以统一,感受性和运动机能得以统一。但是疾病者却失去了"意向弧",没有了意识的关联统一。"意向弧"使我们拥有了关联和统一生活经历的能力。生活中的每时每刻的众多经历看似相互分离,那么当我们以某种意义为视角看时,它们就会关联和统一起来,这就是"意向弧"的存在。

梅洛-庞蒂理解的意义给予者是身体—主体,而不是胡塞尔式的独立、先验的主体。他举了格式塔心理学家戈尔德斯坦著作中患者施耐德的例子来说明。施耐德是在第一次世界大战中脑子受了伤的退伍军人。他的症状是只能知觉到他当时做的事情。他不能关注过去和将来的事情。他成了休谟式自我的病理学典型例子。一方面,休谟虽然承认意识之外存在着自在之物。我们能感受到被感觉之物以较之于被表象之物更现实、更活跃的方式展现在我们意识中。但是休谟将一切都还原为"印象"和"观念"间的联结,只研究印象与观念的特征以及观念的联系原则,因而陷入了唯我论。显然没有胡塞尔的"意向性"。另一方面,休谟仍然坚持其自然主义立场。自我知觉经验是建立在一些心理事件之上的,它们的联系是自我的联想和习惯联系起来的,但是自我没有持续的同一性。

施耐德的身体—主体失常,没有了自我的同一性,没有过去的烦恼,也没有未来的筹划。"因此在施耐德那里,残疾不仅仅是神经生理上的,也不仅仅是独立于行为的意识的混乱。相反,它证明了正常人心灵和身体之间的一致。意向性就以非反思的但却是有机的身体运动表现出来。只要进一步认识到这是意向性的基本形式,那么,现象学的视角本身就需要从个人清楚的思想领域转到个人的身体活动的领域。"①施耐德没有意向弧,没有了意义连线去串联那些经验,因而就没有现象学的现象场。

二、意义的重构

梅洛-庞蒂思想中的两个核心主题是身体与语言,而且两者相互联系,只是探讨存在问题的不同视点。在早期更关注身体,表达被纳入身体结构之中,后期更关注语言,而身体则服从于表达。梅洛-庞蒂把语言放在我与社会、与他人关系中的核心地位,力图消除我与他人的隔阂。身体知觉是从身体的角度探讨知觉和世界关系、我的知觉和他人的知觉的关系,恢复了感性高于知性的地位,使"自我"回到了世界之中,而不是超然世外的旁观者了。但是身体还不能达到一种普遍的可见性,梅洛-庞蒂接下来的语言和文化的探讨中,就要解决我与他人的关系问题。在他看来是"世界之肉"把我的身体与他人的身体,把身体和语言交织在一起。在文化世界中,通过语言可以达到瓦解纯粹意识。这样,他的思想经历了感性经验向文化世界的超越,从可见世界向不可见世界的超越。总之,梅洛-庞蒂早期主要批判主体性形而上学,中后期着重追问"什么是形而上学"?《世界的散文》侧重于语言的形而上学,《可见者与不可见者》则侧重于存在论意义上的自然。

在梅洛-庞蒂看来,语言、术语和符号这些纯粹认知意义的东西先于我们的赋予行为就已经存在了。当我读到它们,解释它们,经过了身体的、物质的感觉之后,我把自己的意义和新的生活加到了词语之上。身体具有原初意义。语词和符号是沉默的意义,它们经过身体被"说"出来,被"听者"理解,从而展现其"精神",这样才能对听者有"意义"。在理解的同时,被说出的意义又重新归于它原来的沉默。新的东西也被听者加上去了。听者把他朝向世界的身体的知觉都加到语词上,从而赋予语词新的意义。这是听者带给语词和世界的新意义。随着身体—主体的生存空间的拓展,语言的意义也被辩证的推动和发展变化。例如病人可以读出文字,但是并不理解意思。梅洛-庞蒂还举例,一个小男孩想理解祖母给他读的童话世界,可是他自己拿起书来看到的是满纸的白纸黑字。小男孩错误地把祖母的身体活动、姿势以及书所构成的仪式理解为语言的存在。他以为故事意义存在于仪式

① T. Baldwin, *Routledge Encyclopedia of Philosophy*, New York: Routledge, 1998, p. 321.

上,而没有理解故事的意义存在于词语中。他仅仅模仿了空洞的形式,没有唤起真实的情景和意义。

梅洛-庞蒂认为,笛卡尔的我思或者是笛卡尔的头脑中形成的思想,或者是他留给我们的著作中的意义,或者是来自于这些著作的一种永恒真理,但不管怎样说,"我思"是一种文化存在,所以这样理解:我的思想不是掌握它,而是努力朝向它,就像我的身体在熟悉的环境中,发现自己的方向,并且不必在心中明确地想着客体而在其中开辟自己的道路。我必须努力理解笛卡尔的生活,以至于我的意识从自身中离去,在理解的意义中忘却了意识自己。语词呈现于我们之前就已经有了自己的历史和生活场景。我们的解释就是进入它的存在之中,不仅把握它原有的意义,而且还附加和创造出我们自己的新的意义。梅洛-庞蒂在语词问题上的认识与胡塞尔是不同的,胡塞尔并不认为我们在构造语词,那么意义是静止、本质的意义结构。梅洛-庞蒂的意义是随着存在变化而变化的,从生长到衰落,以至于死亡。

在我理解笛卡尔时,我用自己的身体、倾向和视角去在经验他,而且是创新地经验。但是胡塞尔则是把身体的经验等清除出去了,纯粹意识是不需要经验的先决条件的超验自我。这样就否定了我们真实存在的事实,也就是海德格尔强调的"此在"的活生生的存在本身。海德格尔认为,人总是在自己之外并超出自身,自我的存在方式是在自我之外。自我的存在在每一瞬间都是向将来敞开的。时间性不是客观的实在。时间性是自我在其自己存在的存在之内部结构。海德格尔把时间的三个时态(过去、将来和现在)称为 ekstasies(出窍状态),其希腊文原意就是站在自己外面并超出自身。为了领会现在,我们必须是将过去和将来合在一起的。每一个时间瞬间的解释都预先假定了自我站在自己之外了,站在三个"出窍状态"之一里面了。梅洛-庞蒂把我们置于前反思、身体的存在的经验中,也是通过出窍状态离开自己而朝向它者,通过知觉经验而朝向它者。因此,胡塞尔就远离"前反思"、具体的、生活的、处于情境中的"我思",他的意义构成并没有给出意义的充分解释。胡塞尔的时间是意识流,不是海德格尔的三个时态的出窍状态,因而胡塞尔始终未能真正超越。

语言也是一种可逆性的现象。传统的二元论认为,语言是思想的工具或手段。思想和语言不是同一性,而是分离的。梅洛-庞蒂把思想和语言统一为意识活动的两个方面。他区分了"使用过的词"和"正在使用的词"。最初发明或者字典里的某个词,把某种思想流传下去成为具有固定含义的"使用过的词"。追溯到发明词的那一瞬间,思想和语言是同一的。但是字典里的固定的词语的含义就和后人在重新使用时可就不同了。"正在使用的词"

就不是那个"使用过的词"了,它被注入了新的思想内涵。语言和思想是意识行为的两个方面,思想是主体的意识行为,它具有统一、连贯、自主性等特征;语言以符号传达了主体的意识行为的身体性、流动性等特征。比如当文学家通过语言表达他的心情时,他把自己的喜怒哀乐的感受用"使用过的词"来表达,使他的奇特思想在"正在使用的词"中形成,而后又被固定为"使用的词"。从"使用的词"向"正在使用的词"的频繁互换过程,就是语言的可逆性的体现。语言与思想的可逆性的提出,既阐述了语言是一个发展和创新过程,又把语言和思想通过身体的知觉过程联系起来,从而消解了传统二元论,解决了语言与思想的分离的困境。

三、知觉世界—生活世界—模糊世界

知觉世界是我们的身体深深根植之中的世界。身体就是主体,生活同时就被人所知觉。知觉是无条件地被人感知的,因而知觉是先于意识的,没有经过人的意识改造的。知觉世界包含了生活中的一切事实,对自然世界的知觉,对他人的知觉,对整个文化世界的知觉。知觉世界在先,知觉世界成为意识世界中各种事物规定性和可描述性的最初来源。知觉世界是一切理性、价值和存在(被描述的具体存在物)的先行的基础。例如,当我的手抚摸一块布料,就会有种不可言说的感觉。当我用语言来描述这种感觉,那种感觉便已经经过了我们意识的改造,被赋予了规定性,可描述性。它就不是原来那种真实饱满的知觉了,而是单调的概念了。梅洛-庞蒂总结道,知觉先于意识。知觉材料是身体接触外物时,外物向身体的最原初呈现。知觉材料不是意识的对象。传统的理性主义和经验论者所研究的是经过了意识反思的、有规定性的、描述的世界,这已经不是原初的世界了。两派论者的世界不是生活中经历的那个原初世界。

胡塞尔晚期重视生活世界和主体间性,与生存论靠近的同时,也反省自然主义(素朴的自然主义和科学家的自然主义)而关注原始自然。梅洛-庞蒂深受胡塞尔的影响,对胡塞尔后期著作《欧洲科学的危机和先验现象学》进行了深入研究。最使他感兴趣的是"生活世界"和"目的论的历史的解释方法"。他认为胡塞尔在这里的很多思想与以往不同,尤其对生活世界的理解,可以说是胡塞尔通向存在主义的一个桥梁。梅洛-庞蒂的论断是否完全符合胡塞尔本意并不重要,但是可以看到他对"生活世界"作了存在主义式的阐释。他的知觉世界就是生活世界。

在胡塞尔看来,欧洲那个时代的社会政治世界和科学面临着人道主义的危机。危机的产生是因为背叛了笛卡尔式的普遍知识根植于理性之上的

理想。彻底解决危机就要重新找回理想，通过现象学的还原回到前反思、前主题的经验的生活世界，回到一个人类所有的经验都假定存在于此的具体的经验领域，也是在原初经验中被给予的世界，这是被柏拉图和亚里士多德贬低为"现象"的生活世界，进而克服还原主义、主观主义、科学主义、绝对主义等，要为人类经验给出一个理性的基础。

梅洛-庞蒂欣赏胡塞尔认为危机应当到生活世界中寻找，以及生活世界应当作为科学的客观和普遍的基础。这些对纠正欧洲人的科学危机和人道主义危机起到了一定作用。然而，梅洛-庞蒂发现，胡塞尔依然是康德式的思路，把真理存在于主体内心，而且他对理性的拯救建立在科学和哲学之间的交往中。这样导致把生活世界还原到了唯心主义。如果说胡塞尔的主体形而上学使我们脱离了生活世界本身，那么梅洛-庞蒂并没有走向另一极端，即到生活世界的"以客体为中心"的本体论中去寻找解决路径。因为以"客体为中心"只会导致自然主义思维下的还原主义的科学主义，而这恰恰是胡塞尔极力要避免的。梅洛-庞蒂能否在胡塞尔的失败的地方重新成功诠释生活世界呢？

梅洛-庞蒂在其后期著作《可见的与不可见的》做到了。他的存在主义现象学把我们带到了前反思、前主题的生活世界本身。他的生活世界是一个矛盾和模糊的世界。梅洛-庞蒂的哲学也被称为"模糊哲学"。"模糊"是相对于主客二元论而言的一元论，他的哲学一直贯穿的原则是"知觉第一"。在知觉世界里，不存在主体与客体的对立。外物与主体的关系是平等地相互交流。梅洛-庞蒂用世界的"肉身化"来说明外物与人的交流，人不仅能感知到自己的身心情况，而且能感知到外物的情况，就像感知左手需要右手的触碰一样，感知外物和他人。世界的基质是"身体—主体"（早期的说法）或肉身（后期的说法）。"身体"获得了本体论的意义，以多重方式显示自身，身体到意识，知觉到世界，自我到世界，自我到他人，思想到语言，沉默到意义，都是处在可逆关系中。它们是一种既矛盾又模糊不分的关系。因此，在人与人的关系问题上，他指出主体间性是所有人类行为的前提。在人的自由问题上，他指出自由是我们在确定的和有限的可能性范围的规定，这种范围是由身体及其处境的本质所决定的。总之，梅洛-庞蒂在《可见的与不可见的》中力图更加彻底的现象学的还原，把胡塞尔的"自我"括起来以便达到与生活经验世界的原初关联。知觉世界是一切理性、价值和存在（被描述的具体存在物）的先行的基础。

在晚期著作中，梅洛-庞蒂把语言、思维所展现的世界称为"可见的世界"，而知觉世界的本源则为"不可见的世界"。"不可见的世界"其实就是人在世界中的"存在"(Being)。"存在"不是实体,而是一种先于意识的结构性领域,这种结构就是人与世界"对话"的先验形式。"存在"是一种"活语言结构",是语言表达和思维活动,即"可见的世界"的来源和境域,是人与世界关系背后的最终"本体"。与康德提出的不可知觉的"物自体"本体相比,"存在"本体是可知觉的,却与"物自体"一样是不可描述的,不可见的。而且,如果说"物自体"是完全与人的存在无关的,物的自在实体的话,那么,"存在"则是与人息息相关的,外物与人共在的结构,是不纯粹的"物自体"。存在结构的不可见性,表明了人不可能认识纯粹的外在世界,人的认识其实是一种对世界的"介入",实质上改造了世界。量子物理学中的粒子"测不准原理"就是一个有力的例证。

在"可见的"和"不可见的"世界之间同样存在着可逆性。"不可见的"因素被意识反思,转变为"可见的"经验和意义。而"可见的"经验和意义会导致关于世界的理想的新观念,即思想和词义的不断更新,进而为人的未来开辟新的实践领域——这样,"可见的"经验和意义又完成了向不可见的人的在世"存在"领域的转化。梅洛-庞蒂赞扬了艺术对"存在"的直接表达性,认为不拘于形式规定的它,表达了一种先于反思的世界的原初结构。与之相对应的是梅洛-庞蒂对现有操作性的科学的批评,他认为操作性的科学只知道"可见的世界",却忽视了与最真实的"不可见的世界"的可逆性转化——即只重视规定性的经验,不重视主动性的实践和创造。

梅洛-庞蒂对"可逆性"的广泛使用,体现了其哲学的"模糊性",即二元对立的模糊。他是想以此来明确:包括人在内的世界,其基质只有一种,就是他所谓的"肉体"。"肉体"是"存在"结构唯一的元素,没有主体和客体之分。或者说,肉体世界内的一切二元对立——身体—意识、主体—客体、自我—世界、思想—语言等等,都是模糊的,暂时的。梅洛-庞蒂实际上就以"知觉第一"的原则,透过知觉世界找到了一种关于存在的"一元论"。

第三节 加缪

加缪(1913—1960)生于阿尔及利亚的蒙多维的一个贫困家庭。大学毕业后曾经从事报业,做过记者和编辑,还加入了共产党。"二战"期间,加缪来到法国,参加反法西斯的抵抗运动。加缪的主要成就在文学。虽然他不是一个职业的哲学家,但是他的文学作品蕴涵深刻的哲学思想。他以《局外人》获得1957年诺贝尔文学奖。瑞典文学院授予加缪诺贝尔文学奖的获奖辞这样写道:"他作为一个艺术家和道德家,通过一个存在主义者对世界荒诞性的透视,形象地体现了现代人的道德良知,戏剧性地表现了自由、正义和死亡等有关人类存在的最基本的问题。"加缪的主要著作就是荒诞主义三部曲:《局外人》(1942)、《卡利古拉》(1945)和《西西弗斯的神话》(1942),以及其他作品如《鼠疫》(1947)、《反抗的人》(1951)等。作为无神论的存在主义,加缪的思想带有虚无主义和人道主义思想特征。

一、局外人

《局外人》(*The Stranger*)是一个在阿尔及利亚一家小公司办公室工作的年轻单身汉。我们只知道他姓摩索尔特(Meursault),不知道他的名字以及过去。他甚至自己也不知道父亲是谁。自幼和母亲同住一个公寓,直到三年前母亲去世。小说分为两个部分,第一部分涉及十一天的事情,以摩索尔特发现母亲去世开始,以他在沙滩上杀死一个阿拉伯人为结尾。第二部分所叙述的事情经历了十一个月,从摩索尔特接受法官的审讯,到他在监狱里期待自己死刑能够减刑,并思考荒诞这一主题。

摩索尔特是个得过且过的人,每天对他来讲最重要的事就是周围环境引起感官上的愉快或不快。他对北非的太阳尤其敏感:有时他喜欢太阳的明媚和温暖,有时又被炙热烤得压抑。他对自己的女友也同样敏感,非常喜欢她的美貌和甜美的笑容。他平时不爱说话,可是一旦说起来就会毫不掩饰心里的一切想法。他这样做并不是要向人们挑战,而是他不愿说谎。即使说谎对他很有利,他也不改自己的信念。

在小说的第一部分,短短的十一天摩索尔特干了一些重大事件,参加了母亲的葬礼;认识了女友,开始了谈恋爱;在海滩上,他开枪杀死了雷蒙德的旧情人的兄弟。确切地说,这些重大事件使摩索尔特被动卷入,并非他自己积极介入这些事件。母亲的去世并没有让他悲痛,似乎与他无关痛痒,参加葬礼也是不情愿的。在海滩上邂逅玛丽,于是与她一起游泳,看电影,晚上一起回公寓就过夜了。摩索尔特对玛丽的恋爱不能说是被动的,因为他喜欢玛丽。但是一周后当玛丽提出结婚时,他却像是不管自己的事一样无所谓:"我说怎么都行,如果她愿意,我们可以结婚。因为没有爱的意志,所以结不结婚,和谁结婚,都是无关紧要的。"

摩索尔特与雷蒙德的交往也是很偶然的。当时,雷蒙德邀请他到家里做客。晚饭后,雷蒙德让摩索尔特代劳给他的旧情人写信。写信的目的是为了把她骗出来狠狠揍一顿。摩索尔特欣然答应了。令人意外的是,摩索尔特在沙滩上碰到了雷蒙德的旧情人的兄弟。当摩索尔特与这个阿拉伯人相对时,这个人把手放在裤兜里的刀子上了,摩索尔特也把手放在夹克兜里的手枪上。此时,炙热的太阳使摩索尔特感到窒息。他们走近了,阿拉伯人拔出了刀子,摩索尔特也拔出了手枪。在太阳光的直射下,头晕目眩的摩索尔特扣动了扳机,打死了这个阿拉伯人。摩索尔特与被害人没有一种仇恨、愤怒或恐惧这样的强烈的情感,杀人的动机并不明确,似乎也是一种偶然。他早期看到这个阿拉伯人的时候,还想着"可以开枪,也可以不开枪"。

更有趣的是在第二部分,摩索尔特自己无法解释其杀人动机,但是阿尔及利亚的刑事审讯系统的法官们把所有偶然发生的事件以及摩索尔特的被动反应联系起来进行推论。预审推事认为这一切的根源在于摩索尔特不相信上帝,因此愤怒地把摩索尔特称为"反对基督者先生"。在法庭检察官那里,预审推事分析了摩索尔特在他母亲葬礼上的表现,指控其"怀着一颗杀人犯的心埋葬了一位母亲",并且最终在"精神上杀死母亲"。同时,他把摩索尔特与玛丽的恋爱、给雷蒙德的旧情人的信,以及杀害阿拉伯人的"动机"统统联系起来。甚至把摩索尔特与他曾经审理的一宗弑父案归为一类。他情绪激昂地断言:"一个在精神上杀死自己母亲的人,和一个杀死父亲的人,都是以同样的罪名自绝于人类社会。"[1]检察官感到摩索尔特就是一个令人恐怖的怪物。最终,摩索尔特被判死刑。

这次审判具有哲学意义。预审推事和检察官的可笑指控也许就是对刑事审判体系的一种嘲讽。加缪这样设计的目的是为了突出摩索尔特的生活态度,漠视常人赖以生存的信仰、理想和理性价值。这种颠覆一切意义的态度使预审推事和检察官感到恐怖。他心中既没有上帝,也没有理想追求。他既不关心他人对自己的看法,也不在乎自己在社会中的名分和地位。因此,他的危险不是他的犯罪,也不是反对基督教,而在于他是荒诞英雄的化身。预审推事对摩索尔特拒绝信仰上帝大为恼怒,竟然认为摩索尔特让他的生命失去了意义。

审判结束后,摩索尔特在囚牢中等待执行死刑。他曾申请缓刑,也期待上诉的结果,梦想审判中出现什么漏洞。神甫来到了牢房。面对浑身发抖的摩索尔特,神甫力图把他从人类的正义转到上帝的正义,从法律的犯罪转到道德的正义。但是摩索尔特不相信上帝,也不愿思考来世,他只热爱世俗生活。这让罗马天主教神甫深感痛苦,世俗生活在他看来是堕落的尘世。他的一再追问使摩索尔特的怒火爆发,揪住神甫的领子,冲他大喊大叫地侮

---

[1] Albert Camus, *The Stranger*, tr. Matthew Ward, New Yok: Alfred A. Knopf, 1988, p. 102.

辱他。直到守卫冲进来,才把神甫从他手里夺过来。神甫走后,筋疲力尽的摩索尔特倒在床上。微风,夜的气味,泥土和海盐的气味,吹进牢房,满天星斗照在他的脸上。物质世界的鲜活感觉使摩索尔特又一次获得了新生。在《局外人》结尾,加缪通过摩索尔特表达,当人面对死亡时更加珍视生命,死亡使我们自由地"把一切重新体验一遍"。

总之,生活的本质荒诞性的根源来自以下两个方面:一方面,最基本的一点就是,面对迟早要到来的死亡,人们的生活和所做的选择是没有意义的。如果有天堂或地狱的来世,那么今生的行为可能会对来世具有意义。摩索尔特否定来世成为解释生活本质荒谬性的前提条件。另一方面,摩索尔特对现实生活的肯定也是解释生活本质荒谬性的前提条件。在摩索尔特看来,也许生活对于人类而言具有内在的价值。当面对死亡时,我们特定的生活和选择都毫无意义。当选择是作为目的而关注时,选择就具有意义了。加缪一生为了治愈肺结核寻找良药,对于他来说,这是为了延年益寿所采取的一种手段。

二、杀戮者

《卡利古拉》取材于历史人物古罗马的第四任皇帝,在位时间为公元37年至41年。卡利古拉即位不久就患了一场大病。病愈后,他的注意力从扩展疆域转向了罗马的生活,他的行为变得荒诞和残酷。他是第一个宣布自己是神灵在世并且废除共和政府实行独裁的残暴皇帝。他喜欢戏子和角斗士,还喜欢穿女人的衣服,沉溺于各种堕落生活,其中包括和自己的三个妹妹乱伦。罗马贵族、基督教徒和犹太教徒纷纷谴责他的荒淫无度。最后,元老院的元老们说服一名禁卫军官刺杀了他。

卡利古拉是一部思想剧,不是一部历史剧。加缪舍弃了一些具体的历史情节,把《十二帝王传》的原有情节重新组织成一个故事。故事从卡利古拉的情妇兼妹妹德鲁西拉(Drusilla)死后开始。由于失去了德鲁西拉,卡利古拉在乡间游荡,逐渐感悟到了生活的荒诞。但是在此之前,卡利古拉却是一个值得信赖、循规蹈矩、富有仁爱之心的皇帝。现在的卡利古拉不再值得信赖,不再富有爱心,不再循规蹈矩。重新回到皇宫的他,成为"人会死的,人不幸福"这一荒诞真理散布者和实施者。卡利古拉不但认识到人类幸福的脆弱性,还认识到人们习惯于在这一点上自我欺骗。于是他通过恐怖统治来实现自己的导师作用。他任意虐待、侮辱、谋杀他的那些贵族,还给他们戴绿帽子,把他们的妻子送到妓院。他使每个公民都生活在随时都会被处死的恐慌中。他的恐怖统治下的荒诞性是世界荒诞性的影射。

卡利古拉是一位拥有帝王权利的哲学家，他能把自己的道德哲学思想应用于罗马人民。他摆脱传统道德去追寻自我创造的寂寞自由。虽然卡利古拉不能战胜死亡，但是他能决定人们以何种方式、什么时间去死。虽然他不能带来幸福，但是他能带来不幸。他坚信"我活着，我杀戮，我实施毁灭者狂乱的权力，与这种相比，创物主的能力简直就是孩子的游戏，这就是幸福"。[①] 卡利古拉力图消除善恶、正义与邪恶的决心，可以追溯到尼采。尼采曾经在《超越善恶》中提出："在体现忠诚、真实和无私的所有价值之上，或许有一种对生命而言更为根本的价值，而它的存在或许只能归于谎言、自私与贪婪。甚至可能是这样：构成这些美好与呈现事物之价值的东西，恰恰是那些与这些邪恶的、似乎相反的事物相联系、相纠缠和相融合的东西——也许就是一与多在本质上关联。可能就是这样！"[②]

当谋反者到来之际，卡利古拉对着镜子自己反思，他开始憎恨自己，认为自己选错了路，到头来并没有得到真正的自由。他力图让臣民们看到生活的荒谬，但是他死后，他的臣民们又回到了幸福生活的幻觉中。他的导师作用并没有持久见效。为什么卡利古拉的自由并不是真正的自由？加缪在剧终也没有给出一个合适的解释。加缪或许要告诉我们，作为毁灭者疯狂的权力对卡利古拉没有任何好处；或许要告诉我们，任何人这样做都犯了道德上的错误。

三、反抗的人

加缪在《西西弗斯的神话》的开篇就提出了"荒诞的推论"："真正的哲学问题是自杀问题。决定是否值得活着是首要问题。"要回答这个问题必须首先回答，"生活没有意义"或者"生活是荒诞的"。在第一章第二节的"荒诞之墙"中，加缪论述了"荒诞"。荒诞产生于人类对世界的合理的期望与世界不合理的沉默之间的对抗。人类期望世界具有可理解性的特征，这种可理解性既包括人类对世界的全体性的解释，同时还包括世界是相对于人类的价值观念才有意义，即世界是人类的世界，从而给世界打上人类的烙印。在加缪看来，世界并不是我们所期望的那样合情合理的存在，我们无法实现从人的角度去认识这个世界。所谓"荒诞"就是源于世界根本缺乏可理解性。

---

① Albert Camus, *Caligula and Three Other Plays*, tr. Stuart Gilbert, New York: Alfred A. Knopf, 1958, p. 72.

② Friedric Nietzsche, *Beyond Good and Evil: Prelude to a Philosophy of the Future*, tr. Walter Kaufmann, New York: Vintage, 1989. p. 10.

关于世界的不可知性,加缪从三个方面论证。首先,千百年来,哲学家们历尽艰辛探索真理,但是没有达成共识。加缪看来,问题不在世界本身,而在于哲学本身和人类思想的局限上。任何哲学理论都无法自信比前面的哲学理论更为成功。其次,我们的全部知识来自两个存在,一个是我的有意识的存在,另一个是我能触摸到的世界的存在。我们对整个世界的任何亲近性的理解,较之我们有意识的存在以及可触摸的世界的存在的认识都不够直观。第三,加缪反对自然科学有真正认识世界的能力,自然科学的最终依据仍然是诗或艺术。他用想象出来的图像来理解原子理论,世界可还原为小小的原子,电子围绕着一个原子核运转,这是一个无法看见的行星体系。"因此,科学的一切最终归结为假设,清晰最终陷于隐喻,模糊只有留给艺术来解决。"①用比喻来描述科学理论只是科普教育的方式之一。科学知识是发展变化的,加缪似乎把科学知识的暂时性和近似性混为一谈,科学理论不能依据艺术和想象。

加缪的对于世界在科学意义上的可知性过于悲观。加缪把所有构建的知识都混为一谈。其实,经验知识在揭示事物的存在方式方面与宗教神话、哲学思辨是不同的。经验知识对世界的理解存在不确定性、暂时性。不过,加缪关于世界缺乏绝大多数人希望的关乎人类命运的统一性和实用性、一致性的理解倒是正确的。世界面对人类的期盼无动于衷,这就是我们生存状态的荒诞性来自于我们的永不停止的热情期盼与冷漠世界的冲突。

当代美国哲学家内格尔(Thomas Nagel)曾经评论加缪的荒谬论述是错误的。在他看来,荒谬并非来源于加缪所理解的人们的预期和世界的冷漠之间的冲突,而是来自内心的冲突。我们既能投身于纷扰的生活,又能走出生活之外,反观生活本身。"如果我们能够跳出个人生活的各种追求并对此产生怀疑,那么,我们就能够以同样的方式跳出人类历史、科学和社会进步的进程,冷眼旁观王国、权力和神的荣耀,并对所有这一切提出质疑。"②但是,内格尔的论述并没有充分证明加缪的观点是错误的,只能说明荒谬还有其他的解释。值得思考的是,内格尔的论述蕴涵中国古典人生哲学的意味。儒道释人生哲学的复性论,以儒家的心性论为经,佛家的出世思想和道家的清静无为思想为纬,提出了一整套做人、处世、修身、养性的方法体系。当儒家哲学倡导积极入世,只有在当下的社会价值体系中才能实现人的价值时,道家和佛家却否定了世俗的功利价值体系,让我们超然摆脱其困扰,出世回

① Albert Camus, *The Myth of Sisyphus*, tr. Justin O'Brien, New York:Vintage,1955, p. 15.
② Thomas Nagal, *Mortal Questions*, Cambridge:Cambridge University Press,1979, pp. 16—17.

归本然的人性。《菜根谭》中有"身在局中，心在局外"、"体任自然，不染世法"之说。出世与入世组成的方法体系为中国知识分子克服内心冲突、提高人生境界设立了一个互补空间。

内格尔并没有证明加缪是错误的，至多告诉我们荒谬还有其他的解释。人们经常会怀疑世人追逐的价值或某种信仰，从而上升到抽象的哲学上的荒诞。加缪认为与人类命运相关的所有意义都是人类自己构建的。如果基督教构建的一系列价值体系是正确的，那么基督徒所作的每一种选择都是有意义、有价值的。上帝的安排赋予万事万物以超验的意义，我的生命是上帝对宇宙总体安排的一部分。加缪把荒诞理论提高到哲学层面，世界缺乏的恰恰就是我们所关切的意义和可理解性。人们习惯于在世界的荒诞面前自欺欺人。日常生活中，人们忙碌于扮演各种角色，夫妻、父母、朋友、职员、董事等等，从而逃避荒诞。一旦世界的荒诞被揭示出来，那么一切都是无意义、无价值的，人们的防线就会彻底崩溃，导致更深层的荒诞——一种无家可归的漂泊感（a sense of cosmic homelessness）。

面对荒诞可以采取三种不同反应：一是自杀；二是在生活之外寻求意义；三是在生活之中创造意义。其中，持第二种反应的是非理性主义和理性主义的哲学家。非理性主义的代表是有神论存在主义者克尔凯郭尔和雅斯贝尔斯。他们认为世界无法用理性来理解，因此寄希望于更高权威。于是引入上帝，世界就变得可以理解了。上帝在人的理性之外，生活的意义不在理性，而是在信仰之中。对加缪而言，这样的理解是一种"哲学的自杀"。理性揭示了世界的不可理解性和希望的无意义，但是有神论存在主义思想家们却试图通过抹杀理性来挽救希望。加缪拒绝这种自欺欺人的理解，压制了人们对理性的追求。另外，理性主义的代表是胡塞尔。胡塞尔力图通过"意向性"揭示本质，也就是意识的本质结构作为必然真理。加缪反对把"意向性"理解成本质，这样的本质就是一种方式，一种外在于世界本身的理性秩序。这是用理性来取代荒谬存在的不可理解性。总之，无论非理性主义还是理性主义都没能克服荒谬感。世界无意义并没有使人们都选择自杀。然而，很多人之所以能过下去，就在于他们将活着的意义依附于外部事物——上帝或普遍理性。

对加缪而言，有尊严的生活就是在认识到荒诞之后的为生活而生活。这就是第三种面对荒诞的反应：在生活之中创造意义。加缪提出了"反抗"（rebellion）这一概念，把"反抗"作为称为荒诞的"第一个结果"。在该书最后一章中，加缪把古希腊神话中喜欢恶作剧的国王西西弗斯作为荒诞英雄来描述。西西弗斯热爱大自然和生命。他死后，恳求冥王普路托让他重返人间去惩罚他的妻子。当他重新领略大自然的美景，流水、阳光、大海、石头，他再也不愿回到阴森森的地狱。于是，诸神派墨丘利（Mercury）把他抓回地狱，接受永久性的惩罚——永世把一块巨石从山脚下推上山顶，让石头从山顶滚下，然后再把石头从山脚下推上山顶。这样周而复始毫无效果又毫无希望地劳动下去。

加缪描述的西西弗斯面对如此无意义的工作和自己所处境遇的悲剧性并没有被打垮，他反而以激情拥抱来世和永远反抗来世。现实是无法改变的，他只能改变自己的态度来和命运抗争。西西弗斯用更执着的热情和拒绝悲哀来拥抱自己的劳动，以此嘲笑诸神的力量。"不存在任何嘲笑所无法克服的命运。"①通过对命运的重新把握，西西弗斯重新找到了幸福。幸福不是神的给予，而是自行的主宰。西西弗斯爬到山顶的斗争足以使其内心充实而幸福。

在《反抗的人》中，加缪突破了西西弗斯那种在无目的的过程中创造价值的思想，强调对现实的不正义、压迫的反抗中，肯定生命的价值。在《反抗者》第一章，加缪这样定义反抗，拒绝权威同时确认新的价值。当拒绝权威时，隐含着另一种道德标准、原则或权利。同时，这种道德是以同他人的团结为基础的。在这种意义上，反抗就预示着同他人的团结。因此，加缪宣称，"我反抗，所以我们存在"。

加缪理解的反抗分为三个层面：个体反抗、形而上学反抗、历史反抗。首先，"反抗在历史上也是一个无规则的钟摆，在不确定的弧线上不停摆动，不断追寻自己最完美最深刻的节奏。但是，这种不规则不是绝对的，它始终围绕一个中轴。反抗是人类的一个共同本性，其自身的运动也揭示着这种本性的基本原则：调整与限度"。② 人类可以在个人价值、生活方式与政治体制方面尝试，但是能够给人类带来美满的方式很有限。为了使每个人的生活美满，得到自由、尊严和美丽，使自己的存在获得统一性。社会应当促进而不是压抑每个人的渴望，让每个人努力实现个人生活的统一。个体反抗要求统一性。因此，反抗唤醒了价值、团结和对统一的要求。

"形而上学的反抗"是一种运动，人通过这种运动来抗议自身的处境和整个宇宙。加缪以普罗米修斯的神话来预示这种反抗。普罗米修斯为人类从诸神那里盗取火种。为了惩罚他，宙斯把他锁在高加索山上，派一只鹰每天来啄食他的肝脏。同样都是反抗诸神，西西弗斯是为了自己，而普罗米修

---

① Albert Camus, *The Myth of Sisyphus*, p. 90.
② Albert Camus, *The Rebel*, tr. Anthony Bower, New York: Alfred A. Knopf, 1957, p. 294.

斯则是为了全人类。在基督、基督教诺斯替教徒和圣·奥古斯丁那里同样都有形而上学的反抗。无辜的上帝愿意忍受痛苦来为了人类赎罪。加缪还列举了反抗者：马奎斯·德·萨德、《失乐园》中的撒旦、《卡拉马佐夫兄弟》中的伊凡、诗人波德莱尔、洛特雷阿蒙、兰博、布雷东、尼采等。形而上学的反抗就是对恶和苦难的抗争和对统一的追求。形而上学的反抗取代了上帝来消除恶和苦难，这会导致革命。

"历史的反抗"主要阐述"反抗"与"革命"的关系，革命把观念注入历史经验，而反抗只是把个人经验引入观念的运动。观念唤醒了新的价值，革命则是要以自己的形象重建世界。当先知们呼唤价值重建时，他们都寄希望于革命。黑格尔说，历史在最后阶段达到绝对观念，为了这一目的可以破坏一切价值，为了未来可以牺牲个人。加缪指出，革命要求整体性的推论会导致法西斯主义，应当防止反抗演变为专制。

荒诞的第二个结果是自由，即一种摆脱生命自身以外的所有一切事物的自由体验。这种自由不同于奴隶的自由、神秘论者的自由，而是一种对周围世界毫无责任的感觉。正如死刑犯的那种态度，即只关注纯粹的生命火焰，不在乎任何事物的令人难以置信的态度。然而，加缪一再强调他的自由不是意志自由，因为意志自由似乎以某种方式与上帝、永恒或现实世界之外的超验的实在秩序相关联。

荒诞的第三个结果是激情。激情就是对现在与现在之延续的不断意识。最大限度的意识到自己的生命、自己的反抗就是生活本身。加缪突出了品味生活本身、珍惜时光的美好。即使生活充满了痛苦的经历，即使美好的经历与痛苦的经历相比少得可怜，生活仍然值得热爱和体验。荒诞的推论不是导向自杀，而是导向对生活执着的、充满激情的、开放的肯定。加缪在此回答了篇首的提问，"但是，问题是要活着"。①

存在主义思想是在克尔凯郭尔的存在主义思想、尼采的意志主义、胡塞尔的现象学及海德格尔的基础存在论的影响下形成的。法国的存在主义还吸取黑格尔的否定辩证法思想并发展了自由批判精神。从理论渊源上分析，存在主义与现象学的渊源最深，属于广义的现象学运动。海德格尔把胡塞尔的"现象"从"先验自我"转到了具体个人的生存。有的存在主义者从胡塞尔的现象学开始，得出了与海德格尔一样的结论，也有的存在主义学者直

---

① Albert Camus, *The Myth of Sisyphus*, p. 48.

接从海德格尔开始。因此,海德格尔往往被划入存在主义。现象学是存在主义成为一种哲学的基础。

【本章思考题】

1.简要分析萨特的"虚无"。

2.辨析萨特的"自在的存在"与"自为的存在"。

3.如何理解萨特的"选择自由"?

4.梅洛-庞蒂的知觉现象学如何突破了笛卡尔的二元论?

5.简要论述梅洛-庞蒂的"知觉世界"。

6.如何理解加缪所阐述的生活的本质荒诞性的根源?

7.如何理解存在主义描述的人的非理性?

【建议阅读书目】

1.萨特:《存在与虚无》,陈宣良等译,杜小真校,生活·读书·新知三联书店1987年版。

2.萨特:《存在主义是一种人道主义》,周熙良等译,上海译文出版社1988年版。

3.梅洛-庞蒂:《知觉现象学》,姜志辉译,商务印书馆2005年版。

4.梅洛-庞蒂:《可见的与不可见的》,罗国祥译,商务印书馆2008年版。

5.杨大春:《杨大春讲梅洛-庞蒂》,北京大学出版社2005年版。

6.普里莫兹克:《梅洛-庞蒂》,关群德译,中华书局2002年版。

7.坎伯:《加缪》,马振涛、杨淑学译,中华书局2002年版。

8.加缪:《西西弗斯的神话——加缪荒谬与反抗论文集》,杜小真译,天津人民出版社2007年版。

9.巴雷特:《非理性的人——存在主义哲学研究》,段德智译,上海译文出版社2007年版。

第六章　宗教哲学

宗教哲学研究宗教信条、宗教主张以及宗教实践的意义、本性和哲学意蕴。如果对这一研究领域的界定足够宽泛，那么历史上所记载的哲学开端亦标志着宗教哲学的开端。总体说来，19 至 20 世纪之交西方宗教哲学，正像整个西方哲学近现代之间的转折被视为根本性的思维方式的变更一样，显示出它是一种具有根本性意义的信仰方式的变更，[1]同时也显现出多样化、丰富化、体系化等特征，就像无论是在现代西方宗教哲学内部，甚至在基督教哲学内部，仍有各种派系之分。事实上，我们讨论宗教哲学，很多时候都是以基督教哲学为对象的。

第一节　宗教哲学的缘起与发展

"理性必须成为我们对每种事物的最终核准，这意味着我们必须依靠理性，通过它来检验这个命题是不是来自上帝的启示，如果理性发现它是出于上帝的启示，那么理性就会拥护它，一如拥护任何别的真理，并以其作为自己的一个指导原则。"[2]倘若承认宗教对人类历史的重大意义，或者是提供了一个关于现实宇宙途径的解释，或者是承载着价值特别是给予我们尊严感和自尊心，[3]那么探求宗教便成为人的理性必须要努力从事的工作之一。早在 19 世纪的黑格尔便在其《宗教哲学演讲录》中，从宗教与哲学之间内容、需求和意向的一致性，立足绝对理性而将人们对上帝的信仰理性化和知识化，以及自然宗教的泛神化、神的形象愈加人格化等方面讨论了宗教问题。[4]

---

① 刘放桐：《西方哲学的近现代转型与西方宗教及其哲学的变更》，《国外社会科学》1999 年第 2 期。
② 洛克：《人类理解论》（第四卷），商务印书馆 1978 年版，第 705 页。
③ 路易斯·P. 波伊曼：《宗教哲学》，黄瑞成译，中国人民大学出版社 2006 年版，第 3 页。
④ 张之沧、林丹：《当代西方哲学》，人民出版社 2007 年版，第 420—422 页。

一、宗教哲学与"宗教的哲学"

尽管汉语语境中宗教哲学(the philosophy of religion)与"宗教的哲学(religious philosophy)"无甚差别,但西方文献对两者的解释还是有所区分。广义宗教哲学指"对宗教中的核心问题进行哲学思考",其特点表现在对宗教信念进行理性地评价,思考对象则是宗教现象或宗教观念,采用包括哲学的、理性的和逻辑的方法。因此宗教哲学就被视为正统哲学中的重要组成部分,与形而上学、认识论、伦理学、美学、逻辑学、政治哲学等并列。同时,由于学科门类的细分与研究方法的差异,催生出新的研究域如宗教人类学、宗教社会学、宗教现象学、宗教史学等,因此宗教哲学也被纳入广义的宗教学中。"宗教的哲学"则是对宗教信仰本身进行系统化的解释,其对象是宗教传统内部"似真(plausible)"的信念,方法既有理性的,也有非理性的,但宗教的立场则是其共性,由此形成的传统,如基督教的哲学就是"宗教的哲学",而不是宗教哲学。①

可以看出,"宗教的哲学"与神学非常接近,而宗教哲学则是哲学的分支。不过,"宗教的哲学"中也有部分理性的方法和宗教观念,而宗教哲学则体现出洛克(John Locke)所说的用理性面向宗教,以理性的方法思考宗教问题,因此在宗教哲学的讨论中将涉及哲学的方法论和"宗教的哲学"中的对象问题。② 在黑格尔的宗教哲学中,仍以基督教为重,被其称为绝对的、无限的宗教,是一种完满的宗教。③ 我们不得不承认,采用什么方式来研究宗教哲学,有赖于如何理解哲学(宗教)本身。在西方思想史中,对哲学的传统理解就是它作为对生活和世界进行综合的、系统的考察,包括那些有宗教倾向或神学倾向的哲学。

二、当代宗教哲学的渊源

希腊的哲学与希伯来的宗教("二希文明")一直是西方文化的主流和发迹之源,西方的宗教哲学自然也是从这个源头中流淌出来的内容。不过"宗教哲学"这个概念的确立则是晚近的事,这与18世纪开始的启蒙运动对"理性"张扬有极为密切的关系,它几乎成了社会现实生活的铁面裁判,要求过

① D. Z. Philips & Timothy Tessin, *Philosophy of Religion in the 21ˢᵗ Century*, New York: Palgrave Published Ltd. 2001. P. xii.
② 单纯:《当代西方宗教哲学》,中国社会科学出版社2004年版,第2页。
③ 黑格尔:《宗教哲学》,中国社会科学出版社2005年版,第403页。

去的一切价值观念都要接受其检验,传统的宗教价值观自然也无法置身于这个风靡欧洲的思想运动之外。

在对传统的神圣观念进行怀疑和批判的过程中,18 至 19 世纪的西方哲学领域中出现的经验主义、批判哲学、理念论(或称唯心主义)等思潮占据主导地位,也成为 20 世纪宗教哲学的直接渊源。在休谟、康德、黑格尔等人的著作中,能够看出这一时期的人类理性是如何对传统宗教问题进行系统思考的,以及表现的强烈怀疑与批判色彩的。显然,他们关注的问题依旧是中世纪遗留下来的经典问题,如上帝存在的证明,上帝的本质和特征,上帝的全能全知、全善和恶的存在关系,人类的命运以及上帝的救赎,作为知识被吸纳的宗教现象等。尽管问题是老问题,但他们对这些问题的谈论、解释立场和方式则完全不同。比如经验主义要求首先提供作为主体的人可以直接感受到的经验,然后才能相信传统宗教的断言;理念论则要求传统宗教中的绝对能够像人的心识或理念(idea)一样被理性证明,否则将以心识或理念取代宗教中神圣的上帝。在对传统问题的反思之中,经验主义明显受益于科学知识和技术进步,而理念论则借重哲学的理性或逻辑学规则。从经验论和理念论对宗教问题进行的反思中,宗教哲学作为一个明确的学术领域日渐明朗,逐渐形成近代英美经验主义式和欧洲大陆唯心主义式的两个相互区别又彼此联系的宗教哲学传统。[1]

可以认为,在上述两大哲学潮流之间相互激励与刺激之下,20 世纪出现了新的分析哲学、实证主义、存在主义及后现代主义等流派。宗教哲学受此影响亦发生了一次重要的转向,它否认了哲学能处理我们信念的真伪问题,从而将任务限定在只对思想的逻辑进行澄清和分析,比如艾耶尔的《语言、真理与逻辑》以及维特根斯坦的《哲学研究》。[2]

三、影响当代宗教哲学的西方哲学

对宗教哲学问题最为敏感的大抵有两类人,即哲学家与神学家,其中前者以每个时代最新思想成果和方法衡量和反思宗教问题,后者则出于维护传统宗教立场需要而借鉴传统中附属于它的科学与哲学成就和方法,两者之间的挑战与回应推进了当代宗教哲学的发展与演变。

---

① 黑格尔:《宗教哲学》,第 3—5 页。

② 参见麦克·彼得森、威廉·哈斯克、布鲁斯·莱欣巴赫、大卫·巴辛格:《理性与宗教信念——宗教哲学导论》(第三版),孙毅、游斌译,中国人民大学出版社 2005 年版,第 10—11 页;单纯:《当代西方宗教哲学》,第 15—21 页。

　　在哲学家阵营中,分析哲学家们对相关传统宗教问题所作出的质疑与挑战最为直接、最为严厉、最为持久。早期分析哲学植根于英国的新实在论,从经验主义的立场认定传统宗教话语无法被实证,它们就变成无意义的形而上学断言,哲学家与神学家或宗教学家之间无法进行对话。但随着分析哲学对人类经验和语言的意义有了新的认识与理解之后,他们发现尽管人类的情感方面的经验并没有确定的实证性,但仍然是能够被积累并有创造性转化功能的精神资源,如此看来,宗教语言没有经验的实证性,但应该可以表达信仰的意义。这就使得分析哲学认同了宗教言语中有关上帝的谈论,使得其兴趣不再局限于经验、科学及实证等方面,而是给宗教知识和宗教信仰留出更合理的空间。[①]

　　20世纪的存在主义哲学家基本可以分为两类,即无神论和有神论,前者以海德格尔、萨特为代表,后者有雅斯贝尔斯、马塞尔(Gabriel Marcel),此外还有蒂里希(Paul Tillich)的超神论存在主义,当然之前还有克尔凯郭尔在传统的启示真理外,又为人的主观体验确立了宗教的价值,对上帝的“绝对他在性”提出了挑战。海德格尔认为无论是有神的上帝还是传统宗教中的绝对观念,都误读了存在的绝对性,他从逻辑上取消了神论的上帝观。萨特采用了与尼采(F. Nietzsche)相同的立场,即取消上帝后人就获得极大的自由,无须对根本不存在的造物主感恩戴德,也就免除了对被救赎的期待或惩罚的恐惧,更没有上帝规定的伦理约束,从而彻底自由,因此没有上帝,人能够存在是科学常识,上帝死了人也不会成为魔鬼。雅斯贝尔斯尽管主张人的自由存在状态就是完成对真我[②]的认识,且人存在的最终目的就是认同无限超越的上帝,但他的人有主动性,是真实自我价值的实现者,尽管向往代表无限、具有无限超越性的上帝,但他是自己命运的主人,是享有思想自由的存在者。蒂里希认为上帝的神圣性必须要满足人的存在的最高追求,是表现人的终极关怀的客体,不妨碍信仰者的自身存在的主体性、创造性和自由,其意图在于将人的价值追求纳入宗教信仰体系之中,反对因强调上帝的神圣性而忽视人存在的主体性意义。

　　过程哲学则借鉴理性主义的思想和方法,力图恢复传统形而上学的生

---

① 不过维特根斯坦信仰主义者(Wittgensteinian Fideist)还是倾向于认为要么提供上帝的实证性证据,要么上帝就是没有意义的符号,这种挑战性观点迎合了无神论传统。

② 雅斯贝尔斯把人类生存状态视为一种运动,第一阶段为获取客观知识,第二阶段是认识自我存在的价值,第三阶段才是对最高的“真我”的认识,认识到“真我”,人就认识到自己的局限,而任何人都会碰到作为人所具有的局限,即死亡,这是任何人都无法避免的可能性。

命力,认为主体的经验受限于人自身的能力和课题的随机性呈现,而在此之上仍然存在着超乎盲目经验的神圣存在,由它来为包括人和人的各种关系在内的这个世界做可能是最好的、最和谐的安排或选择。因此,这个神圣的存在必然要与其他事物相联系,它处于一个时间过程之中,不断变化,它是世界的参与者,它不纯粹是一个超越于世界之上的造物主,而是参与世界万物形成过程中的承前启后的关键要素。

后现代主义哲学家认为,传统的神学与形而上学都在追求与人的具体存在和人所关切的问题不太相干的、大而无当的对象,尤其是基督教传统信仰中的上帝作为超越外在的实在,以其绝对权威将自己的意愿强加给信仰者。库比特(Don Cupitt)认为作为神学中之实在者的上帝是一个粗暴的错误,它对人类的道德自主性构成威胁,因此要远离上帝。其他后现代主义者强调要反对一切形式的形而上学,反对宗教作为"异化而他在的外部控制系统"的存在形态,强调未来宗教要克服其主宰、异化信仰者的角色,主动与享有极大精神自由的人类相适应,使自己的议题转化为符合日常人伦的普世价值。

事实上,越来越多的人认为经验主义对宗教哲学提出的挑战并没有起到决定性意义,塔尼亚法罗(Charles Taliaferro)甚至倾向于认为对严格经验主义的放弃为恢复中世纪和古代宗教哲学的核心研究课题扫清了道路。当然也有人提出,无论是哲学的哪个分支,包括宗教哲学在内,其研究不需要按照完全统一的方式,用共同的初始假定和方法论来进行,他们并不接受任何所谓独立于历史的概念图式的自成一体的真理论。[①]

第二节　新托马斯主义

一、新托马斯主义的产生与发展

(一)托马斯主义与新托马斯主义

阿奎那(Thomas Aquinas,1224—1274)以哲学论证《圣经》,他从亚里士多德的纯粹形式论出发,论证上帝是世界阶梯结构塔尖上的最高实在,上帝

---

① Nicholas Bunning,E. P. Tsui-James,燕宏远,韩民青:《当代英美哲学概论》,社会科学文献出版社 2002 年版,第 606—607 页

从虚无中创造了包括人在内的整个现实世界。因此肉体必须服从灵魂，人必须服从上帝，王权必须服从教权。阿奎那的思想体系涉及神学、政治学、伦理学、认识论及形而上学等，被后世称为托马斯主义，是中世纪哲学或经院哲学中影响最大的思想体系。近代启蒙运动后，托马斯主义逐渐淡出西方思想家的视野，不过发展至 19、20 世纪之交，由于现代性所引发的世俗问题成为知识界关心的重点，很多哲学家和神学家都希望重新诠释托马斯主义，用宗教传统回应现实问题，比如上帝存在的本体论证明、宗教认识论以及社会伦理等。

罗马教皇利奥十三世于 1879 年 8 月 4 日颁发《永恒之父》通谕，号召"重建基督教哲学"，宣布托马斯主义是符合基督教教义的"唯一真正的哲学"，并规定复活托马斯主义的基本原则，要求各地教会把托马斯的学说与现代科学结合起来，开展"托马斯主义运动"。比利时神父曼尔西埃（Card Mercier）积极推行教皇旨意，于 1894 年 1 月出版的《新经院哲学评论》，提出"新托马斯主义（neo-Thomism）"或"新经院哲学"这一名称，成为以梵蒂冈为国际中心的天主教会的官方哲学。

（二）新托马斯主义的发展

到 20 世纪 50 年代，新托马斯主义哲学几乎成为西方思想界的显学之一。实际上，尽管很多哲学家和神学家在风格上都属于新托马斯主义，但有些人并不承认自己是新托马斯主义者，不过他们依旧表现出一些共同的特征，比如以诠释托马斯的思想为学术重心，乐于将他们研究的托马斯主义与当代社会的现实问题相关联，有强烈的现实关怀，尤其是注重社会伦理重建。其中影响较大的包括法国的马利坦（Jacques Maritain）、日尔松（Etienne Gilson）以及德国的拉纳（Carl Rahner）等。[①] 马利坦原遵守柏格森哲学，信奉新教，后改宗天主教，并对柏格森直觉主义表示失望。此后他就成了托马斯的崇拜者，其哲学基本上是重述和解释阿奎那的学说。日尔松信奉过柏格森哲学，后来由研究笛卡尔形而上学的思想来源而倒向阿奎那，以研究中世纪哲学史称著，鼓吹彻底回到经院哲学，被认为是新托马斯主义者中最倾向于老托马斯主义的。拉纳是西方公认的 20 世纪最伟大的天主教思想家、"当代托马斯·阿奎那"、"罗马天主教会静静的推动者"和"20 世纪天主教教会的教父"。他为了回应世俗化和现代化对天主教形成的挑战，积极从事基

---

① 单纯：《当代西方宗教哲学》，第 30 页。

督教内外的对话,著述几乎涉及神学及相关的所有领域,他忠于基督教的传统其"先验"风格时常透过其对"真理"的追求和表达方式的追求微妙、婉转地表露出来。

20世纪60年代之后,新托马斯主义进入"世俗化"和"现代化"时期。梵蒂冈为摆脱日益加深的宗教危机,适应新历史条件的变化,改变自己顽固派形象,罗马教廷着手革新政治路线,改变宣传策略。对教外思想体系采取灵活政策,做出容忍非基督教、甚至容忍无神论者的姿态,表示要使天主教向一切人全面开放并对话。同时新托马斯主义力图同现代思想交流、融合,更新自己的理论体系,使新托马斯主义理论现代化。

（三）新托马斯主义的基本特征

从理论体系上说,新托马斯主义是中世纪经院哲学的"复兴",不过不是简单重复。如果说托马斯主义是中世纪披着理性外衣的神学哲学体系,那么新托马斯主义则是在新历史条件下唱着现代理性高调的信仰主义,是为了适应现代历史条件的变化和现代科学的发展而产生、演变的现代基督教哲学。其特征表现在以下几个方面:

第一,新托马斯主义者把论证上帝的存在当作其全部哲学的基石,沿袭了托马斯主义者论证上帝存在的方法,此外试图对上帝的存在做一些具有"现代化"特性的论证。

第二,新托马斯主义者使科学服从宗教、理性服从信仰,不过力图把自己装扮成科学和理性的倡导者,换成"使科学与智慧取得协调"、"使科学的应用严格服从正确的道德意志和真正的人生目的"[1]等说法。为了维护宗教地位,罗马天主教改变了策略,转而利用科学的新材料,努力把科学纳入神学解释的轨道。

第三,新托马斯主义者延续托马斯主义的论调和论断,调和世俗与宗教之间的剧烈冲突,做出主张社会的进步和改革的姿态,强调人对神的臣服,竭力鼓吹人道主义,要求维护人的自由和尊严,发扬人的个性。

二、以神为中心的"第一哲学"

（一）上帝是世界的最高实在

新托马斯主义整个理论体系的前提是要承认上帝的存在,把上帝当作

---

[1] 洪谦:《西方现代资产阶级哲学论著选辑》,商务印书馆1964年版,第413页。

一切存在和认识以及人们一切行为的基础。因而上帝在新托马斯主义理论体系中的地位举足轻重。

1.上帝的观念

新托马斯主义接受亚里士多德的基本理解,按照形式的阶梯来决定事物和存在的阶梯,处于最底层的是没有任何形式的纯质料,接着就是无机物,它们只具有最低级的形式,接着就是植物、动物,最后就是人。人是尘世间最高级的存在物,人的形式是灵魂,它凌驾于一切其他物质的形式之上,人的形式"以一种更高级的,独一无二的精神形式包罗了一切低级形式中的完满性",因此,人"拥有尘世间最充实的存在"[1],人之上还有更高的形式,即天使、上帝。作为阶梯尽头的最高形式的上帝则是无质料的、无限的、最高的纯形式,包罗了一切低级形式中的完满性,是一切有限形式的范型。反过来,每一个有限的形式则都是对这个完满的无限形式的"分有"。因此,它是一切现实事物可理解性的最后根据,如果没有它,就无法说明和理解千差万别的现实事物。波亨斯基(Joseph M. Bochenski)说:"就本质而论,每一个有限的创造物都是对上帝本质的一种分有,必须把上帝的本质想作是一切本质的源泉和范式。"[2]

因此,新托马斯主义的上帝是最高的实体、纯粹的现实。尽管一切精神事物、一切形式作为实体都有独立存在的意义,但只有上帝才是无限的实体,其他都是有限的实体。有限的实体以上帝这个无限的实体为源泉。尽管一切"形式"、精神实体都是积极主动的、现实的,但它们的这种主动性、现实性是对上帝的主动性和现实性的"分有"。只有上帝才是完全主动和现实的。由此,上帝是一切现实事物的最高本质,是形式的形式,是一切现实事物运动变化的终极目的和第一推动者。

2.对上帝存在的证明

新托马斯主义的理论前提是承认上帝的存在,把上帝看作一切存在和认识以及人们一切行为的基础,上帝的观念是新托马斯主义哲学中的根本观念,论证上帝的存在是新托马斯主义的一个根本任务,在维护上帝存在这一点上与托马斯主义毫无二致。

然而,新托马斯主义的上帝不再是具有人格的存在,而是说明经验世界

---

[1] Joseph M. Bochenski,*Contemporary European Philosophy*,University of California Press,1974,p. 242.

[2] Ibid. p. 245.

的原则,新托马斯主义者认为历史上有关上帝存在的证明都是在寻找这个总原则。因此,新托马斯主义试图引入"新"的论据,马利坦提出"关于上帝的再发现",即人们"直觉"到在他之外存在着的现实是无情的、不可抗拒的(马利坦坦言自己的话:"直觉到存在的坚实和冷酷"),同时又"直觉"到个人的存在所容易陷入的死亡和空虚,个人"被抛回到孤零与软弱之中"。还有也直觉到无情的、不可抗拒的现实("现实的坚实和冷酷")并不是同我一样容易陷入死亡与空虚,而是包含了某种绝对的、无可争辩的存在,这就是上帝。① 这种对上帝的新发现的实质,就是用个人在不以他的意志为转移的客观现实面前的无能为力或个人不得不顺从的"冷酷"事实,来证明有限的个人之外必然存在着一个无限的上帝。因此,个人为了得救,为了在面临"死亡与空虚"的情况下有所依,就必须皈依上帝。

(二)"存在之作为存在"

"作为存在的存在"由亚里士多德提出,是其第一哲学的研究对象,指寓于个别之中并经过理智的抽象、撇开各种各样特殊性的最一般的存在。阿奎那把它变为完全脱离客观事物的超验的"一般存在",把"作为存在的存在"作为其形而上学的基石。新托马斯主义者也把亚里士多德关于"存在之为存在"的概念作为核心概念。马利坦说,"严格意义上的形而上学"就是"关于存在之作为存在的科学",是"哲学的核心"。② 波亨斯基认为,"形而上学构成托马斯派哲学的核心,它与本体论密切相关,把存在之作为存在当作其对象。"③

新托马斯主义者认为,他们的"存在之作为存在"不是指具体事物的存在,而是一种凌驾于个别事物之上的一般,是抽象的、超感性的存在。因此,"作为存在之存在的学说",以"存在"为研究对象,其宗旨是考察"存在"本身的"真正性质",说明自然秩序的第一原因或创造者就是上帝。其"作为存在之为存在"的含义就是指存在之所以会存在的最高原因,实际上就是指作为一切存在的最高根据的上帝。

新托马斯主义者的理解大致涉及三个方面。第一,从"可理解性"的角度看,"存在之作为存在"是本质,是精神性的存在,即"形式"。所谓"可理解性"是指理性所能理解的对象是什么。在新托马斯主义者看来,真正进入人

---

① Jacques Maritain, *The Range of Reason*, New York: Scribner, 1952, pp. 88—89.

② Jacques Maritain, *Introduction to Philosophy*, London: Continuum, 2005, p. 189.

③ Joseph M. Bochenski, *Contemporary European Philosophy*, p. 239.

的理性,为人的理智所理解的不是有形事物的"质料",而是非物质的"形式",即本质。第二,从存在性的角度看,"存在之作为存在"是实体。"实体是一个能够凭借自己,或者由于自己而生存的,并不在个别事物上生存着的事物或性质"①,实体是"自在的存在"。第三,从变化的角度看,"存在之作为存在"是现实。那么,"存在之作为存在"的本质究竟是什么呢?马利坦为其下了一个定义:"本质是一事物的作为可理解性的第一原理的、必然的和首要的存在,换言之,一事物作为可理解的,它必然的和首要的是什么。"②

新托马斯主义所谓的事物"首要的"或"必然的"性质不是事物本身所固有的、客观的,不是在事物各种性质中客观、必然起支配作用的性质,而是超出具体的、现实的客观事物之外而独立存在的精神本质、实体。马利坦所谓事物的本质实际上是指关于事物的思想、观念,事物的定义,"本质就是思想对象本身"③。

此外,当新托马斯主义者说从变化的角度看"存在之作为存在"是现实时,他们指形式使质料现实化的作用,也即形式创造存在、作为存在的源泉的作用。在他们看来,任何一个事物之成为一个事物,它之作为一种真实的存在,完全在于形式。所以马利坦说:"质料是对于存在的一种贪欲,没有规定性,这种贪欲从形式得到它的规定性。"④显然,新托马斯主义者所讲的这种形式,是一种超越具体的、特殊的物质事物的精神实体,相当于柏拉图理念中的理念。事实上,当新托马斯主义者提到从存在性的角度看"存在之作为存在"是实体时,他们就把形式、本质作为一种可以独立存在的精神实体。

三、以神为中心的"理智主义"

(一)感性认识和理性认识的关系

1. 认识是灵魂的机能

新托马斯主义者肯定上帝这种精神实体对世界的第一性,因此在解决认识论的问题时必然以上帝的万能作为认识的基础。人的认识能力是上帝赋予人的灵魂的属性,认识过程是逐步发现上帝的启示和意志的过程,认识的界限也是上帝给理性划定的界限。

---

① Jacques Maritain, *Introduction to Philosophy*, p. 224.

② Ibid. p. 200

③ Ibid. p. 192.

④ Jacques Maritain, *Scholasticism and politics*, New York: Image Books, 1960, p. 49.

新托马斯主义者像其他神学家一样把人的意识活动当作是灵魂的机能，灵魂必然是不朽的，且可以离开肉体而存在。人的肉体就不过是人的灵魂的暂时寓所，人的灵魂不依赖于肉体。波亨斯基说认为，虽然精神性的灵魂是身体的形式，但它凌驾于质料之上。当然，灵魂也是不朽的，因为它是非物质性的东西，不可能随着死亡而消解。① 而作为现实的人，灵魂总是同其肉体联系在一起。马利坦就说道，灵魂和物质是同一个东西，一个称为人的独一而统一的实在的的东西的两个实质的联合的原理。② 新托马斯主义者甚至装作不违背一般的常识，他们承认包括自己在内的所有人的身体都是由其父母所生，是由摄取营养来维持生长，只是他们又认为灵魂是非物质性的东西，所有灵魂不能像肉体一样由父母所生，因此非物质性的灵魂的起源的唯一解释是就是由上帝创造的。这里有个先后关系，灵魂是上帝早就创造好的，在人出生之后才把它结合到人的肉体之中。正是由于灵魂置于身体之中，才能使人成为人、人获得个性，使人成为理智的、能够认识周围事物的生物，使人"拥有尘世间最充实的存在"。因此新托斯主义必然把人的认识置于对上帝的信仰之下。

正因为新托马斯主义认为人的认识是不死的灵魂的机能，被当作认识对象的尘世间的一切都是由精神性的形式所决定，所以人的认识就是精神性的灵魂对具有精神性本质的对象的把握过程，即从精神到精神的过程、纯思辨的过程。

2.理性认识和感性认识的联系

新托马斯主义者认为，人之所以为人是由于人具有理智。按照亚里士多德的形式与质料统一的学说，人也是由形式和质料组成的，人的形式就是灵魂，灵魂具有理智或理性。但是灵魂必须与躯体结合在一起，而躯体具有获得感觉的器官。因此，在人的身上就有理智认识和感觉认识这两种认识能力，也就是我们所说的理性认识和感性认识。

理智认识和感性认识具有明显区别，前者的形式是观念，后者的形式是感觉和影像，二者所把握的对象不同。感觉认识指向个别事物，观念直接认识到的东西是普遍的。不过理智虽然重要但离不开感觉，虽然理性知识是共相的知识，但是要获得共相的概念非经过感觉不可。"我们的一切认识都从感官开始。""我们除了通过与事物直接接触的感官以外，是没有别的办法

---

① Joseph M. Bochenski, *Contemporary European Philosophy*, p. 243.

② Jacques Maritain, *The person and the common good*, Indiana: University of Notre Dame Press, 1960, p. 26.

从事物引出观念来的。"①

从表面上看,新托马斯主义者强调感性与理性之间的密切联系,然而进一步考察会发现他们最终仍把人们的认识引向了信仰主义。第一,新托马斯主义在观念的起源问题上不同于感觉主义,也不同于天赋观念派,而是介于两者之间。不过新托马斯主义虽然承认观念发源于感觉,理性认识依赖感性认识,但感性认识仅仅涉及物质性的具体事物,它所得到的认识是个体的知识,而理性认识在时空现实性方面克服了具体的、单一的东西的感性局限性,可以获得普遍的观念。因此感觉的对象是没有一般内容的个别,理性的对象是没有个别内容的一般,理智中的东西同感觉经验中的东西没有任何相似之处。第二,他们否认物质世界不以精神为转移而独立存在,否认社会实践在认识中的决定作用,否定了认识的客观来源,并割断了感性认识和理性认识的现实关系。

(二)理智之光和天福之见

新托马斯主义者既然完全割裂了感性认识和理性认识之间的关系,否认了一般观念从感性表象"影像""提炼"出来,那么又是怎样维持理性的东西是从感性"抽象"而来的这种外表呢? 他们把这种"抽象"活动归结为"一种特殊的能力"(能动的理智),即理智之光。但是,理智之光所能认识的只不过是事物的本质,事物的本质还不是最高的本质,要想认识决定事物本质的那个最高本质,就必须要实现认识的第二次飞跃,即"天福之见"。

1. 超越感性的"理智之光"

在新托马斯主义者看来,理智认识所要把握的是共相,它是"抽掉了个体性的物之为物",即对象的本性、本质;然而,理智从感觉影像中抽取观念的活动并不是从个别上升到一般,从个性中概括出共性的活动。相反,在抽象中"作为影像的影像一丝一毫也不进入观念里来",观念并"不是什么对感觉或影像进行组合或提炼的结果"。② 换言之,这种"抽象"活动并不是加工、提炼感性材料的活动,也不是以往哲学家们所谓的抽象活动。

新托马斯主义者为了解释其所谓的"抽象"过程,不得不设定一种更高级的能动主体,亦即逍遥学派所谓的"能动的理智"(理智之光)。这种理智或光可以从以下几个方面理解,一是使人们能够从对象中"抽象"包含于对

---

① Jacques Maritain, *The person and the common good*, Indiana：University of Notre Dame Press, 1960, p. 171.

② Ibid.

象中却又潜藏着的东西,对象的"存在之作为存在"、精神本质;二是把这种"形式"、精神本质印在理智之上,创造出理智的对象,它们在理智认识时便是观念;三是在这个过程中,感觉的影像被宣布"永远不能"把包含在对象里的形式、本质揭示出来。感觉的作用是通过它关于对象的影像而把对象呈现于理智面前,让"能动的理智"直接去把握这种形式、本质,感觉在此起媒介作用。

由此可见,这种理智之光作为一种机能,源出于人所赋有的精神性的灵魂,是一种先验的能力。同时新托马斯主义者又把理性的抽象活动解释为类似于 X 光的穿透活动,理解为把精神性的、非物质的共相、"形式"从感觉认识的物质性成分中解放出来的活动,就是把统一的认识的过程的两个阶段——感性认识和理性认识割裂开来,把感觉和理性看作是分别由人的肉体和灵魂产出的两种截然相反的认识能力。换句话说,人们只要有了"能动的理智",就可以直接地认识事物和整个世界的本质,不需要什么社会实践,也不需要什么对感性材料进行加工制作。最后,感觉作为一切认识的来源,以及感性认识与理性认识之间的关系,均被这个理智之光取消了。

2.超越理性的"天福之见"

新托马斯主义者认为,感性可以认识物质性的、具体的东西,理智之光能够把握事物的本质。但事物的本质还不是最高的本质,最高的本质是决定着各种事物本质的"存在之作为存在",理智之光所认识的事物的本质只不过是对它的"分有"。况且,理智之光也是源于这个最高的本质,所以要认识这个最高的本质,就要有认识的第二次飞跃,新托马斯主义者称这种认识为"天福之见"或"宣圣之见"。

作为万事万物的最高本质——上帝,对它的这种绝对的、无限的存在,既不能靠感性认识来感知(因为上帝是一种与感性本质相割裂的存在),也不能依靠理智之光来把握(因为理智之光只能达到现象界的真理),这就意味着只能靠"天福之见"或"宣圣之见"来达到。所谓"宣圣之见"就是指一种"人神相融"的神秘直觉。这种直觉是一种很单纯的见解,高于任何理智的推理和证明,是"不可定义的","只能近似的加以叙述和暗示"。新托马斯主义者认为,只有通过这种神秘莫测的直觉,才能"和神相见"。"和神相见是一种这样不能传达给别人认识,甚至享有真福的人的灵魂都不能用内心语言表达给自己,和神相见乃是同神的最完美的、最神秘的、最神圣的融为一体。"①但是，新托马斯主义者认为，要想达到与神相见，首先必须要获得上帝的宠爱，即所谓的"圣宠"。"如果不借助于圣宠，就不能达到一种完全的、毫不掺杂错误的哲学智慧。"②人如果得到了圣宠，那么人的灵魂就可以与上帝相通了，由此获得"圣灵"，人就可以直接接受上帝的感召，与上帝的心融合为一了。只有这样才可以突破原有的知识局限，从而达到无所不知。不过马利坦自己也承认，"这是十字架上的智慧，对于纯理性的智慧来说，这是一种疯狂。"

四、以神为中心的"人道主义"

(一)天国和尘世

新托马斯主义者区别了个体与个人（个性），认为人是灵魂（形式）和肉体（质料）的结合，其中个性指人的灵魂，个体则是人的肉体。个人或个性是自由的，不依赖任何物质事物，也不服从任何物质的、自然的规律。马利坦说，个人的"整个存在就靠着灵性的灵魂的生存而继续生存下去，而这个具有灵性的灵魂，在我们身上是一个创造性的统一、独立和自由的本源"。③ 至于人的个体或个体性，因为是物质的东西，所以没有独立存在的意义，它们只不过是一种靠不住的单一性而已。④ 新托马斯主义者关于人的精神生活和物质生活、人的彼岸世界的幸福和现世的行为准则的议论，正是以人的个性和个体的这种区分作为出发点。他们认为，既然人可以作为个性、人格的人，也可以作为个体的、物质的人，那么人的生活和行为、人的道德标准也可以沿着这两个不同的倾向发展，其结果会大不相同。一个人如果把自己当作是现实的物质世界的人，处于一定物质生活条件、社会关系下，追求某种现实的物质目的，那他就会成为一个"可憎的"人，会不择手段为自己的目的去"争夺"。这样势必使自己失去人的"本性"，这样的人是没有任何真正幸福和道德可言。相反，如果人们把自己当作一个有"灵性"的人，把自己当做人格、个性，那就能摆脱世俗的物质生活的约束，使自己直接与神相通，获得真正的永恒的幸福，这个人就是一个有着英雄和圣人品格的高尚道德的人。

---

① Jacques Maritain, *The person and the common good*, p. 12.
② Jacques Maritain, *The Degrees of Knowledge*, London: Cambridge University Press, 1959, p. 567.
③ Jacques Maritain, *The person and the common good*, p. 28.
④ Ibid. p. 27—28.

新托马斯主义企图通过宣称作为个体的人和作为个性的人两相统一而使天国和人间建立联系。马利坦认为个体和个人是同一个东西，其中自然蕴含物质性。因此，新托马斯主义者坚持他们并没有鄙视现世的物质生活，不是禁欲主义者，所谈的精神幸福不排斥物质生活的幸福。不过新托马斯主义者关于精神生活和物质生活、天国和人间的统一是以肯定精神生活、天国第一性为前提，他们把与神相通的"灵性"的个性、个人看作是真正的实体，不依赖于物质的个体；而物质的个体是非存在，是以精神的个人为前提的。正如马利坦所说："正是要向着个性归顺，个体性才是好的。"①

（二）以神为中心的人道主义

基督教一向把天国幸福和尘世苦难及人之间的"爱"的伦理道德说教当作社会政治问题的出发点，新托马斯主义者也声称伦理与政治经济因素相比具有更为决定性的作用。

马利坦强调，伦理学是以"人的最后目标（绝对幸福）"为目的的时间哲学或道德哲学，②他说托马斯派伦理学主张人应趋赴超自然的最后目标即上帝。人必须以这个最高目标来调节自己的行为，除了道德生活中的各种关系。可见，马利坦所谓的"最高幸福的伦理学"是以归顺上帝为人的最高目标的宗教道德信条。"以神为中心的人道主义"自然就成为了这种宗教道德的具体体现。相反，"以人为中心的人道主义"是不足取的，它以人道反对神道，强调现世的物质幸福，以"功利"为最高原则，在脱离上帝的情况下寻求恢复人的地位，结果就会使人对神圣的"爱"失去感觉，造成人本身的分裂和隔阂，失去了人性和人的尊严。尤其是这样的人道主义观，使人陷入不幸和痛苦，贫穷、嫉妒、挫折等情绪，使人类社会面临冲突、危机，甚至毁灭。因此，新托马斯主义者提出的根本方法就是皈依上帝，使"神圣的事务"和"人类的事务"一同进行。

这种新的人道主义可以协调已经分裂的世俗和神圣的东西，使人遵循上帝的指引，"朝着实现神性，朝成为神的方向前进"。换句话说就是，它承认人的非理性部分，使它服从理性，同时承认人的超理性部分，使理性受其

---

① Jacques Maritain, *The person and the common good*, p. 39.

② 要回答人的最后目标或绝对幸福是什么？人应当以怎样的行动达到这个目标？当然，各类道德体系回答差别各异，如快乐主义、功利主义以快乐、功利为最后目标，亚里士多德、康德以人的美德为最后目标，但这两种道德体系都以"某种被创造的东西"为目标，人被贬低，因为"人的伟大"恰恰在于他以人自身以外的"非被创造的幸福"为"唯一目标"。

鼓舞,使人敞开胸怀接受神性降临。

在新托马斯主义者眼中,既然上帝是人行为的最高道德原则,归顺上帝是人的最终的和绝对的目的,每个人的道德行为、生活思想都是通过与上帝接触而实现的,那么人与人之间的各种关系,人类社会的形成、发展以及各种社会政治制度的更替,都只能是通过与上帝的接触才能实现,并以对上帝的归顺为最后的、绝对的目的。所以,新托马斯主义者认为,历史上的"一切实践都是按照上帝意旨或恩赐发展着的,上帝在历史中实现自己的目的……上帝是历史的真正主宰"。[①]

第三节　人格主义

一、人格主义的缘起与发展

人格主义(personalism)作为现代西方宗教哲学流派之一,形成于19世纪末,一直以美国为中心,20世纪30年代出现于法国,后在西方其他国家也有理论活动,但影响不大。

"人格主义"一词出自拉丁文"persona",有人格、个人等含义,基督教神学家往往从人的道德价值和尊严、人的存在即实在性的意义上使用"人格"一词。"人格主义"作为一个哲学概念,于18世纪末出现在德国的歌德(Johann W. Von Goethe)和施莱尔马赫的著作中,19世纪60年代美国的惠特曼(Walt Whitman)和阿尔科特(A. B. Alcott)在其著作中也已采用,不过他们尚还没有将人格主义构造成一种哲学理论体系。这种体系到19世纪末20世纪初才出现,先后有法国哲学家勒努夫耶(C. B. Renouvier)的《人格主义》、德国哲学家斯特恩(W. Stern)的《人格和事物》提出"批判的人格主义"。后来美国哲学家鲍恩(Borden P. Bowne)在其《人格主义》对自己从19世纪末以来所建立的哲学理论作了系统的论证和总结,并称之为人格主义,创立人格主义哲学流派。

美国人格主义发展中,与鲍恩大致处于同一时期的哲学家霍维森(G. H. Howieson)对理论的形成起了推动作用,他认为真实存在的东西是心灵,每一心灵都是自由的、能动的,其根源在于自身之中;每一心灵又是心灵王

---

① 全增嘏:《西方哲学史》(下册),上海人民出版社1983年版,第734页。

国中的一员，它们由共同的理想联合起来，这个共同理想的人格化就是上帝。第二代美国人格主义的主要代表是鲍恩的学生如弗留耶林（R. T. Flewelling）、布莱特曼（E. S. Brightman）等，他们都是多元人格主义者，而霍金（W. E. Hocking）则受到绝对唯心主义的影响，反对把上帝（绝对）仅当作是众多的有限自我的表现，强调它具有超验的本质，因此称其为绝对人格主义。当代美国人格主义代表人物有伯托西（P. Bertocci）和沃克迈斯特（W. H. Werkmeister）及贝克（Robert N. Beck）等人，他们或对人格作了较广义的解释，认为人格除了心灵的机能外，还包括肉体的机能，试图使人格主义具有心理学、社会学和自然科学的色彩，或者着重用人格主义观点研究社会和法律哲学。自 20 世纪 60 年代以来，人格主义虽然仍在美国继续活动，但已然不是美国最主要的哲学流派。

法国人格主义创始人是天主教哲学家 E. 穆尼埃（E. Mounier）以及拉克鲁瓦（Jean Lacroix），他们于 1932 年创办《精神》杂志，试图把人格主义当作一种主张社会改造的哲学。比如，穆尼埃把个人的人格当作道德的基础和社会的动力，认为社会的革新应以个人的精神革新为条件，不过个人的存在应以他人的存在为前提，他们企图用基督教人道主义"补充"马克思主义，以所谓人格主义的革命代替无产阶级的社会主义革命。

二、人格主义的理论共性

人格主义的不同代表人物各有其理论特色，不过他们之间还是有众多共同之处。一是认为人的自我、人格是首要的存在，整个世界都因与人格相关而获得意义。二是人格具有自我创造和自我控制力量的自由意志。三是人的认识是由人格内在决定的，为了认识实在，只能凭借直觉即人格的内在经验，不能凭借概念和推理。四是虽然每一人格独立自主，但都是有限的，它们朝向至高无上的、无限的人格即上帝，上帝是每一有限人格的理想和归宿。五是人格作为一种道德实体，其内部存在着善与恶、美与丑等不同价值的冲突，这种冲突是一切社会冲突的根源。为了解决社会问题，就要调节人格的内部冲突，促进人的精神的自我修养和道德的再生，这就必须信仰上帝。

人格主义者一般不强调自己哲学的独特性，承认它是旧的思维方式的新名称。他们把哲学史上所有强调或承认人、自我、主体作用的哲学家都当作自己的先驱或同道。对他们产生了较大影响的除基督教神学外，主要是莱布尼茨的单子论、贝克莱（G. Berkley）和康德的唯心主义、洛采（R. H. Lotze）的目的论。在现代西方哲学中，他们与绝对唯心主义、实用主义和柏格森等人的哲学均有密切的联系。

由于人格主义思潮中以美国人格主义最具代表性，因此这里主要探讨以美国为代表的人格主义哲学。

三、人格是世界的本原

人格主义与弗洛伊德主义和存在主义等其他人本主义哲学流派一样，强调哲学研究的对象不是物质世界而是人或自我。只是人格主义所说的"人格"不是弗洛伊德那样把"自我"归结为一种"欲望"即无意识的性欲冲动，也不是存在主义的盲目"意志"，而是能够支配、控制和调节自我的"欲望"、"意志"和"情感"精神的或道德的主体。鲍恩说："我们有思想、情感和意志，这是属于我们自己的；我们还有一种自我控制的手段，也就是自己支配自己的力量，所以在经验中我们知道有个'自我'和相对的'自主'。这就造成我们的真正的人格。说得更确切一些，这就是'人格'的意义。"①

（一）人格释义

人格主义把人格当作世界最真实的存在，是一切事物的基础和本源，从人格出发来解决一切哲学问题。它是一种具有自我意识的和有自我控制能力的，具有感觉、情感、意志等技能的主体。这样看来，人格主义就把自我的"人格"归结为与物质毫无关系的纯粹精神实体，自我的"人格"与自我的躯体及人们活动于其中的物质世界相对立。

鲍恩就曾指出，自我的生命，即人格是与物质及其运动无关的。如果有人把这种活动的生命归结为物质及其运动，那是荒谬的；如果有人用物质及其运动来解释，那也同样是荒谬的。② 由此，人格主义者的人格归根结底只是自我的"幽灵"。在如此明显的人格第一性的背景之下，我们的躯体以及我们活动于其中的物质世界又是从何而来呢？人格主义者的回答是，世界上存在的一切都是人格或者人格的表现。物质世界、自然界并不是人格以外的东西而是由人格所派生的，都是第二性的，也即布莱特曼所说的"自然存在于心中，而不是心存在于自然中"，"一切事物都是精神上的"，"它们仅是心的存在，或仅是由于心而存在"，因而"假设非心的物是没有任何意义的"。换句话说，离开人格，离开精神与思维，就不可能有真正的存在。

与贝克莱的"存在就是被感知"相比，人格主义在论证人格派生世界万

---

① B. P. Bowne, *Metaphysics: A Study in First Principles*, Kessinger Publishing, 2004, p. 102.

② B. P. Bowne, *Personalism*, Biblio Bazaar, LLC, 2010, p. 318.

物时,特别强调人格的能动创造性,主张把人格看成是一种具有积极创造性的力量。同时,还特别强调其所指的人格是一种情感、意志的力量,主张从个体的情感和意志出发来解释逻辑。可以看出,在人格主义哲学中,人格是世界的本原,是第一性的;物质是人格的派生物,是第二性的。

(二)上帝是人格世界的主宰

在人格主义者看来,人格是宇宙间唯一的实在,被当作是"自我",因此只有自我才是唯一的实在,自我、人格之外都是现象。不过,在有限的自我的人格之外,另有无限的上帝的人格存在。人格主义在论证上帝存在问题上,利用了莱布尼茨的单子论作为其理论依据,莱布尼茨甚至被布莱特曼称为"近代人格主义的创始人"。① 人格主义效仿莱布尼茨的单子论,把莱布尼茨的单子变成了"人格"。

人格主义者认为,他们的自我、人格也是复数的,并且每个自我、人格都是有限的、各自独立、完全自由的。这些自我、人格及各自孤立的经验世界之所以能够协调起来,有共同的依据或秩序,正是因为上帝。与莱布尼茨一样,人格主义证明上帝是相对于有限人格的无限人格,上帝在创造个人的人格时,对孤立的人格做了全面的道德秩序的安排,从而使得各个人的人格能够相互协调,和谐一致。在人格主义者看来,有限的人格是以无限的人格为源泉、基础,依赖于无限人格,是无限人格的体现。弗留耶林说,"世界上的任何事物,以及相互关系都来自神的意志的统一。"既然有限的人格和相对于它们的经验世界都是以无限的人格为源泉、基础,那么这些有限的人格虽然都是自我,都是相互独立的、自由的,它们也是能够共存,共同服从于无限人格的思想或计划,能够协调一致。同时,由于有限的人格和无限的上帝的人格,本质上都是精神性人格,因而这两者也是相通的。由此,人格主义认为自身的这种理论克服了传统的唯物主义所主张的物质世界可以脱离自我的人格而独存的片面性,也克服了传统的唯心主义所主张的物质世界凭借

---

① 莱布尼茨的单子论认为,世界是由众多的客观的精神性实体的单子构成,它们是唯一的实在,是世界的基础。单子无限多且每个单子都有自由意志,各自独立,互不依赖,不服从任何客观规律,具有内在的能动性而各自运动。为了把这些相互孤立的单子调和起来,莱布尼茨求助于上帝,认为上帝也是单子,是世界上唯一最高的单子。上帝是无限的单子而其他单子都是有限的单子,有限的单子以无限的单子为源泉,并且服从于无限的单子。正由于上帝这个全知、全能、全善并无限的单子的存在,才使得其他那些独立的单子彼此之间协调,也正是无限的单子在创造有限单子的时候预先做了全面安排,这些独立的单子间才能如此和谐一致,即所谓的"前定和谐"。如此便建立起了以上帝为主宰的单子的世界体系。

自我的主观意志而转移的片面性,进而成为超越两者之上的真正哲学。

四、真理的标准——经验的一致性

人格主义者非常强调经验的重要性,认为认识始于经验,经验是认识的起点和基础,是检验真理的标准。鲍恩认为,经验是一切生存和思想中的首要的东西,一切理论工作都必须从作为其基础的经验出发,必须返回来由经验"证实"。"一切关于实在的思想必须根植于经验之中,离开经验,我们就不能肯定我们的概念是否代表任何现存事实。"①由此鲍恩称之为"先验的经验主义"。布莱特曼强调经验是人格所内在的。世界的人格结构就是一个经验结构,它不依赖人格以外的即非心的物质世界。如果认为外部世界、自然界是经验以外的东西,那不仅得不到证明,而且会使人们无法思考经验和非经验、心和非心之间的相互关系。因为在他看来,经验和非经验、心和非心之间的关系只能是人格、经验内部的关系。如果引进一个经验即心以外的世界、自然,那就无法了解它们之间的关系了。总之,在经验中,不可能有关于经验本身、人心之外的客观对象的内容。然而,人格主义并不是完全同于莱布尼茨等人的主观唯心主义。人格主义者否认经验是主观自生的,而认为经验是具有不以人的意志为转移的客观性的。原因在于经验不仅是自我的人格所派生的,同时它也是上帝的人格所派生的,上帝给予了经验世界不以人的意志为转移的秩序。

在对真理问题上,人格主义者认为,既然认识是心灵内部的过程,无关于外部世界,那么认识的正确与否也就是真理的标准就不在于它是否与外部客观对象相符合,也不在于客观的实践,而应该在于人格本身,即主体意志、目的。由此看出,人格主义采用实用主义真理论的基本原则。经验虽然不随人们的主观意识而产生,但却能够被人的主观意识"创造",人们能够根据自己的意志把凌乱的、繁杂的经验材料组合成各种经验事件。由此,伯托西认为判断真理的标准是"增长的经验的一致性"。

五、人格主义的社会伦理

人格主义在社会政治问题上强调尊重人格、个性,尊重人的自由,注意人的生活问题,进而他们标榜自己的哲学为"自由哲学"、"生活哲学"、"人的哲学"。弗留耶林声称人格是至高无上的价值。在组织社会时,应当使每一

---

① B. P. Bowne, *Personalism*, p. 303 & 104.

个人都有体力、智力和精神上的自我发展的广泛机会。布莱特曼也认为，一切价值都是存在于人、属于人，个人的尊严是一种内在的价值，没有别的价值可以与之相比。

人格主义者们认为，人类社会的生活基础是个人的自我人格，整个世界的人格结构就是一种以人格为精神实体的伦理结构。个人的人格是绝对自由的，这种自由是促进社会进步发展的动因，所以社会必须尊重每个人的人格和自由，决不能阻碍它们的自由发展。同时，人格主义者还认为，上帝在创造各个人的自我人格时，还赋予它们和谐一致的道德秩序，其具有至高的价值，是社会和谐与协调的基础。如果没有这种秩序，社会就会陷入混乱。鲍恩说："有组织的社会形态是一种有道德目的的机构。不论个人是如何自私，如果没有一种以道德观念为基础的社会秩序，他们就不能共同生活。"①

当然，人格主义者认为当前资本主义社会的种种矛盾、冲突的根源不在于制度本身，而是由于伦理观念的减弱和社会道德的丧失才导致自由平衡的破坏和人的价值和人格的丧失。因此，他们提出的解决方法就是"道德的再生"、"道德的自我修养"，使每个人的自我人格日趋完善，使其达到一种最高的、与作为最高的人格的上帝融为一体的境界。如此一切都获得均衡，社会的一切矛盾和冲突也都会消失，而教育、文化和科学的培养目标就在于达到完善道德，达到最高人格。正如弗留耶林说，"人格主义以为教育的主要目的就是创造人格的价值，这个体系中的价值包括对人的全面的培养，使人能够最透彻地了解生活、历史、文化遗产、自我修养、道德和宗教的意义。"

第四节　生存主义

生存主义宗教哲学是现代西方宗教哲学的代表性流派之一，它主要利用了存在主义对人的分析所形成的主题及其开启的人之边缘化生存的处境，来揭示一种神圣存在或超越个体此在生存状态的可能性，从而找到从"无家可归"的哲学沉思转向"信仰期盼"的神圣之路。因此，生存主义的理论特色在于借助于存在主义的生存处境的分析方式重新揭示终极关怀的本体信仰之必然、可能和方式。生存主义宗教哲学的代表人物有布尔特曼（Rudolf Karl Bultmann）、蒂里希（Paul Tillich）、麦奎利（John Macquarrie）

---

① B. P. Bowne, *Philosophy of Theism*, Kessinger Publishing, 2006, p. 220.

等,蒂里希被认为是生存论宗教哲学的集大成者,他是一位新教神学家、新正统神学家、新保罗主义者,经常被认为是存在主义神学家,甚至被视为美国存在主义者的代表人物。

一、现代生存主义的产生与发展

人不仅存在着,还要为自己的存在找到足够的理由,赋予自身的存在以充分的意义,这种"形而上学"欲望一直是西方哲学家探求哲学的最深层动机。从亚里士多德开始,这种追求一直就没有停止过,恰如雅斯贝尔斯所说,"什么是理性呢? 理性是一种冲动,一种无限表明我们自己以及想与一切事物相通的冲动"。[①] 由此,理性的巨大成功使人对它的崇拜胜过对上帝的爱。

然而,当理性和技术的联姻使世界出现了机器统治人、战争毁灭人时,无论是马克思的政治经济学批判还是尼采的"上帝死了"的呐喊,都未能扭转人之异化的局面。从帕斯卡(Blaise Pascal)到海德格尔都极力呼吁放弃"奴隶统治的形而上学",关注人自身的生存。就像舍勒(Max Scheler)所说,真正的哲学认识过程并不是在知性的意识过程中发生的,人格的最内在的核心以爱的方式参与事物的本质就是精神获得原始知识的哲学态度。[②] 哲学不过是怀着乡愁的冲动到处去寻找家园,哲学即是"哲学家的家园"。在他们看来,哲学提供了哲学家生存之依据,哲学成为哲学家生命的写照。事实上,哲学家们不仅在自己的哲学里构建了自己的家,而且为所有人找到了精神家园。弗洛姆(Erich Fromm)将"生存"和"占有"看作是生存的两种对立的方式,按他的考证,"生存(being)是指一种生存方式,在这种方式中不占有什么,他心中充满欢乐和创造性地去发挥自己的能力以及与世界融为一体"。[③] 这样的生存显然是人的价值中固有的生存之义。

现代西方哲学向现实生活世界转变的脉络并不清晰,相比较而言,只有海德格尔直面现代哲学在生存论问题上的晦暗,才真正开启了现代性哲学生存论的至思取向和理论路径,体现了他对生存被"世界图像"所笼罩之下深透的感悟,以及对人的生存之厚重的忧思。在这样的状况下,其结果便是"由于为存在所要求和规定,存在者之觉知归属于存在"。人即此在,同等于

---

① W.考夫曼:《存在主义:从托斯陀耶夫斯基到萨特》,商务印书馆1987年版,第152页。
② 施太格缪勒:《当代哲学主流》,商务印书馆1986年版,第131页。
③ 埃里希·弗罗姆:《占有还是生存》,生活·读书·新知三联书店1989年版,第22页。

其他存在者,都归属为存在,只不过人作为能觉知存在者而存在。[①] 在海德格尔的理解中,人的存在是一种本真的存在,是将存在指向人的生存的存在。人与世界融为一体,人与世界都归属于存在。人处于自身的无蔽状态,即作为觉知着存在的敞开性之中,这正是希腊原始的生存之境。海德格尔从西方传统本体论哲学中找回人的本质。可以看出,20 世纪哲学的显著特征之一便是使人的思想朝向人类生存本身,即现实生活世界,这些指向生存论维度的表现为生存主义、意志主义、现象学、生命哲学、解释学乃至于实用主义与过程哲学等等,而在宗教哲学中,如前文所述,主要以蒂里希等人为代表。

二、蒂里希及其生存主义

(一)蒂里希其人

蒂里希是美国基督教新教神学家、哲学家,他的思想既有现代的存在主义思想,也有带着传统色彩的基督教新教思想。除了"蒂里希"一名外,"田立克"是经他本人选择出的作为其中文名字,尽管与德语原音差异较大。

蒂里希 1886 年出生于德意志帝国勃兰登堡,先后就读柏林大学、图宾根大学、哈雷大学,1911 年于布雷斯劳大学获哲学博士学位,隔年取得哈雷大学神学博士学位。第一次世界大战期间任德国随军牧师,战后参加宗教社会主义运动。1919－1933 年间先后在柏林、马堡、德累斯顿和法兰克福等大学任教,讲授神学和哲学。1933 年因批评纳粹运动被迫移居美国,1940 年入美国籍,相继任教于纽约协和神学院、哈佛大学、芝加哥大学等,1965 年逝世于芝加哥。

总体上看,蒂里希的神学介于自由主义神学与新正统神学之间,主张从哲学及各种人文科学角度研究神学问题。他的思想发展受德国古典哲学特别是谢林的自然哲学和自由思想的影响。作为美国颇有代表性的存在主义哲学家,他努力以哲学的本体论方法寻求上帝的实在性,信守路德宗因信称义的教义,但是反对将其局限于罪人如何见容于圣洁的上帝这类宗教问题,主张以该教义作为指导人的理智生活和一切经验的原则。蒂里希力图用"关联法"使圣经的信息与各时代的文化背景联系起来,令人们关心其自身存在的问题。他还认为,一切学问都能引导人去认识上帝,并宣称人类历史

[①] 李国俊、刘秀岩:《生存论论域的现代性及技术理性批判》,《自然辩证法研究》2010 年第 1 期。

发展经历了三个阶段,包括他律阶段,即律法管制着人的存在意义,压抑着个人的自由,迫使人起来反叛律法;自律阶段,即人推翻了律法而成为自己的主宰,但失去了存在的意义;神律阶段,即神看到人失去了存在意义后,便设法与人和好,将新的律法放入人心之中,使之成为新造的人,且获得存在的意义。人类通过这三个历史阶段而归向"自有、至尊的上帝"。他采用辩证的方法重新解释基督教义,主张神学和哲学应从与科学、艺术、精神病学及其他学科的对话中寻求发展。蒂里希的著作主要包括《系统神学》(1951—1963)、《科学的体系》、《教会与文化》、《新教的时代》(1948)、《生存的勇气》(1952)、《爱、权力与正义》和《信仰之动力》(1957)等。

(二)终极关怀

蒂里希曾说,"神学从存在主义那里收到了丰厚的礼物,五十年甚至三十年前不曾梦想到的礼物"。[1] 在他看来,存在主义是一种对于生存处境的真实描述,因为现实的人生的确如他们所观察到的那般。然而,在有神论存在主义者视域中,真正要紧的并不是一再强调人类存在时与生俱来的那份焦虑或虚无感,而是人类是否能够对此困境有所回应。蒂里希称那些人类所从事以证明人生具有价值的尝试为"存在的勇气",比如道德观、禁欲主义、犬儒主义等,它们都是人类面对虚无人生处境时所选择的回应态度,而这些内省的态度证明了人类具有某种高于动物性的特殊品格,这种品格被蒂里希称为"存在的勇气"。同时,蒂里希称那些人类对于道德的、伦理、品德的追求为一种"关怀",宗教是一切关怀中的极致,因为它最抽象,需要最大的勇气去跨越理智的界限,故名之为"终极关怀",而基督教——尤其是新教乃是"终极关怀"中的最大者,因此是人类所有回应中最好的一个。

事实上,蒂里希对终极关怀有过许多阐述,比如《系统神学》中终极关怀是人的存在及其意义,他说"人最终关切的,是自己的存在及意义"。[2] 在《文化神学》中,他的终极关怀则是人类精神的基础,其文化表现形态就是宗教,因为宗教指向人类精神生活中终极的、无限的、无条件的一面,它居于人类精神整体中的深层。在《新存在》中,蒂里希指出,新存在即新的创造物是我们的终极关怀,是人类生活的拯救与更新。

具体说来,从人类存在的意义上,终极关怀指整体的、无限的、最终的、普遍的人文关怀;从个体存在的意义上,终极关怀指的是人对自身存在及其

---

[1] 约翰·麦奎利:《20世纪宗教思想》,高师宁、何光沪译,上海人民出版社1989年版,第462页。
[2] Paul Tillich: *Systematic Theology*(Vol.1), University of Chicago Press, 1951, p.14.

意义的关注和思考,并在深刻思考基础上所作的生活实践。人对终极关怀的思考表现在人对思想深度的追求上,人对终极关怀的实践则体现在人对"新存在"目标的追求中。不过这里并没有排除人的精神关切,而正是这样的关切才是迫切性的,带有终极的意义,如果这类关切可以作为生命的深度,表现在生命的创造性方面,如生活道德,它就可以表现为良心的无条件的严肃性,在科学领域,它表现为对真理的热情而毫不畏缩的追求。①

终极关怀是人们不能随便超越和选择的,"关怀"一语意味着体验的"生存的性格",终极的事项只有采取终极的态度才能获得。它是我们完全投身的对象,当我们注视它时,要求我们放弃我们的主体性。同时,它又是激发无限的热情的关心者,当我们要将它作为客体时,它反而使我们成为它的客体。② 因此,终极关怀可以被视为人对自身生存价值的思考,是整体的、无限的、普遍的人文关怀,它与偶像崇拜相对立,偶像崇拜是人们将权威、金钱、名誉当作最高价值加以无限追求的现象。而面对生活中的"有限性"和"无意义",终极关怀表现为存在的勇气。

(三)宗教对话

蒂里希的宗教对话思想主要体现在他的《基督教与世界诸宗教的相遇》一书中,这是他 1961 年在哥伦比亚大学的四篇班顿讲演(Bampton Lectures),概括起来就是"非皈依,但对话"。

宗教间的"非皈依"可以理解为不同宗教不能相互皈依,也可理解为不是一种宗教皈依于另一种宗教。前者指一种宗教对于另一种宗教的信徒,通过对话是不能使他皈依到引起对话的宗教中。后者则是说在对话中不同宗教对话的目的不是使一方皈依到另一方。也就是说,宗教对话的目的是"非皈依",或宗教对话"不能"也"不是"以皈依为目的。蒂里希的皈依一方面指从缺乏(或说隐而不现)终极关怀的状态,到开始清楚地意识到终极关怀的存在。③ 另一方面皈依亦可指从一种信仰转而接受另一种信仰,此时,皈依便不具备终极关怀的意义,它可能会具备终极关怀的层次,但是可能无法突破。如果新的信仰具有较纯正的终极关怀,那么皈依才具有实质意义。显然,蒂里希不仅认为宗教对话"不能"并"不是"以皈依为目的,而且反对没有实际意义的、低层次的皈依,因为这样的皈依违背了宗教的本质,即终极

---

① 王珉:《论蒂里希的关怀思想》,《学术月刊》2000 年第 3 期。

② Paul Tillich: *Systematic Theology*(Vol. 1),University of Chicago Press,1951,p. 12.

③ 保罗·田立克:《信仰的动力》,鲁燕萍译,台湾桂冠图书股份有限公司 1994 年版,第 105 页。

关怀。

　　既然宗教对话的过程是"非皈依"的,那么蒂里希为什么又认为"但对话"呢?蒂里希的思路是,正因为各个宗教的"非皈依"性质才决定了他们之间必须通过"对话"这唯一的道路来解决他们相遇的难题。历史已经证明,不论是暴力迫害还是和平游说,都很难使得不同信仰之间相互皈依。不过蒂里希还认为,如果基督教与其他宗教进行对话,那么基督教就必须先评判自己,然后才能评判其他宗教。在此蒂里希指出了宗教对话的两层含义。

　　其一是自我评判。当各种宗教相互对话时,必然会面对宗教间差异等问题,这就需要一个自我评价(判定)的基础。那么基督教的自我评价标准来自哪里呢?蒂里希认为,这一点就是基督教的基础事件,路径就是渗透到这个事件的连续的精神力量中去,这一基础事件就是接受拿撒勒的耶稣为基督,标志着在人类历史资源和全部存在的目的中,起决定作用的是自我显现。这是以基督教的名义评价基督教的标准所必须采纳的。因此宗教对话的目的是认识自我,或者说对自身进行自我评价。其二是评判他者,即自身的价值通常是通过评判他者来表现的。当一种宗教已经认识自己,自身已经拥有严格的体系,成为一种真正宗教时,就会自发地去表现自身的价值。这种表现过程就会与其他宗教形态的团体对话。当然这种对话的表现形式可能多种多样。通过对话,知道他者与自身的差别之后就会用自身的体系和理论去对他者进行评判。

　　蒂里希发现,如果基督教要与其他宗教进行对话,那么就必须判定对话的宗教是否具有活的生命活力。他在访问日本时,每次与佛教徒对话的时候都提出几个相同的问题。一是佛教徒领袖如何处理公众神祇,如何保持他们的生命力,使他们在属灵上仍有功效并能对抗机械化的危机?二是在佛教中有没有任何事件可与改教运动相提并论,有没有团体是与基督教新教可相比较的?其实这两个问题就是《信仰的动力》中所提到的两个判定标准问题。后来蒂里希也承认,他到日本正是要理解佛教有没有真正的力量,他所问的正是佛教究竟是不是一个活的宗教的问题。① 最终,当他离开日本的时候,他意识到佛教是一种活的宗教。

　　蒂里希认为,宗教对话问题是要在一个平台上进行的,这个平台不仅仅基督教存在,其他宗教也应该存在。蒂里希认为有两种因素是各个宗教都具有的,那就是神话(myth)和祭礼(cult),他认为这两个因素存在于任何一

---

① 赖品超:《开放与委身——田立克的神学与宗教对话》,香港基督教中国宗教文化研究社 2000 年版,第 144—145 页。

种宗教中,不论是多神论的宗教还是一神论的宗教。而且他还认为在其他的宗教形式(比如准宗教、伪宗教和种族崇拜等)中,这两种因素也同样存在。由此他认为这两个因素就构成了宗教对话的平台。

(四)人的生存处境

蒂里希的宗教哲学表现出强烈的现实与人文关怀,尽管他依旧在神学的框架中讨论人的生存问题。他以生存论眼光对基督教的"原罪说"重新加以诠释来描述人在当前的生存处境,认为人之现世生存一直处于完全存在和非存在之间,不可能完全实现自己的存在但又处于试图实现自己的种种可能性之中。这种状态表明个体作为有限的存在者处于"异化"和"焦虑"的境地。这种"焦虑"和"异化"就是人从"梦的天真"(存在的本质)转变为有限生存的过程。蒂里希认为人的有罪的"疏远",其特征是不俗、狂妄和纵欲。不信使人的意志背离或脱离上帝的意志,而狂妄是不信的另一面,即转向自己并把自我抬高为自己的世界的中心。[①] 这种疏远必然导致过失、独立和无意义乃至绝望。蒂里希认为两次世界大战就是人之有罪的疏远的验证。

蒂里希声称上帝是存在的基础和根据,它为人类走向本真的存在提供了终极性回答和意义,甚至可以说,上帝乃是存在本身,这与古代晚期和中世纪早期宗教哲学家对上帝的理解基本相仿。蒂里希在其《系统神学》中提出,按照存在论哲学对存在的分析,存在本身就是使存在物得以存在的根据,是不能以对象性的宾词来定义的,故"存在本身"不是我们的言词所能描述。那么存在本身作为决定我之存在与不存在的东西,只能象征性地用来表达上帝,即"上帝是存在本身"。除此之外,"关于作为上帝的上帝,就再也不可能说出什么非象征性的话来"。[②]

蒂里希以基督论来解释"新存在",认为耶稣作为基督乃是新存在的人格化体现。这种信仰之道化身于人世个体之中的奥妙不是理性所能认识的。不过,他又认为"新存在"的含义本身就是充满悖论:基督代表了本真存在恰显现于生存之中,但又不为其有限性所限。"他也曾凡事受过试探,与我们一样,只是他没有犯罪。"一方面,耶稣与世人一样是血肉之躯,在历史上处于神人疏离的状态,因而真切地遭受诱惑与焦虑、贫困与失败乃至死亡

---

① 詹姆斯·C. 利文斯顿:《现代基督教思想》(下卷),四川人民出版社 1999 年版,第 722 页。

② Paul Tillich, *Systemaic Theology*, Chicago: the University of Chicago Press, Vol. 3, 1967, p. 265.

的威胁,但他又战胜了"生存",即他"没有犯罪",展示"道成肉身"的"新存在"。①

蒂里希把耶稣基督作为从疏离到回归与救赎的中介,他认为基督就意味着"新存在"对人的拯救。它对应于作为生存主要特征的疏远状态。在这个意义上,拯救意味着同已疏远者重新结合,给已分裂者一个中心,克服上帝与人之间、人与世界之间、人与其自身之间的分裂。拯救就是矫正旧的存在并转入新的存在。

从整体上看,蒂里希是克尔凯郭尔和巴特(Karl Barth)的追随者,他把存在的概念用在基督教神学,并将存在主义神学导向大众,同时他又推陈出新地表示:现代人必须通过上帝,实现自我,尽管生命是荒谬的。

三、布尔特曼及其生存神学

(一)布尔特曼其人

布尔特曼(Rudolf Karl Bultmann)生于 1884 年,他的家庭有浓厚的路德宗背景,父亲为路德宗牧师,祖父母皆是神职人员。布尔特曼先后在图宾根、柏林、马堡攻读新教神学。于 1910 年凭借题为《保罗书信的讲道风格》论文获得马堡大学的博士学位,并在两年后取得马堡大学授课资格,初时曾任私人讲师,对于马堡大学神学系和哲学系来说。布尔特曼自 1916 年起任教于布雷斯劳(Breslau)大学,1921 年又回到马堡大学,直至 1951 年荣休。不过退休后的布尔特曼仍然活跃,常常受邀至各国演讲,虽然处在希特勒的年代,但教职未受影响,主要原因是他不积极参与政治活动。布尔特曼的著作主要包括《神道与神话》、《原始基督教及其背景》、《历史与末世论》等。

值得一提的是,1923 年海德格尔至马堡大学,在他的巨大身影之下,布尔特曼常被误认为是他的门生,或者布尔特曼的存在主义神学是海德格尔存在主义哲学的产物。然而一个不容回避的事实则是,海德格尔从新教神学中吸收了非常充裕的养分,其中最关键的思想来自布尔特曼,因此二人之间是相互影响的,他们有着共同的旨趣,各自在自己的学科中展开了在思想立场上相当一致的结果,彼此间又发展出一段非比寻常的思想性友谊。②

布尔特曼的生存神学作为 20 世纪神学一大流派,经历了与存在主义哲

---

① 王珉:《当代西方思潮评介》,第 76 页。
② 参阅麦奎利:《存在主义神学:海德格尔与布尔特曼之比较》,成穷译,王作虹校,香港道风书社 2007 年版。

学一起兴衰的历程。布尔特曼本人则是 20 世纪的神学大师,聆听上帝之道的先知。他的神学解释学特征就是对基督教末世论的解神话化,或者说为了使现代人能理解和接受基督教的宣道而对新约神话的语言进行一种存在主义的理解,其本质在于基督论,即末世论的上帝之道启示在耶稣基督的复活之中。

(二)神话解悟

布尔特曼把哲学生存论引入基督教神学研究之中,并提出"神话解悟或解神话化(demythologization)"之概念,他主张新教神学的任务就是要对新约宣道实施神话解悟,亦即对神话作解释学的处理,使新约(耶稣基督)神话背后所隐含的更深层的东西显露出来。此处"解"乃"解释"、"剖开"之意,"悟"乃"领悟"、"明了"之意。换句话说,神话解悟就是剥开神话外壳,领悟其真正含义。神话表达了对人的生存的特定理解。

布尔特曼说,"神话解悟是一种解释学方式,即解释和解经的方法",这种解释乃是"一种生存论的解释"。[①] 这就是说,神话解悟作为释解经文的艺术,是用解释学的方法剖开、剥开新约宣道的"神话外壳",恢复神话背后隐含的更深刻含义,以及恢复不是人格性的耶稣基督而是作为上帝宣道者的耶稣基督,乃是我们信仰对象。因此神话解悟不是彻底否定、取消神话。利科认为,解神话化就是阐释神话,把神话的客观表述同既在其中表现出来、又在其中隐匿起来的自我理解联系在一起。

可以看出,"神话解悟"只是对神话对新约"作生存论阐明"的"否定表达"。因为用解释学的方法揭开新约宣道的神话外壳,从肯定的角度说,就是以生存哲学为理论基础,揭示神话所要陈述的内容以及在《新约》中人的生存是如何被理解的,继而阐明"上帝之言对人的召唤"及信仰产生于人与上帝的"相遇",从而达到"真正地信仰上帝"之目的。在布尔特曼看来,这是神话解悟乃至整个新教神学的崇高使命。[②]

布尔特曼指出,对当今基督教神学来说,指望生活在科学技术高度发展时代并深受科学思维方式影响的当代人接受新约的神话世界图景,接受神人耶稣基督的种种神迹,既无意义也不可能。"无意义"在于这一图景不是基督教的本真图景,在当代即使承认这样一种神话世界图景,承认诸如"天

---

① 布尔特曼:《生存神学与末世论》,李哲汇、朱雁冰译,上海三联书店 1995 年版,第 25 页。
② 李毓章:《关于布尔特曼的神话解悟(Entmythologisierung)——兼析加达默尔对它的某些评论》,方立天主编《宗教研究》,中国人民大学出版社 2004 年版。

堂"、"地狱"之类的说法,又如何呢? 没有多少现代人能把耶稣复活理解成重大事件。而自然主义者和唯心主义者也都把死亡理解为人生的自然进程,而不是对罪恶的惩罚。善者行善,恶者施恶。"不可能"则是因为人们不可能在使用电灯和收音机的同时,在因病而求助于现代医学知识和工具的同时,还会相信精灵和奇异之事,企图原封不动地依靠圣书和僵化的神学来维系信仰。或者我们是否能够通过修订新约的神话世界图景,"更新"神话世界观来维护新约信仰呢? 这也许是善良的愿望,但根本不可能。因为这个神话式的世界图景是神话思维方式的产物,而我们的思维方式都"无可挽回地被科学塑造了"。一言以蔽之,世道变人心亦变,在此情此景下,信仰何以维系? 神学的出路何在?

(三)神话与生存

在神话解悟看来,神话所要表达的人的生存是一种什么样的生存呢? 布尔特曼指出,为了对人的生存有一种明确的理解,就必须"以一种科学的人类学为基础"及以生存哲学为基础。人是有限的、暂时的,死亡是他的必然结局。人的生命就是他的历史,人的现在来自他的过去并通向他的未来。人总是同他人在一起,人从来不是孤立独立自存的人。人不仅有肉体的自我,而且有精神的自我。人的生活有本真的生活与非本真的生活之分。前者是来自不可见的、不可支配的世界的生活,是按照精神并在信仰中生活,它表达了信仰之内人的存在;后者是在世俗的、可见世界中的生活,表达了信仰之外人的存在。人的存在因而亦有本真的存在与非本真的存在之分。只有作为人的本真存在,并承载自己并对自己负责的生存才是人的生存。

与此同时,人有抉择与自由,其信仰上帝的本真生活乃是其选择的结果。人与上帝天生就有一种关联。人在自己对上帝的寻求(这似乎是有意识的或无意识的)之中,就有一种与上帝的关系。对上帝的寻求推动着人的生活,因为人的生活永远是有意识或无意识地受到关于人自身生存问题的推动。人又是在一定处境中生存的人,人生活在一个充满谜团与秘密、困惑与忧虑的世界(自然界和精神世界)之中。人生之旅充满无数不可预计的坎坷和风险,无时无刻不感到"烦"、感到"畏"。当人不是以科学思维方式而是以神话思维方式[①]看待他生存于其中的周围世界时,人就不是自己的主人,相反,人认为世界乃至他自己都是被可见世界之外的、不可支配的东西乃至

---

① 按照布尔特曼的说法,神话思维方式就是把各种现象和偶然事件产生的原因归结于超自然的力量或先验的权力。

某种先验的权力所控制，他一心要在"看不到安全的地方找到安全"。神话表达了世界以及人生充满无数不解之谜，以及人对超自然力量的畏惧与顺从。而《新约》所记载的产生于前科学时代的神话，正是表达了受制于神话思维方式的人们对自身生存状态的理解。布尔特曼对神话的生存论解读，既是从正面角度对"神话解悟纲领"的言简意赅的阐明，也是对《新约》神话及宗教历史学派的神话观念的神话解悟。归根结底，上帝之道就是我们生存论决断的外在力量，是呼召我们进入本真生存的唯一真理、道路和生命。①

作为以生存论哲学为自己神话解悟理论出发点的神学家，布尔特曼认为"神话的本真意义"并不在于它向世人提供一个对象化、客观化的世界图景、一个神话式的世界图景。相反，神话要"在自身中表现出人如何在他的世界中理解自己；神话并不想成为宇宙论的阐释，而是愿意成为人类学的阐释，更确切地说：是生存论的阐释"。所谓"生存论阐释"就是要说明神话"在自身中表达了对人类生存的某种特定的理解"。

布尔特曼是以自己新的神学方法重新解释了《圣经》的信息，将基督教宣道的核心（即耶稣的十字架事件）从十字架和复活的神话中显明出来，将末世事件的生存论意义从神话故事中发掘出来。正是这一点使布尔特曼成为在现代世界中阐明基督教福音之意义的神学教父，让他能避免将《圣经》中的上帝之道完全化约为生存主义哲学或19世纪的伦理学、宗教情感、末世论神秘主义、历史主义等，使他这样一个象牙塔中的学者却没有在受到希特勒和时代的呼唤时做出海德格尔那样的决断。生存论解释和解神话化只是理解圣经的神学方法之一，而不是像生存哲学那样把它作为全部内容。

即使现在来看，宗教哲学的发展并没有停滞不前，亦没有衰退的迹象，甚至出现了一些新的研究领域、思路和方法，比如在努力探索跨文化的宗教哲学或者论述女性主义对传统宗教的挑战，或者在后现代风潮的影响之下，多方面阐发后现代宗教思想。还有则用哲学语言表达的宗教伦理学的立场来审视社会现实问题，如环境、医学及政治热点等。当然，各种宗教传统所固有的具体问题也越来越引起哲学思辨的注意力，包括来世、天国、地狱、圣礼、启示的意义及宗教共同体的本质等。②

【本章思考题】

1. 如何理解当代宗教哲学与现当代西方哲学中主要思潮之间的关系？

---

① 张旭：《布尔特曼的解释学神学》，《基督教思想评论》，上海人民出版社 2005 年版。
② Nicholas Bunning, E. P. Tsui-James, 燕宏远, 韩民青：《当代英美哲学概论》, 第 646—647 页。

2.新托马斯主义在哪些方面保留了托马斯主义的理论旨趣？

3.新托马斯主义的上帝有人格性吗？为什么？

4.如何理解马利坦的"存在之为存在"？

5.新托马斯主义对真理是如何区分的？

6.人格主义中的人格与我们通常说的人格有何差异？

7.生存论神学与存在主义哲学思潮之间的关系是什么样的？

8.如何理解蒂里希的终极关怀和信仰？

9.布尔特曼如何把人的生存与基督教神话关联起来的？

【建议阅读书目】

1.路易斯·P.波伊曼：《宗教哲学》，黄瑞成译，人民大学出版社 2006 年版。

2.张力锋、张建军：《分析的宗教哲学》，江苏人民出版社 2010 年版。

3.何光沪：《多元化的上帝观：20 世纪西方宗教哲学概览》，中国人民大学出版社 2010 年版。

4.单纯：《当代西方宗教哲学》，中国社会科学出版社 2004 年版。

5.维尔纳·叔斯勒：《蒂里希：生命的诠释者》，杨俊杰译，河南大学出版社 2011 年版。

6.张志刚：《宗教哲学研究：当代观念、关键环节及其方法论批判》，中国人民大学出版社 2009 年版。

7.胡景钟、张庆熊：《西方宗教哲学文选》，尹大贻、王雷泉、朱小红、陈涯倩等译，上海人民出版社 2002 年版。

8.尼古拉·别尔嘉耶夫：《论人的奴役与自由：人格主义哲学体验》，张百春译，中国城市出版社 2002 年版。

9.麦奎利：《存在主义神学：海德格尔与布尔特曼之比较》，成穷译，王作虹校，香港道风书社 2007 年版。

第七章　西方马克思主义

马克思主义理论在上个世纪的 100 年中，其表述与实践形态呈现多样化情景，除长期在社会主义国家中占主导地位的马克思主义，其他还有西方马克思主义、东欧新马克思主义、欧洲共产主义、民主社会主义等。① 其中西方马克思主义以其激烈的批判特征而在 20 世纪人类思想中有着重大影响。对西方马克思主义的理解通常是指上世纪 20 年代以来欧洲主要发达资本主义国家流行的激进文化思潮，与社会主义国家的马克思主义理论有着本质区别，它主要是由知识分子实践的批判理论。总体上看，西方马克思主义拓展了马克思主义理论研究的主题，深化了其哲学前提，强化了其自我批判意识，它告别了无产阶级解放实践，从政治领域转换到文化领域，有人将其视作马克思主义理论在当代资本主义国家的曲折发展。

第一节　西方马克思主义源流

"一战"之后的马克思主义理论，在理论和实践上分裂成列宁主义和社会民主党两种不同的路线。西方马克思主义正是在这两个路线之外一种新的理论动向，它强调马克思主义是对资本主义进行批判的哲学或社会理论。因此，在对工人阶级解放运动失望的背景下，这种思潮试图继承马克思主义解放政治旨趣及其政治经济学批判逻辑，深化对资本主义社会物化及其意识形态的批判，从而揭示新的解放道路。作为一种理论思潮，西方马克思主义为 20 世纪学生运动、新社会运动和左派批判实践提供了重要的思想资源，极大影响了 20 世纪后期西方思想的发展。② 哈贝马斯（Jürgen Habermas）甚至把西方马克思主义与现象学、分析哲学、结构主义称为 20 世纪西方学院

① 衣俊卿：《西方马克思主义概论》，北京大学出版社 2008 年版，第 2 页。
② 胡大平：《西方马克思主义哲学概论》，北京师范大学出版社 2010 年版，第 2 页。

哲学的四大主潮。[①]

一、西方马克思主义兴起的历史文化背景

西方马克思主义的兴起显然不是由于纯粹的理论情趣不同而导致的结果，更多可理解为是对新的文化和历史背景的新应答。无论不同的西方马克思主义流派的理论观点差异有多大，结论是否有效合理，它们均试图依据新的历史条件为无产阶级革命运动或人类解放运动制定新的策略，甚至后者更为显著。也就是说，20世纪新出现的革命形势、革命条件或人类生存的文化境遇的转变促使一些理论家或政治家重新审视马克思主义的理论观点和革命策略。[②]

国际共产主义运动催生了早期西方马克思主义。"一战"之后的无产阶级革命运动在不同国家和地区经历了不同命运，促使一些马克思主义者重新反思传统马克思主义革命观，开始把注意力从革命的经济基础和政治条件转向革命的文化内涵和总体特征，由此形成以卢卡奇（Georg Lukacs）为代表的马克思主义中的人本主义思潮，而葛兰西（Antonio Gramsci）则从分析东西方社会结构的不同点入手来修正传统无产阶级革命观，提出西方社会中革命的首要任务是与资产阶级争夺意识形态领导权。柯尔施（Karl Korsch）、布洛赫（Ernst Bloch）等从不同视角论证需要理性地把政治革命转向意识革命和文化革命，分别提出他们的总体性理论和西方哲学与乌托邦精神。

现代人的文化与历史困境推动西方马克思主义流派的多样化。两次世界大战的发生，使孕育已久的西方文化危机，即技术理性主义的文化危机淋漓尽致地得以展现，它通过现代人所经历的深刻的文化—历史困境而把社会历史的文化层面从背景世界中拉出，变成人类历史的中心内容。显然，这个阶段出现的危机与困境是西方文化精神长期演化的结果。19世纪之后的西方社会，技术理性与人本精神之间的张力开始加大乃至冲突。尤其是技术理性，由原来的解放人、确证人之本质的文化力量转变为束缚人、统治人的异化力量，这种情形在两次世界大战之后尤甚，西方人普遍生活于文化危机和文化悖论之中。这为现代西方哲学带来了丰富的思想触媒，成为现象学、存在主义以及西方马克思主义关注的内容或批判的对象，出现霍克海默（Max Horkheimer）、阿多诺（Theodor W. Adorno）、弗洛姆、马尔库塞（Herbert Marcuse）、哈贝马斯等法兰克福学派思想家，以及萨特、梅洛-庞蒂、列斐

---

① 哈贝马斯：《后形而上学思想》，付德根、曹卫东译，译林出版社2001年版，第4页。
② 衣俊卿：《西方马克思主义概论》，北京大学出版社2008年版，第8—13页。

伏尔(Henri Lefebvre)等存在主义马克思主义者。

二、西方马克思主义的内涵

在概念上,西方马克思主义中的"西方"主要指的是发达资本主义国家,与冷战语境中的"西方"概念基本一致,它区别于以苏联、东欧和中国等社会主义国家所代表的东方,把诸多资本主义发展程度比较落后的国家排除在外。因此,西方马克思主义更确切地说,是"十月革命"宣告马克思主义东西方分野之后代表其最主要发达资本主义国家发展的理论动态之一,它在社会民主党之外又确定了一种特殊的西方的马克思主义文化思潮。[①]

西方马克思主义这一思潮的发展与所指涉的内容可以在两种意义上理解。从广义上讲,指"十月革命"后一直到今天在主要发达资本主义国家流行的与各国共产党组织相对的马克思主义思潮,它包括了社会民主党等其他与列宁主义在旨趣和逻辑上有别的全部马克思主义思潮。狭义的西方马克思主义是指由卢卡奇《历史与阶级意识》为发端至1968年"五月革命"这段时间内的特定哲学思潮,其核心特征是人本主义、以主体性角度来理解历史辩证法和马克思主义,主张文化革命。[②]它与经典或传统马克思主义不仅在政治旨趣上不同,其基本立场和观点上也有巨大差异。

西方世界中把"西方马克思主义"作为一门研究学科只是60年代以后的事情,如果是作为社会与文化思潮,可以从卢卡奇1923年的《历史和阶级意识》一书算起。事实上,"西方马克思主义"这一概念明确地表述最早出现在柯尔施于1930年重版的《马克思主义和哲学》一书的题为《〈马克思主义和哲学〉问题的现状——一个反批判》的增补材料中。柯尔施所称的"无产阶级运动中一切批判的和进步的理论趋向"指的就是"西方马克思主义",他们是一批持不同于马克思主义理论观点的党外"布尔什维克"。不过,尽管这个概念早已提出,但当时并无多大影响,更没有得到广泛流传,直到梅洛-庞蒂1955年的《辩证法的历险》重新提到它时,才引起较大的反响,其中有专门一章论述"西方马克思主义",认为卢卡奇是"西方马克思主义"的创始者,强调卢卡奇对马克思主义的解释代表了与列宁主义不同的新方向。同时,梅洛-庞蒂把那些受《历史与阶级意识》影响,又倾向于从人道主义和社会理论的角度来理解马克思主义的西方国家的马克思主义者都归属到这一思潮之下。1976年,安德森(Perry Anderson)在其《西方马克思主义》中,西方马克

---

① 胡大平:《西方马克思主义哲学概论》,第3页。
② 同上,第1页。

思主义的概念获得了更为宽泛的理解。

总体看来,西方马克思主义的思潮既包括卢卡奇和柯尔施影响下形成的人道主义马克思主义倾向,也包括在"二战"后出现的以德拉-沃尔佩(G. Della-Volpe)和阿尔都塞(Louis Althusser)为代表的科学主义的马克思主义。从"西方马克思主义"这个术语来看,它通过对马克思主义的重新阐释对现代资本主义进行批判,且这种批判集中于文化意识形态上。西方马克思主义代表着一种寻求新出路的动向,所涉及对象并非是具有内在统一性的单质思想体系、学说或流派,其中蕴含着种种冲突,有人认为把西方马克思主义视作"一个描述性术语"。

三、西方马克思主义与传统马克思主义

作为西方的"马克思主义"理论,西方马克思主义不单在许多重大理论与现实问题上提出新观点,也涉及怎样看待马克思主义的问题。一般认为,西方马克思主义需要与马克思主义本身的发展和演化相结合才能获得比较准确的认识,因为各种西方马克思主义流派都是从马克思主义的经典著作,主要是从马克思和恩格斯的著作中寻找自己的理论根据。

20世纪对马克思主义有众多争论,其中之一就是"青年马克思"与"老年马克思"之争。有人说马克思的后期思想是成熟观点,也有人关注马克思早期异化理论与实践哲学,强调这些才是马克思思想的本质。异化理论与实践学说主要体现在《1844年经济学—哲学手稿》、《关于费尔巴哈的提纲》及《德意志意识形态》中,这些在马克思生前均未发表,在这三本著作问世之前,那些重视异化理论和实践学说的人可能提出一种马克思学说的人本主义解释,而固守唯物史观的人则将其解释为自然主义或实证主义。19世纪欧洲社会思想史都强调马克思的社会存在决定社会意识、经济基础决定上层建筑,而很少关注其学说中的人本主义因素。随着20世纪20、30年代这三本书的出版,作为马克思市民社会理论与唯物史观之间的思想环节的异化理论与实践哲学重新被人发现,具有人本主义倾向的思想家们认为,青年马克思的异化与实践方面思想是其理论中最富有创造性的。因此,两个阶段的马克思之间是否真有如此差异,不仅成为马克思主义自身分化的内在理据,也是西方马克思主义兴起的重要原因。20世纪的西方马克思主义,特别是人本主义西方马克思主义的兴起,确与马克思的异化理论和实践哲学的影响直接关联,例如卢卡奇的主客体统一的辩证法、葛兰西的实践哲学、布洛赫的希望哲学、法兰克福学派的社会批判理论、萨特的存在主义马克思主义、列斐伏尔的日常生活批判等均是在马克思的异化理论基础上所形成

的现代文化批判理论。①

总体上看,西方马克思主义是在 20 世纪发端的一种社会、政治、哲学与文化思潮,它源自马克思主义的内部分化,而终于对马克思思想的全面放弃以及与实践的完全脱节。作为不同维度中的社会思潮,它在国家垄断资本主义阶段以及国际共产主义运动史上的种种波折的特定背景下,通过与非马克思主义哲学(比如现代西方哲学)思潮的"融合",在政治上同时对现代资本主义和教条主义的马克思主义展开批判,企图创造不同于传统马克思主义和现实社会主义的另一条"道路"。②

事实上,除了与传统马克思主义有割不断的关联外,西方马克思主义也是一种把马克思主义经典理论与现代西方哲学结合在一起的社会思潮,一些卓有建树的理论家不但身体力行地用现代西方哲学某些流派之"长"补马克思主义哲学之"短",而且尽心竭力揭示两者之间的关系。③ 西方马克思主义理论家们认为,马克思主义哲学与现代西方哲学共同进行了消解和终结近代形而上学世界观和思维方式的斗争,可视为人类思想史上的重大进步,无论是现代西方哲学流派还是马克思哲学都在这个活动中相互联手,分别展开清理或批判。

四、西方马克思主义的理论分期与特征

西方马克思主义从 20 世纪 20、30 年代初步兴起,到 60、70 年代在逻辑上终结和丧失统一的理论风格,在半个多世纪的发展过程中产生了许多卓有成就的思想家,他们在政治旨趣、理论逻辑及个人风格等方面具有很大的差别,其一致性则主要表现在某些理论前提的假设和形式特征上。

根据不同理论家的代际差异,西方马克思主义各个派别大致经历三个发展阶段,其代表人物主要亦可分为三类:④

第一个阶段是 20—30 年代,为西方马克思主义的早期代表,以卢卡奇的《历史与阶级意识》、葛兰西的《狱中札记》、柯尔施的《马克思主义和哲学》及布洛赫的《希望的原则》等所体现出来的黑格尔主义为标志。

第二个阶段是从 30—40 年代末,主要以法兰克福学派思想家为代表。这个阶段以赖希(Wilhelm Reich)的性欲经济学、弗洛姆的《逃避自由》等法

---

① 衣俊卿:《西方马克思主义概论》,第 2—5 页。
② 胡大平:《西方马克思主义哲学概论》,第 7—8 页。
③ 陈学明、王凤才:《西方马克思主义前沿问题二十讲》,复旦大学出版社 2008 年版,第 6 页。
④ 胡大平:《西方马克思主义哲学概论》,第 8—9 页。

兰克福学派的社会批判理论为标志，尽管理论个性差异大，但都可以归到人本主义特征中，以马克思的批判理论为核心融合其他现代西方哲学思想资源。

第三个阶段是从 50—70 年代，属于冲突和转型期的代表人物，以列斐伏尔的日常生活批判、马尔库塞的《单向度的人》和哈贝马斯的晚期资本主义理论为标志，出现了德拉-沃尔佩、阿尔都塞、普兰查斯（Nicos Poulantzas）、施密特（Alfred Sehmidt）、汤普森（Edward P. Thompson）、威廉斯（Raymond Williams）等。[①]

如果从政治立场和思想基础来划分西方马克思主义思想家，则可以按照他们与共产主义或社会主义运动、马克思主义的关系来区分。比如作为马克思主义者或社会主义者，这个阵营包括了卢卡奇、葛兰西、德拉-沃尔佩，他们都是不同国家共产党的理论家；阿尔都塞、列斐伏尔、普兰查斯基本上属于或接近于马克思主义，汤普森与威廉斯则是典型的英国社会主义者。有的学者从马克思主义者转向非马克思主义者身份，比如柯尔施、梅洛-庞蒂以及科莱蒂等，他们曾一度是共产党员，但后来都远离甚至反对马克思主义，其中柯尔施最初是德国共产党的重要理论家，但因为《马克思主义与哲学》一书的理论立场及其他政治策略的分歧，被德国共产党开除，后流亡到美国，逐渐脱离马克思主义。有些则是马克思主义的同情者，包括布洛赫、本雅明（Walter Benjamin）、马尔库塞、弗洛姆、赖希、萨特、科亨（Gerald A. J. Cohen）、埃尔斯特（Jon Elster）等，他们出于不同原因对马克思主义持不敌视或同情的态度，比如受到共产主义运动的感召或者参加共产党，但他们常以马克思主义的革新者自居，力图重塑、改造或发展马克思主义。再有就是一些难以以简单依据政治立场划类的理论家，这些主要是法兰克福学派成员，如霍克海默、阿多诺等早期代表，以及像哈贝马斯这样的后期代表。哈贝马斯虽然在起点上活跃于西方马克思主义的框架中，但他从来不把自己打扮成马克思主义者，在最终的理论发展中甚至成为资本主义制度的辩护者。[②]

基于以上对西方马克思主义的解释，它表现出不同于传统马克思主义的鲜明特点：[③]

第一，西方马克思主义理论形式繁多，学派林立，不能纳入一个完整的

---

① 王维、庞君景：《20 世纪西方的马克思主义思潮》，首都师范大学出版社 1999 年版，第 6 页。
② 胡大平：《西方马克思主义哲学概论》，第 9—10 页。
③ 王维、庞君景：《20 世纪西方的马克思主义思潮》，第 6 到 11 页。

或统一的理论体系中,不存在一种哲学上的"公理"和通用的模式,有令人眼花缭乱的多样性和多变性。

第二,尽管西方马克思主义思潮形式多样,但并不意味着内容杂乱无章。其内容主要涉及两个问题:关于科学的问题和关于人的问题。正是这两个问题把这样一些思潮区分为两大类型:科学主义(或理性主义)思潮和人本主义(或非理性主义)思潮。

第三,从本质上看,所有西方马克思主义思潮都是从它们借以建立的各自哲学派别为出发点,以物质和精神的关系这个哲学基本问题为武器,来分析两大思潮各个流派的哲学基本路线,它们都是通过把自己维系在某种现代西方社会思潮和哲学派别上得以存在与发展。

第二节　卢卡奇的辩证法重释

卢卡奇是举世公认的 20 世纪西方马克思主义的主要理论奠基人。作为 20 世纪层出不穷的西方马克思主义的最重要源头,他在西方马克思主义发展史上几乎具有不可替代的作用,开辟了 20 世纪思想史上一个新的方向,甚至对 20 世纪历史发展与革命实践都有广泛而深远的影响。1923 年,他以《历史与阶级意识——关于马克思主义辩证法的研究》一书开启了西方马克思主义思潮。卢卡奇一生经历坎坷,但他的理论无疑对西方马克思主义的发展产生重大影响,培育了一代西方马克思主义者。他在共产主义运动中曾受到严厉批判,其理论引起广泛争论,但他本人则义无反顾地坚持共产主义信念,执着于他所钟爱的哲学和人类理性事业。当然由于多种原因,他经常做一些发自内心或违心的、言不由衷的自我批评。

卢卡奇的思想发展大抵可以分为四个阶段:一是前马克思主义时期(1918 年以前),主要集中于美学和文学批评;二是开创西方马克思主义时期(1919—1929),他于 1918 年加入共产党,投身革命,主办左派刊物《共产主义》,通过《历史与阶级意识》一书,以物化、总体性、阶级意识、主客体统一等范畴重新理解马克思主义;三是苏联莫斯科马恩研究院时期(1930—1945),他相对远离政治,其思想倾向则从《历史与阶级意识》回退,更接近于共产国际的官方马克思主义立场,同时批判存在主义等现代人本主义或非理性主义思潮,这个时期主要著作有《青年黑格尔》、《存在主义还是马克思主义》以及《理性的毁灭》等;四是回到匈牙利后的教学与理论研究时期(1945—1971),担任布达佩斯大学的哲学和美学教授,积极投身匈牙利社会改革和民主运动,招致党内意识形态专家的批评,他培养了赫勒(Agnes Heller)、费赫尔(Ferenc Fehér)、马尔库什(Georg Markus)等青年理论家,他们在 60 年代形成东欧新马克思主义中的布达佩斯学派,同时卢卡奇也在整理他自己的理论研究历程,试图以社会存在本体论、日常生活等新的理论范式来解释自己的观点,形成他的《社会存在本体论》等著作。

　　实际上,作为西方马克思主义的创始人,卢卡奇不仅在《历史与阶级意识》中提出了一种另类的马克思主义理解,更重要的则是他对西方马克思主义后来的发展,包括对法兰克福学派形成所产生的影响。因此 20 世纪的西方发达资本主义国家的马克思主义理论发展史中,时不时有人通过各种途径回到卢卡奇来打开新的理论道路,其中包括哈贝马斯等人。

一、物化(意识)与阶级意识

(一)什么是物化

　　“物化”是资本主义社会中最重要、最普遍的社会现象,这个概念主要在马克思关于商品拜物教观念的影响下形成。“物化”一词最早出现在卢卡奇 1919 年的《什么是正统的马克思主义》中。在谈到资本主义经济形式的拜物教特征时,卢卡奇指出,无产阶级作为资本主义社会的产物,必然隶属于其创造者的生存模式。这一生存模式就是非人性和物化,“物化”被看成资本主义的本质特征。1922 年,卢卡奇在《物化与无产阶级意识》中比较全面地论述了物化问题。

　　具体说来,卢卡奇认为“物化”是人自己的活动或自己的劳动,成为某种客观的、独立于自己的东西,成为借助于人相对应的某种自发运动而控制了人的某种东西。换言之,人和人之间的关系通过物与物之间关系的形式呈现。据卢卡奇分析,这种物化的现象体现在主观和客观两个方面。从客观方面说,物与物之间关系的世界出现了,支配这些关系的法则也逐渐被人发现。然而,这些法则仍然作为产生着异己的力量与人相遇,虽然在某种范围内和某种程度上,个人能通过认识这些法则,来为自己服务,但却不能用自己的活动改变这一过程。从主观上说,在市场经济充分的地方,个人的活动变得同他自己疏远起来,变成一种商品,像任何消费品一样,它必须照自己的独立于人之外的意志去做。在这种物化条件下,不仅人之外的整个物质世界作为与人对立、支配人的东西而存在,就连人自己也不属于自己,而只是一种用来交换的商品。① 卢卡奇指出,在这个世界上,人的关系所可能具有的一切自然形式,人的物理和心理"性质"也可能发挥作用的一切方式,无不日益纳于这种物化过程之中。

(二)物化的具体内容

卢卡奇在论述物化的具体表现时,借用黑格尔《精神现象学》中关于社会异化初期普遍地将物分割成个体原子的论述,认为资本主义大工业生产的最严重后果只能是导致工人的"原子化"。即在大工业生产中,随着生产过程日益分解为各种专门化的操作,工人也就被分割成机械系统的一个个零件,成为孤立抽象的原子。这种影响一直渗入工人灵魂的深处,以至形成一种"物化意识"。在卢卡奇看来,正是"物化意识"阻碍着无产阶级的阶级意识的形成和发展。

"物化"是资本主义社会普遍必然的现象,是资本主义社会中的每一个人必然遭遇到的现实,而人与人之间的关系同样以物与物之间虚幻的形式出现,也就是以物化的形式出现。人们突然发现他们所面对的是一个异己的物的世界,这个世界本来是人创造的,现在却与人相对峙并压抑着人自身。卢卡奇认为人与人之间的关系的物化,主要表现在三个方面:第一,物化使人屈从于狭隘的分工范围,把全社会分裂成一块块的碎片。随着劳动分工和商品交换的发展,职业日益专门化,生活被局限在狭小圈子之中。也就是说,技能的专门化导致了对整体的每一个想象的破坏。第二,现实生活被物化、僵硬化和机械化。人们对物的追求使其目光短浅近视,人们所面对的现实变成物和一个个孤立事实的堆积,拘泥于眼前的物的关系,放弃了思考前途和未来;第三,劳动过程使人被客体化,丧失了自己的主动性和创造性。劳动者成了转动着的机械系统的组成部分,当世界变得日益机械化时,人也必然被机械化。②

(三)物化对人的意识的影响

那么这种物化过程对人的意识有什么影响呢? 卢卡奇认为,当社会劳动从手工业工场过渡到资本主义机器生产后,生产的主体被分成许多部分。一旦他们工作不跟最终产品接触,那就变成专门化操作的机械重复。继而,劳动力成为商品,主体的肉体上的能力变成一种在客观法则过程中运动的

---

① 王维、庞君景:《20 世纪西方的马克思主义思潮》,第 19 页。
② 同上,第 21 页。

"物";而一旦劳动过程的心理方面也被分析和操纵时,主体的"内心世界"也就被融合到客观的生产体系中去。这就是卢卡奇所说的"资本主义制度在经济上水平越高,物化结构就越深刻地深入到人的意识中"。① 也就是说,既然物化是资本主义社会中存在的普遍必然的现象,那么也必然反映在人们的思想意识中,这就形成了卢卡奇所说的物化意识。"从哲学的观点看来,应该注意,它使人们淹没在拜物教的思想里,会给思想带来一种反辩证法的思想,非常不利。"②资本主义的物化使人产生了物化意识,也即资产阶级意识,只不过这种意识也为无产阶级所有,只是无产阶级的阶级意识与它所沾染的物化意识根本对立而已。③

在卢卡奇看来,物化意识会使人们陷入粗糙的经验主义和抽象的乌托邦主义中。前者意味着主体意识成了盲从的而不能控制客观法则的消极观察者,物、事实、法则的力量被无限夸大,主体成了可有可无的东西;后者则滑向另一个极端,它不主张社会革命,寄希望于个人伦理水平的提高来实现社会主义,同时又无限夸大主体的力量,相信奇迹会改变一切。或许正是因为物化意识对无产阶级的阶级意识产生侵蚀,使得无产阶级没有发挥其阶级意识的作用,继而陷入"阶级意识危机",或许可以把无产阶级革命没有爆发或爆发也未能胜利的原因归咎于此。

然而,物化意识忽视人的主体因素导致不可能从总体上把握社会现实,它是"个人原子化"和世界呈现的"支离破碎"在主观意识上的反映,只从局部去认识现实,看到眼前的各种现实累积,这种孤立意识人为地使人和自然、个人和社会等形成对立。同时,它只能使人们有简单的描述和歪曲的认识,不能明察社会现实背后的根本力量,把资本主义制度看成一种永恒不变的人类秩序,从而使无产阶级"不仅仅成为社会的被动的观察者,而且沦落为对自己的对象化了的和物化了的能力的活动方式持默从态度的人"。④ 物化意识不断侵入到无产阶级的心理意识中,使其停留在事实的表面,不能认识历史使命和自身的境况。

那么卢卡奇如何解决无产阶级受物化意识腐蚀,从资产阶级的阶级意识的束缚中解放出来这一问题呢?他认为无产阶级革命要取得成功,就必

---

① G. Lukacs, *History and Class Consciousness*, trans. Rodney Livingstone. London：The Merlin Press Ltd. 1971. p. 87.

② 卢卡奇:《存在主义还是马克思主义》,韩润棠、阎静先、孙兴凡译,商务印书馆1962年版,第14页。

③ 王维、庞君景:《20世纪西方的马克思主义思潮》,第21—22页。

④ 同上,第22到23页。

须在观念上先行解放，这就要求无产阶级清除自己身上的物化意识。在卢卡奇看来，无产阶级意识到他们所处的地位，也就是意识到自己只是一种商品，就是自己同物化意识决裂的开始。与此同时，当无产阶级意识到自身是商品时，它就同样理解了社会生活各种形式的物化，进而起来反对种种物化。因此，只要无产阶级从物化意识中觉悟过来，发挥自己阶级意识的作用，就能使全人类从物的束缚中解放出来。

在卢卡奇的物化和阶级意识理论中，依稀可以看到黑格尔哲学的影子，甚至有人认为完全是黑格尔思想的延续，只是他用这种理论批判资本主义制度，批判第二国际的修正主义，强调无产阶级的主体的能动性。卢卡奇后来在他的《存在主义还是马克思主义？》一书中，修正和发挥了早期"物化异化"理论，认为物化和异化的根源在于资本主义社会的经济结构，批判存在主义把异化问题局限于人的内心是完全无济于事的，他强调异化的物化归根到底是社会关系，因此，要消灭物化和异化，必须消灭其社会关系。晚年的卢卡奇在回顾时指出，一开始他把物化作为异化的同义词来使用，事实上两者无论是社会内涵还是概念都不一致。尽管如此，他依旧开启了西方所谓"马克思主义的异化理论"的先声。①

二、总体性理论

（一）总体性概念的来源

卢卡奇为了让无产阶级冲破这种资产阶级物化意识束缚，唤起无产阶级创造历史的主动性和巨大的革命热情，提出在思维方法上必须有根本性转折，即重新恢复马克思主义的方法。他强调马克思主义的辩证法就是主客体之间的相互作用，其核心是总体性。卢卡奇说："总体性的范畴，总体对于局部的遍及一切的优越性，是马克思取之于黑格尔，而又才华焕发地把它变成一门全新科学的基础的方法的实质"，"构成马克思主义和资产阶级思想之间的决定性区别的，不是历史解释中经济功能首要性，而是总体性的观点"，"归根到底马克思主义不承认法律、经济或历史等等独立学科的存在：只有一门单独的、统一的——辩证的和历史的——关于作为一个总体的社会的进化的科学"。② 可以看出，卢卡奇的总体性指全面把握社会现实的方

---

① 王维、庞君景：《20世纪西方的马克思主义思潮》，第25—28页。

② G. Lukacs, *History and Class Consciousness*, trans. Rodney Livingstone. London：The Merlin Press Ltd. 1971. p. 27.

法。"总体性"要求把社会现实作为一个有机的统一的总体来考察,不仅要把握其各个组成部分,而且还要把握各个部分之间的联系及其发展趋向。总体性就是社会政治、经济、文化、意识等各个因素相互作用和相互联系的整体的统一性。

卢卡奇认为,整体是在某一特定时刻包括现实所有内容的一种状态,在这种状态下,存在着政治、经济、思想、法律等各个方面许多具体的事物,马克思主义辩证法在考察这些具体事物时,必须把它们与整个状态联系在一起,让整体赋予具体事物以意义。同时它也指包括过去、现在和将来的一种运动着的趋势,在这一历史的整体中,存在着一个个特定的历史的片断,马克思主义要求把历史的片断和历史的整体联系在一起,让各个片断在整体中加以说明。卢卡奇的总体性就是为了反对机械论的经济决定论的片面性。

（二）总体性理论的原则

总体性思想并非卢卡奇的首创,黑格尔就曾把总体性视作部分对历史和思想整体的从属性,马克思本人对于总体性的强调在于把社会作为整体来理解。不过真正把总体性当做自己哲学理论的根本范畴来进行多方面建构的是卢卡奇,他的总体性理论强调以下几个原则:[1]

首先是整体的优先性,即整体先于部分,部分存在于整体之中,必须根据整体来解释部分的论点。诸事实不是最终的事实,而是人为地割裂开的全体诸方面。事实不能解释它自身,它的意义只可在与整体的联系中才能显示出来。卢卡奇说:"只有把社会中孤立的成分看做是历史过程的方面,并且把它们一体化成一个整体,事实的知识才有希望成为一种现实的知识。"[2]

其次是主体的能动性。针对第二国际的机械论"经济决定论"和"经济自发论",卢卡奇认为总体性范畴具备一种能动的特质,在世界中只有作为主体的人才有能动的作用,因此总体性原则实质上是一种主体性原则。卢卡奇认为总体即主体,他说:"一切问题的关键在于:不仅把真实的东西或真理理解和表达为客体,而且同样理解和表达为总体",所以卢卡奇认为总体的方法是渗透在时空现象中的能动原则。

第三,具体性(差别的统一性)原则。卢卡奇的总体性原则不是抽象而

---

① 王维、庞君景:《20 世纪西方的马克思主义思潮》,第31-35 页。
② G. Lukacs, *History and Class Consciousness*, p. 8.

是具体的东西,任何总体都是具体的总体。因此,他又把总体性称做"具体的总体性",理解他的总体性需要考虑它是支配现实的范畴,不能只是在社会现实之外去理解。

第四,时间的过程性。总体性范畴除了指空间维度的一切坐标点,还有一种历史深度的时间维度的意蕴,或者说总体性范畴指包括过去、现在和未来的一种运动趋势。卢卡奇认为,历史的过程应包括过去、现在、未来三个时间维度。只有面对将来,才能理解现在,并更好地把握过去。所以总体性的理论要求把历史过程中的片断和历史中的整体紧密结合起来,把社会生活中孤立的事实视为历史过程的各个环节,并把它们归结为一个总体。

(三)总体性理论的内容

卢卡奇在上述四个原则的基础上,构建了人的总体性理论体系。①

第一,总体性是经济、政治、文化、意识等各种因素的统一和统一的中心,总体性优于经济因素。卢卡奇指出,规定和制约社会发展的因素除了经济因素外,还有政治、文化、意识等等,这些因素相互联系、相互作用。他认为,马克思从未纯粹地考察社会经济运动,但却倚重并强调经济运动法则,如此必然钝化无产阶级对资本主义社会现实的洞察力和批判力,而通过总体性方法,才能使无产阶级超越单纯经济主义的视野,达到对社会历史整体上的把握。

第二,总体性是认识和实践、历史和思维的统一,本身就是创造历史的力量。卢卡奇认为,当面对着资产阶级无疑地持有并且只要当它还是统治阶级仍将继续持有压倒优势的知识、文化、习俗的资源时,无产阶级唯一起作用的优势、它的唯一决定性的武器就是把社会总体性看作是具体的历史总体性的能力。这种能力把物化的形式看作人与人关系过程,能够在矛盾的消极方面中看到只是利用抽象形式表现出来的历史的内意义,并且把矛盾的积极方面提升到意识之中同时又付诸实践。②

第三,总体性是主体和客体、人和历史的统一,是无产阶级历史主体的阶级意识在历史实践中的体现。卢卡奇指出,不是任何人在与客体发生关系时,都能正确地处理主体和客体的关系,整体和部分的关系,唯有无产阶级才能把历史、把社会当做一个整体来理解,这是由无产阶级特殊的阶级地位所决定的。在卢卡奇看来,无产阶级正是这个世界的创造主体和自觉意

---

① 王维、庞君景:《20世纪西方的马克思主义思潮》,第35—38页。
② G. Lukacs, *History and Class Consciousness*, p.197.

识。历史和无产阶级的阶级意识是同一过程的两个不同方而,或者说是主体和客体历史同一的辩证总体。

第四,总体性是世界观和方法论的统一,是无产阶级认识世界和改造世界的辩证法。卢卡奇认为,资本主义社会实现了社会的社会化过程,人成了本来意义上的社会存在物,社会变成了人的实在,但只是随着无产阶级的出现才完成了对社会实在的认识,产生了关于无产阶级解放条件的学说和把社会实在理解为社会进化总过程的学说,这就是马克思的总体性辩证法。在卢卡奇看来,总体性辩证法的本质就是历史的实践性,并且是意识到了的历史实践性,是无产阶级认识世界和改造世界最锐利的武器。

纵观卢卡奇的总体性理论,可以发现,它与黑格尔哲学之间的渊源,在借用了黑格尔的概念后,将其提升到一个核心地位,并强调这种总体性的优先性,甚至凌驾于经济的优先性,卢卡奇晚年自己承认他的这种优先性是对马克思主义的方法所作的黑格尔式的曲解。卢卡奇的总体性理论对西方马克思主义发生了深远的影响,许多思想都从各自的立场出发继承和发扬了总体性理论,它作为一种哲学原则不断地得到具体阐述和进一步发展。

三、主客体辩证法

(一)对马克思辩证法的态度

卢卡奇《历史与阶级意识》的开篇就是何为正统马克思主义之问,他认为"正统的马克思主义并不意味着无批判地接受马克思主义研究成果,不是对某个命题的'信条',也不是对一本'圣书'的注释,相反,正统性只指方法"。① 同时,马克思主义的本质和精华就是辩证法,只要不背叛马克思主义的辩证法,哪怕把马克思的其他内容都丢弃了,依然是真正的马克思主义者。

卢卡奇眼中的马克思主义辩证法与黑格尔的辩证法相比没什么本质区别。他认为要"把(辩证法)这个方法限制在社会历史现实中"。人类社会历史本身就是"客观的辩证过程",辩证法本义就是指这个客观的辩证过程。因为在社会历史活动中,有主客体之分,历史的运动就是历史的主客体的相互作用,历史的辩证发展过程就是主体与客体的相互作用过程。在这个意义上辩证法就是主体与客体的相互作用,因此卢卡奇认为,要还马克思主义

---

① G. Lukacs, *History and Class Consciousness*, p. 1.

以本来面目就必须恢复主体与客体同一的辩证法。

至于主体和客体的同一这种思想，显然也是马克思从黑格尔那里继承的遗产，不同之处在于据说马克思发现了主体和客体同一的真正历史基础，即无产阶级。无产阶级既是历史的主体，又是历史的客体，综合性地体现了主体和客体的真正同一。卢卡奇认为这种同一性是由无产阶级的特殊利益与全人类利益相一致所决定。作为历史主宰者的无产阶级同历史客体的相互关系，既是无产阶级认识客体的关系，又是改造客体的关系。同时，卢卡奇认为，只有强调历史发展中主体与客体的相互作用，才能正确阐明无产阶级及其阶级意识对于革命成功的根本意义。据此，卢卡奇批判了第二国际伯恩施坦等人的新康德主义和"进化论"。这里，卢卡奇诉诸恢复黑格尔的传统，从哲学上对第二国际修正主义的影响进行了清算。①

（二）主客体辩证法的内容

按照卢卡奇的说法，主客体辩证法主要研究主体和客体、思维和存在、理论和实践等如何同一，因此辩证法仅仅存在于人类社会历史中，自然界只是在作为被人的活动所改变的、包含在社会关系范围内的产物时，才有意义，纯粹的自然界中不存在什么辩证法。他强调马克思主义最根本的内容，就是从黑格尔哲学中继承过来的"主体—客体辩证法"。据此，卢卡奇反对恩格斯的自然辩证法理论，他认为自然界显然不是人创造的，而是独立于人之外的客观存在。因而，人与社会历史的关系同人与自然的关系根本不同。人内在于社会历史之中，人能够认识和改造社会，而人却外在于自然界及其规律，在它们面前无能为力。辩证法是历史主体和客体的相互作用，它只能限制在社会历史领域。否则如果认为辩证法既存在于人类社会，又存在于自然界势必导致承认类似绝对精神那样的绝对"实体—主体"，势必取消人的主体地位。

卢卡奇认为辩证法之扩展到自然界是恩格斯一手造成的，"源于恩格斯以辩证法的说明而产生的误解"。"恩格斯追随着黑格尔错误的引导，把辩证法推广到对自然界的认识。但是辩证法至关重要的因素——主体与客体的相互作用，理论和实践的统一，在我们有关对自然认识中是不存在的。"②因此，自然辩证法撇开人的主体性和社会活动探讨自然本身的运动和发展规律，必然埋没马克思主义辩证法的实践本性和革命本性。不过，卢卡奇晚

---

① 王维、庞君景：《20世纪西方的马克思主义思潮》，第10—11页。
② G. Lukacs, *History and Class Consciousness*, p.1.

年对自己早年否定自然辩证法的见解进行了自我批评,从一般本体论的角度强调了自然辩证法是社会,也是历史唯物主义的基本前提,承认恩格斯的自然辩证法在马克思思想体系中的地位和作用。

卢卡奇从把辩证法看成主体—客体相互作用的理论前提出发,否定社会发展的规律性及社会存在对社会意识的决定性,反对辩证唯物主义的反映论。卢卡奇认为,历史既然是人创造的,它便只具有在人的能动作用支配下的趋向性,而不存在于独立于人之外的客观规律性。如果把人们所创造的历史理解为一种以陌生的规律对人们起作用的现实,那便意味着人同历史的"僵硬对立"。既然辩证法指的是主体与客体的相互作用,这种相互关系就体现了主体与客体的统一,以及理论和实践的统一。在卢卡奇看来,要承认人能够认识社会、改造社会的主观能动作用,就不能承认社会存在及其规律的独立性,就必然要把整个社会都包括在人的主观活动中,这是他坚持主体创造并包摄客体的"主体客体辩证法"的必然结果。①

(三)张扬人的地位

卢卡奇主客体辩证法或者黑格尔式的辩证法都强调革命发展过程中的人的因素、人的能动作用以及无产阶级阶级意识的作用。他认为黑格尔哲学最伟大的功绩是把人类历史看作一个"客观的辩证过程"。在此过程中,人居于主体的地位。人既是历史辩证发展过程的"生产者",又是这一过程的产物,因而人能在创造历史的过程中认识历史,驾驭历史,实现"主体和客体的同一"。

在卢卡奇的理论中,人是一个抽象的、具有某种能动作用的精神实体。正是从这种抽象的"人"出发卢卡奇创立了一种所谓"人本学的马克思主义"。卢卡奇后来自己也承认它是按纯粹黑格尔的方式进行的,根本的哲学基础是在历史进程中实现其自身的统一的主体—客体。如果说在黑格尔那里是以一种纯粹逻辑的和哲学的形式产生的,通过消除异化、自我意识向自我的返回,以及实现统一的主体—客体,从而在哲学上达到绝对精神的最高阶段。那么在《历史与阶级意识》中,这个过程是社会历史的,当无产阶级在它的阶级意识上达到这个阶段并成为历史的统一的主体—客体时,这一过程才达到了顶点。②

卢卡奇的理论体系远不止以上述及的三个方面,他的社会存在本体论

---

① 王维、庞君景:《20 世纪西方的马克思主义思潮》,第 13—15 页。
② G. Lukacs, *History and Class Consciousness*, p. 14.

是他晚年对马克思主义哲学的系统总结,他通过研究马克思的劳动概念,扬弃早年将自然存在与社会存在对立的错误,并从本体论的高度,提出社会存在本体论这一核心概念。这个概念相比较他早期和中期的思想而言,体现了他对马克思哲学思想的成熟理解。

第二节 法兰克福学派

法兰克福学派是 20 世纪西方马克思主义的第二个历史形态和理论形态,在当代西方思想史上享有重要地位,它与"一战"之后的卢卡奇等西方马克思主义创始人的理论共同构成 20 世纪西方马克思主义的两大重要源头,[①]其以耀眼的批判的社会理论著称于世,至今仍然保持了强大的文化影响力。

1923 年,格林贝格(Carl Grünberg)在法兰克福大学创建社会研究所,这个重大历史事件标志着法兰克福学派的诞生。这个学派最初构成人员及后来逐渐加入其中的人均来自自由阶层,思想比较激进,他们对柯尔施的《马克思主义与哲学》、卢卡奇的《历史与阶级意识》等著作中的马克思主义有共同兴致,其中最有名的人当时已经在哲学上有所著述,比如霍克海默研究康德、阿多诺研究胡塞尔、马尔库塞研究黑格尔、罗文达尔(F. Loewenghal)研究巴德尔(Franz Xaver von Baader)等。[②]这个团体看起来十分团结,但研究所的界线似乎比较模糊,许多人在严格意义上不属于这个团体,比如布洛赫、本雅明等,但他们也依赖于这个团体并对其产生深远影响。

一、法兰克福学派概况

法兰克福学派作为西方马克思主义比较成熟的形态之一,代表了 20 世纪西方左翼对西方发达资本主义出现的有别于前几辈马克思主义者的认识。这种认识及其激进批判思想的形成,无疑在很大程度上受到当时资本主义发展的社会历史现实影响。法兰克福学派总体上是一种社会哲学或宏观的社会学理论或文化理论,正是他们这种对现实社会批判的基本立场,才促使其理论家们把眼光转向马克思主义,尤其是马克思的政治经济学中所

---

① 周穗明:《20 世纪西方新马克思主义发展史》,学习出版社 2004 年版,第 97 页。
② 居伊·珀蒂德芒热:《20 世纪的哲学与哲学家》,刘成富等译,凤凰出版集团 2007 年版,第 121—123 页。

持的批判立场和方法的片断,以及马克思早期著作中的异化理论和人本主义思想。

从法兰克福学派自其产生、发展,至今天大致历经了三代思想家、四个历史时期的理论发展。[①]

第一个时期(1923—1949)是法兰克福学派的形成期。1930 年霍克海默接任研究院院长后,针对当时资本主义经济危机和法西斯主义抬头,霍克海默要求摆脱研究所此前对传统马克思主义的纯哲学研究,将哲学和社会学结合起来,以"整个人类的全部物质文化和精神文化"为对象来揭示和阐释"作为社会成员的人的命运",对整个资本主义社会进行总体性的哲学批判和社会学批判。这标志着以"社会批判理论"为特征的法兰克福学派的真正形成。

第二个时期(1950—1960)是法兰克福学派发展的黄金时期,是以现代性批判为中心的全面文化批判。法兰克福学派全方位分析和考察资本主义社会的综合性经验,着力于以现代性批判为中心的全面文化批判,包括现代人的异化,特别是意识形态、工具理性、大众文化、大众传媒等异化力量对人的束缚和统治。尤其是哈贝马斯等通过"公共领域"等理论创新而声名鹊起。

第三个时期(1970—1989)是法兰克福学派的重要转型期,以第二代领袖哈贝马斯为中心,形成"新法兰克福学派",他们适应西方资本主义自 60 年代末所出现的新变化,看到资本主义早期的单一性开始被实现共识的交往理性所调适和消解,以达成多元社会共识的交往理性取代了片面的工具理性批判,为社会的民主化建构提供理论基础。

第四个时期(1990 年至今)是法兰克福学派的当代发展时期,法兰克福学派第三代批判理论家正式登上学术舞台。1992 年哈贝马斯的学生霍耐特(Alex Honneth)通过《为承认而斗争》创建"承认理论",他也被哈贝马斯称为"法兰克福学派在世成员中最重要代表之一"。法兰克福社会研究所重归最初的批判,即揭示现代化发展的负面效应,为社会的人性化健康发展提供理论依据。

法兰克福学派发展史的划分除了上述说法外,还有以第二次世界大战结束为界,将两次世界大战期间初创时期以霍克海默、阿多诺和马尔库塞等

[①] 周穗明:《在"西方马克思主义"旗下对资本主义社会的全面批判》,《中国社会科学报》2011 年 4 月 7 日。

为代表的称为第一代,战后的哈贝马斯、施密特等人为第二代。① 此外,也有把 1930 年至 1949 年视为法兰克福学派的创立时期和早期,1949 年至 60 年代末为中期,20 世纪 70 年代之后随着学派主要代表人物相继辞世而进入为法兰克福学派的晚期。②

可以看出,前述的四阶段划分之特别在于考虑到法兰克福学派的当代发展,也即 70 年代之后法兰克福学派的继承者们对早期法兰克福学派理论的新发展,故将他们称作新法兰克福学派,至于能否与传统法兰克福学派完全割裂开来,是个值得讨论的问题。然而,我们不得不承认,在国际上,尤其是在英美诸国,法兰克福学派的影响已突破哲学和社会学领域,成为遍及人文社会科学各个学科的重要理论和方法,用于不同领域进行对现代化、全球化负面弊端的经验研究和理论分析,极大地扩展了法兰克福学派的批判范围和理论影响。法兰克福学派代表人物也不仅限于社会研究所内部,许多英美的批判理论家如本哈比(Seyla Benhabib)、弗雷泽(Nancy Fraser)等也被视为当代法兰克福学派的成员。

二、社会批判理论

"社会批判"一词由法兰克福学派的创始人霍克海默最早提出,是他为法兰克福学派所规划的总体纲领,代表着对资本主义和西方文明进行人本主义批判的独特的立场,在这个纲领之下,形成了诸如启蒙辩证法、否定辩证法以及单向度的人等重要理论成果。社会批判理论最初是指对不断发展的现代文明社会的分析和对马克思主义的重新解释,是早期西方马克思主义哲学的深化,被认为是马克思主义理论在 20 世纪 30 年代欧洲主要发达资本主义国家的发展。

对社会批判理论的介绍有不同的路径,有的学者按照法兰克福学派主要人物进行叙述,并把理论取向相近的成员放在一起,比如,霍克海默和阿多诺的社会批判理论,马尔库塞与弗洛姆的性格结构批判理论,前者涉及批判的社会理论、启蒙的辩证法及否定的辩证法等,后者则涉及技术统治与单向度的人、压抑的心理机制、非生产性的性格结构等。③ 这里则根据社会批判理论与传统理论、传统马克思主义的关联进行阐述。

① 周穗明:《20 世纪西方新马克思主义发展史》,第 101—103 页。
② 衣俊卿:《西方马克思主义概论》,第 113—114 页。
③ 衣俊卿:《西方马克思主义概论》,第 112—205 页。

（一）社会批判理论与传统理论

霍克海默认为，"批判"一直是马克思著作的主线，许多著作的标题或副标题都是"批判"，只是马克思本人或者包括恩格斯在内受到"科学"的"诱惑"，从批判性转到了科学性。那么什么才是真正的批判态度，或者说批判对于理论来说具有什么意义？在批判理论发展过程中，出现了形形色色的理论形态，比如马尔库塞的"绝对拒绝"理论、阿多诺的"否定的辩证法"等。这似乎意味着批判理论必须要与传统理论彻底决裂，这种态度显然并不合适。任何理论或思想都无法从根本上割断与前面的历史关联，因此霍克海默认为批判理论的结构在逻辑必然性等具体问题上与传统理论具有某种相似性，实际上是对整个辩证法传统的继承。当然他也承认批判理论与传统理论家存在的本质差别，这种差别既体现在理论的性质上，又体现在理论的社会方位、社会功能上。①

那么提出批判理论的意义在哪里呢？鉴于近代以来以自然必然性、经济决定论以及虚假的主题假设为基础的近代科学走向与人本主义相对立的立场，"人类已经为这种虚幻的、妄自尊大的考虑付诸实践的科学所抛弃"，②这种科学所从属并为之服务的实践似乎外在于科学，但这种实践又满足于思想与行动的分离，霍克海默在此意义上提出传统理论与批判理论的区分，并强调"批判意味着以社会本身为其对象的人类活动"，是在政治经济学意义上的辩证批判意义的批判。③ 因此，霍克海默主张将批判理论定位为社会理论，是基于马克思政治经济学批判对德国思想史之批判哲学的反动。

相对于批判理论的传统理论，在西方文化的发展中始终是一条主线，在近代哲学表现为康德的"批判"以及由此发展而来的德国古典哲学，这种批判基于理性，按照康德所言，是一种方法论，体现了近代科学思维的形式理性特征。而在 20 世纪的学术发展中，科学哲学继承了这种"批判"的特征，把他视为探寻严密科学之基础的理论活动，这种活动要求从形式上接触某个学说内部的经验与逻辑的矛盾。这种传统的批判被霍克海默称为实证主义，它为了科学的纯洁性而实际上在科学上将人排除在外，是一种传统的方法。霍克海默的这个思路显然受到了卢卡奇的影响，因为后者正是从形式主义理性批判出发来确证辩证法的意义，继而看清马克思辩证法的核心在

---

① 同上，第 119—120 页。
② 曹卫东：《霍克海默集》，上海远东出版社 1997 年版，第 172 页。
③ 胡大平：《西方马克思主义哲学概论》，第 183 页。

于克服资产阶级意识形态的二律背反,从主客体同一性辩证法开辟了通往革命实践的新理论,这种新理论正是关于社会发展的总体性理论。[①] 霍克海默将形式主义科学观视为传统理论,它并没有弄清科学的社会功能,"它不谈理论在人类生活中意味着什么,而只谈理论对于它由于历史原因而产生于其中的孤立领域意味着什么"。[②] 也就是说,传统理论由于自身体系完备性需要而牺牲了具体的历史内容,从而保持了抽象的意识形态特征。

具体说来,传统理论与批判理论在以下几个方面表现出一定程度的对立。[③] 第一,从直接的形式看,传统理论是建立在自然科学准则之上,目的在于建立纯数学的符号系统,在批判思想中理论活动不仅是逻辑过程,更是具体的历史过程;第二,从对象和研究目的看,传统理论把社会视为一个外在的对象,批判理论则把人视作自己的研究对象,且人是在特定历史条件中作为他们自身生活方式之生产者的人;第三,从理论本身的性质看,传统理论被鼓励在专门化的领域中而脱离与社会生活的联系,有片面性,而推动批判思想的活动却正是要超越片面性,消除个体的目的性、主动性等;第四,在对理论主体的地位认识上,传统理论把认识主体视为一种自律的自我,即世界的基础或世界本身,与社会历史过程没有关联,批判理论中的思想主体则处于与其他个体和群体的真实关系中,与某一特定阶级发生冲突。因此可以看出,两者对立更多是主体的差异,而不是对象的差异,它们是两种不同的世界观。

(二)社会批判理论与马克思主义

法兰克福学派一开始就承认他们与马克思主义之间的无法割断的关联,而对于社会批判理论来说,无论是霍克海默还是其他学派成员,甚至是主张"否定的辩证法"的阿多诺,都曾明确强调,真正的辩证批判理论源自于马克思,尤其是他的唯物主义与辩证法。然而我们必须要正视,法兰克福学派的早期研究及至阿多诺的"否定的辩证法"与马克思的《资本论》实难沟通。因此,两者之间既有内在逻辑上的深层关联,又有重要的区别。[④]

第一,社会批判理论确实在社会历史理论的基本假设、当代资本主义分析等方面采纳了马克思政治经济学批判的重要的结论,并始终坚持政治经

---

① 胡大平:《西方马克思主义哲学概论》,第 183—184 页。
② 曹卫东:《霍克海默集》,第 174 页。
③ 胡大平:《西方马克思主义哲学概论》,第 190—191 页。
④ 胡大平:《西方马克思主义哲学概论》,第 191—193 页。

济学批判是整个社会批判理论的前提和基础。尤其是在霍克海默的批判理论中,他曾经明确指出马克思主义的阶级、剥削、剩余价值、利润、贫困等范畴是其批判思想的组成部分。而从本雅明的大众文化理论、阿多诺的艺术社会学及马尔库塞对早期资本主义的批判,也都可以明显看出马克思对资本主义的政治经济学批判在发挥着关键性的引导与基础作用。

第二,法兰克福学派成员的马克思主义在严格意义上说是一种卢卡奇的西方马克思主义立场,他们公开拒斥苏联的马克思主义。法兰克福学派的社会批判理论在他们自己看来是一种哲学,这是柯尔施为法兰克福学派定下的调子,即便它也进行着政治经济学批判。霍克海默在题为《哲学的社会功能》一文中强调,哲学表征着批判思维与辩证思维,它是对流行东西的批判,是对乌托邦的追求,因此霍克海默主张社会批判时,依旧着重于其哲学的一面而不是科学或学科。可以看出,在批判理论中,无论是马尔库塞还是阿多诺,都在批判前提上远离了马克思的观点,他们甚至批判马克思所倡导的生产力崇拜与实践的第一性。

第三,社会批判理论是一种以资产阶级意识形态批判为核心的社会理论,是一种针对资本主义的社会历史元批判。尽管批判理论的最终形式与《资本论》实难沟通,但这种元批判思维符合唯物主义批判的最高理论成就。事实上,霍克海默的《资产阶级历史哲学的起源》、阿多诺的《否定的辩证法》等即便是西方马克思主义的哲学史研究,但他们强调的元批判已经超越了哲学本身的领域,达到哲学的社会和历史基础,其中也蕴含着马克思历史唯物主义的辩证视角。

因此,法兰克福学派的社会批判理论是在马克思政治经济学原则上确立起来的,不是对资本主义经济制度和社会制度的批判,而是把主要火力指向当代资本主义社会的文明、文化、科学技术等内容。它是自由知识分子在"文化沉没"时代的抗争,是他们对导向世界总体管理的恐怖的反叛。当然这种立场对于大多人而言都是"退守式的理论抉择",这也表明法兰克福学派成员在特定历史条件下通过理论来抵抗整个时代堕落的无奈与悲叹。

(三)社会批判理论的哲学意蕴

霍克海默曾说:"批判理论不仅是德国唯心主义哲学的后代,而且是哲学本身的传人,它不仅仅是人类当下事业中显示其价值的一种研究假说,而且必须要创造出一个满足人类需求和力量的世界之历史性努力的根本成分。"①从这个基调出发,法兰克福学派的批判风潮从一开始就没有离开过哲学,因此需要从欧洲哲学的历史发展及其在 20 世纪的境遇来审视社会批判理论。②

第一,社会批判理论作为关于文化的唯物主义理论。批判理论的最终落脚点在文化,这是由当时社会历史现实所决定的唯物主义立场,不过这种立场并没有让霍克海默倒向经济决定论,相反,其目标在于证明社会关系的持续变化直接起因于文化的某些领域,并影响了文化依赖经济的方式,进而影响全部思想观念。因此,批判理论是以理论自身为基础的整体文化批判,也即后来马尔库塞和哈贝马斯指出的资本主义统治合理性的批判。

第二,批判理论是在特定历史时期以及与特定实践的联系中发展起来的活的社会理论。批判理论固然有其自身的哲学特质,但也不能将它等同于哲学,除了哲学之外,它还有上述的文化形式与内涵。在霍克海默看来,哲学只提供了一种科学抽象,任何真理性主张都无法避开这样的抽象,它为批判理论界定有关人、社会、理论等关键问题的基本立场。然而,如果对这些关键问题的理解仅停留在哲学层面,那么它们仍旧是形而上学意义上的。因此,需要置于特定的历史发展阶段和环境中,才会产生更为积极的意义。

第三,批判理论代表着理论自我反思的辩证法精神。从批判理论的发展过程看,霍克海默先是描述了批判理论的总纲领,之后提出启蒙辩证法,再到阿多诺的否定的辩证法,其最显著的特征便是对理论自身的使命、功能及实现道路的辩证反思。霍克海默认为,理论绝不是什么"对方关于特殊社会事件的假说的仓库",理论只有通过反映世界弊病,方能实现它自己的特性。同时,理论必须构造整个社会向着理想发展的途径,构造具有历史性的真正存在判断,因此批判理论的辩证功能就意味着它不能依据孤立的批判和概念来衡量每一历史阶段,具体来说就是对当下的社会条件进行深刻反省,进行经济政治批判,以促进社会现状的变革。最终实现法兰克福学派的口号:"把人从奴役中解放出来。"

总体看来,社会批判理论是一种旨在对社会历史进程进行人本主义干预的理论,它展示了现代社会理论的一个新方向,这种新方向既是马克思主义传统理论的拓展,又是西方思想传统的自然升华。它的全部旨趣在于,不

---

① 霍克海默:《批判理论》,李小兵等译,重庆出版社 1990 年版,第 217 页。
② 胡大平:《西方马克思主义哲学概论》,第 194—197 页。

仅关注现存的生活方式，而且还关注人类及全部潜能，指向人类的解放与繁荣。①

三、意识形态理论

意识形态最初是由特雷西(Destutt de Tracy)在 18 世纪提出的，用于对宗教的现代批判。对意识形态最宽泛的理解甚至涵盖包括科学在内的整个文化领域，同时也是世界观和哲学的主体，具有较强的正面意义。难怪希尔斯(E. Shils)将其理解成对人、社会及人和社会有关的宇宙的认知与道德信念的通盘形态。② 法兰克福学派思想家形成的意识形态理论更多是在中立意义上，被认为是用来"补充"传统马克思主义的又一"成果"，于是在法兰克福学派发展早期就出现霍克海默、马尔库塞、弗洛姆、赖希等人先后用弗洛伊德主义去"补充"，之后又有赖希用其"性格结构"理论，弗洛姆用"社会性格"和"社会无意识"来补充马克思主义的意识形态理论。

（一）赖希的性格结构理论

赖希认为，马克思仅仅用社会经济制度、社会政治制度等社会存在的内容去说明社会意识形态的形成是不够的，弗洛伊德又过分强调人的生物因素的邪恶作用和决定作用，只从内部去看人及社会的发展，更加不能说明社会情况是如何决定意识形态的。因此他的"性格结构"理论试图"架桥沟通"马克思主义理论中关于社会情况和意识形态之间的沟壑。他认为，"一定的社会情况和发展创造了今天的性格结构"，这一性格结构将社会和个人熔于一炉。

在赖希的理论中，需要清楚人的性格结构是怎样形成的，这将能够让我们理解社会经济发展过程怎样转化为意识。在他看来，学校、教会、家庭都是特定经济状况的产物，它们处于特定经济关系中，它们创造为支撑整个社会的政治和经济制度所必需的那种性格结构。所以，人们只要观察一下学校、教会和家庭是怎样教育和抚养儿童的，就能理解经济现实怎样变为意识形态的。在家庭教育与抚养儿童的情形中，其实质乃是家庭代表整个社会，根据一定的经济发展过程的要求，强使形成与这一发展过程相一致的性格结构。不过赖希并没有论述究竟家庭是怎样把社会的经济现实转变为儿童

① 胡大平：《西方马克思主义哲学概论》，第 197 页。
② E. Shils，*The Constitution of Society*，Chicago：The University of Chincago Press. 1982，pp. 202 —223.

的意识形态的。

意识形态具有相对的独立性,赖希认为,反映经济过程的意识形态并不像庸俗的马克思主义者所理解的那样,是简单地放入头脑中的,而是"被铆进个人性格结构之中去的"。[①] 换句话说,意识形态是植根于性格结构之中的,意识形态是以性格结构的形式出现的。因为性格结构具有稳定性、自主性、独立的特点,所以意识形态也具有相对的独立性。意识形态埋植在性格结构中的这一特点,决定了意识形态的形成不那么容易,当然一旦形成也不会随着经济发展过程的消失而自行消失,它还会持续起作用。他用性格结构理论解释,为什么被压迫阶级代表先进的生产力却不起来推翻旧的社会制度。这是因为,被压迫阶级的性格结构中反映"传统力量"的意识形态还深埋在那里,不愿自行消失,"一旦某种意识形态掌握并塑造了人的性格结构,它就成为一种物质的、社会的力量"。

赖希还解释了为什么意识形态总是落后于经济发展过程,原因在于性格结构总是儿童时期形成的,只体现儿童时期的经济发展过程,长大之后,经济过程进一步发展了,可意识形态还是旧的。当两种新旧社会经济形态发生尖锐冲突时,由于支配人们行动的还是反映旧的社会经济形态的意识形态,所以,人们往往站在保守势力一边。这就是"传统的习惯势力"的含义。赖希有感于当时人们对于一个不公正的社会制度的存在,强调家庭在经济发展过程转变为意识形态中的作用,揭示了意识形态和性格结构的关系,这是一种独特的意识形态视角。

(二)弗洛姆的"社会性格"和"社会无意识"

弗洛姆把弗洛伊德的个体人格理论延伸至社会性格,认为社会性格是把社会中大多数人的能量引向同一方向的特殊方式,这里的社会性格指同属于一个文化时期的大多数人所共有的性格结构的核心。社会性格代表了一个社会、民族和阶级的特点,具有同一社会性格的社会成员便不自觉地按照社会所引导的同一模式,即社会制度所要求的方式去思考和行动。社会性格的内容是由社会结构以及个人在社会结构中的作用所决定的。社会的生产方式和文化传统影响着社会性格的内容及其变化,而家庭也起着重要作用,体现社会性格的双亲,通过移情、教育、训练,使孩子形成社会所需要的性格。

---

① 赖希:《法西斯主义群众心理学》,张峰译,重庆出版社 1993 年版,第 7—16 页。

　　弗洛姆认为社会性格是这一社会中的经济结构和意识形态之间的中介。在经济基础产生意识形态的过程中,"社会性格"起着中介作用。社会性格支配着人的思想,社会性格是思想和理想的基础,正是从这种社会性格中,各种思想才得以获得自身的力量和吸引力。经济基础不直接产生意识形态,意识形态不是直接反映经济基础的,这中间必须借助于社会性格这一中间环节。其实,在意识形态反作用于经济基础的过程中,社会性格也起着中介作用。意识形态可以反作用于经济基础,但不是直接作用,而是先作用于社会性格,通过社会性格反作用于经济基础。①

　　"社会无意识"是社会结构与思想观念之间的另一环节。弗洛姆不像弗洛伊德那样把"意识"和"无意识"理解成上层与下层、理性和非理性的关系,他的"意识"是指察觉到的某种情感、欲望、判断,而"无意识"则是未察觉到的内在情感体验,前者可以是群体的,后者则是个体的。那么,"社会无意识"则是社会的最大多数成员共同被压抑的领域,这些被压抑的东西,正是社会所不允许其成员意识到的内容,比如社会经验、社会事物,包括性欲冲动、仇恨和恐惧情绪,以及对事实的认识。弗洛姆认为"社会无意识"到处存在,就像人并不会观察他不想观察的事实,这正是社会无意识的作用。至于社会无意识在什么条件下才能形成社会意识,弗洛伊德提出"社会过滤器"理论,这个"社会过滤器"由语言、逻辑和社会禁忌组成,这三个部分分别起作用,经验只有经过三关,才可能成为社会意识,否则仍停留在无意识层次。② 无论是社会性格,还是社会无意识都是经济基础和意识形态之间的中介,所不同的是,"社会性格"又反过来决定和支配着人们的思想,"社会无意识"的中介作用则表现为,人们参与社会生活及经济过程,具有关于社会事实的经验,有些经验停留在无意识之中,有些经验则通过"社会过滤器"达到意识的水平。

第三节　哈贝马斯的交往行为理论

　　哈贝马斯是法兰克福学派第二代的最主要代表人物之一,是仍然活跃在当代世界的著名思想家。然而,如果从西方马克思主义发展史看,哈贝马斯可以被认为是西方马克思主义的第三代,倘若把马尔库塞等人视作第二

---

① 王维、庞君景:《20 世纪西方的马克思主义思潮》,第 113 页。
② 同上,第 114—115 页。

代的话。当然,他与法兰克福学派的关系也十分微妙,因为他首先是法兰克福学派社会批判理论(或称批判的社会理论)的主要传人,在学派中地位显要,同时由于新的研究范式的探索与确立,他一直与霍克海默、阿多诺等法兰克福学派的早期代表人物关系紧张,甚至出现分歧与冲突。无论如何都要承认,哈贝马斯确实修正、深化、丰富了法兰克福学派的批判理论,并延续这一传统,将其向前推进一大步。或许可以做一个假设,如果没有哈贝马斯的持续努力,法兰克福学派可能在 20 世纪 60 年代便已画上句号。当然,哈贝马斯的影响和理论贡献并不局限在他作为法兰克福学派成员这一身份上,甚至可以认为他对当代世界进程与文化发展都产生了相当重要的影响,其中交往行为理论更是让他在西方学术思想界独树一帜。

哈贝马斯"就像一匹没有装上炸药、行动缓慢的特洛伊木马一样,闪亮地登上国际学术舞台",[①]他的著作则被人持久关注、广泛阅读和阐释着,产生着巨大的影响力。哈贝马斯出生于 1929 年 6 月,是德国当代最重要的哲学家和社会理论家之一,曾就读于哥廷根、苏黎世、波恩三所大学,1954 年获得博士学位,曾任海德堡大学教授、法兰克福大学教授、法兰克福大学社会研究所所长,1972 年他与法兰克福学派分离,离开社会研究所,1983 年重返法兰克福大学,任哲学与社会学教授,著有《大学生与政治》(1961)、《公共领域的结构转型》(1962)、《理论和实践》(1963)、《认识与兴趣》(1968)、《技术和作为意识形态的科学》(1968)、《社会科学的逻辑》(1967)、《合法性危机》(1973)、《历史唯物主义的重建》(1976)、《交往行为理论》(1981)、《后形而上学思想》(1988)、《在事实与规范之间》(1994)等。

哈贝马斯继承和发展了康德哲学,致力于重建"启蒙"传统,从共时性角度勾勒出黑格尔式的体系,有人称其为"当代黑格尔",他视现代性为"未竟事业",提出了著名的交往理性(communicative rationality)理论,对话后现代主义思潮,并对其进行有力批判。

一、行为的概念

哈贝马斯两卷本的《交往行为理论》是其思想最系统的表达,具有内在的逻辑框架。哈贝马斯比较简单地规定了行为与合理性概念,然后在对韦伯与卢卡奇、法兰克福学派的分析中详细展开他的行为与合理性的思想。他区分出四种行为类型。[②] 第一是目的性行为,又称作工具性行为。这是一

---

① 居伊·珀蒂德芒热:《20 世纪的哲学与哲学家》,第 243 页。
② 哈贝马斯:《交往行为理论》,洪佩郁、蔺青译,重庆出版社 1994 年版,第 120—121 页。

种目标取向的行为,在比较、权衡各种手段以后,行为者选择一种最理想的达到目的的手段。哈贝马斯认为,韦伯(Max Weber)与法兰克福学派的合理行为,主要是指这种行为。然而,这种对理性的规定太过狭窄,并且把批判理论导入一个概念陷井。换句话说,如果确如韦伯所说手段—目的的合理性行为是使现代社会得以发展的力量,那么当它对人类处于压抑状态时,还能否提供另一个合理性方案呢? 因此应该对合理性概念进行扩展。第二是规范调节的行为,即群体的受共同价值约束的行为。规范控制行为严格遵守那些由个体组织起来的群体所具有的价值期望。第三是戏剧式行为,指行为者在一个观众或社会面前有意识地表现自己主观性的行为。这种行为重在自我表现,通过自我表达达到吸引观众、听众的目的。"行为者在观众面前,以一定方式进行自我表述……想让观众看到并接受自己。"[1]第四是交往行为,它是行动者个人之间的以语言为媒介的互动。行为者使用语言或非语言符号作为理解其相互状态和各自行为计划的工具,以期在行为上达成一致。相互理解是交往行为的核心,语言具有特别重要的地位。

四种行为侧重于世界的不同方面,比如工具性(目的论的)行为主要考虑客观的或外在的世界;规范控制的行为对应于社会世界。这个世界从本体论上说虽由行为者个人组成,但规范关系才是最重要的;戏剧行为与主观及外部世界相适应;在交往行为模式中,行为者"从他们自己所解释的生活世界的视野","同时涉及客观世界、社会世界和主观世界中的事物,以研究共同的状况规定"。[2] 因此,交往行为比其他行为在本质上更具合理性,因为它考虑了所有这三个世界。交往行为组成的世界也是由日常语言支撑的世界,哈贝马斯称其为生活世界。

生活世界与系统过程是与行动密切相关的概念。哈贝马斯认为生活世界有三种解释模式,即文化或符号系统的、社会或社会制度的、个性导向或自我本体的。三种模式对应于社会的三种功能,也就是通过交往行为达到理解以实现传播、维护及更新文化知识的目的;互动的交往行为的协调以满足社会整合和群体团结的需要;交往行为的社会化以形成个人认同。因此,生活世界的三个组成部分,即文化、社会、个性,通过交往行为的三个方面,即寻求理解、协调互动和社会化来满足社会文化再生产、社会整合和个性成长的需要。

现实的社会中,生活世界与系统过程是相互联系的。经济、政治、家庭

①　哈贝马斯:《交往行为理论》,第 123 页。
②　同上,第 135 页。

及其他制度联系中的活动依赖于生活世界的各个方面：文化、社会与个性，不过进化的趋势是，生活世界分化为各自分离的文化、社会与个性的知识库，而系统分离为彼此区别的制度群，如经济、国家与法律，这种分化产生了将系统与生活世界再平衡再整合问题，正是在这些问题中，存在着现代社会的危机。

二、对批判理论的反思性推动

在西方马克思主义中，哈贝马斯的位置十分独特，一方面他是一个西方马克思主义者，是法兰克福学派的继承者和阐释者，另一方面，他改变了批判理论的传统路向，使其丧失了原初的批判性质，特别是在 20 世纪 80 年代后，哈贝马斯成为资本主义启蒙规划的捍卫者，远离了像霍克海默和阿多诺那样的资本主义批判。哈贝马斯在他的《交往行为理论》第一卷中便直接宣告法兰克福学派早期纲领的失败，其根源在于意识哲学的范式已然枯竭，与此同时，他又认为他转向交往行为理论意在回过头来从工具理性批判终止的地方重新开始，继续完成社会批判的未竟事业。从总体上看，他立足于不同基础重建历史唯物主义，并最终在逻辑上告别马克思主义基本立场而走向为现实制度的合法性辩护。他的交往行为理论直接宣告了乌托邦现实主义政治启蒙。[①]

那么哈贝马斯为什么以及何以能够在法兰克福学派的批判传统中重起炉灶呢？主要归结为以下两个原因：[②]第一是哈贝马斯与霍克海默等人处于不同的社会历史环境，战后欧洲似乎重新回到民主道路，民主既是现代启蒙的目标，又是启蒙自身所追求的自我解放的基本路径。第二，欧洲民主体制没有能够克服启蒙辩证法所批判的那种同一性，福利国家建设仍然把社会推向一种被整体或总体统治（管理）的境遇，以效率为目标、以技术为手段的行政管理就确立了意义。因此作为战后成长起来的知识分子之一，哈贝马斯体验到自我道德的毁灭，批判意识无疑还是具备的，不过他们并不像他们的前辈那般绝望，对现有体制下的社会和文化整合仍抱有希望。因此他们把规范政治学的重建作为自己的目标，密切关注道德、法律及自我实现的问题。在思想转型过程中，哈贝马斯受到来自卢卡奇以及霍克海默与阿多诺的影响非常明显，尤其是《启蒙辩证法》，他认为这本书提出了"当代社会辩

---

① 胡大平：《西方马克思主义哲学概论》，第 266 页。
② 同上，第 268 页。

证法发展的理论,从而超越了马克思主义传统"。[①] 哈贝马斯的《重建历史唯物主义》就是力图对晚期资本主义的合理性危机及其解决的可能性进行研究,并对批判理论的传统进行反思,继而寻求有效的政治启蒙方式。哈贝马斯抛弃了批判理论传统,但他始终强调他又是这个传统的继承者。他在谈到与霍克海默、阿多诺等前辈之间的隔阂及至最终分道扬镳时,认为阿多诺把格言式的哲学说理方式引向极端,用断想构成思想纲要,且批判理论对社会科学的理论成果和分析哲学一直漫不经心,没有给予认真对待,甚至没有系统与它们交锋过。同时,批判理论隐身在抽象的工具主义理性批判中,对社会本身仅仅做了些许的经验主义分析。[②]

不过,哈贝马斯后来又更正自己先前的说法,认为霍克海默与阿多诺的错误在于把社会理论变成哲学。有研究者认为,哈贝马斯并没有真正试图去理解阿多诺,阿多诺否定的辩证法在推动马克思对现存事物的彻底批判中实际也朝向与其对立的理性,这些对哈贝马斯来说正是其理论能够深化下去的持久动力之源,也才使得他表现出黑格尔式的现代性抱负,即理性与现实的和解这一交往理性的真正主题。而阿多诺等人事实上在把批判落实到哲学自身的时候,他们坚称理性与现实和解的不可能。

在哈贝马斯的理论轨迹中,对批判理论的反思始终处于焦点位置,除了霍克海默和阿多诺的思想之外,批判理论本身所涉及的主客体、自然科学与社会科学、事实与价值、理性与现实等也都在新条件下被重新审视。正是在这种审视中,交往行为理论成为新社会理论的起点和前提。不过尽管哈贝马斯背离了批判理论的初衷,但他的内在逻辑却还是来源于法兰克福学派的传统。

三、科学技术的两重性

哈贝马斯的交往行为理论开始于基础批判。对于科学技术与技术理性的两重性问题,法兰克福学派早期思想家们都有不同程度述及,这也是哈贝马斯的技术理性批判的出发点。哈贝马斯认为,科学技术在现代发达工业社会中的影响越来越大,它成为处于"第一位的生产力",同时也作为一种意识形态而存在。哈贝马斯对后者的理解是,发达国家工业社会条件下的科学技术具有意识形态的性质。对意识形态的批判是 20 世纪哲学、政治学和社会学的重要主题,围绕这个主题的争论几乎贯穿整个世纪,其中马克思、

---

① 包亚明:《现在性的地平线:哈贝马斯访谈录》,上海人民出版社 1997 年版,第 17 页。

② 同上,第 17—18 页。

恩格斯在讨论意识形态时,基本是在否定和消极意义上来使用这一术语的。法兰克福学派早期的霍克海默就在他的《批判理论》中探讨了科学危机问题,这种危机正是由于科学技术自身的局限性造成,并且表现为科学日益具有意识形态的异化和统治功能。马尔库塞在其《单向度的人》中也论证了科学技术不仅是物质财富的源泉,也是一种统治形式,使政治统治合法化,甚至技术理性概念本身就是属于意识形态。哈贝马斯承认,马尔库塞所持的技术与科学具有统治上的合法性功能这一基本观点为分析改变了的格局提供了钥匙。[①] 他对技术的统治功能和意识形态进行了更为细致的、客观的、中肯的分析,他没有断言两者的性质,而是对其作出限定。[②]

哈贝马斯强调技术理性的统治与传统意识形态统治存有差异。传统的统治作为一种政治统治,与意识形态密切联系;现今的统治是技术统治,即以技术和科学为合法性基础的统治。两者相比,技术统治的"意识形态较少",至少它在某种意义上说摆脱了"虚假意识"的某些成分,摆脱了由阶级利益制造的骗局、政治空想等,同时科学和技术涉及的范围更为广泛,更难以抗拒。哈贝马斯认为,尽管技术理性与传统意识形态的统治差异明显,但技术理性的意识形态上的统治功能是无法否认的。技术统治的意识仍具有意识形态的本质属性,其主要功能就在于为现状辩护,论证现存统治的合法性。因此哈贝马斯认为,无论新旧,意识形态都要阻碍人们议论社会问题,这是结构性的条件首先确定的维护制度的任务,即确定私有经济的资本价值增殖形式和确保民众忠诚的、分配社会补偿的政治形式。[③]

四、交往理性的构建

如果说技术的两重性与异化特征在法兰克福学派中已然有所共识,那么更重要的则是揭示技术如何异化继而形成技术理性统治,哈贝马斯采用了不同于法兰克福学派早期思想家的策略。他认为不能停留在技术理性异化的一般批判或从理性之外寻找危机根源,而应该在理性的平台上,从理性的内在机制入手揭示原因进而寻求重建理性的途径。哈贝马斯在他的《认识与兴趣》中提出了以兴趣为导向的认识论构想,建立了他的认识与兴趣相同一的批判理论,继而在方法论上为社会批判理论及其技术理性批判主题

---

① 哈贝马斯:《作为"意识形态"的技术与科学》,李黎、郭官义译,学林出版社1999年版,第58页。
② 衣俊卿:《西方马克思主义概论》,第222—223页。
③ 哈贝马斯:《作为"意识形态"的技术与科学》,第60—70页。

奠定了基础。① 这种以兴趣为导向的认识论确实为哈贝马斯的理论构建开辟了完全不同的地平线。

在哈贝马斯看来,技术异化的根本原因在于以科学技术为背景的劳动的"合理化"导致交往行为的"不合理化",那么消除技术异化的策略就是实现交往行为的"合理化",以交往取代劳动在人类社会和社会历史理论中的核心地位。② 交往行为之不同于劳动的地方在于,劳动是工具行为,带有目的理性,而它则强调主体间遵循有效性规范,并以语言符号为媒介,目的在于达到主体间的理解和一致,由此保持社会的一体化、有序化和合作化,因此具有更强的优先性,但在科学技术至上的社会情境中,正是劳动的表面"合理化"导致了交往行为的"不合理化",这也是技术异化的实质。哈贝马斯提出了具体扬弃技术异化的思路,即建立起主体间的理解和合理的交往模式,以交往取代劳动在传统社会和传统社会理论中的核心地位,实现交往行为的合理化。可以看出,哈贝马斯这种对理性的关注点实现了从"主体—客体"结构向"主体—主体"结构的转化或主体间性结构。透过哈贝马斯的逻辑,社会交往理论需要关注以下三个方面的问题:③

(一)通过普遍语用学建立合理的交往模式

普遍语用学是关于交往的一般理论,其任务之一就是确定并重建关于可能理解的普遍条件或交往的一般假设前提,以理解为目的的行为是最根本的东西。④ 哈贝马斯所说的普遍语用学旨在通过对话达到共识,建立"理想的言语情景",为开放的、自由的、自主的、互动的主体间的非强制性交往和共识奠定了基础。

哈贝马斯根据语言引导在行为中的作用把社会行为分为交往行为和策略行为,前者受工具理性支配,主要涉及主客体关系,后者受交往理性或价值理性调节,涉及主体间交往,更多依赖语言理解所形成的意见,⑤在它看来,交往行为的实施主要依靠"以理解为趋向的语言用法",是绝对服从"以言行事的目的"的行为,因此语言理解在交往行为中扮演十分重要的角色。为了达到语言理解的目标,哈贝马斯确立了理想的言语情景并为其设定了

---

① 详见哈贝马斯:《认识与兴趣》,郭官义、李黎译,学林出版社 1999 年版,第 56—66 页、第 195—206 页。

② 衣俊卿:《西方马克思主义概论》,第 227—228 页。

③ 同上,第 231—236 页。

④ 哈贝马斯:《交往与社会进化》,张博树译,重庆出版社 1989 年版,第 1 页。

⑤ 哈贝马斯:《后形而上学思想》,曹卫东、付德根译,译林出版社 2001 年版,第 58—65 页。

两个基本要素,即交往参与者必须遵守的普遍有效性规范与必须具备的交往能力。

哈贝马斯认为,言语有效性的前提是每一个参与者都要在一定强制下遵守预先设定的规范,否则无法达成任何共识或一致意见乃至理解。也就是他所说的:"在交往行为中,言语的有效性基础是预先设定的,参与者之间所提出的(至少是暗含的)并且相互认可的普遍有效性要求(真实性、正确性、真诚性)使一般负载着行为的交感成为可能。"①哈贝马斯将言语的有效性基础或普遍性规范概括为四个基本要件,即可领会性、真实性、真诚性和正确性,这是任何进入交往行为的主体都必须遵守的要件。实际上,通过分析发现,哈贝马斯的这四个要件涉及交往行为的最基本领域,即语言本身、外在自然、内在自然和社会。对于交往资质或交往能力,哈贝马斯认为它是建立合理的交往模式的必要条件。具体说来,交往资质包括三个方面,也就是选择陈述性语句的能力、表达言说者本人意向的能力以及实施言语行为的能力。哈贝马斯通过这两个方面的规定,提出他的普遍语用学的进路。

(二)确立主体间性范畴

交往参与者遵循普遍有效性要求,致力于建立合理的交往模式,其中最核心的内容就是建立"主体间"结构,即自主的、平等的、合理的交互关系。这种结构的确立构成个体发展和社会进步的基础,为交往的合理化和异化的扬弃奠定基础。

哈贝马斯认为,言语的有效性基础的确立和交往参与者的交往能力的提高,其意义都在于确立平等的、合理的主体间性结构,对于上述言语有效性的四个关键要件,它对应于语言等四个基本领域,因此按照四个要件而展开的语言理解活动实际上展开了人的三重交往关系,这就是哈贝马斯所说的言说者与作为现存物整体的外部世界的关系,言说者与作为所有被规范化调整了的人际关系整体的我们的社会世界的关系,言说者与作为言说者意向经验整体的特殊内在世界的关系。这三重关系的核心在于建立合法的人际关系,确立主体性和主体间性。

主体间性无论对于个体生存还是社会发展,都有重要意义。哈贝马斯认为,语言上建立起来的主体间性结构,可以以基本的言语行为为原型加以研究,这些机构对社会系统和个性系统来说都是根本性的。② 然而,哈贝马

---

① 哈贝马斯:《交往与社会进化》,第 121 页。
② 哈贝马斯:《重建历史唯物主义》,郭官义译,北京社会科学文献出版社 2000 年版,第 7—8 页。

斯所说的主体间性结构有特定的指向,是一种通过语言,遵循普遍性的规范建立起来的平等的、合理的主体间性结构。正是在这个意义上,个体主体性的发展水平对于建立上述主体间性的意义显而易见。

哈贝马斯认为:"历史唯物主义并不需要假设某种经历着进化的种的主体,进化的承担者应该是社会和纳入社会中的行为主体。社会进化可以在这样的结构中被辨认出来,这些结构被那些与某种可合理重建的模型相一致的、更可领会的结构所取代。在那些结构形成的过程中,社会和个体与他们的自我同一性和集团同一性一起经历着变化。既然社会进化应该指向统一化了的个体自觉影响他们自身进化进程的方向,这里自然不会出现大规模的主体,至多是自我建立的、高水平的、主体间性的共同性。"[1]可以看出,强调主体间性结构的重要性必将影响人们关于社会历史运行机制的看法,哈贝马斯正是在这样的思路下提出要以交往行为理论来重建历史唯物主义的。

五、交往理性的应用

哈贝马斯为了应用和实现交往理性,在交往行为理论的基础上提出了商谈理论。[2] 根据交往行为理论,他区分的四类社会行为分别对应于不同的有效性需求,即目的行为的有效性要求真实性、规范调节行为的有效性要求正当性、戏剧行为的有效性要求真诚性,而交往行为同时要求这三种有效性。交往行为的目的在于通过商谈达成共识,只有真实性、正当性和真诚性的要求同时满足,才能形成协议,如果三个要求的满足不一致,那么便要对话或商谈这些有效性。商谈的逻辑蕴含着一个证据所能够达成的目标,比如有助于支持或削弱一个有效性要求或者论证了有效性要求本身。同时,商谈必须借助语言,也要能够对语言本身进行商谈。哈贝马斯认为,不管是道德领域还是法律和政治领域,都需要贯彻商谈原则,这样就有了商谈伦理和协商政治。

在哈贝马斯看来,传统伦理经常处于价值实在与价值主观两种观念的艰难抉择中,如果按照真理符合论,那么这仅是主客体之间关系的反映而已,但问题在于,这种强调主客体关系忽略了主体间性存在的可能性,无疑是一种意识哲学的真理观。哈贝马斯恰恰认为真理是立足于主体间性的,只有通过对话或协商才能得到,即真理共识论。哈贝马斯延续了康德伦理

---

① 哈贝马斯:《交往与社会进化》,第 143—144 页。
② 周穗明:《20 世纪西方新马克思主义发展史》,第 167—171 页。

学传统,把商谈伦理的基本原则称为"普遍化原则",亦即每个有效的规范一定是能够被一切有关的人毫无强制地加以接受的。① 同时,道德只与交往理性有关,而与目的理性无关。道德在于主体之间作平等理解、交往与商谈,道德律也是通过主体间的对话方式建立的。因此,商谈伦理的普遍化原则与康德所称的主体自由意志毫无关联,而与主体之间的相互理解相关联。道德也只能通过带来规范性和有效性的理智商谈程序才能论证。商谈伦理的意义在于它把人与人的平等协商作为道德根据,排除了独断论,也为协商政治奠立了基础。②

哈贝马斯比较了自由主义和共和主义在法律和民主问题上的对立,并立足于主体间性发展出协商政治的方案,他认为法律与民主之间存在着真实性和有效性的二元对立关系。尽管康德敏锐地认识到法律中的这种二元对立,但他将法律归属于道德,并从形而上学的框架假定存在超验世界的、理性的和谐。哈贝马斯坚持认为,只有站在交往行为理论的立场上理解法律与民主,才能避免这种形而上学框架和法律道德化。

与民主和法律相对应的就是自由主义和共和主义,前者把共同体置于个体之上,个人只有在共同体中才有其真实存在,后者则以个人作为法律和民主的主体,社会与国家只是个人间社会契约的派生物。哈贝马斯认为两种理论各有其合理之处,但彼此又忽视对方这种合理性,甚至无视除了个人和整体外还有主体间性存在。商谈理论正是接受了两者在意见和意志形成中的合理内容,进而把他们融合成咨询和决策的理想过程的概念。商谈理论期望能够达成共识的过程具有比较高层次的主体间性,这些过程可以在两个层面上实现,一是议会党团的制度化协商形式中,再有就是社会公众及民间团体的政治上的语言交往网络中实现。③ 而后者的意见形成慢慢融入到制度化的投票决定和立法表决中,使语言交往中产生的权力转变成行政管理的权力。

哈贝马斯把他的这种主体间性继续扩大,从协商政治延伸到国际政治领域,提出文化间性概念及根据商谈理论来改造国际政治的设想。文化间性强调不同民族或国家间的交往关系,要求无差别地尊重各民族或主权国家,彼此之间需要经过平等协商,进而才能就各种争端达成共识。真正的共同体是通过对话消除歧视人和给人带来的消极观念,把那些处于边缘状态

---

① 艾四林:《哈贝马斯》,湖南教育出版社1999年版,第155页。

② 周穗明:《20世纪西方新马克思主义发展史》,第168—169页。

③ 同上,第170页。

的人包容在相互关怀中建立起来的。同时,哈贝马斯认为,如果要实现康德意义的永久和平,国际政治的各层面上都应当建立规范的防范机制,包括制止侵略战争与人权以及在文化间性基础上以对话实现非暴力的和平等三个方面。

哈贝马斯的交往行为理论仍旧是一种批判理论,它把在新左派运动中逐渐落幕而陷入绝境的法兰克福学派的批判理论推向一个新的阶段。不过他的理论也受到多方面的批评,比如吉登斯(Anthony Giddens)就认为他是"对马克思的重新估价,至少在其对自由资本主义的分析而言,似乎既修正得过分,又修正得不够"。① 同时,哈贝马斯或许对马克思的理解并不到位,他没有遵循马克思理论本身提供的论证过程,而是将其放到一个自己预设的架构中批判的。另外,从他的交往理性的建构以及应用看,哈贝马斯被认为是一个乌托邦主义者,他设定了一个在经验上无法验证的理想状态,并以它作为批判的基础,或许有某种循环论证在里面,因此他的理想的交往状态事实上可能是一种缺乏批判的乌托邦幻想。不过从今天国际政治的发展形态看,还是依稀还可以看到哈贝马斯理论在某种意义上正在解决着一些问题,尽管他的目标比较宏大或者即便是他带着全球性融合和民主政治的理想,但受限于很多现实条件,依旧只能在区域中得到实现。

西方马克思主义在鼎盛期之后,进入80年代随即朝着多元化方向发展。除了以哈贝马斯为代表的新法兰克福学派用交往行为理论来重建批判理论,列斐伏尔在坚持日常生活批判主题的同时,试图重建马克思主义国家学说,系统论述"马克思主义多元化";弗洛伊德主义的马克思主义得以进一步发展;结构主义马克思主义者巴里巴尔(Etienne Balibar)转向了马克思主义批评学派,更为重要的则是出现了生态学马克思主义、分析的马克思主义、后现代马克思主义、后马克思主义等思潮。20世纪90年代之后,西方马克思主义(包括法兰克福学派)本身也出现了一些新趋势,比如研究主题从对发达资本主义批判转向市场社会主义研究,研究重心从文化问题转向社会政治、生态等现实问题,地域分布从拉丁语国家转向英语国家等。

【本章思考题】

1. 西方马克思主义与传统马克思主义有何异同?

2. 西方马克思主义是在什么样的背景下出现并逐渐发展起来的? 推动西方马克思主义发展的内在动力是什么?

---

① 转引自罗纳德·H.奇尔科特:《比较政治学理论——新范式的探索》,高铦、潘世强译,社会科学文献出版社2001年版,第428页。

3.西方马克思主义与哪些现代西方哲学思潮有所融合,又是如何融合的?

4.西方马克思主义是一种哲学形态还是纯粹的社会、文化批判理论,为什么?

5.卢卡奇如何开启了西方马克思主义发展的先河? 如何评价他的物化理论?

6.法兰克福学派在西方马克思主义发展中的地位如何? 在哈贝马斯之后有何新的发展?

7.法兰克福学派的社会批判理论与他们的前辈们相比有哪些特别之处?

8.如何理解哈贝马斯的交往行为理论及其应用?

【建议阅读书目】

1.阿格尔:《西方马克思主义概论》,慎之等译,中国人民大学出版社1991年版。

2.俞吾金、陈学明:《国外马克思主义哲学流派》,复旦大学出版社2001年版。

3.帕金森:《格奥尔格·卢卡奇》,翁绍军译,上海人民出版社1999年版。

4.齐泽克:《图绘意识形态》,方杰译,南京大学出版社2006年版。

5.阿多诺、霍克海默:《启蒙辩证法》,梁敬东、曹卫东译,上海人民出版社2003年版。

6.霍尔斯特:《哈贝马斯传》,章国锋译,东方出版中心2000年版。

7.霍耐特:《为承认而斗争》,胡继华译,上海世纪出版集团2005年版。

8.张西平:《历史哲学的重建》,生活·读书·新知三联书店1997年版。

9.麦克莱伦:《马克思之后的马克思主义》,中国社科出版社1986年版。

10.维尔默:《论现代和后现代的辩证法》,钦文译,商务印书馆2004年版。

第八章 结构主义

结构主义思潮发轫于 20 世纪初,形成于 50 年代的法国,60 年代中期迅速流行起来,并取代存在主义的统治地位,成为法国最时髦的哲学流派和思想时尚,随后其影响扩展到全世界,极大影响着西方人文社会科学研究,成为盛行于 20 世纪的主要哲学思潮之一,特别是由其衍生出来的"后结构主义"在当代西方世界具有深远影响。

第一节 结构主义的形成与发展

结构主义是哲学界的"异类",与传统"典型"的哲学派别不同,结构主义不是一个由持有共同哲学观点的专业哲学家所组成的哲学流派,而是一些社会科学家和人文科学家们所共同具有的某种观点和方法的总称。严格来说,它甚至不是一个统一的哲学流派,而是由结构主义观点和方法联系起来的一种广泛存在于人文社会科学之中的哲学思潮。所以,在结构主义者的著作中,既没有系统阐明有关世界构造的本体论,也没有系统阐明认识和真理问题的认识论,而且,结构主义思潮的诞生,也不是以某种哲学为基础的,形形色色的结构主义者并没有统一的学术活动、统一的思想理论基础。

一、结构主义的内涵与特征

结构主义(Structuralism)是继存在主义之后出现的一个庞杂的科学哲学思潮,包括了许多国家的不同学派、人物和学说。在结构主义那里,思想的目的是探索人类行为背后潜在的稳定结构。故"结构"是结构主义的核心概念和范畴。从词源学上说,"结构"(Structure)一词源自拉丁文 Structura,原指统一物各部分、各要素、各单元之间的关系或本质联系的总体。但关于结构主义的定义,在结构主义者那里没有统一的和普遍的说法,不同的结构主义思想家往往按照自己的见解来诠释其内涵、运用其核心概念,甚至还有一些举世公认的结构主义思想家却不承认自己是结构主义者。因此,要给出一个能被普遍接受的清晰、准确的结构主义定义或内涵是几乎不可能的。然而,这并不意味着结构主义的哲学内涵和特征是不可分析的。因为,在形形色色的结构主义思潮及其与其他哲学流派的结合、分离和交锋中,还是能够大概捕捉到它的哲学特征的。一般来说,结构主义是一种将结构主义语言学模式应用于社会现象,以探求现象背后的结构或关系为中心,以形式主义的方法论为特征的哲学思潮。注重结构、强调对结构的分析是所有结构主义者共同具有的最基本的特征。就其本质而言,结构主义在当代西方哲学两大思潮中属科学主义之列。从最宽泛的意义上看,结构主义理论一般具有以下三个主要特征:

第一,结构主义要求将研究对象看做一个具有整体连贯性、内部转换性和自身调整性的结构或系统,因而非常重视对事物的整体研究。结构主义者认为,注重整体是研究事物本质的唯一途径,而事物的部分或元素仅是通向研究事物本质的要素。结构本身是自足的,单独的部分之所以有其自身的意义、功能,有其自身的确定性,是因为它的所有的一切都归属于整体,唯其参照"整体"才能够表现出来,脱离了整体,任何部分就无意义可言。比如,在语言学中,对一个特定词的真正理解不可能从这个词的自身,而必须把它置于作为语言系统的总体性之中,参照它与其他词的关系。例如,"上"如失去了"下"的参照系,"北"如不在"东、南、西、中"等方位系统中来区分,"上"和"北"的意义也就不会存在。同样,在社会学中,脱离社会关系而存在的个人既不可能在理论上认识到他(她)的价值,也不可能在实践中显示其真正的意义。这就是结构主义的方法,这种结构方法是作为所谓的原子方法的对立面发展起来的。结构方法强调不能孤立地分析事物,而必须考虑其相互关系,因为事物作为一个系统或整体总是由许多成分依据某种结构或系统(法则)而构成的,科学的任务就是去揭示这一结构或系统是什么,及其内部发生作用的法则。

第二,结构主义认为结构是心灵的产物。结构主义把事物的结构划分为深层与表层等不同层次,深层结构是未受外在感性经验影响的,因而是能体现事物内在联系的无意识结构,也就是说它们无意识地存在于人的心灵之中。与非理性主义者不同,结构主义者一般不把无意识看作是非理性的情感本能,而认为无意识活动是人的理智所固有的合乎理性与逻辑的活动,正是这种活动赋予现象或事物以存在的模式、系统或结构。换言之,结构主义所谓的"结构"并非是外在于意识的客观存在物,而只是通过人的无意识活动"建构"或"型构"起来的,因此其性质和内容并不是客观世界固有的,而是人类心智的产物,是人脑的结构化潜能对混沌世界的一种整理和安排。

因此,结构是先验的,其根源在于人类的无意识,结构主义的研究就在于分析社会生活的无意识因素。但是结构主义者大多想超越传统的主体形而上学和心理主义的理论框架,因此他们既不把结构还原为个人意识,也不把结构看作是个人的自由选择。他们认为结构作为一种无意识的理智和观念的存在,具有超越作为主体的个人存在的意义,也就是说它是不变的、无人格的,从而排除了人的行动实践的能力。由此,结构主义大多反对传统人类中心论下的人道主义,甚至有的提出"主体消亡"和"人已死亡"的口号。

第三,结构主义重视共时分析法而轻视或否定历时分析法。结构主义者把结构分析的方法概括为两种,历时分析法和共时分析法,在这两种方法中,他们认为共时分析优于历时分析。因为结构主义者一般都认为对象的结构具有超越时间性而否定结构的历时性。在他们看来,历史无关紧要,重要的是"现时"的关系。因此,结构主义要求从"同时态"视角出发去研究事物的结构体系,从而把时间因素消除在那个体系的理想化模型里,亦即对事物进行"时间切片"式的静态研究,从而努力去发现结构体系内部那些形态的、结构的、"同时态"的法则或规律。例如,在研究某一语言、某一社会或人类心灵问题时,最好的方法是在某一特殊的时间中去考察它们部分与部分间的关系、部分与整体间的关系,而不是研究它们的始源或在历史中如何发展。因此,结构主义实际上把同时态原则绝对化了,从而剥夺了阐明历史发展的可能性。在结构主义思潮那里,研究一种社会形态被另一种社会形态所取代的过程,变成了浏览固定不变的原始结构的历史。

二、结构主义产生的背景

20世纪60年代,结构主义在法国突然崛起,以法兰西学院为中心的一群结构主义"明星",对存在主义展开了猛烈抨击,他们在人文社会科学的诸多重要领域中发表了一批重要的研究成果,轰动了法国乃至整个西方学术界。但这些法国结构主义"明星"并不是结构主义的创始人,结构主义在20世纪20年代就已经诞生,然而为何在到了20世纪中叶才在法国流行起来呢?这有其深刻的社会背景,并与自然科学的发展有着密切联系。归纳起来大致有以下几个方面:

第一,战后经济迅速恢复发展,社会矛盾得以缓和,西方社会特别是法国进入了一个相对稳定和繁荣的时期,这是结构主义得以产生和崛起的经济社会基础。

法国同西方一些主要工业国家一样,国民经济得到了迅速的恢复和发展,人们的物质生活得到了显著的改善,但人们的精神生活却陷入了危机之中。对此，萨特等存在主义者曾大声疾呼用"自由选择"来实现人的价值，以此消除社会的异化现象。存在主义在一段时间里曾引起了各阶层人们的广泛的共鸣，但是它所倡导的极端个人主义和无政府主义却造成了人人自危。而且从根本上说，它也无助于人们摆脱精神上的苦闷，加之法国当局采取了各种经济、政治和意识形态措施来转移人们的斗争视线，以缓解社会矛盾，于是，出现了一个相对稳定和繁荣的时期。到20世纪60年代以后，在经济上，法国已成为欧洲少数几个强国之一，在政治上，它已敢于同世界霸主美国相抗衡。这样一来，法国知识分子原来那种悲观失望情绪得以产生的社会基础已经消失。生活在这样一个相对稳定而繁荣的环境下，许多人自认为已经从精神危机中走了出来，他们不再像过去那样在人生的意义、价值、命运等问题上苦苦思索，而是面对现实，在社会关系中为自己找一个恰当的位置，用实际行动来改善自己的生存条件。这样，法国的一些思想家一改过去的研究方法，而埋头于对社会经济、政治、文化的结构、模式等的研究。他们特别强调对社会作严格的"结构分析"，认为个人都是生活在社会这个结构总体之中的，纯粹的个人自由、个人价值是不存在的；人生的意义、人的能动性只有在社会结构中才能得以体现。正如比利时哲学家布洛克曼(J. M. Broekman)所说："不应当谈人的自由，而应当谈他被卷入和被束缚于这个结构的情况，他的意识很少能表现他的存在的自足性，而多半是它存在的产物；只有这样，自我才能富有成效地活动。"① 所以，必须用普遍的"结构"概念取代个人的"存在"概念，用理性主义取代存在主义那种非理性主义，以适应人们新的思想需要。这样，结构主义就作为存在主义的否定物和替代物而兴起了。

第二，现代自然科学研究中的结构方法与人文社会科学领域对精确化方法要求的契合是结构主义产生的科学基础。

近现代以来，自然科学研究经历了一段由原子方法向结构方法演进的发展历程。所谓原子方法，就是在研究事物或现象时，要么不考虑更广泛的整体，要么把它们当作无非是它的要素、彼此独立的各个组成部分的总和。反之，结构方法则将之作为整体的事物当作一个体系，在这个整体中，它的各个组成部分是相互联结着的，整体的结构决定着各个要素在整体中所占据的地位，各个要素在位置上的变化，也导致整体中其他各要素在位置上的变化，它强调要素对于体系的依存性，强调整体是某种比各个要素总和或集

① 布洛克曼：《结构主义》，李幼蒸译，商务印书馆1991年版，第12—13页。

合来得更多的东西。而现代自然科学的一个重要特征,是强调从关系、整体和内在结构方面来研究和把握对象,并倡导和运用模型化、符号化和定量化等研究方法。特别是相对论、量子力学的发展,使人们在认识宏观世界和微观世界的方面,进而在物质结构的理论方面,都获得了巨大的进步。现在,许多学科都在探讨结构问题。从方法论的角度来说,不同学科之间的区别,就在于它们在研究不同层次的结构。

同样,随着一系列人文科学的研究水平从记述—经验研究过渡到抽象—理论研究,也发生发展着同一些自然科学中发生的上述过程相类似的趋势。这就是要求运用结构方法和模拟方法,运用程序化和数学化等种种因素,运用控制论、信息论、拓扑学等等模式使知识形式化,并通过把这些精确的方法应用于文化现象的描述,通过对人文科学的结构问题进行分解,以便使人文科学也精确化和符号化,来克服长期以来自然科学和人文科学在方法论上不能统一甚至互相对立的局面,从而克服欧洲文化中传统的人文形式的知识同自然科学之间的脱节现象。而结构方法恰恰适应于这样一些要求,因为结构的诸多基本概念正好适合于把人文科学知识列成逻辑数学公式。这样在一些人文科学,例如人类学中,亲缘体系就被看成一个再生结构,研究者只要部分地认识一种亲缘体系,就能重新组合一种结构。列维-施特劳斯(Claude Lévi-Strauss)曾经在《结构人类学》一书中强调说:结构研究的好处,正是在于这些研究给我们带来希望,那些比我们更先进的科学可以在这方面给我们提供解决问题的模式和方法……能够对社会科学起到像核子物理学对于精确科学所起到的那种革新作用。

第三,20世纪以来西方语言学研究的发展以及哲学研究发生的语言学转向是结构主义产生的直接思想来源,对萨特存在主义的批判是结构主义形成和发展的直接动因。

20世纪以来西方语言学研究的发展以及哲学研究发生的语言学转向是结构主义产生的直接思想来源。众所周知,重视语言问题的研究是整个当代西方哲学的共性,但重视普通语言学并且直接得益于语言学的却只有结构主义。结构主义的方法实际上就是其他人文科学从索绪尔(Ferdinand de Saussure)和乔姆斯基(Noam Chomsky)的语言学中移植过来的方法,而索绪尔等人的语言学中的一系列概念等几乎原封不动地被法国结构主义者们承袭下来。他们都认为,语言学的方法和概念不仅可以阐明语言学本身的问题,而且对于阐明哲学及人文科学的诸多问题都大有裨益。所以从这个意义上讲,索绪尔是被公认的结构主义的先驱。

对现象学和存在主义等主观主义思潮的反抗与批判,特别是对萨特存在主义的批判是结构主义形成和发展的直接动因。1962 年,列维-施特劳斯在其出版的《野蛮人的心灵》一书中,猛烈抨击萨特的存在主义,指出他把"个人所关心之事当最高哲学问题是危险的,这样就可能成为一种女店员的哲学"。稍后,他又在一次谈话中指出:"现代科学每天都奇迹般地扩大着我们的认识,改变着我们的思维方式,因而哲学思考只能从科学中吸取营养。"萨特的存在主义哲学是"对科学密闭的领域",是与现代科学有"天壤之别"的"迂腐"的哲学。与此同时,文化思想家福柯(Michel Foucault)、精神分析家拉康(Jacques Lacan)、美学家巴尔特(Roland Barthes)、哲学家德里达(Jacques Derrida)、符号学与文艺批评家克里斯蒂娃(Julia Kristeva)、西方马克思主义哲学家阿尔都塞等人也都对存在主义进行了猛烈的抨击,并相继发表了与本学科相结合的结构主义观点,一时形成了结构主义思潮,并在巴黎学术界轰动登场,迅速取代存在主义在法国思想界所占据的统治地位。

三、结构主义的形成与发展

结构主义思潮大致经历了诞生、推广应用、转变而衰落三个阶段。20 世纪 20—50 年代,以索绪尔创立的结构主义语言学为标志,结构主义诞生于语言学和逻辑学领域;50—60 年代,以列维-施特劳斯创立结构主义人类学为标志,结构主义得到极大发展,被广泛推广应用于人文社会科学研究的各个领域而风靡一时;20 世纪 70—80 年代,以发生结构主义的出现为标志,结构主义向后结构主义过渡,进而走向衰落,最终被后现代主义取代而没落。

(一)结构主义的形成阶段:结构主义语言学的产生

结构主义思潮的形成阶段发生在 20 世纪 20—50 年代。当时西方有一部分学者对现代文化分工太细,只求局部、不讲整体的"原子论"倾向感到不满,他们渴望恢复自文艺复兴以来中断了的注重综合研究的人文科学传统,因此提出了"体系论"和"结构论"的思想,强调从大的系统方面(如文化的各个分支或文学的各种体裁)来研究它们的结构和规律性。其中最有代表性的是奥地利哲学家维特根斯坦在《逻辑哲学论》中所表达的见解:世界是由许多"状态"构成的总体,每一个"状态"是一条众多事物组成的锁链,它们处于确定的关系之中,这种关系就是这个"状态"的结构,也就是我们的研究对象。这是一种最初的结构主义思想,它首先被运用到了语言学的研究上。而索绪尔正是将这种结构主义思想运用到语言学研究并创建了结构主义语言学的第一人。索绪尔的语言学包含着结构主义的哲学原则和基本概念,对结构主义思潮产生了深远的影响,成为理解结构主义的哲学必不可少的理论背景,索绪尔也因此被人们敬称为"结构主义之父"。在索绪尔的推动和传播下,结构主义最初被中欧和东欧一些语言学家和逻辑学家所运用。索绪尔去世后,语言学结构主义发展成布拉格学派、哥本哈根学派、美国描写语言学派。其中,以乔姆斯基为代表的描写语言学派提出的"转换生成语法"理论,把结构主义语言学推向了一个新阶段。

(二)结构主义的推广应用阶段:结构主义人类学的诞生

结构主义的发展与推广阶段发生在 20 世纪 50－60 年代。这一阶段在法国呈现的形式特别鲜明,因而一谈到结构主义,总要首先提及法国结构主义。正是在法国人文社会科学思想的框架内,结构主义语言分析的方法被用来对社会文化现实的各个领域之中尚未被意识到的关系和结构进行客观研究。其中最有代表性的是列维-施特劳斯,他于 1945 年发表了《语言学的结构分析与人类学》,第一次将结构主义语言学方面的研究成果运用到人类学上,创建了结构主义人类学。随后,他的一系列研究成果引起了其他学科对结构主义的高度重视,有力地促进了结构主义与其他人文社会科学的结合。到了 60 年代,结构主义已经扩展到人文科学的各个学科,许多重要的人文社会学科都与结构主义发生了关系,结构主义取代了存在主义成为法国哲学的主流,在西方文化界和知识界风靡一时,一个如火如荼的结构主义时代到来了。在这一阶段内,除诞生了列维-施特劳斯的结构主义社会学外,还诞生了拉康的结构主义精神分析学、阿尔都塞的结构主义的马克思主义,以及福柯、巴尔特、克里斯蒂娃、德里达等一群以法兰西学院为中心的结构主义和后结构主义"明星学者"。

(三)结构主义向后结构主义过度阶段:发生结构主义的兴起

以皮亚杰(Jean Piaget)和戈德曼(Lucien Goldman)为代表的结构主义观点称为发生结构主义。发生结构主义是结构主义向后结构主义的过渡的阶段,这一过渡发生在 20 世纪 60－70 代,标志是 1959 年召开的以"发生与结构之间的对抗"为议题的两次会议,这两次会议使"发生结构主义作为一个基本哲学观念第一次出现在世人面前"。[①] 但在此之前,皮亚杰就在总结和批判了索绪尔、列维-施特劳斯、乔姆斯基等人的结构主义理论成果,综合从数理逻辑一直到人类学等各门学科成果的基础上,从他的发生认识论出

---

① 弗朗索瓦·多斯:《从结构到解构:法国 20 世纪思想主潮》(上、下卷),季广茂译,中央编译出版社 2004 年版,第 235 页。

发,建立起了颇具发生认识论色彩的结构主义理论,并在心理学研究中阐发了后来被称为"发生结构主义"的理论思想,他认为认知发展过程是一个内在结构的连续的组织与再组织的过程,强调了认识结构的流动发展过程。同时,戈德曼也在自己的研究中应用了这一思想。总体说来,发生结构主义是从结构主义到后结构主义的一个中间阶段。结构主义主张有一种结构是先天的、固定的、静止的,后结构主义则认为结构是后天建构的、流动的、变化的。发生结构主义则正是从发生学来说明结构如何发生变化的,这为流动的结构论奠定了基础。

当然结构主义的发展与演变过程并不是一往直前、一帆风顺的,而是充满曲折和反复的。例如,结构主义在风头最劲时,曾因在"五月风暴"中不支持学生和工人造反而被抛弃,被萨特的存在主义取代,但随着"五月风暴"失败后结构主义又复活起来。在今天的西方,结构主义作为一种哲学思潮已日趋沉寂,但作为一种科学认识方法,在西方思想界仍然具有一定的影响力,日益广泛地渗透到每一学科的研究领域中,在研究中运用各种方法包括建立人工模式来深入事物的内部结构,几乎已成为每一位研究者所努力追求的目标。诸如整体与成分之间的关系、文化符号学理论等已作为人类认识世界成果被其他派别所吸收。现在哲学中的符号学、解释学以及社会学与人类学中的新流派、文艺评论理论中的新观点等都受到过结构主义的影响。

第二节　索绪尔的结构主义语言学

结构主义语言学是结构主义哲学运动产生的源头。在此,首先应提到著名语言学家索绪尔(1857—1913),他是闻名于世的瑞士语言学家,是公认的结构主义语言学派的先驱和符号学的创始人,被后人称为现代语言学之父、结构主义的鼻祖,曾先后在巴黎大学和日内瓦大学担任语言学教授。索绪尔生前沉默孤独,很少写作,代表性著作是其死后由他的学生于1916年整理出版的《普通语言学教程》,该书集中体现了他的有别于传统语言学理论的语言学思想,对20世纪的现代语言学研究产生了深远的影响,从而导致了语言学研究中的重大变革,开辟了语言学研究的新领域。同时,由于其研究视角和方法论所具有的一般性和深刻性,书中的思想还成为20世纪重要的哲学流派结构主义的重要思想来源。所以,后来的结构主义者普遍认为,索绪尔的语言学包含着结构主义的哲学原则和基本概念,是理解结构主义的哲学必不可少的理论背景。对于结构主义运动来说，索绪尔的影响在于提供一套方法论原则，如强调对对象的横断面作静态的剖析，主张研究对象的深层的或内在的关系，注重将对象符号化以便于整体把握等等。正因为如此，他被认为是结构主义的真正奠基人。

索绪尔结构主义语言学的核心思想可以浓缩为一句话：语言是一种关系性存在，是一个完整的、统一的、自足的社会性符号系统。这一思想也是索绪尔对语言学和结构主义哲学所作的一个开拓性贡献，从这个基本观点出发，可将索绪尔的结构主义语言学的主要思想归纳为以下三个方面：

一、语言是个先验的规则系统

索绪尔认为，当时在语言学研究中占统治地位的比较语言学把一些语言事实当作孤立静止的单位对待。因此，比较语言学只将语言看作各个孤立的、静止的"词语"的集合体，只注意对语言的构成要素的研究，而忽视了语言要素之间相互制约、相互依赖的关系，忽视了语言是一个系统整体。所以，索绪尔抱怨当时的语言学"还没有成为一门真正的科学，它从来没有费工夫去探索它的研究对象的性质"[①]，他指出，语言学并不研究言语活动的一切现象，它只研究那些能够成为科学对象的现象——语言。为此，他区分了语言和言语。

索绪尔把人们的具体语言行为称为"言语"，而将语法规则称为"语言"，即语言是语法规则系统，言语则是应用规则的具体活动。索绪尔用棋规与下棋、乐谱与演奏、电码与发报之间的关系，来类比说明语言和言语的关系。由此，语言不是言语或词句的简单、机械的拼凑或集合；语言是潜藏在言语下面的深层结构；言语是冰山浮出水面的部分，语言是水下部分，是隐藏在言语下的规则系统，是说话者的个人言语必须服从的规则系统——只有这样才能使社会成员之间的语言交流得以顺利进行。所以，索绪尔认为语言是一个社会系统，是在一个社会共同体中说话者都曾运用和遵守的一套规则系统。也就是说，一种语言结构，对于说这种语言的人来说，是一种独立的社会成规。接着，索绪尔进一步认为，语言本身具有独立性，存在着自身固有的内在规律，不因任何外界因素的变化而变化，即"语言本身是一个自足的系统"。这种成规是在人们的集体活动中无意识地形成的，而形成后又要独立地流传下去。所以，语言是个规则系统，也是个先验的结构系统。

---

① 索绪尔：《普通语言学教程》，高名凯译，商务印书馆1982年版，第21页。

二、语言是个符号系统

索绪尔称"语言是一种表达观念的符号系统"。[1] 这个系统的功能与交通信号一样。比如组成语言的单位(词、词组、句子等)都相当于某种特定的交通标志,是表示特定意义的符号。因此,语言学实际上就是一种符号学,而"概念和音响形象的结合叫做符号","所指和能指分别代替概念和音响形象"。[2] 就是说,任何语言符号都包括能指(单词的语音)和所指(单词的意义)这两方面的因素,但语言的功能却不能仅从这两者本身体现出来,而必须通过意指作用(即能指与所指或音与意的关系)体现出来。他比喻说,语言就像一张纸,意思是正面,声音是背面,一个人不能在同一时间撕破正面而不伤及背面。索绪尔还认为,语言学记号所联结的是一个概念和一个声音的意象,词的意义是由整个系统中各个词义相互比较、相互区别来决定的,因此语言的表达、交流目的,是通过语言内在的形式结构的变换而不是通过客观对象的检验来实现的。因此,索绪尔认为,研究语言不必去研究它的各个元素及意义,只需要研究语言中词与词的纯形式关系,即语言的记号系统就行了。所以索绪尔说:"在语言状态中,一切都是以关系为基础的。"[3] 语言只是形式而不是实体,这就是索绪尔语言学的实质,也是后来引起了哲学共鸣并导致了结构主义产生的重要论点之一。

另外,索绪尔还提出语言符号的价值问题。索绪尔认为,一个语词或符号要表现价值,必须处于双重关系中:一是符号在自身封闭领域内的关系,即概念和声音互为对立面;二是符号与符号之间互为对立面。他还认为,在语言符号系统中,概念的价值在于差别,声音的价值在于差别。语言系统就是一系列声音差别和一系列概念差别的结合。没有差别就没有语言系统,这就是索绪尔说的"语言中只有差别"的意思,也就等于"一切都在于对立"。

三、共时态的语言分析法

根据语言是一个自足的符号系统的思想,索绪尔认为,语言的共时态比历时态重要得多,共时态语言学绝对优于历时态语言学。所以,索绪尔针对当时占统治地位的历史比较语言学的研究方法,提出了自己独具特色的语言分析法即共时态的语言分析法。

---

[1] 索绪尔:《普通语言学教程》,第37页。
[2] 同上,第105页。
[3] 同上,第170页。

索绪尔认为,语言和其他系统一样,具有外力不能破坏,由内力即可恢复的平衡状态,这种自足的平衡状态称作共时态,相反的不平衡的状态是历时态。他认为时间是造成言语活动变化的因素,语言在时间中表现为历史演化过程,语言的历时态与语言的外部条件有关。所以,索绪尔认为,语言系统在时间中改变的只是要素,而不是关系,而系统只与关系有关。而且,这种关系在任何时候都是恒久不变的,要素的变化并不能改变要素之间的关系。他说:"语言是一个系统,它的任何部分都可以而且应该从它们共时的连带关系方面加以考虑。变化永远不会涉及整个系统,而只涉及它的这个或那个要素,只能在系统之外进行研究。"[①]也就是说,语言的历时态所显现的是表层的、局部的、偶然的变化,它根本影响和改变不了语言的深层结构,只有共时态才是语言的深层结构。因此,历时态分析法研究的是语言的"皮毛",而共时态分析法才能抓住语言的本质或深层结构。所以,索绪尔主张把那些与时间有关的外部历时性因素从语言学对象中排除出去,主要研究语言的共时态。也就是说,研究共时态的目的是将那些引起变化的外部因素弃之不顾,把系统自身及其内部因素作为专门的研究对象。透彻地说,索绪尔主张研究语言的深层的或内在的关系,强调对语言进行"切片"式的、静态的横断研究。

最后应指出,索绪尔在其学说中并没有明确提出"结构"概念,然而在其全部论述中,没有一处不渗透着"结构"思想。他的上述概念和原则,被认为是语言学研究中的重大变革。索绪尔的结构主义思想,被后来的结构主义语言学和结构主义哲学所接受、运用和发展。

第三节 列维-施特劳斯的结构主义人类学

列维-施特劳斯(1908—2009),法国人类学家、哲学家,早年在巴黎大学学习法律、哲学、心理学,后转向人类学研究。1935 至 1939 年在巴西圣保罗大学任教时,曾多次深入巴西中部,对当地印第安部落社会进行调查,并在结构主义语言学的影响下,以此为第一手资料创立了结构主义人类学——20 世纪唯一真正原创性的社会科学范式。1941 年侨居美国,1947 年回国后获巴黎大学文学博士学位,并先后任巴黎人类博物馆副馆长、法兰西学院社

---

① 索绪尔:《普通语言学教程》,第 127 页。

会学教授。1973 年当选为法兰西学院院士。其主要著作有《亲属关系学的基本结构》(1949)、《结构人类学》(第 1 卷,1958)、《野蛮人的心智》(1962)、《神话学》(4 卷,1964－1971)、《结构人类学》(第 2 卷,1973)等。

列维-施特劳斯不仅因为是结构主义人类学的创立者而被称为"现代人类学之父",而且也是法国结构主义的创始人和公认的领袖。他第一次把索绪尔语言学中结构主义的方法应用于自己的人类学、神话学研究中,系统地尝试揭露深层的普遍心理结构,这种普遍心理结构表现在亲属关系和更大一些的社会结构中,表现在文学、哲学、数学中,还表现在推动人的行为的无意识心理模式中。从那以后,许多法国人文学者竞相效仿,结构主义的理论与方法论呈现出各种各样的形式,有些是部分地使用列维-斯特劳斯的方法,有些是绕开他另搞一套,还有一些直接使用语音学学说的特定组成部分。但是,因为是列维-斯特劳斯第一次把索绪尔的语言学运用于社会科学,从而导致了结构主义在法国和其他西方国家的广泛流行。

列维-施特劳斯的结构主义人类学的指导思想是:一切社会活动和社会生活中都深藏着一种内在的、支配表面现象的结构,社会科学和人文科学的任务就是寻找出这些内在的结构,其理论出发点是:人类具有把一切特殊结构加于世界的那种精神的普通的无意识的特征。施特劳斯认为,人是一种能把意义归附于事物的"意指性生物",各种社会与文化现象中观察到的秩序与规则,都是人类心灵的结构化能力的产物。乔姆斯基所谓的人类心灵中的先验的深层结构的创造力,不仅无意识地支配着人的语言活动,而且还支配着所有由人的行为所构成的社会文化生活现象。人心这种赋予外界事物规则性的能力是文化创造的本质。文化既包含思维本质的投射,又包含思维对自然的认识,人类思维是自然和文化的中介。他要研究的是,人的思维是怎样认识自然,并且通过对自然的认识又如何生成文化。作为研究的途径,完全可以通过对文化产品如神话、亲属制度和图腾类别等现象的分析,来发现人的思维本质,以及原始人通过这种思维本质所要表达的具体信息。而他的结构主义思想,就体现在对亲属、图腾和神话结构的研究中。

一、亲属关系的结构逻辑及其意义

列维-施特劳斯认为,亲属关系是社会中与家庭有关的亲属称谓的体系,它由家庭的血统关系与婚姻关系产生。列维-施特劳斯认为,以前人类学的研究的缺点在于只看到亲属关系中的成分,而没有看到它的结构,他的方法是从亲属关系的分析而找到它的结构,先把分析对象分为一些结构的成分,然后在这些成分之间找出它们的对立与转换,从这里发现决定亲属关系的意义的是它的结构而不是单个的成分。他认为这种方法与结构语言学是一致的,亲属关系的各个成员,相当于语言中的一个词,亲属关系的各个项之所以有意义是由于它们结合为一个体系,即亲属结构,这与词结合为句子与语言一样。亲属结构与语言结构都是在人类心灵活动中的无意识层次中建立起来的,所以,这种婚姻规则与亲属结构在不同的社会中也有相似的地方。列维-施特劳斯认为社会结构中的最原始、简单而不可还原的关系,就是通过婚姻关系在社会生活中形成的一种交换关系,女人就是这种交换的中介,这就像语言中的"词"起一种中介作用一样。这种婚姻关系产生的社会杜绝了乱婚,这正是亲属结构的意义,也就是它所起的作用。列维-施特劳斯又用同样的方法去分析和研究图腾、神话。

二、图腾的结构及其意义

列维-施特劳斯说,原始部落之间有三种交换的媒介:女人、食物和信息,由此造成亲族关系、生产关系和语言关系。图腾是反映部落之间生产关系和语言关系的结构性现象。图腾的作用是造成部落之间的差别和互相依存。图腾对与人们生产和社会有密切联系的外界事物做出了区分,并把某些特殊事物(自然物与人工物,如某些星星、动物、植物、手工制品)当作一部落的专利品,他们对此有特权,并据此对部落的社会功能做出分工,如只有某些部落才能捕猎某种鸟兽,另一些部落则把这些鸟兽作为图腾加以保护;同样,有些部落负责保管种子,有些部落负责造弓箭,并通过互换产品满足生产、生活需要。每一图腾的部落都是为了其他部落的利益而负责保护和管理某一动植物的。每一部落还保存着关于本部落图腾的神话,并以此与其他部落交换信息,这样又构成了部落之间的语言关系。

图腾象征的差别原则并不是根据自然能力做出的区别。从经济学的角度看,图腾规定的禁忌和交换既不方便,又缺乏效力,但是,对于原始部落来说,重要的是维护他们之间的社会的联结力,图腾对于部落之间的生产关系和语言关系的重要性,犹如女人对于部落之间的亲属关系一样。部落按照它所崇拜的图腾,被分为"送×的部落"和"收×的部落"。列维-施特劳斯说,图腾是"把自然和社会理解为一个有机整体的分类图式"。这样的图式把社会的某一团体和自然的某一物种归于一类。

图腾的分类原则与亲属关系的分类原则都是差别对立的原则,它们都是文化的产物。列维-施特劳斯指出,在原始人看来,没有什么纯自然的东西。"就自然而言是同质的女人,从文化的角度看来是异质的;同样,就自然而言是异质的自然物种,从文化的角度看来是同质的。"图腾和原始社会的结构说明,文化高于自然的原则在人类思维的开始阶段就已经在起作用了。

三、神话的结构关系及其意义

神话是原始民族对宇宙的起源、人类的起源以及人类社会中的家庭、风俗习惯、宗教信仰等的传说。对这些古代的近代的神话进行比较研究,找出它们的共同规律就叫做神话学。社会学家一般认为神话就是这些民族对世界的认识,就是他们所进行的素朴的科学研究与哲学思考。

列维-施特劳斯用结构主义语言学的方法来研究各种神话。列维-施特劳斯认为神话与语言一样,语言可以分为语言与言语,神话也有神话结构与神话故事之分。神话最初有一个创作者,后来经过口传在情节上有所增加改变,就形成了一个神话的许多不同说法。他认为每一个神话都有一个神话结构,是不可见的,而从这个神话结构派生出来的各种神话故事,则只是这个神话结构的各种表达。以古希腊的俄狄浦斯这个神话为例,有一个俄狄浦斯神话的结构,是不可见的,而各种各样的俄狄浦斯神话故事则是这个神话结构的一种"版本",一个不同的表达。因此,神话故事就不能说哪一个是最真实的,哪一个是最早的等等,这些只是神话历史的研究。实际上,神话结构相当于语言,是无意识的产物,而神话故事则相当于言语,是有意识的产物,有意识的只是无意识的一种表达。列维-施特劳斯认为要了解神话的意义就必须分析神话故事本身,从而找出这个神话故事的意义。因此,列维-施特劳斯在其巨著《神话学》中用同样的方法分析了八百多个神话。

四、结构辩证法与人类思维逻辑

列维-施特劳斯在其巨著《神话学》的第四卷展示一种"结构辩证法"的逻辑。这些逻辑与现代人的逻辑思维没有质的差别,只有应用方式的不同。这是列维-施特劳斯通过神话学研究发现的人类思维的一个重要特点,那就是,表面上看起来两种要素的对立实际上有一个三元结构。二元对立关系是互相联系的,在如此被连接的二元关系中总会出现一个中介,由此产生出一个三元关系,并产生新的三元关系。列维-施特劳斯在原始文化中发现了大量的三元结构的事例。如部落建筑具有的婚姻、劳动和休息的三种功能,原始人天空、大地和水的世界图式,等等。他把这种二元对立中的三元关系称作"结构辩证法"。它与黑格尔所阐明的"正题、反题、合题"的辩证思维形式不谋而合,可以说,原始思维和现代辩证思维也是一致的。

从哲学的视角看,列维-施特劳斯对亲属关系、图腾和神话等人类学或社会文化学现象分析的目的就是用结构主义来反对或取代强调主体的传统哲学,特别是当时处在统治地位的现象学和存在主义等类型的主体形而上学。因为从其以上分析中可看出,无论是亲属关系、图腾和神话,其存在和特性都取决于先验存在于人类心智之中的无意识结构,它们只不过是人类这种无意识结构的体现,它们超越作为主体的个人认识活动,即便主体本身也只不过是构成结构模式复杂关系网上的一个关系项。因此,列维-施特劳斯认为,人文科学的最终目的不是去构成人,而是去分解人。由于他的这些观点与萨特等存在主义者当做人道主义宣扬的主体形而上学正好相反,所以往往被认为是非人道主义或反人道主义的主张。但这种反人道主义只是反主体形而上学和人类中心主义,绝没有道德上的含义。如从道德视角上看,列维-施特劳斯不仅不是一个反人道主义者,甚至他还宣称他建立了一种"新的人道主义"。

第四节　拉康的结构主义精神分析学

拉康(1901—1981),法国的精神分析学家、哲学家。他1919年进入巴黎大学学习精神病学并长期从事这方面的教学和医疗工作。拉康从结构主义的观点和方法出发重新解释弗洛伊德的学说,其学说对当代理论有重大影响,被称为自笛卡尔以来法国最为重要的哲人,自尼采和弗洛伊德以来欧洲最有创意和影响的思想家。但拉康曾被"新弗洛伊德主义"等国际主流学派视为异端,而于1963年被开除了国际精神分析协会和法国分会的会籍,之后拉康自行组织了影响力极大的"巴黎弗洛伊德学派",在其影响下,巴黎的学术风气为之一变。20世纪50年代,巴黎人曾以谈论精神分析为耻,到了60年代,却以此为时髦,很多著名哲学家,如阿尔都塞、福柯、德里达、巴尔特、利科等,都曾参加过拉康的研讨班。拉康对弗洛伊德的新解释成为法国文化思想的主要基石之一,他的学派是法国最大的精神分析学派。但是,他却在1980年宣布解散他的学派。拉康主要通过研讨班形式宣传自己的思想,宗派性强,语言难懂,类似"禅机"。他的主要著作有《文集》(1966)和《研讨班丛书》(记录稿)。

拉康结构主义精神分析学的核心理论或思想是:"无意识的话语具有一种语言的结构"和"无意识是他者的话语"。意思是说,无意识的本能或欲望的活动也具有语言结构的特点。欲望要通过自然界和他人得到满足,为了满足欲望而与外界和他人联系就是语言的形式;同时,欲望被压抑引起的疾病的治疗方法,也是通过启发患者回忆他被压抑的部分,把他尚未暴露的欲望,通过分析者的提问而重新被揭发出来,这也说明无意识部分是语言结构的形式。由此核心思想出发,拉康阐述了一系列与精神分析界传统主流学派截然不同的理论学说,也在这些阐述中凸显了他的结构主义哲学思想。

一、精神分析的对象和方法

拉康提出了与主流学派截然不同的精神分析的对象和方法。拉康认为,精神分析的对象是欲望,方法是人文科学的结构分析。拉康从治疗实践得到的结论是,精神分析是"语言治疗",精神分析的对象只有一个,那就是病人的语言。

传统精神分析学以对自我的分析为中心,把本我视为动物本能,超我被解释为社会伦理对本我的压抑。他们的理想是本我与超我之间的平衡,既使自我对幸福的追求得到满足,又使之合理化,防止社会对自我的过分压抑。不难看出,这样的理解把精神分析的学说和实践纳入传统的个人主义和经验主义的框架,与流行的行为主义和科学主义相呼应。但拉康认为,精神分析被看作一门独立的实证科学,但后来强调它是一门人文学科,与哲学、人类学、文学、艺术和语言学的关系越来越密切,有着自己独特的研究对象和方法。拉康认为,任何学科都有研究的客观对象,对于心理学家来说,心理学的研究对象也应该是客观的,那么,心理学的客观是什么呢?拉康回答说:虽然心理领域是欲望这一事实,但只是在弗洛伊德建立了对象的相对独立性之后,心理学才成为一门科学。他认为,人的欲望是一客观事实,这一事实既不能被还原为外界事物的可欲性,也不能被归结为人的生理本能。欲望是一种文化现象,没有产生欲望的那些文化条件,人就不会有恰当的可欲对象。弗洛伊德指出,儿童把自己的身体作为可欲对象,其原因在于儿童还没有进入文化领域。在人的本能与外部世界之间存在一个中介,没有这一中介,外界事物就不会被心理所接受。这个中介是一种心理活动,它就是欲望。拉康强调弗洛伊德早期做出的无意识、前意识和意识的区分,按照他的解释,无意识是人的本能,人的原初欲望;前意识是儿童在最初的文化环境——家庭关系中产生出来的欲望,它起中介作用,通过这样的欲望,人才由自然人变成文化人,进入了现实的意识世界。拉康的精神分析的主要对象就是这种起中介作用的心理行为。

拉康认为,精神分析的方法是人文科学的结构分析。在治疗实践中,拉康把精神病人的语言作为精神分裂或错乱的症状,通过对精神病人语言的分析,理解它的意义,找出病根,并从此入手,引导病人宣泄情感,在对话中因势利导,加以匡正。在理论上,拉康主张回到中期的弗洛伊德,即《梦的分析》和《日常社会精神病理学》的立场。在这些书中,弗洛伊德通过对梦的叙述和失语、遗忘的研究来揭示无意识的线索。弗洛伊德把无意识同语言联系起来,比如,在催眠状态中,语言同日常意义脱离;在梦中,人们经历了语言效果与语言形式的脱离。拉康从中得到的结论是,精神分析是"语言治疗",精神分析的对象只有一个,那就是病人的语言。尤为重要的是,索绪尔的语言分析的方法也适用于对精神病人语言的分析,因为"无意识和语言一样有结构"。通过对儿童和精神病人的语言的分析来揭示无意识的结构,这是拉康对结构主义的一大贡献。为了揭示无意识与语言结构的一致性,拉康做出想象界、象征界和实在界的三重区分。我们来看一看,拉康是如何通过象征界的中介,把语言和想象界的无意识联系在一起的。

二、自恋现象与镜像理论

拉康的镜像理论是对弗洛伊德"力比多(libido)"学说的新解释,在"俄狄浦斯情节"之外提出了镜像论。通过镜像理论,拉康将弗洛伊德令人不满的"泛性论"做了稍许修改,把自恋现象同弗洛伊德的"恋母情结"看做同一心理感受。

拉康指出,儿童在六个月左右之后,心理状态进入镜像阶段。镜像阶段是人类特有的心理现象。与动物不能在镜子面前辨认出自己不同,儿童能辨认出镜像中的身体就是"我",并为此感到高兴。但又发现镜像是会消失的,于是产生与镜像同化的欲望,这是"自恋"现象。拉康把这一自恋现象同弗洛伊德的"恋母情结"看做同一心理感受。儿童从母亲对自己的态度所发现的与自己在镜前所发现的是同一个东西,即自己身体的整体性。他与镜像同化的欲望也是与母亲同化的欲望,他无意识地想去补充他的短缺物"菲勒斯",这不是生物性的生殖器官,而是"父亲"的隐喻。拉康对镜像阶段做了哲学的解释。他说,镜像阶段的欲望反映出人类的特殊性,人类欲望与动物欲望不同之处在于,人想要得到他人的承认。拉康说:"儿童的欲望是他人的欲望。"这句话有两层意思:一是说儿童想要自己成为他人的所欲对象,一是说儿童欲求他人所欲求的东西。这样一来,儿童的自我既是欲望的对象,又是欲望的主体。拉康指出,镜像阶段的特点是主体与客体、自我和他人在想象中的等同:镜像既是儿童的可欲对象,又被想象为自我;儿童看到他是母亲的可欲对象,因此把他自己想象为母亲的欲望。因为这种想象中的等同,拉康把镜像阶段的心理状况称为想象界。精神病学中的"转移现象"也属于想象界。转移现象指精神病人的这样一些行为,他们因看到别人跌倒而哭泣,他们打了别人反说别人打了他。他们的心理仍停留在镜像阶段,不能区别自我和他人。

三、俄狄浦斯情结和象征界

"俄狄浦斯情结"是弗洛伊德学说的一个关键概念。据弗洛伊德的解释,这一情结在儿童心理发展中的作用在于,儿童在心理上产生被阉割感,感到了父亲的威胁和禁令,不得不用其他对象来替代原初的可欲物,以维护自己与父亲相等同的地位,并认可父亲的禁令,从而获得"超我"和"自我"的结合,形成完全的人格。

拉康接过了弗洛伊德的解释,但他强调的是俄狄浦斯情结的象征意义。根据拉康的解释,大约十八个月之后,儿童感到一个有"菲勒斯"的父亲的介入,他与母亲的双边关系成为"俄狄浦斯情结"的三边关系。父亲夺走了儿童所欲对象。"菲勒斯"的象征意义是自我与母亲之间想象中的融合;它不是指示生理器官的能指,而是指示自我与他人完满结合的原初欲望的能指。同样,"父亲"的名称也是一个能指,它代表着象征规律。"阉割感"所象征的是儿童与母亲的分离以及主体与客体同化关系的割裂。这同时象征着儿童与父亲相认同,接受了父亲所代表的象征规律,成为与父亲一样的主体,就是说,他从此进入了象征界。或者说,无意识是主体进入象征界而付出的代价。

拉康所说的象征规律是用符号象征可欲对象的做法,象征不是意指,而是代替。索绪尔把意指理解为用能指代表所指的活动,能指和所指的结合组成符号。但拉康所说的符号只是能指符号,所指是留在无意识中的可欲对象,象征界用能指代替了所指。拉康说,能指对所指的代替是适用语言的前提,没有这种代替,人的心理行为将像想象界的儿童一样,身体和器官与他人乃至外界事物处于直接等同的关系。能指符号的作用在于代替身体和器官,与"所指"对象发生关系。由于有了符号的中介作用,人们不必联想自身或可欲对象便使用语言。拉康使用弗洛伊德分析的一个著名案例来说明符号代替可欲对象是如何发生的:十八个月的小汉斯一面念念有词地发出"去""来"的声音,一面把玩具摔来摔去。弗洛伊德分析说,玩具和词都是小汉斯用来代替他母亲的符号,他通过这个游戏,可以使他的母亲消失和再出现,通过不断地使用符号,把他的身体与母亲的身体分开。拉康还发现,在精神分裂症病人的语言中,语言符号的中介作用丧失,词成为身体器官的一部分,说出特定词会引起身体异常感觉,如,他们说出"牙齿"这个词,会产生牙齿脱落的感觉;说出"心"、"四肢"等词会有受伤、身体分裂成碎块的感觉。不但如此,亲近事物的消失,也会引起身体被伤害的感觉,它们的消失会引起精神病人觉得自己的身体不存在的感觉。

四、无意识与语言的象征意义

拉康接受了雅克布森(L·Jacobson)的观点,认为语言的实质是隐喻,并把隐喻理解为用符号象征可欲对象,因此,语言的意义在于符号的象征意义。但是,符号所象征的意义已经被遗失在无意识之中,因此,语言的象征意义,要用无意识的欲望来说明。拉康说:"无意识是语言的全部结构。"在他看来,语言的意义存在于能指与所指的关系之中,而这一关系又存在于象征界与想象界的关系之中。至于他所说的实在界,可以把它视为意义的对应物。既然意义是由象征界和想象界共同决定的,实在界的概念并没有独立的意义,拉康把它作为意义理论的附属物。在拉康的意义理论中,有两点值得我们注意:一是"我"与他人的联系,一是能指的转喻和所指的隐喻。

我们已知,拉康认为意义的所指是无意识的欲望,语言的符号功能只能由能指来承担。能指符号的一连串的联结和转换就是转喻的过程。比如,我们用"老虎"比喻"勇敢的人",又用"虎皮"比喻"老虎",再用斑斓的颜色比喻"虎皮",以致于一个人身穿斑斓服,便有了"勇敢的人"的象征意义。我们有意识地使用和理解的语言意义只是能指符号的无穷的转喻。至于它们所象征的意义,即它们的所指,那是在无意识层次的欲望的运动和流变。能指的流转与所指的流动虽然发生在两个彼此分离的层次,但它们却是共时的、同构的。当无意识的欲望撕裂了所指与能指的障碍而"逃逸"到语言之中,在失语与玩笑等等这些语言的"空白"处,显示能指的隐喻,即它所指的欲望。无意识如同是彩色画布下的素描,我们只能通过空隙认识它。但是,也有反常或例外的时候,那就是,所指从无意识泄漏到意识之中,成为语言的隐喻。拉康使用弗洛伊德分析的一个事例说明了隐喻的发生。一个德国人某天早晨照镜子,觉得自己发胖了,于是外出跑步,运动量之大,已超出正常活动的范围。他的动机似乎是减肥,其实真实的动机与一个名叫瑞恰德的英国人有关。原来,他在前一天晚上发现,这个瑞恰德是他的妻子的情人。瑞恰德的爱称在德文中的意思是"胖"。经过这样的分析,我们可以知道,"减肥"对于他的意义是"杀死'胖'"。在这一意义的转换过程里,从瑞恰德到"胖"是能指的转喻,但"减肥"的隐喻"杀死'胖'"则是无意识地造成的。

拉康的精神分析观点还强调语言在进行精神分析治疗中的作用,如同弗洛伊德一样,拉康也认为只要启发患者将被压抑的东西讲出来,病就可以得到痊愈。拉康有别于弗洛伊德的特点在于他吸收了结构主义语言学的观点方法,提出了本能的语言与欲望的语言的理论。患者经常不讲出他受到压抑的东西,所以治疗者就要从他如何讲他的故事而进一步推测他的被压抑的东西。因此,他讲出来的东西就是他的症状,而在无意识中被压抑的东西就是他的病因,也就是他的本能语言或欲望语言的结构。在治疗中,从他讲到的东西推测他所被压抑的东西,通过患者所讲出来的东西把他所没有讲出来的东西补充起来,构造出他的本能话语的全部,也就是"按照症状来阅读"。拉康的这种观点强调精神病患者所压抑的本能具有语言性质,而且通过语言就可以启发患者把他压抑的东西发泄出来,这就把精神分析学与结构主义理论结合起来,把结构主义运用于无意识的研究,发展了结构主义的理论。

第五节　皮亚杰的发生结构主义

皮亚杰(1896—1980)是瑞士心理学家、哲学家,发生认识论的创始人,发生结构主义的主要代表。皮亚杰 1896 年生于瑞士诺沙特,自小就聪颖过人,10 岁就发表了论文,一生兴趣广泛,涉猎广博,在诸多方面成就斐然,特别对生物学、哲学、心理学和逻辑学的研究最为卓著,共获得 30 多个荣誉博士学位。皮亚杰早年研究生物学并于 1915 年获得纳沙特尔大学生物学学士的学位、1918 年获得该校自然科学博士学位。1919 年皮亚杰到巴黎求学,随后进入巴黎大学研究心理病理学与科学哲学,于 1921 年回国任鲁索学院的研究部主任,40 年代担任日内瓦大学儿童心理学教授,兼任卢梭研究所所长。他把心理学研究与生物学、数学、哲学研究结合起来,先着重从儿童的认识、智力及思维发展研究开始,然后再扩大到一般认识理论,提出了"发生认识论",并改造了结构主义理论,填平了历史与结构、发生与结构之间的鸿沟,提出了将二者结合起来的"发生结构主义"理论,将"先天"的结构变为后天的"建构"。1955 年建立了国际发生认识论中心,自任主任,希望从不同学科的视角对认识论展开多学科整合的研究,学术界常常将他们称之为"日内瓦学派",其宗旨在于传播及发展发生认知论。其主要著作有《儿童的语言与思想》(1923)、《儿童的道德判断》(1932)、《逻辑学与心理学》(1953)、《结构主义》(1968)、《发生认识论》(1970)。

皮亚杰在结构主义方面的贡献主要有三个方面:一是系统整理、分析和总结了存在于各种人文社会科学中的庞杂的结构主义思想观念和方法,并将之建构成一个完整的理论系统;二是在总结和批判前期结构主义的基础上,结合从数理逻辑一直到人类学等各门学科的研究成果,从他的发生认识论出发,创建了发生结构主义,从而推动了结构主义理论的发展、演变;三是将发生结构主义理论应用到认知科学、心理学和教育学等学科领域和实践领域,从而扩大了发生结构主义的影响。在此简要介绍其发生结构主义与发生认识论的主要思想。

一、发生结构主义

皮亚杰的结构主义主要运用于说明心理学问题,但他对一般的结构主义作了深入研究,集中分析总结了隐含在各门人文社会学科中的各种结构主义思想与方法的主要特征,考察了结构主义的形成、发展和演变历程,在此基础上建构、阐释和论证了结构主义理论的内涵和特征,并将之整理成为轰动一时的《结构主义》一书。同时,结合自己的发生认识理论,皮亚杰在批判索绪尔、列维-施特劳斯和乔姆斯基等人的将结构视为先天的、静止的、固定不变的结构主义思想的基础上,创建出了自己的结构主义理论——发生结构主义。在发生结构主义理论看来,结构是一个由种种转换规律组成的体系,它具有整体性、转换性和自调性,也是一个通过自调以实现主客体适应的、不断由简单向复杂过渡的转换系统和构造过程。皮亚杰的发生结构主义理论和思想的创新性主要表现在以下三个方面的内容:

(一)结构是主、客体的相互作用与相互渗透

皮亚杰从其创建的发生认识理论出发指出,结构作为认识的结果,它既不是纯主观的,也不是纯客观的。他设问道:"这些结构(包括物理学因果关系结构在内的所有结构)是来源于人,还是来源于自然界?"[①]前期结构主义者对此问题的回答自然是来源于人,因为他们认为事物的结构是由人的无意识结构决定的。但皮亚杰却认为,答案既非前者,亦非后者,结构实际上是来源于主体与客体、人与自然界的相互作用与相互渗透。皮亚杰指出:"总的说来,存在一些不依赖于人的物理结构,但是这些结构却符合我们的运算结构。"[②]而且这种"符合"并不表明物理学的因果关系结构是从物理事实中抽绎出来的,绝对反映了某一方面的物理事实,而是包括了主体推理的因素,"这种推理甚至达到了模拟的程度。"[③]因此,结构是主体对客体的一种建构,它体现为主、客体相互制约的一种联系,正是这种内在的联系,使他将

---

① 皮亚杰:《结构主义》,倪连生、王琳译,商务印书馆 1984 年版,第 26 页。
② 同上,第 30 页。
③ 同上。

结构看作是自身满足的"自调系统"。①

（二）结构的发生与发展是一个新结构的构造过程

皮亚杰反对前期结构主义将发生和结构对立起来的观念，他认为，发生与结构是须臾不可分离的，"根本不存在什么先天结构，任何一个结构都意味着建构"②。因此，皮亚杰反对那种认为结构是先天的、静止而固定不变的观念，他认为结构是一个不断重组新结构的构造过程或建构过程。也就是说，结构也存在发生与发展的过程。而且原来结构向新结构过渡的过程，尽管体现为不断丰富的过程，然而这种丰富现象并不是体现为"现实结构的积累"，或新旧成分的叠加，而是在平衡作用下对原有结构成分的重新组合。因此，"这些结构与先前的结构相比虽然是新的，作为结构组成分的转换却是从造成这一结构的那些转换来的"③。皮亚杰从心理学分析来说明这一点。他认为人的认识结构出发点来自"动作的普遍协调作用"，然后再从这一初级结构逐渐过渡到运算结构的各个阶段。在新的运算结构的形成过程中，反映抽象起了重要作用，它"提供了结构的一切成分"。不过，由于反映抽象的重现感知情境的特征，"反映抽象的集合导致了对先前的运算进行新的运算，所以没有增加任何新的东西，只是一次重新组织"④。例如生物学中遗传结构的形成，和心理学中 INRC 四元群逻辑结构的建立都是"重组"的结果，前者是遗传基因的重组，后者是先前运算的重组。从这个意义上说：结构的发生和发展过程，是一个永恒的不断重组新结构的"构造过程"。

（三）结构是共时性与历时性转换的结合

所谓共时性是指结构的非时间性，历时性是指结构的时间性。一般来说，前期结构主义学派只强调结构的共时性而否定或忽略结构的历时性研究，从索绪尔的语言学结构主义一直到列维-施特劳斯的人类学结构主义等，都强调共时结构，主张对结构做静态的研究，所以前期结构主义常被称为"时间冷藏器"。即便是在谈到转换时，也是从非时间性角度谈的。与此相反，皮亚杰从他的发生认识论和构造论出发，总结并吸取了乔姆斯基的转换生成语法强调结构历时性的方面，认为结构的转换应该是共时性与历时性

---

① 皮亚杰：《结构主义》，第 67 页。

② 弗朗索瓦·多斯：《从结构到解构：法国 20 世纪思想主潮（上卷）》，第 235 页。

③ 皮亚杰：《结构主义》，第 46 页。

④ 同上。

的结合。他以非常通俗的例子来说明这个问题。他说,事实上,结构的转换"都可以是非时间性的(因为,如 1＋1 立即就成 2……),也可以是有时间性的(因为像结婚就要用一点时间)"。皮亚杰接着指出,如果结构不具有这两种转换,它们就会跟静止的形式混同起来,从而失去一切解释事物的作用。

皮亚杰的发生结构主义思想内容十分丰富,不仅仅只有以上三个主要方面的内容。纵览其整个理论体系,可看出皮亚杰对结构主义理论的贡献则主要在于:一是摈弃了结构的先验性、静止性和孤立性,恢复了对事物结构固有的运动、发展和变化过程的认识;二是提出了主、客体相互作用与相互渗透的结构观,启发人们对主客体关系做新的思考;三是重新肯定了人类主体在结构中的地位和能动作用。[①]

二、发生认识论

在皮亚杰的理论体系里,发生认识论与其发生结构主义是相互影响和相互渗透的。一方面,发生结构主义理论的创立和提出显然深受其认识论研究成果的启发;另一方面,结构主义的理论思想也深深地影响到了其发生认识论的创建。皮亚杰的发生认识论试图回答其早年提出的"知识如何增长"的问题。围绕这一问题,皮亚杰吸收结构主义的观念与方法来研究知识增长和认识发展过程,即他用认识的内在结构的变化来说明认识阶段的发展,把认识发展看做是内在结构的组织和再组织的过程。皮亚杰的发生认识论的理论基础是生物学,他用生物与环境之间的同化与顺应来说明认识主体和客体之间的相互作用,用平衡和自动调节来解释发展,用外化和内化的双向建构来说明认识的发生发展。发生认识论的主要内容可大致归纳为以下四个方面:

(一)认识发展的主客会合论

关于认知的起源和认知的发展这个根本问题,长期存在着主观主义和客观主义两大思想派别和两种世界观的对垒。皮亚杰却将二者都否定,跳出非此即彼的狭隘思路,提出了主客"交互作用论"或"主客会合论"的思想。皮亚杰认为,我们的认识受到人类主体自身认识能力有限性和客体无限性矛盾的制约。一方面,主体要想实现主、客体之间的积极适应,必须不断地主动解除自身中心化,从客体的束缚中逐渐解放出来,提高自己的认识能

---

① 滕复:《皮亚杰的结构主义》,《探索》1987 年第 6 期。

力;另一方面,由于客体无论其深度还是广度都是无限的,因而它又"……具有永远被接近但又永远不能达到的极限性质"①,因此这一矛盾使得主体对于客体的认识不可能是对客体的客观反映,而只能是主、客观两方面因素整合的结果,这不仅包括了主体在客体日益广泛的作用下不断解除中心化的过程,同时也包括了主体在客体因素之间不断做出的一系列新的协调,按照主体的推论去不断"建构"客体。这样建构起来的知识,便既是近似于客体的,同时又包含着主体依据自身能力对客体的主观理解和构想。并且,这两个方面都是同时整合在主体的活动里面的。因此,知识只能看作是一种主、客体相互作用的结果或相互渗透的"会合"。也就是说,知识既不是先天的,也不是人们对客观事物的"客观反映",而是认识主体在认识活动过程中与被认识客体相互作用的产物。

(二)认识发展的四阶段论

皮亚杰以儿童为对象对认识发展的阶段性及其结构的形成进行了长期不懈的观察,通过这样长期的客观观察研究,皮亚杰得出了儿童智力发展经过四个阶段的论断:一是感知运动阶段(从出生到二岁),此时儿童以原初图式来协调感知和动作间的关系。二是前运演阶段(从二岁到六七岁),开始以符号为中介描述外界世界。三是具体运演阶段(从六七岁到十一二岁),在同具体事物相联系的情况下进行逻辑运演。四是形式运演阶段(从十一二岁到十四五岁),这时已有了超出具体事物的抽象思维。这四个发展阶段有一种固定的连续性顺序,每个阶段的出现可能有早有迟,但四种结构发展的先后次序不会颠倒。因为前一个阶段结构是下一个阶段结构的基础和必要条件。前一个阶段的结构较简单,不能在后面较复杂的结构出现之后出现;没有前面的较简单的结构也不可能出现后面较复杂的结构。在这种相继发展的连续性中有不连续性,这是因为各个发展阶段的结构有其特殊性,各结构有质的不同。在发展到下一个阶段时,以前结构中的各种成分就有了新的融合,形成了新的结构,从而发展到新的阶段。大量的研究与实践证明,皮亚杰所揭示的"儿童认知发展具有阶段性"的规律是普遍存在的。儿童的认知能力从发生到成熟,要经历由较低一级水平向较高一级水平的若干个过渡阶段,这种发展顺序是不可改变、不可超越的。认识并掌握这一规律,对于基础教育的改革和教育质量的提高有直接的指导意义。

----

① 皮亚杰:《认识发生论原理》,王宪钿等译,商务印书馆 1985 年版,第 93 页。

(三)认识发展的四因素论

皮亚杰认为,认知发展依赖于四个因素:生物性成熟、有关物理环境的经验、有关社会环境的经验、平衡。首先,生物性成熟主要指认识主体的神经系统的成熟和内分泌系统的成熟,这是智力发展的必要条件,但不是充分条件,因为神经系统成熟还不能有演绎推理能力;其次,有关物理环境的经验是指个体对物理环境中所发生动作而获得的经验,这种经验是物理的经验,还没有达到心理的发展;再次社会环境中所取得的经验,包括人与人的交往和社会传递的经验,如社会生活、文化教育、语言等;最后,平衡是指在认知结构和环境之间生成一种最佳均衡(适应)状态的生物驱动力,它是认知发展中的一个核心因素和动机力量,它将另外三个因素的作用协调起来,使内部心理结构与外部环境现实相互一致,它是不断成熟的内部组织与外部环境的相互作用,没有预定的目的,而是一种构造的过程。同时,皮亚杰对认识发展动力的论述注意了发展的进化性和外在因素与内在因素的相互作用,他既反对静止的观点,也反对单纯的外因论与单纯的内因论,有较多的合理因素。他认为智力的本质是一种适应,是客体对主体的作用,主体不断自我调节而构造出不同的心理机能。而适应有两种形式。一种是同化,把环境中产生的新因素纳入机体已有的图式或结构之中,使主体原来的动作结构得以加强和丰富。另一种是顺应,这是在主体原来的动作不适应于客观变化时,主体改变原来的动作,以新的动作适应环境。同化与顺应都是为了达到平衡,主体与客体不相适应就产生了不平衡,通过适应过程,又达到了平衡。因而智力发展过程也就是从不平衡到平衡的过程。

结构主义思潮发轫于 20 世纪初的语言学,形成于 50 年代的法国,作为对现象学和存在主义的反动登上法国的哲学殿堂。但结构主义不是由专业哲学家所组成的哲学流派,而是一些社会科学家和人文科学家们所共同具有的某种观点和方法的总称。因此,结构主义是由结构主义观点和方法联系起来的一种广泛存在于人文社会科学之中的哲学思潮,是一种将结构主义语言学模式应用于社会现象,以探求现象背后的结构或关系为中心,以形式主义的方法论为特征的哲学思潮。它注重结构、强调对结构的分析是所有结构主义者共同具有的最基本的特征。就其本质而言,结构主义在当代西方哲学两大思潮中属科学主义之列。结构主义的创始人是瑞士语言学家索绪尔和法国人类学家列维-施特劳斯等,代表人物有结构主义的马克思主义的创始人阿尔都塞、结构主义精神分析学派创始人拉康、发生认识论创始人皮亚杰以及福柯等。

【本章思考题】

1. 结构主义在法国崛起的时代背景是什么？

2. 结构主义所谓的"结构"是事物本身具有的还是心灵的产物？

3. 结构主义所谓的"结构"有哪些特点？

4. 何谓能指与所指？

5. 比较拉康与弗洛伊德精神分析方法的异同。

6. 镜像阶段是指哪个成长阶段？在此阶段意识形成有何特点？

7. 试析皮亚杰的发生认识论。

8. 试述结构主义与存在主义的关系。

【建议阅读书目】

1. 皮亚杰：《结构主义》，倪连生、王琳译，商务印书馆1984年版。

2. J. M. 布洛克曼：《结构主义：莫斯科—布拉格—巴黎》，李幼蒸译，中国人民大学出版社2003年版。

3. 约翰·斯特罗克：《结构主义以来：从列维-施特劳斯到德里达》，渠东、李康译，辽宁教育出版社、牛津大学出版社1998年版。

4. 伊迪丝·库兹韦尔：《结构主义时代——从列维-施特劳斯到福柯》，尹大贻译，上海译文出版社1988年版。

5. 列维-施特劳斯：《结构人类学（1、2卷）》，张祖建译，中国人民大学出版社2006年版。

6. 皮亚杰：《认识发生论原理》，王宪钿译，胡世襄校，商务印书馆1985年版。

7. 乔纳森·卡勒：《论解构：结构主义之后的理论与批评》，陆扬译，中国社会科学出版社1998年版。

8. J. 希利斯·米勒：《重申结构主义》，郭英剑译，中国社会科学出版社2000年版。

9. 夏光：《后结构主义思潮与后现代社会理论》，社会科学文献出版社2003年版。

10. 沙夫：《结构主义与马克思主义》，袁晖、李绍明译，山东大学出版社2009年版。

第九章　当代自由主义

自由主义不仅仅是一种盛行于西方的哲学思潮,它还是西方资本主义社会的主导意识形态和核心价值观念,是其经济、政治、文化和社会制度的主导原则。作为一场社会实践和革命运动,资本主义社会制度的确立是自由主义的最大成果。

第一节　自由主义的形成与发展

在现代哲学思潮的基本概念中,大概没有比自由主义更显得带有歧义和引起争议的了。不同时代、不同派别对自由主义的理解差异很大,基本态度上的褒贬也大相径庭。可是,自由主义毕竟是现代西方社会的主流思想和倾向,无论差别和争议有多大,无论人们是赞扬还是拒斥,自由主义都是西方社会的一面思想旗帜。因此,了解、研究并把握自由主义的基本理念、原则和结论,便是当代哲学研究的一项基本任务。

一、自由主义的基本内涵与特征

从词源学上说,"自由主义(liberalism)"本源于19世纪初西班牙"自由党"的名称,但它在英语世界里得到了最广泛的使用和认同。自由主义的思想渊源一直可以追溯到古代希腊、犹太教和基督教的思想和信仰,它在启蒙时代生根,到了现在,"自由主义"一词已经包含了许多不同思想流派,从左派至右派,支持者的光谱分布相当广泛。因而,自由主义并不是一种高度统一和一致的思想理念,其家族内部存在着倾向各异的差别。而且自由主义这一概念在历史演变中形成了诸多混乱。在中国,自由主义曾经是革命队伍内部所斥责的不遵守纪律、自由散漫、自私自利、贪图小便宜的代名词,但这与作为哲学思潮的自由主义相去甚远。自由主义经过几百年的演变,已经发展成为一个流派众多庞杂的家族,因而其内涵一直在变化,用法一直相当宽泛,没有明确的界定,甚至在其家族内部一直存在着相互冲突的主张,在当代争论尤为激烈。

尽管如此,自由主义在西方乃至当今世界仍然具有基本的理论内涵和大致的原则界限,这便是它与其他政治理念或哲学思潮有着重要区别的"家族相似性"。从历史上看,自由主义不仅是一种哲学思潮、一种意识形态和价值信念,也是一种社会运动,还是一种容纳异己、兼容并包的生活方式。从哲学思潮的视角看,自由主义是以追求和捍卫个人自由为主要价值目标的一系列思想流派的集合,它最根本的理念是视自由为人类的最高价值和基本权利,它认为自由是人的存在方式,"放弃自由,就是放弃人",因此它始终将保障和维护个人自由当作一种主导性的价值追求和原则贯穿在经济、政治、法律和道德理论之中。自由主义的理论支柱是西方的"自然法"传统、近代启蒙形成的"理性自由"或"意志自由"的信念,以及社会契约论,而思想与良心自由、市场自由、政治民主、社会自治则是自由主义的四大主张,其核心是建立在个人自治主张上的个人自由。作为一种哲学思潮和意识形态,自由主义的本质在于为个人自由及其保障制度辩护。①

从自由主义家族所共同遵循的分析方法和核心理念看,各个自由主义流派一般都具以下三个核心主张或特征:

首先,自由主义的出发点是个人主义,个人自由是其追求的价值目标。个人主义是自由主义的立论和论证的基点,其他的经济、社会政治制度与伦理原则,以及文化价值观念皆以此为基点推导出来。因而理论家有时也称此种论证方式为方法论个人主义。自由主义认为,个人是构成人群和社会的基本单位,犹如物质构成中的"原子",在发生学和本体论的意义上,个人都优先于社会和任何群体。自由主义坚信判定社会政策必须有一个最终的立足点,这便是个人。当自由主义谈论自由时,首要的立足点、判定起点和归宿也是个人,集体和社会的自由必须由个人的自由体现出来,否则便是虚幻的。因此,个人自由是一个社会最基本的出发点,也是所有社会政策和立法的基础。早在古代希腊,哲人们便已提出"人是万物的尺度",强调人是判定一切事物的最终准则。而这个人首先是个人,个人以自己为尺度看待他人和万物;每个人具有一套完整的神经和感受系统,快乐和痛苦首先是、最终也是个人的。自由主义坚信离开了这种苦乐感和趋利避害的本能,再崇高伟大的价值观都会失去其最终依托。因此,从认识论和价值论的层面上来说,个人自由也是基本的单位和最基本、最核心的价值追求。

---

① 姚大志:《现代之后:20世纪晚期西方哲学》,东方出版社 2000 年版,第 97 页。

　　其次,自由主义坚持人人平等。平等与自由一样是自由主义理论最基本的概念,始终是自由主义追求的核心价值目标之一。平等就其本来意义而言,是指人与人关系上的同等对待,比如不允许在身份、资格认定和性别等方面的歧视。西方社会自文艺复兴以来的最大进步便是对人的平等权利的认同和追求,从中世纪的等级制身份社会向市民社会的转变,一个重要的标志便是平等的发展。在自由、平等、博爱的口号的鼓舞下,自由主义关注人们之间的权利平等,反对人为的歧视。但自由主义的平等观基本上是个理想和规范性的理论,他们承认人们在事实上的诸多不平等,当然,其并不因此而认为这样的不平等就一定是天经地义的,或者可以任意扩大或为之辩护,相反,其坚信人们应该得到平等的对待。自由主义认为,无论是基于自然法、基于直觉或是基于契约论,社会规则和制度安排必须坚持人人平等,必须是普遍的和非歧视性的,这是能够保障那些事实上不平等的人们以合理的可预见性和安全性过他们自己生活的唯一程序。否则,人们受到十分混乱和荒唐的对待,其生活前景便毫无保障。人们本身事实上的不平等不应当成为政府和法律随意区别对待他们的理由或依据。因此,自由主义所追求的平等要求基本上是理想性、规范性和程序性的。

　　再次,自由主义强调价值多元与宽容。在过去两个多世纪里,自由主义思想家试图发展出这样一种政治理论,它把人们在什么是人性善的看法上的分歧当作一个基本的事实和原则。自由主义在看待这些分歧时指出,在政治上对于善与恶的最终性质并不存在一个绝对的标准或基础,因为这当中存在一些不能完全确定其客观基础的属于个人价值判断的东西。因此,自由主义思想家放弃了以单一的客观道德秩序来界定个人的信条,他们主张自由主义思想对于基本的道德争议采取中立的态度,强调人们对于善恶观念等的价值判断的多元性,强调价值包容与宽容。但自由主义在强调价值多元与宽容的同时,却反对价值虚无和价值相对主义,甚至相反坚持某种程度的普遍主义态度。因此,自由主义在道德上既是多元主义者,又是超越具体价值观的普遍主义者,两者的关系是:价值多元与宽容建立在少数底线性的普遍原则之上,也就是将价值多元与宽容限定在一定的范围之内,即这种多元与宽容不能突破作为基础和底线的普遍原则。这样,自由主义较好地避免了陷入自我挫败的泥潭。如果只承认道德多元主义而否认基本价值的普遍性,那就无法与道德相对主义和虚无主义区别开来;如果只承认基本价值的普遍性而否认道德的多元主义,那又与独断论和专制主义并无二致。自由主义分清不同层次价值观的差别,把多元性与普遍性有机地结合了起来,既区别于怀疑论和相对主义,又与独断论划清了界限,这才立于理论的不败之地。

综合以上分析来看,自由主义所具有的进步意义及其在西方社会的影响力皆是毋庸置疑的。但自由主义的局限性与消极影响也不容忽视的,其原子式的个人主义和个人自由至上的主张,尽管在争取个人权利与自由、反对独裁与专制等等方面具有积极意义,但它将个人孤立而绝对地置于优先地位,置于群体与社会之上,既不符合事实,且容易导致自我中心主义与利己主义,乃至价值失落而走向价值虚无主义,从而破坏和销蚀集体与社会①,甚至败坏人们的幸福生活的前景。正是因为这些局限与消极影响,当代自由主义受到了社群主义等思潮的激烈批判。

二、自由主义的形成与发展

近现代以来,西方政治哲学的主流一直是自由主义。现代西方社会流行的政治与伦理观念是由自由主义价值观确定的,目前通行的基本的经济、政治与社会制度也是按照自由主义理想建立起来的。然而,自由主义理论并不是一蹴而就、一成不变的,而是始终处在演变发展之中,从古典自由主义发展到今天的新自由主义,大约经历了四个不同的历史形态。

自由作为一种权利,在希腊城邦时期贫民向贵族争取自由的阶级斗争中就已出现。但作为一种哲学思潮或意识形态,自由主义是西欧社会近现代的产物,是伴随着"文艺复兴"、"启蒙运动"与"资产阶级"革命而逐渐发展成熟的,其黄金时代可以大致划在公元 1750 至 1914 年,也就是从法国启蒙思想家时代到第一次世界大战这段时间。古典自由主义的奠基者是霍布斯(Thomas Hobbes)、洛克(John Locke)、密尔(John Stuart Mill)、孟德斯鸠(Baron de Montesquieu)和斯密(Adam Smith)、休谟(David Hume)、卢梭(Jean-Jacques Rousseau)、康德、边沁(Jeremy Bentham)等启蒙思想家,他们在其哲学思想或理论体系中阐明了自由主义的基本观念和价值追求,为当代西方资本主义社会的经济、政治和社会制度确立了基本框架。古典自由主义的主题是自由,具体包括两个方面的内容:一方面是自由价值,这里古典自由主义极力坚持并加以辩护的,主要是思想自由和良心自由;另一方面是自由制度,自由主义希望在全世界建立政治民主、市场自由、社会自治的社会治理结构或制度体系。

自 20 世纪 30 年代"大萧条"以来,古典自由主义的"自由放任"主张受到

---

① 托克维尔:《论美国的民主》下卷,商务印书馆 1988 年版,第 625—631 页。

了普遍质疑，伴随着由凯恩斯（John Maynard Keynes）开创的主张发挥政府宏观调控能力与职责的"凯恩斯主义"登坛入室，自由主义告别了"古典"形式，进入了一个新的历史发展阶段。这一时期的自由主义大幅更新了思想，甚至调整了古典时期的诸多主张，一个最明显的变化是强调自由的积极方面，特别强调国家的作用，即形成和完成自我确定的目标的机会，而非摆脱国家的自由。尽管自由个体的中心价值没变，但对理解这一价值和如何取得这一价值发生了变化。这一转向在某种程度上是自由主义本身取得的成功所带来的。大量的政治与经济自由的获得不仅提出了下一步将怎样的问题，而且也提出了自由为谁的问题。资产阶级获得了所需的权利，但社会的普通大众却没有，这导致了一系列的经济、政治和社会问题，严重影响着社会的可持续发展，显然这些问题在"自由放任"的理念下是无法解决的，必须借助国家机器的调控来解决，于是国家的积极作用被提上了议程。这导致自由主义发生嬗变。现代自由主义主张国家支持个人和受压团体，强调国家的作用。那么，现代自由主义还自由吗？

正是对这一问题的思考引发了以弗里德曼（Milton Friedman）和哈耶克（Friedrich August Hayek）及其朝圣山学社成员为代表的对古典自由主义的"复兴"，产生了另一形态或模式的自由主义。尽管哈耶克宣称，它只是在复兴自由主义的伟大传统，但其与"凯恩斯主义"针锋相对的主张，在诸多方面是有别于古典自由主义的，其实这种力图恢复古典自由主义传统的主张是一种极端的自由至上主义。这种形态的自由主义观点建立在自然权利上，主张把国家这一必要的恶的作用与权利严格限制在最小限度内，他们反对所有的国家福利以及分配性税收。更极端的主张甚至要求完全取消国家，并声称市场能提供每一种必要的物品和服务，包括国防和法律。但是这种试图恢复古典传统的极端自由至上主义在以"凯恩斯主义"为核心的"新"自由主义的排挤下，基本处于边缘状态，直到 20 世纪 70 年代在"凯恩斯主义"解决不了世界经济陷入"滞涨"之中时，才在里根和撒切尔夫人的鼓吹下开始受到世人的关注。然而，这种极端自由至上主义极易导致贫富悬殊和两极分化，进而导致社会秩序动荡与阶级冲突激烈的弊端是非常明显的。

正是基于对极端自由至上主义弊端，及其引发的一系列社会问题的深刻洞见，1971 年，罗尔斯（John Rawls）出版了针对性的名著《正义论》，该书的出版标志着有别于传统诸种自由主义形态的新自由主义理论的诞生。罗尔斯这一巨著的问世，不仅引发了政治与道德哲学的论争热潮，由此导致了政治与道德哲学的复兴与繁荣，乃至影响了整个 20 世纪后半叶西方哲学主流的发展与走向，而且更为重要的是《正义论》的发表标志罗尔斯由此完成了从启蒙政治哲学主题（自由）到当代政治哲学主题（正义）的变换①，开创和引领了自由主义的当代形态。如果说，罗尔斯之前的自由主义或古典自由主义，其价值诉求、理论旨趣及其核心概念是自由，那么由罗尔斯开创和引领的当代自由主义或新自由主义，其价值诉求、理论旨趣及其核心概念是正义。罗尔斯提出："正义是社会制度的首要美德，正如真理是思想体系的首要美德一样。"②同时，罗尔斯的理论将西方政治哲学和自由主义理论推进到了一个新的阶段，并由此引发了持续至今仍风头不减的研究热潮与学术论争，贯穿始终的是诺齐克（Robert Nozick）引领的自由至上主义与罗尔斯引领的新自由主义之间的自由主义家族内部的争论，以及更为激烈、宏大的自由主义与以麦金泰尔（Alasdair Chalmers MacIntyre）、桑德尔（B. Bruno Sander）等人为首的社群主义之间的论争。罗尔斯之后，这些争论仍然在持续，在向纵深发展，也正是这些争论正在有力地推动和促进着自由主义理论的发展与完善。

第二节　罗尔斯的温和自由主义

罗尔斯（1921—2002），美国著名政治哲学家、伦理学家，20 世纪后期西方新自然法学派和新自由主义的主要代表之一。罗尔斯于 1921 年 2 月 21 日出生在美国马里兰州的巴尔的摩，1939 年进入普林斯顿大学学习哲学，1943 年 1 月毕业并获得哲学学士学位，此年 2 月应征入伍，被派往太平洋战区服役两年，曾被授予了铜星勋章，"二战"结束时，罗尔斯放弃了升任军官的机会，于 1946 年 1 月退役。1946 年初，罗尔斯以退伍军人的身份进入普林斯顿大学开始了哲学专业的研究生课程学习，三个学期后，他获得一项奖学金并赴康奈尔大学学习了一年，1950 年获普林斯顿大学哲学博士学位并成为该校的哲学讲师，后来又到康奈尔大学、麻省理工学院任教，最后成为哈佛大学的终身教授，并于 1979 年获得哈佛大学的八个校级讲座教授中以校长命名的席位。罗尔斯在哈佛的教学生涯一直延续到 1995 年，此年退休后在加州的一次关于他的研究成果的研讨会上，罹患中风，导致身体和智力严重受损。尽管如此，罗尔斯凭借惊人的毅力，仍出版了过去长期计划出版的一系列著作，这些著作阐释、捍卫、扩展并修改了他的正义理论，从而为他

---

① 姚大志：《现代之后：20 世纪晚期西方哲学》，第 97 页。
② 罗尔斯：《正义论》，何怀宏等译，中国社会科学出版社 1988 年版，第 3 页。

毕生的研究画上了圆满的句号。2002 年 11 月 24 日,罗尔斯在身体急骤而无痛苦的衰竭之后,安详地逝世于列克星敦的家中,所在地政府为罗尔斯降半旗致哀,以不同寻常的方式向他表示了尊敬。

罗尔斯一生著作不多,但影响却其大。罗尔斯于 1951 年发表《用于伦理学的一种决定程序的纲要》后,就开始专注于社会正义问题,并潜心构筑一种理性性质的正义理论,陆续发表了《作为公正的正义》(1958)、《宪法的自由和正义的观念》(1963)、《正义感》(1963)、《非暴力反抗的辩护》(1966)、《分配的正义》(1967)、《分配的正义:一些补充》(1968)等学术论文。在此期间,罗尔斯着手撰写《正义论》一书,前后三易其稿,实际花了近 20 年时间才写成,终成 20 世纪下半叶伦理学、政治哲学领域最重要的理论著作,于 1971 年正式出版发行,旋即在学术界产生巨大反响,被西方学者推崇为政治哲学、道德哲学、法律哲学和社会哲学的"最伟大的成就",并被翻译成 28 种文字,成为北美和欧洲各大学的主要课程。人们经常把该书当作与洛克的《政府论》、密尔的《论自由》并列的"自由民主传统的经典著作",并认为该书是将道德哲学与政治、伦理理论与实践结合起来的尝试,是"在正义与西方文明的当代现实之间的一座桥梁"。由于第一版的《正义论》封面为绿色,当时一些哈佛的学子以"绿魔"来形容这本书的影响力。据后来统计,自 1971 年,全球共有约 5000 余部论著专门对其研究讨论。除此以外,罗尔斯的著作还包括《政治自由主义》(1993)、《万民法》(1998)、《道德哲学讲演录》(2000)、《作为公平的正义——正义新论》(2001)等。

罗尔斯一生的著述以一种新社会契约论而不是功利主义作为理论前提,重申了自由主义最基本的原则,特别是其权利理论和正义理论。在这些著述中,罗尔斯表现出了较为明显的经济平等主义的思想倾向和价值旨趣。故世人一般认为罗尔斯是中间偏左的自由主义,是与哈耶克、诺齐克那种极端自由主义或"保守主义"者有明显区别的"温和自由主义"或"新自由主义"者。

罗尔斯的自由主义理论及内容广泛,论述全面而详尽,我们在此只能简略地讨论其主要思想。

一、以平等为诉求的社会正义

罗尔斯提出了正义是社会制度的首要价值的思想,将政治哲学的核心概念由"自由"转换成了"正义",从而形成了有别于传统的新自由主义理论。罗尔斯在其《正义论》巨著的开篇便提出:"正义是社会制度的第一美德,正如真理是思想体系的首要美德一样。"①思想及其理论的目的是追求真理,因而任何一种思想或理论体系,无论多么精巧美妙,只要不真实,就必须加以修正或拒绝。同理,社会制度和政治体系在于维护正义,任何一种政治体系或社会制度,无论多么有利而高效,只要不正义,就必须加以改造或废除。正义作为首要的价值是不可退让和交换的,即便是以社会整体的名义,正义也不可被侵犯。在一个正义的社会里,每个人的权益都应该得到平等的保护和公平的对待,既不能为了更多人的更大利益而剥夺少数人的自由,也不能为了更多人的更大利益而牺牲少数人的利益。在一个正义的社会里,公民基于正义的权利是确定不移的。

很显然,罗尔斯念兹在兹的正义是社会正义。作为社会正义的理论被设想适用于这样一种社会:第一,这个社会是由众多个人组成的联合体,每个人与其他人都是不同的;第二,每个人都追求自己的目标、利益和善,以至于这些不同的目标、利益和善之间往往是相互冲突的。显然,罗尔斯的出发点是个人主义,即他试图从个人利益出发,来建立一种社会合作体系,来设计一种社会政治制度。用他本人的话说,政治哲学的基本目的就是在正义的基础上建立一个"组织良好的社会",正义与社会问题相关。就政治哲学来说,它在正义问题所关注的不是社会的枝节方面,而是"社会的基本结构","更准确地说,是社会主要制度分配基本权利和义务,决定由社会合作所产生的利益划分的方式"。

社会正义主要关心"社会的基本结构",特别是社会用以分配基本权利、义务和利益的方式,这充分表明罗尔斯企图解决社会不平等问题的强烈愿望。罗尔斯认为,"正义总是意味着某种平等"。② 因此,《正义论》所体现的政治哲学主题从自由到正义的变换,实质上是从自由到平等的变换。自启蒙时代以来,自由和平等一直被视为最重要的政治价值。一般认为,自由问题是比较容易解决的,然而平等问题的解决却绝非易事。在罗尔斯看来,经过两个世纪的努力,当代西方主要发达国家的自由问题已经得到了完满的解决,现在应该是解决社会不平等问题的时候了。

二、反功利主义的新社会契约论

罗尔斯在对正义原则的论证中使用了一种新的社会契约论。这种新的契约理论是罗尔斯在反对功利主义并综合了近代以来那些最伟大的契约论

---

① 罗尔斯:《正义论》,第3页。

② J. Rawls, *A Theory of Justice*, Harvard University Press, 1971, p. 58.

者的基础上提炼出来的。在近现代西方政治思想史上,功利主义是作为一种非社会契约论的经验主义哲学出现的,它兴盛了相当长的时间。但到了罗尔斯这里,社会契约论又以反功利主义的形式复兴了。他明确宣称,自己的目的是提出一种正义概念,把洛克、卢梭和康德等人的社会契约论加以概括,并提到一个更高的抽象水平,因而其理论出发点与功利主义很不相同,是在"社会契约论"的基础上阐述正义原则,把社会看作人们或多或少自给自足的联合体,人们在相互关系中认识到某些具有约束力的行为规则,并且基本上据此而行动。这些规则详细规定了一种合作体系,以促进参与其中的人们的利益,而社会的特征是,它既有利益冲突的方面,也有利益一致的方面。"之所以有利益的一致,是因为社会合作有可能使共同生活比单独生活更好;而之所以有利益的冲突,则是因为人们对于他们合作所产生的较多的利益不是无动于衷的。为了达到各自的目的,每个人都要求多多益善。"因此,需要一系列原则来确定社会组织的分配。"这些就是社会正义的原则:它们提供了在社会的基本制度中分配权利和责任的一种方式,并规定了社会合作的利益和负担的合理分配。"① 在罗尔斯看来,一个秩序良好的社会的条件是:不仅促进其成员的利益,而且由一种共同的正义概念有效地支配着。在这个社会里:(1)每个人接受并知道其他人也接受同样的正义原则;(2)各种基本的社会机制普遍符合并普遍为人所知地符合这些原则。在这种情况下,人们也许会产生不同的目的和要求,但共同的正义概念架起了友好的桥梁。

罗尔斯反复强调正义概念的普遍性,并在社会契约的前提下建立正义原则。他不认为原始协议是在一个特定的社会发生了的,或真的建立起来的一个特定形式的政府,而是强调原始协议的目标是建立社会基本结构的正义原则。这些原则是关心自己利益的自由而理性的个人处在一种原始的平等地位上,在规定他们联合的条款时会接受的原则。罗尔斯宣称,处在这种原始平等地位上的个人不知道自己在社会中的阶级立场或社会地位,也不知道自己在天赋和才能、智慧和力量等等的分配方面的命运如何,甚至不知道自己的善的概念和特定的心理倾向。这样就保证了在选择正义原则时,任何人都不会由于自然或社会的偶然机会而得利或吃亏。这就是说,正义原则是在所谓"无知之幕"的后面选择出来的。因为一切都是同样安排的,任何人都无法设计出有利于自己的特殊条件的原则,所以,正义原则是

---

① J. Rawls, *A Theory of Justice*, p. 4.

在一种原始的公正的协议或谈判的情形下达成的。[①]

这种原始协议下的平等,也是所谓"起点平等"的一种表述形式。罗尔斯承认这是一种纯粹假设的前提或情形,如同康德的社会契约理论一样,做这样的假设完全是为了得出某种正义概念。然而,在现实社会中,人们总是处在一定社会的经济关系之中。罗尔斯也看到了没有任何一个社会有可能是人们自愿进入的合作体系,"每个人发现自己生来就处在一个特定社会的特定地位中,这种地位的性质物质地影响了他一生的前途"[②]。这样,罗尔斯就把他的正义理论既置于假想的原始协议之上,又置于同现实的强烈对比之下。

三、两条正义原则及其次序

从原始协议出发,罗尔斯经过许多复杂的推理论证,提出了两条具体而基本的正义原则:第一,每个人都具有这样一种平等权利,即与其他人的同样自由相容的最广泛的基本自由;第二,社会和经济的不平等将是这样安排的:使它们(1)被合理地期望适合于每个人的利益;并且(2)依系于地位和职务向所有人开放。[③]

罗尔斯声称,这第一条原则适用于社会基本结构的第一部分,即社会制度规定和保障公民的各种基本的平等自由,包括政治自由(选举权和出任公职的权利),言论、集会、信仰和思想自由,人身自由和财产权,法治概念中所规定的不受任意逮捕和搜查的自由,等等。这些写入现代各国宪法的平等自由权利正是罗尔斯第一个正义原则所优先肯定的,它要求正义社会的公民拥有同样的基本权利,享受这方面同等的自由。所以,第一条原则又叫平等原则。第二个正义原则适用于社会基本结构的另一部分,即社会制度规定和建立社会、经济不平等的方面,也就是社会合作中利益和负担的分配。它适用于人们在收入和财富的分配以及在使用权力方面的不平等,故又称为不平等原则或差别原则。它承认人们在分配的某些方面是不平等的,但要求这种不平等对每个人都有利;人们在运用权力方面也是不平等的;但同样必须遵从官职对一切人开放的原则,即具有同样才能的人具有从政的同等机会。

这两条正义原则在罗尔斯优先性的安排上不是平列的,他强调第一条

---

① J. Rawls, A Theory of Justice, p. 12.

② Ibid. p. 13.

③ 罗尔斯:《正义论》,第 61 页。

原则即平等原则更为基本和优先,如果违反了它,第二条原则也就无足轻重了。因此,他更看重人们在基本自由权利上的平等。罗尔斯在谈到第二条原则时还专门讨论了效率问题。与放任自由主义的理论家不同,罗尔斯认为光靠效率原则还不能构成正义概念,因而还必须以某种方式来加以补充。如果最初的某些分配使一些人拥有比其他人多得多的财富,要想扭转这种情形,就必然要与效率原则发生冲突,而且任何财富的分配都要受到过去分配的自然和社会条件的积累效应的影响,意外事件和运气对于谁在一个时间内致富起了重要的作用。罗尔斯还认为,光有机会均等这一点,如果不认真地加以区别和澄清,那也还是不够的。例如,从道德的观点来看,人们中才能、能力和工作潜力的分布就像性别、家庭财产和社会阶级的分布一样是随机的。某人因为比另一人更有才能而得到更多的收入,这就跟某人因为出自某个宗教的背景而有权拥有更多的财产的情形是一样的,这种权利本身并没有多少根据。因此罗尔斯认为,只有当把人类的财富当作是集体的社会的财富时,分配才能是公正的,所以唯一公正的原则是不平等只有在有利于境况较差的人时才能接受。① 他在这里更深入地触及到了社会经济体制的根本问题,但却是用思辨的语言表述的,因而并没有得出任何有关社会制度的直接政治结论。

四、法治主义

罗尔斯还把正义分为形式正义和实质正义。所谓形式正义即是指对法律和制度的公正一致的管理,不管它们实质性原则是什么,而实质正义则涉及法律或制度的具体内容。在他看来,如果人们认为正义总是表示着某种平等,那么形式的正义便要求法律和制度方面的管理平等地适用于其对象,亦即对原则的坚持或对体系的服从。这也就是一种法治主义的原则。形式正义与实质正义不同,形式的正义并不能保证实质上的正义,比如在奴隶制和等级制的社会,也有可能由于实行同等的管理而体现某种形式正义,但罗尔斯强调,形式正义也可以防止某些重要的非正义,因为"如果假定制度确定是正义的,那么执政者应当公正不阿,在他们处理特殊事件中不受个人、金钱或别的无关因素的影响就是十分重要的事情。在法律制度中的形式正义正是那种支持和保障合法期望的法律规范本身的一个方面"。② 从这个意义上说,实质的正义或正义的制度也需要由形式的正义或良好的法治原则

---

① J. Rawls, *A Theory of Justice*, p. 104.
② Ibid. p. 58.

来辅助或保障,否则仍然无法实现真正的正义。罗尔斯具体论述了法治的一些基本原则。

首先,是"应当意味着能够"的准则,即法治所要求和禁止的行为应该是可合理地预期人们去做或不做的行为。其次,法治的第二个基本原则是"同等情况同等对待"。第三个法治原则是"法无明文不为罪"。

基本法治原则还包括那些规定自然正义观的律令,它们是用来维护司法活动完整性的方针。一个法律体系必须按照法规来进行审判和受理诉讼;必须包括可保障合理审查程序的证据法规,即必须建立严格的程序正义。法官必须独立而公正,任何人不得判决自己的案件,审理必须公正和公开,不能受公众的喧哗所左右,从这些方面来看,形式正义同样是防止个人或感情上的偏见,保证严格执行法治的必要途径。罗尔斯强调法治与自由之间的密切联系。

五、以重叠共识为基础的政治自由主义

罗尔斯《正义论》的正义理论在赢得好评如潮的同时,也招致诸多批评,特别是正义理论所声称的那种普遍性遭受到的批评尤为激烈。这些批评以及社会步入多元时代的事实,让罗尔斯认识到,对于政治哲学来说,普遍主义是一种无法达到的要求。而且,自由主义理论本身也鼓励这种思想信念的多元化,并把它看作是公民基本自由发展的必然结果。这种现实使罗尔斯所设想的秩序良好的社会在理论上失去了普遍性基础。然而,现实社会却并未因此陷入冲突与分裂。那么,自由和平等的公民所组成的稳定而正义的社会,尽管深深地被那些完备而自有其道理却互不相容的学说所分割,为什么能够和谐共存于一体?其支持性基础是什么呢?这便是其《政治自由主义》一书所探讨的核心问题。为此,罗尔斯重新定义了"秩序良好的社会",它已不再是《正义论》中所强调的由其基本道德信念整合的社会,而是由其正义的政治观念整合的社会,这正义正是对合理而广包的各种学说重叠共识的焦点。作为公平的正义在此并未失去意义,而是成了这种政治观念的一个典范,作为重叠共识的焦点,它意味着可以得到在秩序良好的社会中长期维系的主要的宗教、哲学和道德学说的认可。

罗尔斯指出,重叠共识的特征与其道德对象、道德立场和稳定性有关。它深入到作为公平的正义得以产生的基本观念,预设了足够深入的协议,以致达到像作为公平合作体系的社会,合理而理性、自由而平等的公民等观念。其广度则包括政治观念的原则和价值,并运用于作为整体的基本结构。罗尔斯认为,这种对合理学说的重叠共识代表了宪政民主制度下可以实现

的社会整合最可能的基础。这一思路为解决西方多元社会如今面临的正义问题提供了新的深刻见解。这是面对当代社会和文化的多元化趋势而在政治哲学上作出的新调整，它丰富并发展了西方数世纪以来不断更新的自由主义思想。

当然，这个重叠共识的观念，也遭到类似自然权利的虚构或乌托邦的批评，其理由是不存在足够的政治、社会或心理力量来导致其产生，并在产生后变得稳固。罗尔斯对此也作了深刻的论述，他认为重叠共识的形成共分为两个步骤，第一步是完成对宪法的共识，第二步则是完成总体的重叠共识。自由原则有效地规范基本政治制度时，它们便实现了稳定的宪法共识的三项要求。第一，鉴于合理的多元化的事实，自由原则符合这样一些紧迫的政治要求，即一劳永逸地确定某些政治基本权利和自由的内容，并赋予它们以特定的优先性。第二项要求与运用于相关正义的自由原则的公共理性相关联。鉴于这些原则的内容，它们所参照的有关政治程序、基本权利和自由的制度的事实，以及机会的可获得性和适于所有目的的手段，可以遵循公共质询的指针和评价证据的规则来运用自由原则。自由原则能否符合稳定的宪法共识的第三项要求取决于前两项要求的成功满足。因此，在宪法共识的第一阶段，原先只是作为权宜之计勉强接受和采纳入宪法的正义的自由原则，倾向于转变公民的综合学说，以便使他们至少可接受自由制度的原则。这些原则确保某些基本政治权利和自由，确立减缓政治对立、决定社会政策问题的民主程序。

至此，公民的综合观点从先前的不合理变成合理的：简单的多元论转向合理的多元论，实现了宪法的共识。于是便开始了第二步骤即重叠共识的形成过程：宪法共识一旦产生，政治团体必然会进入政治讨论的公共讲坛，并诉请那些与自己拥有不同综合学说的团体，由此而导向形成正义的政治观念。这些观念掀起了公共讨论的潮流，并为解释每个团体所认可的原则、政策的意义和内涵提供了更深的基础。由此而进入修改宪法的良性循环，以及由法官来进行司法审查，维护宪法的权威和尊严等一系列民主政治和法治的程序。①

---

① J. Rawls, *Political Liberalism*, New York：Columbia University Press, 1933, pp. 158—164.

第三节　诺齐克的自由至上主义

诺齐克(1938－2002)于1938年11月16日出生于纽约的布鲁克林区，毕业于哥伦比亚大学、牛津大学和普林斯顿大学，并且成为了当代英语国家哲学界的主要人物，20世纪最杰出的哲学家和思想家之一，他对政治哲学、决策论和知识论都做出了重要的贡献，生前是哈佛大学哲学系的波特(Arthur Kingsley Porter)哲学教授，并于1998年被授予佩里格雷诺(Joseph Pellegrino)驻校教授职务。驻校教授的荣誉职务首创于1935年，按惯例授予哈佛大学在跨学科领域间做出了开拓性贡献的最杰出的学者。1998年，诺齐克因为他"不仅对于当代哲学具有重要影响，而且以其观念超越了他所在的学科，乃至于学术的真实而深刻的影响"而获得这一荣誉，在此之前总共只有17位哈佛大学的教授获此殊荣。哈佛大学前校长路德斯泰因(Neil L. Rudenstine)评价道："诺齐克是我所见到的最为渊博、锐利和敏捷的头脑之一，当他加入到心智、脑科学和行为科学的研究项目中来，就立刻入侵了生物科学的领域，并吞噬着神经元科学。他对于严肃话题或趣谈都有纯粹的兴趣。我几乎好像从未跟得上他的思路，但是我对能够和他同场共事感到愉快，即便是只有一两次机会。"诺齐克还与罗尔斯一道被美国当代著名哲学和伦理学家内格尔(Thomas Nagel)列为在100年以后，能够仍然被人们所阅读的20世纪下半叶的两位哲学家。诺齐克于1981－1984年担任了哈佛大学哲学系主任。诺齐克于2002年1月23日凌晨在同癌症进行7年的坚强抗争后逝世，享年63岁。诺齐克的主要著作有《无政府、国家与乌托邦》(1974)、《哲学解释》(1981)、《生命之检验》(1989)、《理性的本质》(1993)、《苏格拉底的困惑》(1997)、《恒常：客观世界的结构》(2001)。其中最为知名的著作是《无政府、国家与乌托邦》，当中他以自由意志主义的观点出发，反驳罗尔斯在1971年出版的《正义论》一书，直接与之展开论战。诺齐克的理论基调是一种比较极端形式的放任自由主义，尽管与哈耶克的理论有所区别，但在基本倾向上却一脉相承的。诺齐克也因此而被世人称为二战后最重要的古典自由主义的代表人物，其思想博大精深，我们在此只能简略地讨论其主要思想。

一、持有正义

诺齐克通过建构持有正义理论来反对罗尔斯的分配正义。诺齐克强调,关于分配正义的原则离不开人们获得持有物的历史条件,而有关持有的正义便不能不分析持有权是如何获得的。首先是对无主物的最初获得,即无主物如何或通过哪些过程、在什么范围内被人所持有;其次是一个人通过什么过程把自己的持有权转让给他人,如自愿交换、馈赠,甚至还有欺诈,等等。诺齐克认为实际上分配正义要面对的就是这两种过程是否公正。与罗尔斯不同,诺齐克强调程序正义,突出个人权利,提出了所谓持有正义的概念,并按照归纳定义指出下述持有正义的领域:[①]

1.一个符合获取的正义原则获得一个持有的人,对那个持有是有权利的。

2.一个符合转让的正义原则,从别的对持有拥有权利的人那里获得一个持有的人,对这个持有是有权利的。

3.除非是通过上述 1 与 2 的(重复)应用,无人对一个持有拥有权利。

分配正义的整条原则只是说:如果所有人对分配在其份下的持有都是有权利的,那么这个分配就是公正的。

这样,从最初获取的正义再加上以合法手段转让权利的正义,就构成了诺齐克分配正义的核心原则。他强调,一个人对持有物拥有的权利也只能是这两种方式,如果不是,分配的正义就要求按这两条原则进行纠正。诺齐克紧紧抓住个人对持有物拥有权利这个关键,用以排除一切干涉个人权利的分配原则。他强调自己的这个权利原则是历史的原则,因为"分配的正义与否依赖于它是如何演变来的"。[②]

与此相对的是所谓"现时的原则",即分配的正义取决于事物现在是如何分配的(即谁拥有什么),同时这种分配方式又是由某些结构性的正义分配原则来判断的。诺齐克不同意这种结构性的正义分配原则,而强调持有者从最初的正当获取加上正当转移权利就构成了正义的唯一条件,不必再去考虑其他什么标准,包括现时的结构性标准。举个例子说,一个人在很久之前以自然权利取得了一块无主的土地,这种最初的获取是正当的,同时他又在上面耕作劳动,一代代地以正当的方式(即遗产继承)而转移给拥有此土地的此人现在的子孙。这整个过程在诺齐克看来就是完全符合分配正义原则的,不必再去设定什么别的结构性原则,比如遗产继承是否合法,要不要征收高比例的遗产税,以此来重新划定历史形成的持有权利不仅不必要,而且是对个人权利的侵犯。

[①] 诺齐克《无政府、国家和乌托邦》,姚大志译,中国社会科学出版社 2008 年版,第 160—162 页。
[②] 同上,第 159 页。

从这种历史的持有正义的权利原则出发,诺齐克批评了另外几种分配原则,如目的原则和模式化原则。所谓目的原则是为每一种分配方式设定一个特定的目标,比如功利主义者以社会总体功利的最大化为目的,如果两种分配方式取得的社会功利总额相等,则取其中比较平等分配的那一种。这显然是一种目的原则。罗尔斯的正义原则在诺齐克看来也是一种目的原则,因为它设定了分配出现差别时必须使处于最不利地位的人得到最大可能的利益。这就事先划定了一种现时的目的作为分配的标准。

诺齐克也不同意模式化的分配原则,即根据某些"自然的维度"来评价分配方式,如按照人们的需要进行分配,即以人的物质和精神需求这种"自然的维度"来衡量分配。而且,"人们提出的几乎所有分配正义原则都是模式化的,如按照每个人的道德价值、需求、边际产品、努力程度或上述因素的总的平衡来对每个人进行分配"。① 这些在诺齐克看来都是不能成立的模式化原则。他强调,任何模式化的或目的的正义观念都必然导致对自由的破坏。假定有一种要求收入均等化的分配模式,某个政府要想坚持这种模式,就必须不断干涉个人自由。人们又必然要互相交换,这就又会使人们持有物的实际分布与所要求的模式不一致。为了维护这一模式,政府又要采取更大的强制,最终毁灭个人自由。

二、权利优先

"权利是神圣不可侵犯的",这是诺齐克政治哲学的第一原则。但他认为,权利不是目的,不能对权利进行功利主义的解释。如果将权利当作目的来追求,就会为了不发生对权利的较大侵犯而允许对权利的较小侵犯,就会侵犯某人的权利,只要这样做能够最大程度地减少权利侵犯的总量。这种观点被诺齐克称为"权利的功利主义"。诺齐克反对"权利的功利主义",他认为,"不得侵犯权利"不是一种孜孜以求的目标,也不是一种刻意达到的状态,而是对所有人行为的一种道德约束。他人的权利确定了你行动的界限,你不可越雷池半步。在这种意义上,权利的不可侵犯性是不受挑战的。

诺齐克坚持权利优先于善(利益)。他完全否认这样的观点,即可以通过产生善或最大限度的善来定义正当或某人应当做什么。所以他从洛克的自然权利理论出发,反复强调一个社会肯定个人权利的重要性。他在《无政府、国家与乌托邦》一书一开头便指出:"个人拥有权利。有些事情是任何他

---

① 诺齐克:《无政府、国家和乌托邦》,第162页。

人或团体都不能对他们做的,做了就要侵犯到他们的权利。这些权利如此有力和广泛,以致引出了国家及其官员能做些什么事情的问题。"①这些权利对于诺齐克是根本性的,由于带有自明公理的性质,诺齐克没有对此作严格的论证,但他通过反思而对基本权利作了间接的阐述。他主要考虑两个相关的方面:一是对人的尊重或曰不可侵犯性,二是我们分别存在的事实。作为行动的附加限制的权利的不可侵犯性反映了诺齐克所称的康德的不可侵犯或尊重人的原则,应当把人当作目的而不是其他目的的手段。

在诺齐克看来,可用于阐述这一自由主义原则的是我们分别存在的事实,在个人生活之外并无其他价值。在超出个人认为对自己是善的东西之外,对个人并不存在其他的善,无论这是他人的善还是向我们提出要求的某种超验的善的背景。每个人的生活对此人具有价值,而这正是能够构成人生善的内容。由此推论,不可能存在个人之间道德平衡的行动来表明社会中其他人的善能够胜过某人的善。因此,并不存在为了自身的善而牺牲其善的一种社会实体,而只存在个人,各人拥有自己的生活,不同的个人便组成了人群。

以权利理论为基础,诺齐克的政治哲学还详尽阐述和论证其国家理论,大致可以粗略地归纳为三条:第一,反驳无政府主义,证明"最弱意义的国家"的产生是符合道德的,没有侵犯任何人的权利;第二,证明"最弱意义的国家"是功能最多的国家,比它功能更多的任何国家都是不道德的;第三,证明这种"最弱意义的国家"同时也是乌托邦,拥有美好的前景。

三、程序正义原则

诺齐克当然也强调个人的平等自由权利,但他不像罗尔斯那样在平等地对待一些自由权(如人身自由、政治自由等等)的同时对经济自由权利持部分保留态度,而是用一个单一的持有正义权利来概括一切,这样就使标准和出发点变得简单了。在罗尔斯那里作为平等的自由出现的东西,在诺齐克这里虽然没有被当作正义原则而列举出来,但其贯彻的结果则是包括经济自由在内的范围更为广泛的自由。诺齐克的这种分配正义原则典型地反映了程序正义论的观点,即以某些适用于一切人的普遍化的规则为前提。程序正义论坚持了方法论的个人主义传统,诉诸自由市场体制下个人的选择,认为从道义上评估正义和公平性的对象只能是个人的行为,而个人行为

---

① 诺齐克:《无政府、国家和乌托邦》,第1页。

正当性的标准则在于是否符合一些普遍的规则,如保护私人财产权利,在订立契约时防止使用欺诈和强制手段。程序正义的典型例子是赛跑。公平赛跑的标准是参赛者没有欺骗、偷跑或服用违禁药物,而并不考虑获胜者在道义上是否应当获胜,或是因为抽筋、摔倒等意外事故而替最优秀的运动员去打抱不平。因为竞赛规则和条件适用于一切人,并不考虑例外情况,这正是程序正义所强调的最根本的原则。

纵观诺齐克的立论基础,他既不接受社会契约论这种假想的前提,也不承认功利主义等任何一种模式化的分配正义原则,而只采取最基本的立场即个人自由权利。在方法论上,他试图使论证一以贯之,说明只要坚持个人自由,一切形式的模式化或目的的分配正义原则都会被击垮。除了纠正非正义形成的持有之外,其他任何一种形式的再分配都不能成立。这种以历史形成的个人持有权利和个人自由为根本出发点的正义理论,是自亚当·斯密以来放任自由主义的直接继承和发展。

罗尔斯和诺齐克既共享了西方资本主义社会个人自由优先的基本价值观,又表现出侧重点的明显差异。一个更多地考虑社会平等,一个着力强调个人自由权利。如果把平等和自由当作政治哲学正义原则的两极,那么,西方主流政治哲学在近几百年来一直在这两极之间震荡。从原则上说,只有平等与自由兼得的社会才是资产阶级启蒙思想家所理想的好社会。然而在实践上,两者往往不可兼得。一方面,正如诺齐克所论证的,如果以彻底的个人自由为依据,则像收入均等、社会福利、按劳分配等等模式化的目的的分配正义原则便无法贯彻到底。另一方面,强调社会平等(哪怕只是机会均等的要求)也会妨害一部分人的自由权利。由于这种两难境地,社会政治哲学家一直在讨论两者中哪一个更优先,或者殚精竭虑地设计使两者平衡或有所兼得的分配正义方案。大体来说,从卢梭和空想社会主义者到当代的凯恩斯和罗尔斯,他们都不同程度地偏重于平等,而从亚当·斯密和密尔到当代的弗里德曼、哈耶克和诺齐克则都侧重于个人自由。

科学社会主义理论虽然与上述思想有着不同的阶级基础和社会背景,但就思想发展线索而言,则属于彻底的平等派。作为持有权和程序正义的坚决捍卫者和当代阐述者,诺齐克与罗尔斯争论了多年,两人谁也没有说服谁、压倒谁。一个坚持洛克式的持有权,一个在坚持程序正义的同时也要求部分实质正义,即在社会福利方面进行补偿弱者的再分配。他们两位分别代表了自由主义内部的不同派别,其争论也决不是无谓的,至今仍在敦促西方乃至东方思想界对曾经作出的政治和理论选择对照世事变迁进行再反思、再选择。

第四节 自由主义与社群主义的争论

自由主义在发展过程中充满了理论上的争论和挑战,从某种视角看,正是这些争论和挑战促使自由主义不断演进发展。这些挑战者有的是与自由主义长期对立的激进的左派批判理论,有的来自极端保守的思想派别,有的则属于自由主义家族内部的争论。当代自由主义最强有力的挑战者是社群主义,自由主义与社群主义展开了长期的论战与争论,在近二三十年里,这两个流派的争论相当热闹,涉及社会政治理论的基本出发点和重要原则。研究这些争论和挑战,显然有助于我们认识自由主义本身的性质和理论诉求。

一、社群主义及其理论诉求

社群主义(communitarianism)的核心概念是社群(community)。在伦理学和政治学中,社群指个人间一种比简单的协作,在质上有更强烈和深刻的联系形式,这一概念至少含有两个因素:一是属于一个社群的个人具有这样一些目标,它们不只是简单的私人的目标,而是在健全的意义上的共同的目标,而且被此群体的成员设想并评价为共同的目标;二是这个社群中的个人意识到自己属于该群体,这对他们的认同感,即他们对自己是谁的感念,具有重要的意义。由此而构成的社群概念在西方文化传统——无论是宗教还是世俗的传统——中都是根深蒂固的。近年的社群主义则进一步把这一概念当作其理论的核心,该派由分布在不同研究领域之中却具有相似主张的当代思想家组成,包括麦金泰尔、查尔斯·泰勒(Charles Taylor)及其学生桑德尔,有时候还包括沃尔泽(Michael Walzer)。这些人对罗尔斯以正义理论为核心的自由主义理论提出了内容广泛的批评,但在政治实质上却并无多少根本的分歧。此外还有一些从左的方面批评罗尔斯的理论家,如批判法学派的昂格尔(Roberto Unger),还有巴伯(Benjamin Barber)。这些社群主义的观点相当不同,因而很难把他们归为一个严整的思想流派。他们受亚里士多德、黑格尔和经院哲学家的影响较大,经常引用这些人的著作,对主流的自由主义和倾向右翼的自由至上主义进行了广泛的批评。

社群主义的理论特征大致可以归纳为两个主要方面:一是从肯定方面来归纳,可以将社群主义看作是一种伦理和政治哲学的一种分析立场或理论视角,它强调属于一个社群的心理、社会和伦理的重要性,并认为论证伦理判断的可能性乃由这样的事实来决定,即必须在一个社群的传统和文化理解的语境下才能进行伦理推论;①二是从否定方面看,社群主义则是一套批评自由主义的理论学说,它主要批评和攻击自由主义未能评估社群的重要性。而且,从总体来看,社群主义似乎更擅长于破而不是立,他们对自由主义的批评远超过对作为一种系统的伦理和政治哲学的社群主义的论证。所以,社群主义中至今还没有产生出像罗尔斯的正义理论和费因伯格(Joel Feinberg)有关刑法的道德限制的理论那样的自由主义经典之作。因此,对社群主义的理解一般都必须参照其对自由主义的批评来进行。

综合来看,如果说社群主义对新自由主义的批评是坚实有力的,那么它对自己观点的表述则是苍白软弱的。这表明,社群主义主要是一种批判性的和否定性的思想,而不是一种建设性的和肯定性的理论。在关于政治价值和政治制度等一系列问题上,社群主义拿不出像样的系统主张。另外也需要指出,尽管社群主义在中国学术界受到了高度重视,但是在西方,目前新自由主义处于绝对的统治地位,而社群主义仅仅是流行于学术界的一种思潮,它既不是主流,对社会的政治生活也没有重要的影响。

二、社群主义对自由主义批判

社群主义对自由主义的批判是全面而广泛的,但就其批判锋芒所指的核心焦点来看,主要集中在以下三个方面:

第一,社群主义对自由主义理论基础的个人主义进行批判。社群主义认为,无论从存在论还是动机论上看,个人主义都是错误的。因为从存在论上说,自由主义断言,只有个人存在,而且团体的所有假定的特性都可简化还原为个人的特性;从动机论上看,自由主义的动机论断言,个人只受到私人利益的喜好所驱使,个人要求参与团体生活也只是达到这些利益的手段。为此,社群主义以"共同体主义"来对抗新自由主义的"个人主义"。自由主义认为,社会只是个人实现私人目标的工具,人们为此才从事社会合作。社群主义则主张,不是独立的个人首先存在,然后出于私人动机结合成为社会共同体,而是每个人都出生于社会共同体之中,人们永远都无法脱离开社会共同体;不是个人优先于社会(共同体),而是社会(共同体)优先于个人。桑德尔指出,罗尔斯的正义体现在"差别原则"之中,而"差别原则"同新自由主义的个人主义是矛盾的。也就是说,追求平等的正义根本不能以"个人"为

---

① D. Bell, *Communitarianism and Its Critics*, Oxford: Clarendon Press, 1993, pp. 24—45.

主体,而必须以"共同体"为主体。桑德尔所说的"共同体"由"共同体感"把人们联系起来,它使人们认识到了他们具有的统一性,并把自己看做是这个共同体的成员。

第二,社群主义对新自由主义的普遍主义的批判。新自由主义始终以普遍主义的态度来讨论正义、权利和自由民主制度,似乎它们是适合于所有社会、所有历史的普遍价值和制度。社群主义以"历史主义"来对抗新自由主义的"普遍主义"。社群主义以"历史主义"的观点看待道德价值和政治制度,并以此为基础展开对新自由主义的批判。麦金泰尔提出:第一,不是只有一种普遍的正义,而是存在着各种各样冲突着的正义,而且这些正义之间的冲突无法得到合理的解决;第二,正义是历史性的,并存在于共同体的生活实践之中,所以古希腊的正义不同于中世纪基督教的正义,基督教的正义不同于现代自由主义的正义;第三,自由主义把自己打扮成是普遍主义的,这仅仅表明自由主义目前所具有的文化霸权和政治霸权,因而推翻普遍主义与颠覆自由主义的霸权是一回事。

第三,社群主义对自由主义所主张的抽象的正义与权利的批判。新自由主义是一种义务论,主张"正当优先于善",强调"正义"或"权利"的首要性。社群主义指出,义务论对"正义"或"权利"的强调实际上仅仅是表达了一种新自由主义的"解放幻想",但是这种"解放幻想"既不能自圆其说,又无法解释人们的现实政治经验。新自由主义的论证呈现出这样的逻辑:首先从个人主体引申出"正义"或"权利",然后由"正义"或"权利"推导出社会生活中的"善"。社群主义反对这种逻辑,并针锋相对地提出了"共同善"的观念,并以"共同的善"来对抗新自由主义的"正义"或"权利"。一方面,社群主义主张从"共同体"出发,而不能从"个人"出发;另一方面,社群主义认为"正义"和"权利"不应是抽象的和形式的,而应是实质性的和有内容的,即它们应该建立在"共同的善"的基础之上。

三、自由主义对社群主义的回应

针对社群主义的批判与挑战,当代自由主义主要代表人物皆作出了明确的回应与争辩。这些回应与争辩大致可以简单总结归纳为如下三个方面:

首先,对"个人主义"批判的回应。自由主义认为,社群主义没能真正理解自由主义所持的个人主义的内涵,并没有认真理解自由主义所强调的个人主义既不是价值观上的利己主义(即要求所有人都为我服务的自私自利的价值观),也不是要求个人可以忽视或牺牲社群的集体目标和价值观。这就是说,社群主义经常不知道自由主义的基本理念所在。① 因为自由主义首先是一种关于个人权利和国家的政治哲学,它主张个人的自由权利是天经地义的,只要不涉及社会其他人的利害,便无须向社会交代。只有对他人造成伤害时,个人才必须受到惩罚。这种思想成了现代自由主义的一个信条。当然,仔细分析起来,何为涉及他人利害,其标准或界限有时很难定。一个社会的总体财富在特定的时期内大致上总是有限的定数,市场自由交易本是个人或团体间不妨害他人利害的行为,但竞争的结果却总会有一些人成为失意者,甚至在每一轮竞争之前,已经在人群中分为优势者和劣势者。这就涉及个人自由与社会公正间的关系问题。

正因如此,当代的新社会契约论者罗尔斯一方面激烈地批评了功利主义原则,认为功利主义未能在人们之间作出认真区分,而他本人则提出了所谓差别原则,即当社会出现不平等时,必须合理地指望它们对每个人都有利,以及地位和官职对所有人开放;另一方面,罗尔斯仍然坚持其首要原则即平等自由原则,每个人都具有与其他人的同等自由相容的最广泛的基本自由,包括言论信仰和良心自由,享受政治参与、正当法律程序和法律面前的平等权。他坚持认为平等自由原则是首要的、第一位的,而差别原则是第二位的。这恰恰是继续强调了自近代以来的自然权利学说的基本理念。

其次,对"普遍主义"批判的回应。自由主义认为,自己所持的并不是像社群主义攻击的那种"绝对的普遍主义",而是持有一种文化多元论与普遍主义相一致的观点,即承认各种文化具有自身存在、维护自身特征的权利,但同时也承认关于个人权利和平等自由等基本前提的普遍性,反对以具体文化的特殊性否认普遍人权等在最基本的共识基础上的人类共同性。而社群主义恰恰是以特殊主义来对抗普遍主义的。这种批评是否意味着我们永远也不能从全人类的角度、以一种普适的眼光来进行文化和政治哲学的评价呢? 西方的政治理想是否永远只是西方的,在任何方面都根本不适用于具有自身特殊的文化传统的非西方社会呢? 现今人们普遍以平等的自由和个人权利来进行文化批判时,谁能说这只是西方的政治理念呢? 不是一些人也从孔孟的学说、从佛教和道家学说中找到了关于人际平等的某些理论依据了吗? 这些究竟是偶然的巧合,还是人类所共有的某种超文化的普适理想? 能够说东方人追求的平等和民主只是东方的,而与西方人曾经追求过的全然无关吗? 对这些问题社群主义以特殊主义为辩护是难以自圆其说

---

① J. Feinberg, *Harmless Wrongdoing*, *Vol. 4*, *The Moral Limits of the Criminal Law*, New York: Oxford University Press, 1988, pp. 86—88.

的。事实上，当代社会不仅存在着给定政治疆界之内的各种相互渗透的文化的多元化，而且随着全球经济和文化的大发展，不同社会间的接触和互动也日益深入和扩大。甚至在二三十年前，许多社会还几乎不谈论普遍人权包括妇女权益，而今天这些几乎成了家喻户晓的口头禅。社群主义过于拘泥于个人的社区眼界及其特殊性，忽视了普遍性的一面。

最后，对社群主义所谓的社群之善的回应。自由主义从契约论或志愿主义的观点把政治社会看作是个人之间只是由互惠原则结合起来的一种协作体，而不能看作是由相互影响和联系所维系的一个社群。由此得出的一个政治推论：自由主义的核心主张是，一个自由的社会可以是秩序良好的而不必是一个社群，但也可以是一个社群。因此，一个秩序良好的自由社会不是由单一的共同善的观点所维系的社群，但这并不意味着一个自由社会的公民们不是由某些共有的目标所维系的。也就是说，其公民们可以为了一些共同的目标（如公共安全、促进福祉）而结合在一起，但却可以不结成一个受单一的公共善的观念所约束的社群。这是为了避免单一政治信仰和价值观妨碍公民的自由选择，形成对公民的政治垄断。社群之善的非政治的推论：政治领域之外的个人可以把他们自己看作是构成性的社群的成员，比如是宗教团体的成员，他们共享某些特定的宗教信仰，而这是在政治领域之外的事情。排除了政治领域的单一性之后，各种各样社群的存在就有它的价值，公民之从属于不同的社群也就是很正常的事情。[①] 此外还有自愿主义的推论：如果以为个人的确是在本来意义上选择了其社会成员的资格，那就错了。因为许多人是因为出生或其他传统的因素而自动成为一个社会的成员。但照罗尔斯的说法，正义的原则是人们作为自由和平等的公民会同意，或者事实上认可的原则。也就是说，社会成员经常是不自愿的，但正义原则却是认可的、选择的结果。

自由主义作为一种哲学思潮是伴随着西欧近现代以来的"文艺复兴"、"启蒙运动"与"资产阶级革命"而逐渐形成的。自由主义是以追求和捍卫个人自由为主要价值目标的一系列思想流派的集合，它最根本的理念是视自由为人类的最高价值和基本权利。它始终将保障和维护个人自由当作一种主导性的价值追求和原则贯穿在经济、政治、法律、道德和社会理论之中。因此，自由主义不仅仅是一种盛行西方的哲学思潮，它还是西方资本主义社

---

① J. Rawls, *Political Liberalism*, New York: Columbia University Press, 1993, pp. 30—31.

会的主导意识形态和核心价值观念,是其经济、政治、文化和社会制度的主导原则。自由主义自产生以来经历着复杂的演变发展过程,当代占据主流的新自由主义是20世纪70年代由罗尔斯开创的。罗尔斯所开创的新自由主义将政治哲学的核心概念从自由转换成了正义,由此引发了持续至今的激烈争论,其中尤以诺齐克为首的自由至上主义与新自由主义以及社群主义与自由主义之间的争论最为激烈,这些争论几乎主导了西方40多年来的政治哲学,乃至主流哲学的走向。

【本章思考题】

1.试论自由主义的理论基础。

2.“原子个人主义”与“方法论个人主义”有什么区别?

3.罗尔斯的新自由主义“新”在哪些方面?

4.罗尔斯的“差别原则”损害了平等与自由的核心价值观了吗?

5.试述诺齐克的政府理论。

6.试比较诺齐克与罗尔斯的正义观。

7.自由主义与社群主义的争论焦点是什么?

8.为什么说社群主义是一种批判和否定性的思想,而不是一种建设和肯定性的理论?

【建议阅读书目】

1.霍布豪斯:《自由主义》,朱曾汶译,商务印书馆1996年版。

2.密尔:《论自由》,程崇华译,商务印书馆1959年版。

3.伯林:《自由论》,胡传胜译,译林出版社2003年版。

4.诺齐克:《无政府、国家和乌托邦》,姚大志译,中国社会科学出版社2008年版。

5.罗尔斯:《正义论》,何怀宏等译,中国社会科学出版社2001年版。

6.罗尔斯:《政治自由主义》,万俊人译,译林出版社2000年版。

7.桑德尔:《自由主义与正义的局限》,万俊人译,译林出版社2011年版。

8.哈维:《新自由主义简史》,王钦译,上海译文出版社2010年版。

9.伯林:《自由及其背叛:人类自由的六个敌人》,刘东、赵国新译,译林出版社2011年版。

10.马塞多:《自由主义美德:自由主义宪政中的公民身份、德性与社群》,李强、马万利译,译林出版社2010年版。

第十章　后现代主义

20 世纪中叶,在西方形成了一种拒绝用现代主义来表达的思潮,即后现代主义。它广泛影响到了艺术、文学、哲学、科学等各个文化领域,这种文化思潮对不发达国家形成了强烈的攻势,迅速地波及了全球各个现代性发展程度不同的国家。因此,这是一种当前的意识形态,了解这种意识形态是我们每个知识分子、青年学生所义不容辞的。

第一节　什么是后现代主义

何谓后现代主义(postmodernism)? 这是一个较为含糊的问题。因为我们对后现代主义是什么,不可能有一个明确的定义。一方面,后现代主义是一种较难表述的词句,它不可能用现代性的词语来表达,它是一种主张多元论、怀疑论、多样化的思潮;另一方面,后现代主义的思想家们对后现代主义各有各的说法,他们的表达非常不一致,难以用一种统一的口气对后现代主义下定义。因此,在这里我们对后现代主义是什么的回答同样不是很确切。

一、后现代主义源流

后现代主义的"后(post)",译为"后"、"元"、"在……之后"都是可以的,通常我们有"后马克思主义"、"后历史"、"后印象主义"等表述法。但这里的"后"决不意味着是一个时期的概念,并不是指继现代之后出现一个后现代,并不等于 after。费瑟斯通(Mike Featherstone)在《消费文化与后现代主义》一书中认为:"这个概念正是通过反向区分的方法来定义的"[①],即通过后现代主义不是什么来理解,例如,它不是现代主义,不是崇尚真、善、美,等等。

如果我们强调后现代与现代的联系,那么,后现代主义是指对现代主义

---

① 费瑟斯通:《消费文化与后现代主义》,刘东、黄平译,译林出版社 2000 年版,第 4 页。

的否定,是对现代主义的扬弃,是现代主义的消解,它更多是指文学、艺术等文化产品的创作风格不同于现代主义的风格。因此,无法用现代主义的风格来表达,于是只能用"后现代主义"这个词来表示这种新的创作风格。

"后现代主义"一词,起源于 1934 年,奥尼斯(Federico de Onis)在其编著的《西班牙暨美洲诗选》一书中首次使用了后现代主义一词。1942 年,费兹(Dudlte Fitts)在其编著的《当代拉美诗选》中再次使用了这个词。据说汤因比(Arnold Joseph Toynbee)在《历史研究》中亦使用了这个词,意指 19 世纪末之后西方文明出现的历史新循环。

对后现代主义出现的时间,思想家们有着不同的看法,有人认为是 20 世纪 60 年代之后[①];拉什(Scott Lash)认为是 20 世纪初出现的达达主义;有的认为是 20 世纪四五十年代之后[②]。通常我们可以说,不同的领域其后现代主义出现的时间也不同。在艺术领域,后现代主义形成于 20 世纪一二十年代的达达主义;在文化知识领域,后现代主义形成于 20 世纪四五十年代;在哲学领域,后现代主义形成于 20 世纪六七十年代等。

表现后现代主义风格的作品非常多,例如:建筑有美国波特曼设计的波拿文都拉宾馆、亚特兰大的桃树中心、底特律的复兴中心等;绘画作品有拼贴画、白色画布、涂鸦式的作品、渍染法、普普艺术、锋刃画等;造型艺术作品有《喷泉》、《匙状桥》、《交织字母》、《被埋葬的自行车》、《回到道奇 38 型汽车的座位上》等;在电影领域主要表现为《体热》、《婚礼》、《蓝色天鹅绒》、《阉羊》、《第三类接触》、《本能》、《沉默的羔羊》、《毕业生》等;在音乐领域有环境音乐、偶合音乐、无声音乐、KTV 和 MTV 等。

因此可以看出,后现代主义所波及的领域极为广泛,除了上述建筑设计、艺术、文学批评、音乐外,还有美术、小说创作、电影、戏剧、摄影、哲学、人类学、社会学、地理学等等。对于"后现代主义",有着数不清的解释。正因如此,有人认为与其说解释后现代主义是什么,还不如解释后现代主义不是什么,采用"消极的方式"来描述后现代主义。

二、后现代性的概念厘清

(一)现代性与后现代性

现代性是相对于古代而言的,是古代社会在思想文化发展中出现的新

---

① 详见詹明信:《文化转向》,胡亚敏等译,中国社会科学出版社 2000 年版。
② 详见列奥塔:《后现代状况》,湖南美术出版社 1996 年版。

的转折,它出现于文艺复兴时期,以提出人性的解放为纲领。所以,现代性是与传统秩序相对比而言的,它是指社会在进化中经济与管理的理性化、科学化,例如泰罗制、辛迪加等。

如果我们从哲学上说,现代性代表着科学理性的统治地位的确立,代表着表象论、反映论的地位的确立,它强调我们认识的规律性、齐一性、时间的一维性,强调人对现实的表象能力,把实在世界作为我们认识的最终基础等等。如果我们从经济—社会发展角度而言,现代性是指工业社会的到来,现代化就是工业化、标准化,因此,现代性指的是一个努力创造自己历史时期的社会状况,是指工业化后社会的状况。它表示在传统的经济结构与价值基础上经济发展结果,常常是指工业化、科学技术化、现代民族—国家体系的形成,资本主义市场体系的形成、城市化等等。

后现代性与现代性一样,都是指社会的状况(condition),是指社会变迁的秩序。不过,后现代性又意指时代的转型,现代性发展的中断或断裂,或是指一种新的秩序。对不同的后现代主义思想家来说,后现代性具有不同的含义。

在鲍德里亚(Jean Baudrillard)看来,从现代性到后现代性是指从生产性社会秩序向再生产性社会秩序的转变。在这个转变中,技术与信息的新形式占有核心地位,在再生产性社会秩序中,由于人们用虚拟、仿真的方式不断地扩张性地建构世界,因而消解了现实世界与表象(representation)之间的区别。

列奥塔(Jean Francois lyotard)认为后现代性主要是指向后工业社会秩序的发展,他的注意力是在"计算机化社会"对知识的影响方面。他认为后现代性是指一种社会的状况,是伴随着计算机发展而出现的知识的信息化所导致的知识价值的变化,在这种状况中,普遍的多样性的叙事代替了宏大的叙事或元叙事,局部主义代替了普遍主义。

詹明信(Fredric Jameson)的后现代性是一个较为明确的时段性概念,是一种与资本主义发展阶段相应的文化状况。他认为,市场资本主义所对应的是现实主义,垄断资本主义所对应的是现代主义,而晚期资本主义所对应的是后现代主义。所以后现代性是一个阶段化的概念,它是指晚期资本主义时期的社会状况,而后现代主义是晚期资本主义时期的文化逻辑。

费瑟斯通将后现代性视为一种体验,即对于日常生活与真实实践之间的一种主观体验。这种体验就是把真实的实在理解为各种虚构的影像,将各种复合的边际化的方式建构成虚拟化的实在。

（二）现代主义与后现代主义

现代主义是出现于 20 世纪初并直到目前为止的艺术运动、艺术风格或思想运动。现代主义的风格被概括为哲学的理解就是制度化、统一性、整体性、主体性、反映论、本质主义、基础主义等等。

现代主义的源头可以追溯到 19 世纪的艺术先锋派，其艺术特征是：审美的自我意识与反思，声像同步与蒙太奇的叙述结构等等。从艺术角度来理解现代主义，现代主义是对现实事物的本质性的描述，追求对事物深层本质的认识，追求对事物的美学特征的描述，追求对事物规律性的认识。在哲学领域，现代主义强调的是人的主体性与人的解放，强调人的本质的实现与对自然的控制。在美学领域，现代主义是追寻崇高理想的美的特征的表现。

相对于现代主义，后现代主义则是一种高级的现代主义运动，是现代主义发展的一种高级状态。由于现代主义创作风格追求完美与至高无上的境界，所以到上世纪中叶以后，人们越来越感觉到现代主义创作手法已经到了枯竭的地步。于是，一些艺术家、作家与批评家如劳申伯格（Robert Rauschenberg）及哈桑（Ihab Hassan）等人，便提出了一些新的创作手法，并用后现代主义这个词来表示现代主义创作手法的枯竭这一特征。

因此，或许可以把后现代主义视为广泛而全球性的文化变迁，按照詹明信的观点，这是一种"文化转向"，是与晚期资本主义相适应的文化转型，这种转型意味着以形象取代语言，社会充斥着影像文化，所有不可表达的、不可视的、实在的东西全部转换成了可视物和惯常的文化现象，文化逐步与市场相联系，形成了以实现交换价值为目的的文化工业。詹明信认为，后现代主义有两大特征：其一是对高级的现代主义的刻意反动；其二是一些主要边界或分野的消失，最值得注意的是传统的高雅文化与大众文化或通俗文化之间的区别的消弭，即对传统精英文化的反动。

二、作为文化思潮的后现代主义

贝尔（Daniel Bell）认为，后现代主义是一种文化倾向、文化情绪或文化运动（其杂乱、多变的性质难以用单一覆盖性术语来概括）。他认为，这个文化运动、文化倾向仍是"现代主义"的，是一种长期处于"先进意识"前列而在风格和感觉方面进行不懈努力的结果。如果我们把资产阶级革命之后的时代称为现代，那么自马克思开始就已经不断攻击现代社会了。

贝尔虽然把反现代主义的精神也称作现代主义的，但是，他对现代主义的概括却是正确的。他认为，现代主义具有两个特征，即感觉层次上社会环境的变化和自我认识的变化。在日常的感觉世界里，由于通讯革命和运输革命所带来的运动、速度、光和声音的新变化，导致了人们在时空感方面的错乱；自我意识的危机则是源自宗教信仰的泯灭，超生希望的丧失，以及人生有大限、死后万事空的新意识。事实上，这是两种体验世界的方式，艺术家们常常未能完全理解社会环境的紊乱如何使世界发生了震荡，并且把它弄得看起来像是一堆碎片。可是，现代主义者又不得不以新方法重新聚拢这些碎片。

纵观现代主义文化的显著特点，文化随着能够直接反映自然的物质世界的形式而出现，随着具有反映能力的人的出现而出现，文化只是外在于文化之外的我的精神中的一种再现方式。这种再现使现代人似乎感到有一种超越自然的曙光存在，使现代人有点飘飘然、狂妄自大起来。贝尔在描述这种现代人时说："人的自我感在十九世纪占有了最突出的地位。个人被认为是独一无二的，有着非凡的抱负，而生命变得更加神圣、更加宝贵了。申扬个人的生命也成为一项本身即富有价值的工作。……这种精神事业构成了一种普遍观念的基础，即认为人能超越必然，不再为自然所限，而且如同黑格尔所说能够在历史的终止达到完全自由的王国。……在现代人的千年盛世说的背后，隐藏着自我无限精神的狂妄自大。因此，现代人的傲慢就表现在拒不承认有限性，坚持不断地扩张；现代世界也就为自己规定了一种永远超越的命运——超越道德、超越悲剧、超越文化。"

现代主义重视的是现在、将来而非过去。然而，一旦人们与过去切断联系，就会难以摆脱从将来本身产生空虚感，信仰不再成为可能。艺术、自然或冲动在酒神行为的醉狂中只能暂时地抹杀自我。醉狂终究要过去，而凄冷的清晨必将到来，它随着黎明无情降临，这种在劫难逃的焦虑必然导致人人都有处在世界末日的感觉。这种终结感触发了人们的造反精神，于是就纷纷出现天下大乱年代的现代革命运动。

现代革命运动把无数群众联合起来，最初是出于对社会秩序的愤恨，对人与人之间不平等关系的嫉愤，最后是出于对天启的信仰的反动。这种思想精神风貌，使现代主义运动具有永不减退的魅力和持续不衰的激进倾向。

后现代主义则是把现代主义的这一点逻辑推向极端的产物。如果说，现代文化观中觉得人是了不起的自然界最高的动物，那么后现代主义文化则放弃了客体，也放弃了人。如果说现代文化以作者表象现实为主题，那么，后现代主义文化则是"文化本身向自身的返回"，它放弃了反映世界。后现代主义认为，世界之所以在进化的意义上得到证实，只是由于它是材料、炮灰和黄油，是精神物质的原料。世界仿佛正从反映的过程中跌落下来，变得迫切并停止存在。世界在过去依赖于人们的反映而被证实,但今天,反映开始面向将来更有意义的东西,面向自身了。如果人们对一个女人感兴趣,那么这个女人是有意义的,然而,大家都对她不感兴趣,那么这个女人将不存在。

后现代主义作为文化运动或思潮,其精神状态表现在它反对美学对生活的证明,却完全依赖于本能。对后现代主义来说,只有冲动和乐趣才是真实的和肯定的生活,其余都不过是精神病与死亡。后现代主义最令人惊奇的一点,是它把原先秘而不宣的东西公开宣布为自己的意识形态,它以解放、色情、冲动为本质,冲击着日常的价值观。所以,俄国的批评家们把它看作是一种"新的原始文化"。

后现代主义又是文化发展过程中的一次质变,文化从反映现实向反映自身的回转。在后现代主义者们看来,世界即是文本,世界是按照文本的规律而存在的,文本高于现实。这种文本与现实地位的转换,是后现代主义最重要的原则。

三、作为艺术实践的后现代主义

如果我们把后现代主义看作一种文化运动,那么具体地说,后现代主义首先是一种艺术实践。后现代主义抛弃了现实,抹杀了自我,抹杀了事物的界限,坚持认为行动本身是获得知识的途径,获得知识是一种履行(performance)、表演式的游戏。

第一,严格地说,后现代主义是一种艺术创作的风格。许多人断定后现代主义诞生于文化完全"覆盖"了现实的时候,即艺术的第二现实,不仅使第一现实从属于自己,而且将它从文学范围中排挤出去的时候。例如,后先锋派不承认生活对美学的优先地位;相反,它将一切现存的东西理解为对文本的普遍规律,实质上为审美规律的实现。

当在《后现代状况》一书中讨论"后现代"概念时,列奥塔是通过艺术风格来说明的。后现代主义作为一种艺术实践,它怀疑昨天的一切,它在创作上不受任何模式的限制。例如乔伊斯(James Joyce)的作品,它暗指某种无法出场(present)的事物,普鲁斯特(Marcel Proust)则通过句法和词汇均依然如故的语言来召唤不可表现之物,同时也借助于一种写作来达到这一目的。虽然普鲁斯特从巴尔扎克(Honoré de Balzac)和福楼拜(Gustave Flaubert)那里承袭了文学的惯例,但它们显然在这方面被颠覆了:主人公再也不是一个物,却成了内在的时间意识,早已遭到福楼拜破坏的历时语言表达法在此因为叙事语态而受到质疑。

　　列奥塔继续说道,乔伊斯使得那种不可表现的事物在他的作品中,能指成了具体可感之物。整个有效的叙事甚至文体操作者的范围,都在与整体无关的情况下发挥作用,因而新的操作者得到了考验。文学语言的语法和词汇再也不被当作既定的东西被接受了,而是以文学的形式出现,以在虔诚中产生的仪式之面目出现,这就使不可表现之物不致于被显示出来。在这里,后现代主义在现代范围内以表象自身的形式,使不可表现之物实现出来;它本身也排斥优美形式的愉悦,排斥趣味的同一,因为那种同一有可能集体来分享对难以企及的往事的缅怀;它往往寻求新的表现,其目的并非是为了享有它们,倒是为了传达一种强烈的不可表现之感。

　　列奥塔说,后现代艺术家或作家往往置身于哲学家的地位,他创作的文本与作品在原则上不受制于某些早先确定的规则,也不可能根据一种决定性的判断,不可能将一般的范畴应用于对文本或作品的评判上。这些规则与范畴正是后现代的艺术品本身所要寻求的,但是,现在的创作也只是为将来创作规则,但对于艺术家和作家而言,这些规则总是来得太迟,而作品一旦创作出来,对艺术家来说,就已经是过去的东西了。人们(持后现代主义观点者)对它的理解,也就必须把它看作将来的过去。其表现的内容并非是当前的现实,也许可能是将来要出现的,但一经创作完毕,对作者来说就是过去的。

　　第二,追求列举事物的新特点及其事物之间的反常联系,产生新的联想、鲜明的比喻,更加尖锐地暴露出现存的社会实在性——荒诞、贫乏、空虚,这是后现代主义的艺术手法。后现代主义常把词、音、乐音、绘画深层、色彩、线条、绘画表面组织、建筑学的技术结构要素作为独立的成分进行实验。实验的目的就是要产生出人类至今还没有创造出来的东西。在实验中,后现代主义的艺术家们运用简单、刻板、单调的形式或形象来表现那些现代作家认为无法表现的东西。绘画和雕塑用的是简单的几何图形,创造出"空洞的形式"、"有意的虚无"。这些画家认为,用刻板单调的形式来创作,是保证深入事物内在本质、深入事物自身的质和向"纯艺术"的突破。

　　在戏剧、电影、文学中,在造型艺术的拼凑中,主人公多半是些荒诞的角色,是一些静态的形象,是一些无精打采的人物。这些戏剧、电影、电视、造型艺术奉献给公众的具体生活是一大堆物品、广告,一些抽象的拼贴与剪接。它提供给人们的是日常生活中杂乱的乐音,经过剪切与拼凑的录音带,作者本人的动作与神志,乃至垃圾、一堆废物等。它们打破了原来创作的格式,例如在电影中,把活的形象、静物、几何图形、彩色斑点、光的闪烁、神秘的象征、抽象的画面、卡通片、字母、广告等现实中所不存在的东西杂糅一气。在音乐中,把汽车、轮胎、火车的发动声、汽笛声及码头、车站的噪杂声,连同乐音一起,通过录音的剪接编制出来。甚至包括从古典作家的作品中剪辑一段来配入其他的噪杂声,这种偶合音乐不是号召人们去寻找象征,寻找因果关系,而是号召人们去倾听每一瞬间的声音拼凑。

在后现代主义的艺术实践中,艺术成了支离破碎的东西,时间在这样的艺术中消失了它的线性规律,它不分过去、现在、将来;消融了过去、现在、将来的界限,它打破了一切隔阂,一切框框,倡导"无界限"。在后现代主义艺术中,"无界限"表现为不分主次,一味扩大艺术态势,一切都可以成为艺术,只要人们愿意,什么都可以叫做艺术。例如杜尚(Marcel Duchamp)的《自行车车轮》(1913)、《瓶架》(1914)、《喷泉》(1917),这些现成品是杜尚视为平常物体而选出来的,尤其是《喷泉》,它是一只男立式的小便池,其趣味之低令人惊叹。杜尚的《LHOOQ》还给蒙娜丽莎添上了胡须,所起的画名加以法语读音,则是把深奥难解之作降为色情画,从而破坏了《蒙娜丽莎》这辐画作为传世之作的神秘气氛。

后现代主义艺术实践中所倡导的"无界限"否认了突出主题的必要性,后现代主义者在造型艺术中创作了这样一种"对称",即每一部分都可以取代任何其他部分。例如,在电影中,创作了一些影片,可以从头放映,也可以从中间放映、末尾放映。电影拒绝确定自己的形象,谁都有意义,谁都无意义;一切画面似乎都是一个水平,剧情的要点要么难以捉摸,要么根本没有。无界限的实质是民主,反等级制,反极权主义,不强迫公众接受某种定格的东西,而让观众有解释的自由,想象的自由,可以用任何内涵来充实艺术作品,使作品保持永久的开放性特征。

第三,公众参与是后现代主义艺术实践的明显特点之一。后现代主义艺术实践着直观的方法,作品当着观众的面直接公开创作,画布全部空着,建筑物的承重结构袒露在外;在电影中,除发展一条主线外,还有另一条主线来表现摄影室的工作,以激发观众的反应,戏剧、电影采用震荡神经的方法,使观众摆脱自己习惯的社会面貌。由于观众被银幕情节或戏剧情节所吸引,观众参与影片的场面也出现了,观众运用自己的判断力,按照自己的想象力与逻辑进行思考,展开了与剧作者的对话,构思剧情的发展,填补情节的空白,甚至校正剧中的某些情节。

第四,运用科学技术也是后现代主义艺术实践的一大特点。后现代主义艺术家采用了多种形式进行创作活动,例如造型艺术品常常用工业焊接的方法,甚至直接在工业生产中进行制造,使之带有工业的色彩。他们对人的感官的感知能力进行实验,在偶合音乐中,音乐成分常常是根据数学规则来选择的配置,用电子计算机加以操作。画家、电影创作家、造型艺术家们还醉心于逻辑学、物理学、数学、信息论等,用现代物理学方式抽象出艺术品的外形,描写如何从球外或星空中俯瞰地球的物体外形,用现代光学理论的方式产生光效应,使之作用于艺术品的环境和人的感官,形成感觉效果。

后现代主义艺术实践通过运用科学技术,打破了艺术各个领域、艺术和科学,艺术和生活之间的隔阂,形成了前所未有的新音乐、新旋律、新色调、新的模仿与比喻、新的联想等,在现实中,形成了新风格的建筑、新电影电视剧、新的服饰等。总之,艺术是现实的"新变体"。

第五,"虚无"也是后现代主义艺术实践中的一个特点。由于后现代主义艺术是一种反省自身的艺术,它否弃了第一现实,否弃了主人公,于是就造成了一种特别的轻松气氛,产生了特殊的激情。因此,其艺术实践往往充满着对待艺术与文化传统的虚无主义,体现了空想主义、无政府主义其至悲观失望、无节制的享乐主义等。其"文明的噪声"、"抽象的拼贴"成了无害的污秽品,尽管用现代主义眼光看带有暗喻,但它所构思的毕竟是"虚无",乃至在音乐中出现了"无声音乐",在戏剧中出现"哑剧",绘画中出现"白色画布",或出现毫无疑义的有差异的重复等等。它实际上又在形成一种"黑色幽默"和新的神秘主义。

四、作为新的世界观的后现代主义

对于后现代主义究竟是一种什么样的世界观的问题,已有许多人对此作了概括。在后结构主义者看来,现代哲学是建立在经验基础之上,理性则是与上帝同在的"最高立法者",其义务是寻找阿基米德点,同时也不放弃人的自由。但是,后现代主义则不同,它以语言游戏为方法,这种语言游戏只能建立在一个圆圈上,而没有阿基米德点。语言游戏是人的现实活动,语言使用于不同的语境,它不受任何规则的限制。对于理性的怀疑,其起源并不在科学上,而在于对语言批判,在于对形而上学没落的批判。

詹明信对后现代主义作了一个概括,认为后现代主义作为一种世界观或思维方式,是一种新的平面模式,它来自于深层模式的消失,与之相关的历史维度的消失,它也是一种新兴的高强度的感情方式,一种全新的依赖技术的现象。

列奥塔也对后现代主义的世界观的产生及其特征作了概括。他认为,后现代性主要是指后现代的知识状况,后现代主义主要是表现于后现代知识的发展特征中。他在《后现代状况》一书中认为,由于电子计算机时代的到来,知识在社会中的地位发生了变化,知识作为一种研究性的产物已经终结，代之而起的是谈话中的知识、话语（discourse）。之所以这样，是由于知识的信息化、计算机化。自从进入50年代高速发展的计算机时代以来，科学知识转变成了一种话语，科学、技术与语言联系在一起，音韵学与语言学理论、交往问题与控制论、现代代数论与信息论，计算机语言的翻译与计算机语言中可容性领域的研究，信息贮存和数据库问题，电传数学与智力终端的形成等等这样一些事实，都说明知识是一种语言，我们不仅谈论它，而且用计算机利用它。

对知识的这些技术性处理，使知识不断地改变形态。探究知识的转换，获取知识转换的方式，已经成为人类事务中至关重要的方面。知识只有通过某种渠道转变成为可接受与可操作的信息时，它才能大幅度地增加它的用途和价值。如果构成知识体系的成分不能被转译成信息，那么它就会被摈弃。在我们这个时代，信息化已经是一个十分突出的特征。新的研究成果都有可能被转换成计算机语言，知识的生产者与运用者都必须掌握信息化过程，学会计算机的操作，了解并具备把知识转换成计算机语言的手段和能力。

由于信息化过程使知识成了价值的一种代名词，成了价值的一种特殊形式，致使知识逐步商品化了。人们可以通过金钱、货币在市场上进行交换，谁拥有更多的信息，谁就可以成为霸主。在本国的发展中，公司之间的谁优谁劣、谁胜谁负，取决于"知识偿付"的能力与方式，取决于"知识投资"和"智力投资"。

知识的商品化，改变了知识的合理性标准。在历史上，科学是随着人性从奴役和压迫中得到解放并得以发展的。之所以得到迅速的发展，是由于政治和哲学的叙事的帮助，政治和哲学是推动科学知识发展的外在动力。科学的解放功能最初依赖于法国革命前的启蒙运动。由于科学的实证性质，对思想、社会生活、政治生活起着直接的推进作用。所以，关于人解放的革命的叙事是一种"元叙事"（meta-narratives），是宏大的叙事（grand-narrative），即"叙事的叙事"。所以，其他叙事都是从属的，任何局部的、具体的乃至科学的叙事都只是构成这一最高叙事的一个方面，其意义都只取决于这种元叙事。这样就形成了一个悖论：科学一方面要制止与消除原始叙事的合法性，诸如宗教、神话、巫术等；另一方面又必须依赖于更高层次的叙事评价，从而获得其合法性。倘若科学知识不求助于其他知识类型，那么就无法知道它是真的。然而，"二战"之后出现的知识信息化、商品化，使知识合法性标准从元叙事转向了价值，知识与财富，与生产效率紧密地结合在一起。这种情形使得资本在发生循环的时候，必然要与科学技术结合起来，资本的发展解决了科学研究的基金问题,它的私人公司直接对技术及其应用作出了研究与投资,从而创造了私人、国家相结合的研究科学的新局面。科学研究的目的是具体的"实行",是一个投入产生的方程式。经济强的公司的总裁可以驾驭科学,从而使科学获得合法性,同时他也可以驾驭政治、道德等等。

后现代的来临,使知识领域发生了一场革命。它标志着一场人们在如何对待世界、对待人、对待知识的世界观的转变。

首先,是研究范式的转变。启蒙时代人们呼唤理性,崇尚人性解放、理想、正义、平等、自由等为主导的时代理性,转向了人们对意识本身的开拓,通过表面化趋向,用语言游戏的手段,否定了启蒙纲领,否定了现代的一切。因此,后现代主义作为一种世界观,是一种以否定现代性基本特征为目的的世界观。这种世界观消除了原先唯物主义的"物质存在",也消除了人本主义倡导的人的主体性地位,消除了唯心主义对绝对精神的探讨,过渡到了对差异的寻求与语言游戏的极简化创新。

其次,是价值模式的转变。后现代主义价值观不同于现代主义,它主张用解构的态度来对待现代性的一切,消解中心,取消同一性,倡导多元论,消解哲学与政治;不满现状,不屈服于权威与专制,不对既定制度发出赞叹,不对已有成规加以沿袭,不事逢迎,专事反叛;蔑视一切,睥睨所有限制性因素;冲破旧范式,不断地创新……

最后,后现代主义成为一种新保守主义的新世界观。在现代主义初期,人们的世界观曾是标新立异,当时的人们反叛权威陈说,从事消解和否定,从事对封建主义的无情批判,不断地为自己的新生而扫平地基。此时,现代主义的思想观念、现代艺术风格是朝气蓬勃、充满活力和创新意识的,以走向新世纪新时代的崇高与豪迈,宣告与旧世界彻底决裂,宣告旧理论范式的崩溃与瓦解。如果站在后现代主义的立场来看现代主义的产生,那么现代主义在当时也是非常后现代的。可是,当现代主义摇旗呐喊,鼓噪前进在多个领域扎根后,它就不再声言反叛与否定了,而是讲究新范式、新权威、新秩序等,成为现存制度的辩护人,成为保守主义,以致最后丧失了开始时的貌似"后现代主义"的精神。这样,随着高科技社会的迅猛发展,现代主义的一些框框变得过时、陈腐,于是就出现了"新的现代主义"以后现代主义精神去反抗这些过时、陈腐的精神。因此,与现代主义保守主义特征相比,后现代主义是一种"新保守主义",是新的破坏性力量。

第二节　后现代主义的基本精神

有学者认为,对于后现代主义,我们既不能随意往后延长,也不能在全新的文化阶段意义上简单地作为一个突然事件。谁要考察后现代主义,谁就必须了解和解释"现代主义"。只有这样,才能真正理解后现代主义的含义。

一、"现代主义"与"后现代主义"概念之比较

关于"现代主义",人们一般只是从划分时间界限的角度来谈论的,正如我们把近代与古代划分得很清楚一样,现代也只是一个年代概念。那么,"现代主义"也基本上是与这个年代相一致的时代精神特征。这种精神特征意味着我们可以用某一时期的思潮作为划界的标准,可以用衰败与进步来对这些历史时期作出评价。

但是,这里我们所讲的现代主义与后现代主义,不是用钢铁长城分隔开的。前面我们已经认为,后现代主义是一种文化思潮,是一种思想运动,而不是教科书的历史,可以通过"剪刀加浆糊"的方式加以裁剪、粘贴,而文化则是渗透着过去、现在和未来的。因此,后现代主义与现代主义之间是既连续又间断的关系。

现代主义的世界观是以下列观念为基础的:人是自然的解释者,是宇宙的观察者;人们可以通过科学改造和利用世界,控制世界,并能证明自己,肯定自己,使自己处于主体的地位。现代主义崇尚科学,把认识诉诸精确的方法,而不是诉诸权威。英国的经验论与法国的唯物主义者们把哲学理论建立在经验的基础之上,而笛卡尔、康德的哲学则确立了人的主体性地位,直至黑格尔确立了自我意识、绝对精神作为哲学的对象。

而后现代主义作为对现代主义的反叛,则把注意力局限于第三者——语言,注重解构、散播非连续性、去中心、消解统一性。

因此,哈桑在《后现代转折》一书中,对现代主义与后现代主义作了图式化的比较,试图在两者之间划清界限:

现代主义	后现代主义
浪漫主义/象征主义	形上物理学/达达主义
形式(联结的、封闭的)	反形式(分裂的、开放的)
意图	游戏

设计	偶然
等级	无序
精巧/逻各斯	枯竭/无言
艺术对象/完成的作品	过程/行为/即兴表演
审美距离	参与
创造/整体化	反创造/解构
综合	对立
在场	缺席
中心	无中心
作品类型/边界	文本/文本词性
语义学	修辞学
范式	句法
主从关系	平行关系
隐喻	换喻
选择	混合
根/深层	枝干/表层
阐释/理解	反阐释/误解
所指	能指
读者的	作者的
叙事/恢宏的历史	反叙事/具细的历史
大师法则	个人语型
征候	欲望
类型	变化
生殖的/阳物崇拜	多形有/两性同体
偏执狂	精神分裂症
本源/原因	差异/痕迹
天父	圣灵
超验	反讽
确定性	不确定性
超越性	内在性

哈桑认为,现代主义与后现代主义之间的上述差异,体现在众多的学科中。它们在修辞学、语言学、文学理论、哲学、人类学、精神分析学、政治学甚至神学中都有表现。哈桑说道:"现代主义与后现代主义不是由铁障或长城分开的,因为历史是可以抹去旧迹号写新字的羊皮纸,而文化则渗透着过

去、现在和未来。在我看来,我们都同时可以是维多利亚人、现代人和后现代人。一个作家在他的生涯中,能容易地写出一部既是现代主义又是后现代主义的作品(试比较乔伊斯的《一个青年艺术家的画像》和《芬尼根的守灵夜》两部小说)。"①一般说来,现代主义与后现代主义,与浪漫主义是承上启下的关系。因而,在特征上虽然有些截然不同,但正如现代主义作为创新因素而否定此之前的成规一样,是时代发展过程中的一种连接样式。

二、后现代主义的基本精神

哈桑在论及后现代主义基本倾向时,所提出的观点是令人注目的,人们经常用哈桑关于后现代主义的基本特征来阐述后现代主义。

哈桑认为,后现代主义的基本倾向是不确定性与内在性,如果我们把握住了这两点,那么,我们就更趋近于对后现代主义历史与理论的界定了。

所谓不确定性,也就是包括:模糊性、间断性、异端、多元性、散漫性、反叛、倒错、变形。而变形又包括着:反创造、分解、解构、消解中心、移置、差异、间断性、分裂、消隐、消解主义、非神话化、零散化、反正统化、反讽等,总之,意味着一种自毁欲。

所谓内在性,是指心灵的能力——在符号中概括自身,作用于自身,人通过语言、符号在扩展自身的能力,而在这种语言的发散、传播、推进、相互作用、交流、相互依赖的过程中,人构成了自身,并通过自己创造的符号,创造了世界。而在此同时,人即在语言日益照亮生命地平线的时候走向了死亡。我们无时不遇到那种被称为语言的内在性,它带着其全部的文学模糊性与认识的迷惘。克里斯蒂娃(Julia Kristeva)对不确定性与内在性作了自己的理解,认为:"后现代主义即是这样一种文学,它带有或多或少的意图去拓展那富有象征的意味,因而也就是那人性化的王国。""在这个特殊层次,我们面临许多不可控制其增长速度的个人语型。"②

后现代主义的内在性倾向可以通过后现代主义的语言观来表现,过去存在主义的人说语言是人存在的家园、人是语言的中心的思想已荡然无存。相反,后现代语言观则是:我们被语言所控制,不是我说语言,而是语言说我,说话的主体并非把握着语言,语言是一个独立的体系,我只是语言体系的一部分,人从万物的中心退到连语言也把握不了,反而为语言所把握的地

---

① 详见王岳川、尚水:《后现代主义文化与美学》,北京大学出版社 1992 年版,第 112—113 页。

② Julia Kristeva, *Modernism/Postmodernism*, edited by Peter Brooker, London and N. Y.: Longman,1992, p.199.

步,原来声言发现真理的人退化到了今天的"无言"。

后现代主义的本质是多元论。哈桑认为,多元论现在已成为后现代所表征出的躁动不安的境况,后现代主义消除了二元论,它将持续性与间断性、历时性与共时性融为一体。哈桑指出后现代主义的基本精神涉及以下几个方面:

(一)不确定性(indeterminacy)

包括影响知识与社会的多种模糊性、断裂性和移置。后现代状况中的不确定性来自各个领域,从科学认识到艺术、哲学,到处都渗透着不确定性。本世纪初以来,由于量子力学的创立,科学中的不确定性随着海森堡(Werner Heisenberg)的"测不准定理"、哥德尔(Kurt Godel)的"非完全性定理"而漫延开来,量子力学与数理统计中的非连续性现象,非充分决定性与非局部性联系等现象,为不确定性提供了坚实的基础。对当代科学中不确定性的概括,就形成了一些以不确定性为基础的哲学观,例如库恩的新旧范式之间不可通约性观点,费耶阿本德的科学达达主义。在艺术中,还表现为取消界限的艺术对象,把一切看作不确定的文本、文学的寓意阅读、情感风格等等。这种不确定性渗透着我们的行动和思想,它构成了一个与确定性世界相对立的一个不确定性世界的存在。

(二)零乱性或碎片化(fragmentation)

后现代的世界既然是一个不确定的世界,那么它就不是一个整体的系统的世界,后现代主义反对任何整体化趋势,声称全部"存在"都是片断、碎片。因此,后现代主义的艺术家们喜欢组合、拼凑、粘贴、偶合,求助于转喻、悖谬、反证据、反批评、破碎性的开放性、未整版的空白边缘。提倡寻求差异性、争论分歧,在游戏中创造出与众不同的东西。

(三)非原则化(decanonization)

在后现代主义者看来,一切既成原则都应当受到批判,在我们的世界中,唯一能进行交往的就是语言,每个人在谈论话语时,实际上就是作为一个语言游戏的参加者。在这个游戏中没有既成的规则,游戏的规则是由游戏者约定形成的,所以没有什么权威,没有什么要遵循的东西。从尼采的"上帝之死"到福柯的"人之死",作者之死,后现代主义已揭开了迄今为止全部神圣化的东西,甚至抛弃了它。特别是列奥塔《后现代状况》一书出版后,他的"对元叙事的不信任",以及罗蒂提出的"大写的"哲学已经死亡的观点后,哲学、政治的原则已经"瓦解"。

(四)无我性、无深度性(self-less-ness,depth-less-ness)

现代哲学一开始就是以高扬主体性为旗帜的,存在主义哲学有力地批判了资本主义制度下人的异化,倡导人的本质。而后现代主义则消除了这种自我或主体性,鼓动自我毁灭。它把传统的自我作为整体性对象予以消解,主体、自我、人都成了被解释的、被消融的和被曝光的对象。它否认深度,否认所谓的现象背后的本质,否认弗洛伊德的表层—深层的心理分析模式,坚决拒斥所谓可以从非真实性下面找到真实性的做法,"自我将自己的缺席人格化了,它在各类浅薄的作品中传播自己,拒绝并回避阐释。"①

(五)不可表象性(unrepresentable)

后现代主义反对艺术能够反映或表现现实的观点,反对偶像崇拜,反对崇高,拒斥模仿,寻求卑琐、低级、平面、虚无的题材。列奥塔说,后现代主义即是那种在表现自己时将见不得人的卑微性也展示出来的东西。例如,绘画中的后现代主义者们常常把蒙娜丽莎添上胡须,或标上得了肺炎的蒙娜丽莎的名称,把蒙娜丽莎从原画中抽取出来,然后再飘入到"一群奇石组成的山谷"中。

(六)反讽(irony)

如果我们失去了原则与范式,那么,我们就只能转向游戏、相互影响、对话、寓言、反省,就只能趋向于反讽,这种反讽以不确定性与多义性为先决条件,通过反讽,以展示多重性、多义性、散漫性、或然性甚至荒诞性。哈桑的"反讽",已不是传统美学意义上的反讽,它的内容已被置换,只剩下一个空名,一个词的躯壳。它是一种离开了任何制约性的彻底的自由,一种没有重量的、不可承受的轻飘,或者说是在失重状态中人的无目的的游戏和对话。

(七)种类混杂(hybridization)

后现代主义的创作是一种大杂烩,是一种专事拼凑、仿制的变体裁文学,它把高级文化与低级文化混为一谈,在多元的现时精神作用下,所有文体辩证地出现在现在与非现在、同一和差异的交织中。后现代主义者借助

---

① Ihab Hassan,*The Postmodern Turn*,Ohio State University Press1987,cha. 8.

陈腐或剽窃的题材、拙劣的模仿与东拼西凑的杂烩,通俗与低级下流、时序的交错与颠倒、地点与空间的置换与倒错、严肃题材与大众题材的交汇等手段,来丰富创作的内涵与外延,丰富作品的表现性,以翻版与摹仿的变体带来"生命的增殖"。

(八)狂欢(carnivallization)

狂欢是指涉后现代的反系统的、颠覆的、包孕着再生的那些因素,是指后现代主义喜剧式的甚至荒诞的精神气质,揭示了后现代的"一符多音"的荒诞性。因为,在狂欢节里,在真正的时间生成、变化、复苏的庆典中,人类在彻底解放的迷狂中,在对日常理性的反叛中,在许多滑稽模仿诗文和谐摹作品中,在无数次的蒙羞、亵渎,喜剧性的加冕和罢免中,发现了它们的特殊逻辑——第二次生命。狂欢消除了各种差异和界限,使所有的参加者既是演员也是观众。狂欢使人产生自己就是世界真正主宰者的幻觉。在狂欢的迷狂中,人们颠倒了一切,吞没了一切,使一切正常的生活秩序变形,同时也虚构了一切。

(九)参与(participation)

后现代主义的创作方法是游戏,这种游戏欢迎一切人的参与和表演,因为,后现代主义者眼中的一切都是不确定的,不确定性就好像是万丈深渊,无法填平。因此,它需要任何参与者一起进行行动,来共同书写、回答、演出。当然,这种书写、修正等的行动是毫无结果的,因为,作为一种结果,它仍是不确定的,仍然不是结果。但尽管如此,后现代的人的行动是其自我观照、自我发现、自我陶醉的一种方式,是一种自娱的方式。

(十)构成主义(constructionism)

后现代主义一方面对现代主义的一切提出了挑战与批判,另一方面也确立了一种新的思想方式、价值模式。后现代主义者否定了现代艺术的对象——现实,但同时,它又在思想精神中虚构、假设了新的杂乱无章的现实。随着现代社会高科技的发展,世界越来越成为被设计与创造中,越来越相对于叙事者。因此,后现代主义既是一种解构主义,同时也是一种构成主义。这种构成主义不同于现代构成主义的是,其注重的创新、发明形式是不确定的、无定型的。它维持了一种从唯一的真理和确定的世界,向着互相冲突的形式或不断创造中的世界的多样性的过渡。

（十一）内在性（immanence）

哈桑认为，内在性是后现代主义的第二大特征。内在性指的是心灵通过符号而概括自身的不断增长的能力，是指后现代个体借助各种话语或符号，实现自我扩张、自我增长、自我繁衍的能力。由于现代科技的发展与新闻媒体的发展，我们的感官能力在扩张，人的创造能力、想象能力在扩张，人们通过语言创造了各种现实（文化现实），将自然转变成一种文化之后，又将这种文化转化成一种符号系统。

三、后现代主义的文化风格

詹明信认为，自从资本主义生产方式形成以来，其历经的几个不同阶段，都有相应的文化形态与之相对称。他认为，市场资本主义时代所出现的是现实主义；垄断资本主义时代所出现的是现代主义；而晚期资本主义（或多国化资本主义）所出现的是后现代主义。这三个阶段、三种文化形态是既相联系又相区别的，它们分别代表了我们对世界的不同体验和对自我的不同认识。三种文化形态分别反映了一种心理结构，标志着我们对外部世界与自我的认识的性质的改变；特别是后现代主义的产生，标志着一种文化风格的彻底裂变。

第一，后现代主义文化逻辑表现为空前的文化扩张。随着后现代知识状况的出现，文化艺术也成了商品，它适应日新月异的商品经济的变化，在文化中也浸透着商品化经济的特点。众所周知的是，高雅文化是阳春白雪，然而和者则寡；而低俗文化虽然流于俗套，趋者众多，但却免不了文人学士的批评。而后现代主义文化则打破了高雅与低俗之间的界限，宣布自己从过去那种特定的"文化圈"中扩展出来，使文化彻底进入人们的日常生活，成为众多消费品之一。

在詹明信看来，后现代性相当于资本主义的一个新的、跨国的、"信息化的"和"消费的"阶段。在这个阶段中，大规模的标准化商品生产以及与此联系在一起的劳动形式都由灵活性取代了。

与此相一致的是在文化上也发生很大的变化。对后现代性进行解释的一个主要的出发点是，必须探讨时间与空间的浓缩，由于新技术的采用，使得时间加速和空间缩小成为可能，产生了新的电讯交往形式，快捷的新的生产方式和适应市场的方法，新的消费习惯、新的金融组织方法。其结果则呈现为一种新的文化的和知识的氛围。

第二，表现为精神分裂性的大拼贴和根本的差异性。由于后现代主义所探讨的是一种完全不同于现代的时间与空间,通过现代新科技创造出不同于现代的作品,所以,后现代主义者们就利用了似是而非的"怎么都行"的无原则的原则,如同摸彩一样地从原有的文化中抽取出一些人们意想不到的东西,对原有的文化形式进行大拼贴,形成与以往的任何作品或按照原有规范可创作出的作品有根本差异的艺术品。

例如,中国大陆电影《三毛从军记》,其实就是一部反映后现代文化逻辑的影片。影片专注于一场全新的能指"风暴",完成对观众感官快乐的彻底统摄。这部影片之所以达到如此效果,是因为影片独具匠心地拼贴了恰切的叙事情景。它把领袖与兵油子"老鬼"、出尽洋相的"胖警察"和"训练有素的方额军官"、"死得冤枉的牛师长"、"水性杨花的师长太太"、"养尊处优的小少爷"等都拼贴在一起,施加在三毛这个角色的环境中大加调侃。还拼贴了靶场射击时无意打中的小鸟,投手榴弹投在身后炸了班长,练习拼刺刀时连人带刺刀从草靶中穿过,炸弹在河里爆炸炸出的鲤鱼满身焦黑地对着三毛张嘴叫苦……这一切都显示了拼贴与无体裁、无中心的风格。

第三,表现为歇斯底里的崇高。从现代主义的眼光看,越能揭示或反映事物本质的作品,就越具有深度,现代主义的作品的目的就是要越来越深刻地反映自然,它甚至可以使一个废弃的汽车堆乃至一堆工业垃圾也可以发出种种新的幻觉的光芒,设法衬托出其美的特征,以致让人感到赏心悦目,感到崇高。但是,由于现代科技的发展,把人类表象世界的能力的极限与无能揭露出来了,照电脑画报再创的银幕形象比之于现实主义的替身与虚构更为高超。这些新科技的出现,使崇高的对象不再是一种关于纯粹的力量,一件人类有机体与自然形体不可相比的东西,而是关于人的头脑在再现这些对象时的无能。

在后现代艺术实践中,由于人们感到无力将现实的各个方面以更深刻的方式表现出来,以致人们把深度削平,把自然本身遮蔽得暗淡无光。詹明信写道:"或许可以从不同角度来思考这一切,海德格尔的'田野中的小径'毕竟被后期资本主义、绿色革命、新殖民主义、特大都市不可恢复和不可挽回地摧毁了。后期资本主义的一条超级高速公路,在旧日的田野里和空旷的大地上穿过,并将海德格尔的'存在之屋'变成了单元宅房,或许还是悲惨的、没有暖气的、耗子成群出没的出租大楼。我们社会中的'他者'在这个意义上已完全不再是自然,犹如那种前资本主义社会中曾有过的情况,而是个现在我们必须识别的其他事物。"①

在詹明信看来,我们这个时代的技术已不再具有同样的再现能力,所有的汽车、轮船、火车等都以静态形式被一台电脑实现出来,它什么也没有,只是一个弄平了的形象表面。这种机器是一台复制机,而非生产机。对于我们的美学再现的能力,它们有不同的要求,不同于未来主义时期旧机器对模仿的崇拜,以及某些旧的速度和能量雕塑对模仿仍有的崇拜。这里,所涉及的只是各式各样的新的复制过程。如果说要有崇高的话,那么后现代主义的崇高就表现在过程和复制中,表现在这种没有主题的拼贴中。

詹明信认为,当代社会的技术很有迷惑力,这并不是依靠其本身能力的原因,而是因为它仿佛提供了某种再现速记法,可以用它来把握权力和控制网络系统。这一网络对于我们的头脑和想象力来说都是更加难以把握的——即资本主义第二阶段本身的整个非中心化的全球网络系统。这是一个形象的过程,目前,在当代娱乐文学的整个模式中清晰可见。人们试图将这种文学描述为具有"高技术偏执狂"的特征,在这种高技术中,某些公认的全球计算机联机的线路和网络系统通过一个复合物中的自治的但又互相联结、互相竞争的信息代理的错综复杂的合谋,以叙述的形式被启动了起来,合谋的复杂程度常常超过平常人的阅读能力。合谋理论(及其花花绿绿的叙述表现)必须被看成是想通过先进技术的形象来构思不可能的当代世界体系的整体的降格的企图。只有从巨大、危险但还依稀可见的经济与社会制度的另一种现实的意义上,才能对后现代的崇高在理论上进行充分的讨论。

第四,表现为历史意义的消失。由于以上文化特征,所以,人们开始告别传统、历史、理性,而在非历史的当下时间体验中去感受断裂感。由于有了现代新科学技术,诸如电影、电视剧等的创作手法彻底更新。在创作中,人们常常混淆过去、现在与将来,甚至跨越历史,把一两千年前的人和事搬弄到现在或将来,或将未来几百年乃至几千年才可能出现的人和事搬到现在。后现代人的观念中只有纯粹的、独立的现在,过去和未来的时间观已消耗贻尽。

例如,在中国大陆电影《顽主》中,"三T公司"为帮助作家成名,召开了一次文学颁奖大会,其中的一段歌舞场面成为很多人提到的颇具后现代性的段落,表现出历史意识的消失的特征。登台表演的有帝王将相、才子佳

---

① 詹明信:《后现代主义或晚期资本主义的文化逻辑》,《世界文论》编委会编:《后现代主义》,社会科学文献出版社1993年版,第108页。

人，北洋军阀、国民党军官、红军将领、解放军战士，有"五四"以来的革命学生，有手捧红宝书的红卫兵小将，有地主老财、资本家和工人、农民，还有当今走红的时装模特儿、穿着比基尼泳装的女子健美运动员，等等。中国近代史上敌对的政治力量都在这里登台亮相了。开始时，他们互相敌对、斗争，势不两立。后来，音乐、情绪骤然变化，满台欢乐一片，北洋军阀、国民党军官、红军将领、解放军战士抛弃前嫌亲如一家；革命青年、红卫兵小将与他们要打倒的地主、资本家手拉手地走在一起，历史上的反动派与革命者同台起舞，在两位几乎全裸的女健美运动员的周围，他们如痴如醉地跳起了迪斯科，历史与现实综合一体。

第五，表现为批评距离的消失。詹明信认为，在后现代的艺术实践中，彻底的零碎意象堆积反对任何现代的形式的整合，主体或作者已经在这里死亡了，后现代的人已经没有立足之地，剩下的是后现代的自我身心的肢解式的彻底零散化。在这个零散化的过程中，人体验的不是完整的世界和自我，人已经非中心化了，他无法感知自我的存在，无法感知自我与现实的联系。以人为中心的世界被打破了，主观感性消散，主体意向性被悬置，世界已不是人与物的世界，而是物与物的世界，人的能动性、创造性因此而消失了。于是艺术家成为一台机器，是机器机械地在拼贴，而不是艺术家在作画，这里的艺术家已经没有半点情感、情思，也没有任何表现的热情。

正因如此，艺术家在这里的创作，与其说是在构思、创作，不如说是在"复制"，"原作"已经不存在，如同电影拷贝，每一部拷贝都是相同的，谁也没看见"原作"。艺术品成了"类象"（simulacrum），即没有原本东西的摹本。由于照片、摄影、电视、电影乃至其他文化都已成了可复制的商品，可以大规模地进行生产，以致所有的一切都是"类象"，人们被类象所包围，从而丧失了现实感，出现了非真的事物，非真的艺术作品。由此，作品与现实之间的距离完全消失了，人们已经不可能以现实为参照来批评艺术作品，人们不可能寻找到一个基点，以使艺术作品与之相比较时形成距离。

正如詹明信所说的那样，一般意义上的距离（尤其是"批评距离"）在新的后现代主义空间中已经被取消了。我们被淹没在它那已被充塞满的空间里，以至于我们如今已是后现代的躯体无法辩识自身的空间位置，实际上已无法（更不用说理论上）实现距离化。

后现代主义是资本主义在全球范围内第三次新的扩张的现实。后现代主义试图赋予个体主体以关于它在全球体系中的位置的、强化了的新感受，它实现了向至今仍是不可想象的再现这一空间新模式的突破。

第三节　后现代主义的基本方法

后现代主义作为一种文化思潮或艺术实践，其主要的方法在于强调语言游戏。

一、语言游戏

"语言游戏"的概念来自于维特根斯坦后期著作《哲学研究》，其要旨是主张语言的意义在于人们日常的使用。列奥塔也充分地肯定了这一点。可以说，"语言游戏"已经成了西方现代文明的一种文化现象，是西方现代文明的本质和意义。所以，有人认为，西方社会的人是"游戏的人"。尽管游戏是人的一种本能，但是，文化尤其是科学文化，历来被看作是人类认识世界，并按照世界的本来面目改造世界的结果。维特根斯坦的语言游戏理论为实现当代西方哲学的"语言转向"作出了重要的贡献，从而也为后现代主义"回到思想本身"的风格奠定了基础。

后现代主义者列奥塔沿用了维特根斯坦的"语言游戏"概念。但是，列奥塔所注意到的不是语言作为工具箱作用，而是更注重于"语言游戏"在文化中创造词汇、创造意义的作用。列奥塔认为，在一个谈话的语境中所形成的语句，是由语句的发送者、接收者、语句所指和语言的场所等因素构成的。说话者处在一个"知者"的地位，而听话者则处在一个同意或反对的地位，语句所指则是需要正确地发挥、领会和表述的部分，它是我们理解语言并进行交往的必要条件。

说话者与听话者之间是否能获得一致，或获得的一致的规则是什么？列奥塔所关心的正是这种场合当中的听者与说者之间如何达成一致的规则。他认为，在谈话中说者与听者之间的交流就是语言游戏的过程，在这个语言游戏的过程中，语言游戏的规则并不在于语言本身，而是在于使用者即语言游戏的参加者中自然形成并共同遵守的。如果没有游戏的规则，那么语言游戏将无法进行。反之，游戏是不可能不形成一种规则的，如果言语不满足游戏的规则，那么他将无法作为一个游戏的参加者了。所以，任何一个人与另外的人的谈话，只要语言一发生，我们就可以认为语言游戏已经开始了。

游戏是为了实现自己的快乐，每个人在说话时，并不是一种运动会比赛，不存在谁胜谁负的问题。尽管说话就是"竞争"，但是，这种"竞争"是为了实现创造词汇与意义的快乐。在社会中，每个人都知道自己不等于多数；但自我也不是孤立的，他是社会之网的网上纽结。之所以是网上纽结，是因为当今社会是信息化的，每个人在信息方面都不是无能为力的，他总是处在一个"语言游戏"中，总是处在一个信息的发出者、接收者与传播者的地位。虽然，我们可以把社会看成契约的产物，但是，我们并不能保证每个社会成员都参与了社会契约的制定，也不能保证每个社会成员都履行这些契约。但社会契约是开放的，每个人都可以进一步地谈论它、创造它。因此，每个人都可以参加这个游戏，共同创造人类社会的文明。特别是在今天，信息社会的迅速发展将不断地加速人们的交流或语言游戏。在信息的交流中，人们不是要给某人赋予特权或合法性，哪怕是电子计算机，是与信息最不可分的，都不是有了特定的目标纲领就一定能使行为达到最优化、最大化的。列奥塔认为，即使今天最发达的社会，最高明的信息论的控制论，也都难免会遗漏某些根本性的重要因素，也都存在着尚未开发的领域，存在着还未为我们所了解的方面，尤其包括社会的那些不可知的方面。

一旦我们承认了存在着不可知的方面，以及承认控制过程中有遗漏的方面，那么就不仅需要一种交往理论，以促进人类之间的相互交流与发现，而且还需要有一种承认不可知论是一条基本原则的游戏理论。在这样的语境中，我们就很容易看到新生的根本要素不是简单地"革新"，不是一种替代。因为在这里，我们并不能找到一种权威性的东西，也无法确定一个唯一的标准。如果我们从语言游戏这一方法入手，那么，决定我们思想或语言的合法性形式的是非逻辑，而不是逻辑或其他。一切思想的合法性问题与逻辑、后设语言是不相关的。

由此可以得出结论，一切艺术的、科学的、文学的创作等并不存在一个确定的方法，审美也不存在所谓"崇高"的标准。我们要创造文化、发展文学艺术，乃至发展科学理论，真正的方法是游戏，让每个人都参加到这个游戏中去，按照"怎么都行"的原则去进行非逻辑的想象，依靠非逻辑的想象，凭借自己思想的自由与激情提出与别人不同的有差异的观点来。

二、游戏状态下的当代西方文明

波及全球的后现代主义思潮，是现代文化或主流文化的危机，是一种西方文化的危机，一种价值观的危机，合法性的危机，是现代哲学的危机。这种危机从无法适应传统信条的各种文化生产中体现出来；这种危机也是一种启蒙纲领的危机，它把理性主义看作是有危害的、具有分裂作用的，认为启蒙纲领导致了一种更严厉的压制和人的异化。

因此,处在后现代游戏下的当今西方文明,乃是一种虚无主义的文明。当然,也有西方学者认为,后现代状态标志着一种旧秩序的结束,它是一次文化革命,是一个静态的、长期的过程,其最重要的特征是,物质生活的需要、选择、目标和经验的相互关系及其侧重点发生了急剧的变化。

以美国为例,美国的这场文化革命正在日趋恶化下去。真正后现代之风的影响首先刮向了高等教育,迅速地波及了欧美教育界。因为,教育是文化的生殖性腺,它历来都是酝酿各种新思潮的温床。高等教育中的后现代主义浪潮集中地表现为反主流文化的倾向。学生自发地组织集会,抗议学校所坚持的人文科学传统,反对以西方文明典籍为基础的课程设置,主张选修非欧的或东方的文化课程。高校在选用人才、招收新生的政策上也有所改变,表现为突破了种族界限。随着高校学生成分的变化,学校的规章制度、管理措施也发生了重大调整,学生可以参与校方规章制度的制定。

在反主流文化日趋发展的同时,"新学术"的地位则确立了起来,即大力加强对解构主义、后现代主义、后结构主义等一些时髦学术的修读与研究。在此基础上,一种新的多元主义的文化正在兴起,这种多元文化否定存在一种会在本质上优于其他价值体系的价值观,主张所有的文化自从一开始就是相互平等的关系。

对传统西方价值观念的反叛,对公认社会行为准则的抗拒,对少数种族失落文化的寻求与探索,对怪癖和荒诞行径的迷恋等等这些后现代主义的观念与文化现象,现在被美国思想界视为一场历史"受害者"的革命。如上所述,所谓历史受害者可以分为三类。专门研究美国文化的沈宗美先生认为,这三类受害者包括:第一类是种族主义的受害者,这一类人泛指美国除英国血统的白人以外的种族,当然,在美国由于反抗种族主义运动的不断进行,来自南欧地区信奉天主教的诺曼民族和来自东欧信奉天主教的斯拉夫民族以及犹太人、爱尔兰人等白色人种,原先也是种族主义的受害者,后来因他们在美国经济地位的提高,已不再被人们认为是受害者了。现代的少数种族,主要是指印第安人、非裔美国人,来自中南美的混血拉丁人、墨西哥人,来自亚洲的美籍人。他们在人数上约占美国总人口的52%。所谓多元主义文化,也就是指这些人所代表的文化。第二类是性别主义的受害者,主要是指妇女、同性恋者以及其他性变态者。第三类是阶级压迫的受害者,包括少数种族、白人贫困阶层、失业者、无家可归者。

这三类人特别是种族歧视的受害者现在提出了各种不同中心的文化观,或者认为非洲是欧洲文明的起源,或者认为亚洲文明是西方文明的源头等。他们甚至找出非洲猿人化石来证明那种渊源关系。性别歧视的受害者们则对男性中心论提出抗议,倡导女权论,甚至把女权主义推向科学、文学、艺术乃至政治,形成了社会科学与文学艺术中的女权主义,并在政治领域中也提出了要与男性一样共同地统治世界的论调。

美国当今社会所出现的多元主义文化形态,一方面体现了各种社会因素在社会发展中的地位越来越趋于平等,另一方面也体现了资本主义社会正朝着"大众化"社会的方向进化。不仅美国社会如此,欧洲社会,乃至亚洲社会的发展也都如此。多元文化的发展也表明了现代社会控制能力的降低,甚至简直就是失败。后现代主义把现实拆解为没有参考、没有统一性或客观性的过程,从而把想象力过分地加热。按照后现代主义的特点,西方社会的道德被众多的游戏和各种可能的审美态度所替代,拙劣的随心所欲的文艺作品发展迅猛,各种文化的娱乐性功能得到无限加强,知识的实用化趋势明显增长。

在当代社会,游戏作为一种文化现象,被许多哲学家赋予原创性的意义。不仅列奥塔把游戏当成了创造词汇与意义的场所、动力、手段,而且罗逖也把游戏当作是创造文明的工具,是"小写"的哲学精神之表现,认为科学也是一种文学,同样是人们想象的产物。科学哲学家法因和哥尼克(Alison Gopnik)等人则把科学家看作像儿童一样的人,把科学看作是孩提的游戏。

总之,后现代主义的娱乐性与实用性也都是通过游戏来实现的,游戏仍是当今文学、艺术、哲学乃至科学的表达方式。所以,游戏是后现代主义艺术的基本方法。尽管游戏在社会进步中具有一定的意义,然而,一个社会的发展是不可能毫无秩序的,社会总是向上的,人类文明总是向上的,人类行为总是向善的,人类的情感总是崇尚美的。

【本章思考题】

1.什么是后现代主义?

2.试分析"现代性"与"后现代性"以及现代主义。

3.试说明后现代主义的基本特征。

4.论后现代主义的实质。

5.什么是后现代主义的基本方法?

【建议阅读书目】

1.费瑟斯通:《消费文化与后现代主义》,刘东、黄平译,译林出版社2000年版。

2.罗蒂:《后哲学文化》,黄勇译,上海译文出版社2009年版。

3.利奥塔:《后现代状况:关于知识的报告》,生活·读书·新知三联书店1997年版。

4.詹姆逊:《晚期资本主义的文化逻辑》,生活·读书·新知三联书店1997年版。

5.贝斯特:《后现代转向》,南京大学出版社2002年版。

6.贝尔:《资本主义文化矛盾》,生活·读书·新知三联书店1989年版。

7.罗蒂:《后形而上学希望》,上海译文出版社2003年版。

8.詹明信:《文化转向》,胡亚敏等译,中国社会科学出版社2000年版。

后 记

从原内容审定、编排选题到撰写,本教材修订历时大约两年,形成现在从实用主义到后现代主义纵览当代西方主要哲学思潮的基本内容和框架。

在确定编写人员时,我们充分考虑到各自教授课程与学术兴趣,以便在编写的过程中能够做到内容熟悉、思路清晰,甚至可以结合自己对相关内容的研究成果,编写出易于大学生学习,并进一步增进其理解的各哲学思潮。

本教材中的导言、科学哲学、后现代主义部分由郑祥福教授、博士撰写,实用主义、结构主义、当代自由主义部分由冯昊青副教授、博士负责编写,现象学、存在主义由张小琴副教授编写,分析哲学、宗教哲学、西方马克思主义由方环非副教授、博士撰写,施月红参与宗教哲学中新托马斯主义和人格主义的资料收集与整理。本教材的统稿、校对工作由方环非负责。

本教材出版费用得到浙江省精品课程"当代西方哲学思潮"的资助。在本教材编写中亦参考了国内外相关专著和教材的优秀成果,尤其是近年来出版的新文献、新材料。我们希望通过自己的阅读与理解实现与那些过往的伟大哲学家、思想家达到认识与思想上的相通。

图书在版编目(CIP)数据

当代西方哲学思潮/方环非等编著.—杭州:浙
江大学出版社,2013.1(2020.7 重印)
ISBN 978-7-308-11017-4

Ⅰ.①当…　Ⅱ.①方…　Ⅲ.①西方哲学—现代哲学—
哲学思潮—高等学校—教材　Ⅳ.①B5

中国版本图书馆 CIP 数据核字(2013)第 006636 号

当代西方哲学思潮

方环非　郑祥福　冯昊青　张小琴编著

责任编辑	宋旭华	
封面设计	刘依群	
出版发行	浙江大学出版社	
	(杭州市天目山路 148 号　邮政编码 310007)	
	(网址:http://www.zjupress.com)	
排　版	杭州金旭广告有限公司	
印　刷	浙江新华数码印务有限公司	
开　本	710mm×1000mm　1/16	
印　张	20	
字　数	360 千	
版印次	2013 年 1 月第 1 版　2020 年 7 月第 4 次印刷	
书　号	ISBN 978-7-308-11017-4	
定　价	38.00 元	